KB259873

근로자인 당신 이것만이라도 꼭 알아둡시다

편저 : 김 종 석

- 수록내용 -
제1장 근로자, 제2장 비정규직근로자
제3장 여성근로자, 제4장 건설일용근로자
제5장 외국인근로자
근로기준법
파견근로자보호 등에 관한 법률
기간제 및 단시간근로자 보호 등에 관한 법률
남녀고용평등과 일·가정 양립지원에 관한 법률

머 리 말

우리나라가 급격하게 경제성장을 이룩한 것은 1천6백만명이 산업현장에서 성실하게 일하고 있는 근로자들이 있었기 때문입니다. 그래서 이러한 근로자의 권리를 보장하기 위하여 1953년에 제정된 근로기준법은 헌법에서 보장된 근로조건의 기준을 정함으로써 근로자의 기본적 생활을 보장하고 향상시킴으로써 국민경제의 균형 있는 발전에 크게 기여하여 왔습니다.

근로기준법은 사용자와 근로자가 근로계약을 체결하는데 가장 기본적인 기준을 설정해 놓고 있어 모든 근로자 및 사용자가 상식적으로 숙지하고 있어야 합니다. 그러나 시대의 변화와 함께 산업 현장의 근무조건도 이에 맞게 적응하지 못하고 노동분쟁이 다양하게 자주 발생하고 있습니다. 더구나 약자인 근로자는 자기에게 주어진 권리를 모르고 불리한 대우와 처우를 받는 경우가 많이 발생하고 있습니다.

이 책에서는 이와 같은 근로자들에게 부여된 권리들을 모아 제1장에서는 일반근로자, 제2장에서는 비정규직 근로자, 제3장에는 여성근로자, 제4장에는 건설일용직근로자, 제5장에서는 외국인근로자에게 주어진 권리들을 해설과 실무서식을 문답식으로 함께 수록하였으며, 부록으로 이에 관련된 법률들을 정리하여 수록하였습니다.

　이러한 자료들은 대법원, 법제처, 보건복지부, 대한법률구조공단, 근로복지공단에 나타난 해설과 상담사례 및 판례들을 취합하고 체계적으로 정리, 분석하여 누구나 이해하기 쉽게 편집하였습니다,

　이 책이 많이 보급되어 모든 근로자들이 자기에게 주어진 권리를 찾는데 큰 도움이 되리라 믿으며, 열악한 출판시장임에도 불구하고 흔쾌히 출간에 응해 주신 법문북스 김현호 대표님에게 감사를 드립니다.

2017. 1.

편저자

목   차

제1장 근로자(勤勞者)

제2장 비정규직근로자

[비정규직 근로자에 관한 질의응답]

제3장 여성근로자

[여성근로자에 관한 질의응답]

제4장 건설일용근로자

[건설일용근로자에 관한 질의응답]

제5장 외국인근로자

부 록

제1장

근로자(勤勞者)

제1장 근로자(勤勞者)

1. 근로자의 정의

「근로자」란 직업의 종류와 관계없이 임금을 목적으로 사업이나 사업장에 근로를 제공하는 자를 말합니다(근로기준법(이하 '근기법'이라 한다)법 제2조 제1항 제1호).

근기법상 근로자는 직업의 종류와 관계가 없고 정신노동·육체노동·사무노동의 구별도 문제가 되지 않으며, 상용·일용·임시직·촉탁직 등 근무형태나 직종·직급 등도 근로자 여부를 판단하는 기준은 아닙니다.

근기법 제2조에 규정된 『근로를 제공하는 자』라 함은 사용종속관계를 전제로 하는 바, 근로자가 사용자에게 고용되어 근로를 제공한다는 것은 사용자의 지휘·명령을 받아 그가 원하는 내용의 일을 하는 것을 말하며 이를 사용종속관계라 합니다. 종속적인 관계가 있는지 여부는 다음의 요건을 기준으로 당사자 사이의 관계 전반에 나타나는 사정 등을 종합적으로 고려하여 판단합니다.

① 업무의 내용이 사용자에 의해 정해질 것, ② 취업규칙·복무규정·인사규정 등의 적용을 받으며, 업무수행과정에서 사용자로부터 상당한 지휘·감독을 받을 것, ③ 사용자에 의해 근무시간과 장소가 지정되고 이에 구속받을 것, ④ 근로자 스스로가 제3자를 고용하여 업무를 대행케 하는 등 업무의 대체성이 없을 것, ⑤ 비품·원자재, 작업도구 등을 사용자가 제공할 것(소유관계), ⑥ 보수가 근로 자체의 대상적 성격을 갖고, 기

본급이나 고정급이 정하여져 있을 것, ⑦ 근로소득세의 원천징수 등 보수에 관한 사항 여부, ⑧ 근로제공관계의 계속성과 사용자에의 전속성이 있을 것, ⑨ 사회보장제도 등 다른 법령에 의해 근로자 지위를 인정할 것, ⑩ 양 당사자의 경제.사회적 조건 등입니다.

근로자 여부를 판단하는 주요한 기준은 사용종속관계라고 할 수 있으며, 보수가 근로의 대가성을 갖는지 여부는 보조적인 기준이 된다. 「임금을 목적으로 한다」는 것은 받은 금품이 임금이냐를 판단하는 것이라기보다는 근로제공이 봉사활동이 아니고 소득을 얻기 위한 목적으로 행해지는 행동인지를 판단하는 것입니다.

지급받은 금품의 임금여부를 판단하는 경우 금품수령자가 근로자인지 여부를 다시 판단해야 하는 순환논리에 빠질 수가 있습니다.

2. 근로자의 종류

① 근기법상의 「근로자」란 직업의 종류와 관계없이 임금을 목적으로 사업이나 사업장에 근로를 제공하는 자를 말합니다.
② 「파견근로자」라 함은 파견사업주가 고용한 근로자로서 근로자파견의 대상이 되는 자를 말합니다.
③ 「기간제근로자」라 함은 기간의 정함이 있는 근로계약을 체결한 근로자를 말합니다.
④ 「단시간근로자」라 함은 근기법 제2조의 단시간근로자를 말합니다.

3. 근로계약의 체결

　근로계약은 서면 또는 구두로 체결된 경우에도 유효합니다. 근로계약서가 작성되어 있지 않았다 하더라도 근로자가 제공할 근로와 그에 대한 대가로 보수를 받는다는 것을 안 상태에서 업무를 수행하고 있다면 근로계약이 체결되지 않았다고 일률적으로 판단할 수는 없습니다.

　사용자는 근로계약을 체결할 때에 근로자에게 다음 각 호의 사항을 명시하여야 합니다. 근로계약 체결 후 다음 각 호의 사항을 변경하는 경우에도 또한 같습니다.

① 임금
② 소정근로시간
③ 근로기준법 제55조에 따른 휴일
④ 근로기준법 제60조에 따른 연차 유급휴가
⑤ 취업의 장소와 종사하여야 할 업무에 관한 사항
⑥ 업무의 시작과 종료 시각, 휴게시간, 휴일, 휴가 및 교대
　　근로에 관한 사항
⑦ 임금의 결정·계산·지급 방법, 임금의 산정기간·지급시기
　　및 승급(昇給)에 관한 사항
⑧ 가족수당의 계산·지급 방법에 관한 사항
⑨ 퇴직에 관한 사항
⑩ 근로자퇴직급여 보장법 제4조에 따라 설정된 퇴직급여,
　　상여 및 최저임금에 관한 사항
⑪ 근로자의 식비, 작업 용품 등의 부담에 관한 사항
⑫ 근로자를 위한 교육시설에 관한 사항

⑬ 출산전후휴가·육아휴직 등 근로자의 모성 보호 및 일·가
정 양립 지원에 관한 사항

⑭ 안전과 보건에 관한 사항

⑮ 근로자의 성별·연령 또는 신체적 조건 등의 특성에 따른
사업장 환경의 개선에 관한 사항

⑯ 업무상과 업무 외의 재해부조(災害扶助)에 관한 사항

⑰ 표창과 제재에 관한 사항

⑱ 그 밖에 해당 사업 또는 사업장의 근로자 전체에 적용될 사항

⑲ 사업장의 부속 기숙사에 근로자를 기숙하게 하는 경우에
는 기숙사 규칙에서 정한 사항

사용자는 위 ①과 관련한 임금의 구성항목·계산방법·지급방
법 및 ②부터 ④까지의 사항이 명시된 서면을 근로자에게 교
부하여야 합니다. 다만, 본문에 따른 사항이 단체협약 또는
취업규칙의 변경 등 대통령령으로 정하는 사유로 인하여 변경
되는 경우에는 근로자의 요구가 있으면 그 근로자에게 교부해
야 합니다.

친권자나 후견인은 미성년자의 근로계약을 대리할 수 없습
니다. 친권자, 후견인 또는 고용노동부장관은 근로계약이 미
성년자에게 불리하다고 인정하는 경우에는 이를 해지할 수 있
습니다.

사용자는 18세 미만인 자와 근로계약을 체결하는 경우에는
근기법 제17조에 따른 근로조건을 서면으로 명시하여 교부하
여야 합니다.

　명시된 근로조건이 사실과 다를 경우에 근로자는 근로조건 위반을 이유로 손해의 배상을 청구할 수 있으며 즉시 근로계약을 해제할 수 있습니다. 근로자가 손해배상을 청구할 경우에는 노동위원회에 신청할 수 있으며, 근로계약이 해제되었을 경우에는 사용자는 취업을 목적으로 거주를 변경하는 근로자에게 귀향 여비를 지급하여야 합니다.

[별지 제16호서식]

<table>
<tr><td colspan="6" align="center"><h1>근로자 명부</h1></td></tr>
<tr><td>①성명</td><td></td><td>②생년월일</td><td colspan="3"></td></tr>
<tr><td colspan="2">③주소</td><td colspan="4">(전화 :　　　　　)</td></tr>
<tr><td colspan="2">④부양가족</td><td>명</td><td>⑤종 사 업 무</td><td colspan="2"></td></tr>
<tr><td rowspan="4">이력</td><td>⑥기능 및 자격</td><td></td><td rowspan="2">퇴직</td><td>⑩해고일</td><td>년　월　일</td></tr>
<tr><td>⑦최종 학력</td><td></td><td>⑪퇴직일</td><td>년　월　일</td></tr>
<tr><td>⑧경력</td><td></td><td rowspan="2">퇴직</td><td>⑫사 유</td><td></td></tr>
<tr><td>⑨병역</td><td></td><td>⑬금품청산 등</td><td></td></tr>
<tr><td colspan="2">⑭고용일(계약기간)</td><td>년　월　일
(　　　)</td><td>⑮근로계약갱신일</td><td colspan="2">년　월　일</td></tr>
<tr><td colspan="3" align="center"><16>
근 로 계 약 조 건</td><td colspan="3"></td></tr>
<tr><td colspan="6"><17>특기사항(교육, 건강, 휴직등)</td></tr>
<tr><td colspan="6" height="300"></td></tr>
</table>

210mm×297mm[일반용지　60g/㎡(재활용품)]

근로조건 위반 손해배상 청구 신청서

※ 색상이 어두운 란은 신청인이 적지 않습니다.

접수번호	접수일	처리기간: 30일

신청인	성명		주민등록번호	
	주소			
			(전화번호 :　　　　　　　　）	
	사업장명		근무부서	

피신청인	사업장명	사업의 종류
	대표자명	근로자 수
	사업장 주소(소재지)	
		(전화번호 :　　　　　　　　）

신청 이유 및 청구 금액(근로계약 당시의 근로조건과 입사 이후의 근로조건 및 손해배상 청구금액을 구체적으로 기재할 것)

「근로기준법」 제19조제2항과 같은 법 시행규칙 제2조에 따라 위와 같이 근로조건 위반을 이유로 한 손해배상 청구를 신청합니다.

년　　　　월　　　　일

신청인　　　　　　　　　　(서명 또는 인)

대리인　　　　　　　　　　(서명 또는 인)

○○지방노동위원회 귀중

첨부서류	1. 근로계약서 사본 2. 사용자가 근로조건을 위반하였다는 사실을 증명하는 자료	수수료 없음

처 리 절 차

신청서 제출	→	접수	→	확인·검토	→	심의·의결	→	통보
신청인		지방노동위원회 사무국		지방노동위원회 심사담당		지방노동위원회 심판위원회		

210mm×297mm(백상지 80g/㎡)

<table>
<tr><td colspan="2">제   호

 근로계약 해지서 </td></tr>
<tr><td>사업장명</td><td>사업의 종류</td></tr>
<tr><td>대표자 성명</td><td>생년월일</td></tr>
<tr><td colspan="2">소재지
      (전화번호 :   )</td></tr>
<tr><td>근로자성명</td><td>생년월일</td></tr>
<tr><td colspan="2">소재지
      (전화번호 :   )</td></tr>
<tr><td colspan="2">종사업무</td></tr>
<tr><td colspan="2">계약내용</td></tr>
<tr><td colspan="2">해지사유</td></tr>
<tr><td colspan="2">

「근로기준법」 제67조제2항과 같은 법 시행규칙 제16조제1항제4호에 따라 위와 같이 근로계약을 해지합니다.

 년   월   일

○○지방고용노동청(지청)장   직인

</td></tr>
</table>

210mm×297mm(백상지 80g/㎡)

취업규칙 [ ]신고서
[ ]변경신고서

※ [ ]에는 해당되는 곳에 √ 표시를 합니다.

접수번호	접수일	처리기간 1일

신고 내용	사업장명	사업의 종류
	대표자 성명	생년월일
	소재지 (전화번호 :　　　　　　　　)	
	근로자수　　　　　　　명 (남　　명, 여　　명)	노동조합원수　　　　명
	의견청취일 또는 동의일 　　　　　년　　　월　　　일	

「근로기준법」 제93조와 같은 법 시행규칙 제15조에 따라 위와 같이 취업규칙을 [ ] 신고, [ ] 변경신고]합니다.

년　　　월　　　일

신청인　　(서명 또는 인)
대리인　　(서명 또는 인)

○○지방고용노동청(지청)장
귀하

첨부서류	1. 취업규칙 (변경신고 하는 경우에는 변경 전과 변경 후의 내용을 비교한 서류) 2. 근로자의 과반수를 대표하는 노동조합 또는 근로자 과반수의 의견을 들었음을 증명하는 자료 3. 근로자의 과반수를 대표하는 노동조합 또는 근로자 과반수의 동의를 받았음을 증명하는 자료 (근로자에게 불리하게 변경하는 경우에만 첨부합니다.)	수수료 없음

처 리 절 차

신청서 제출	→	접 수	→	내용검토	→	결 재	→	통 보
신청인		지방고용노동청 (지청)장 (민원실)		지방고용노동청 (지청)장 (근로개선지도 과)		지방고용노동청 (지청)장 (청장 · 지청장)		변경명령 (법령 또는 단 체협약에 저 축되는 경우)

210mm×297mm[일반용지 70g/㎡ (재활용품)]

제 호	
취업규칙 변경명령서	
사업장명	사업의 종류
대표자 성명	생년월일
소재지 (전화번호 :)	

변경을 명하는 사항

변경을 명하는 사유

변경기한

년   월   일까지

「근로기준법」 제96조제2항과 같은 법 시행규칙 제16조제1항제5호에 따라 취업규칙 중 위의 사항에 관하여 변경할 것을 명합니다.

년   월   일

○○지방고용노동청(지청)장   직인

210mm×297mm(백상지 80g/㎡)

제   호

휴게시간 또는 휴일 부여 명령서

사업장명	사업의 종류
대표자 성명	생년월일
소재지	

(전화번호 :   )

근로시간의 연장이 부적당하다고 인정하는 사유

　　　　년　　　월　　　일 발생한 근로시간의 연장에 대하여 「근로기준법」 제53조제4항과 같은 법 시행규칙 제16조제1항제3호에 따라 다음의 휴게시간 또는 휴일을 줄 것을 명합니다.

휴게시간 :　　　　　　　시간

휴일 :　　　　　　　일

년　　　월　　　일

○○지방고용노동청(지청)장　　[직인]

210mm×297mm(백상지 80g/㎡)

■ 근로기준법 시행규칙 [별지 제9호서식]

15세 미만인 자의 취직인허증 [ ] 교부 [ ] 재교부 신청서

※ [ ]에는 해당되는 곳에 "√" 표시를 합니다.
※ 뒤쪽의 작성방법을 읽고 작성하여 주시기 바랍니다.

(앞쪽)

접수번호	접수일	처리기간: 3일

15세 미만인 자	성명		주민등록번호	
	주소			

사용자 (사용자가 될 자)	사업장명		사업의 종류	
	대표자 성명		주민등록번호	
	소재지			
		(전화번호 :)		
	15세 미만인 자의 종사업무		임금	
	근로시간		사용기간	

학교장	학교명	
	소재지	
	(전화번호 :)	
	수업시간	
	의견	

친권자 또는 후견인	성명		주민등록번호	
	주소			
		(전화번호 :)		
	15세 미만인 자와의 관계		동의여부	

「근로기준법」 제64조제1항과 같은 법 시행령 제35조·제39조 및 같은 법 시행규칙 제11조제1항·제2항에 따라 위와 같이 15세 미만인 자의 취직인허증의 { [ ] 교부, [ ] 재교부} 를 신청합니다.

년   월   일

사용자(사용자가 될 자)   (서명 또는 인)

15세 미만인 자   (서명 또는 인)

○○지방고용노동청(지청)장   귀하

첨부서류	취직인허증을 못쓰게 되거나 잃어버리게 된 사유서(재교부를 신청하는 경우에만 첨부)	수수료 없음

210mm×297mm(백상지 80g/㎡)

작 성 방 법

1. "15세 미만인 자의 종사업무"란에 15세 미만인 자를 둘 이상의 업무에 사용하려는 경우에는 그 사용 직종을 모두 적으시기 바라며, 이 중 일부 직종에 대해서만 허가할 수도 있습니다.
2. "학교장"란은 15세 미만인 자가 의무교육대상이거나 학교에 재학 중인 경우에만 작성합니다(재교부의 경우 작성할 필요 없음)

처 리 절 차

이 신고서는 아래와 같이 처리됩니다.

<table>
<tr><td colspan="4">제   호</td></tr>
<tr><td colspan="4"><h1 style="text-align:center">15세 미만인 자의 취직인허증</h1></td></tr>
<tr><td rowspan="2">15세
미만인
자</td><td>성명</td><td colspan="2">생년월일</td></tr>
<tr><td colspan="3">주소</td></tr>
<tr><td rowspan="5">사용자</td><td>사업장명</td><td colspan="2">사업의 종류</td></tr>
<tr><td>대표자 성명</td><td colspan="2">생년월일</td></tr>
<tr><td colspan="3">소재지

(전화번호 :   )</td></tr>
<tr><td>15세 미만인 자의 종사업무</td><td colspan="2">임금</td></tr>
<tr><td>근로시간</td><td colspan="2">사용기간</td></tr>
<tr><td rowspan="2">학교</td><td colspan="3">학교명</td></tr>
<tr><td colspan="3">소재지

(전화번호   :
)</td></tr>
<tr><td rowspan="3">친권자
또는
후견인</td><td>성명</td><td colspan="2">생년월일</td></tr>
<tr><td colspan="3">주소
(전화번호 :   )</td></tr>
<tr><td colspan="3">15세 미만인 자와의 관계</td></tr>
</table>

「근로기준법」 제64조와 같은 법 시행규칙 제11조제3항에 따라 위와 같이 15세 미만인 자의 사용을 인허합니다.

년   월   일

○○지방고용노동청(지청)장   직인

210mm×297mm(백상지 80g/㎡)

4. 근로자의 구제신청

① 사용자가 근로자에게 부당해고 등을 하면 근로자는 노동위원
회에 구제를 신청할 수 있습니다. 구제신청은 부당해고 등이
있었던 날부터 3개월 이내에 하여야 합니다.

　　노동위원회는 구제신청을 받으면 지체 없이 필요한 조사를
하여야 하며 관계 당사자를 심문하여야 합니다. 노동위원회
는 심문을 할 때에는 관계 당사자의 신청이나 직권으로 증인
을 출석하게 하여 필요한 사항을 질문할 수 있습니다.

　　노동위원회는 심문을 할 때에는 관계 당사자에게 증거 제출
과 증인에 대한 반대심문을 할 수 있는 충분한 기회를 주어야
합니다. 노동위원회의 조사와 심문에 관한 세부절차는 노동위
원회법에 따른 중앙노동위원회가 정하는 바에 따릅니다.

② 노동위원회는 심문을 끝내고 부당해고 등이 성립한다고 판정
하면 사용자에게 구제명령을 하여야 하며, 부당해고 등이 성
립하지 아니한다고 판정하면 구제신청을 기각하는 결정을 하
여야 합니다. 이에 따른 판정, 구제명령 및 기각결정은 사용
자와 근로자에게 각각 서면으로 통지하여야 합니다.

③ 노동위원회는 구제명령(해고에 대한 구제명령만을 말합니다)
을 할 때에 근로자가 원직복직(原職復職)을 원하지 아니하면
원직복직을 명하는 대신 근로자가 해고기간 동안 근로를 제
공하였더라면 받을 수 있었던 임금 상당액 이상의 금품을 근
로자에게 지급하도록 명할 수 있습니다.

④ 노동위원회법에 따른 지방노동위원회의 구제명령이나 기각결

정에 불복하는 사용자나 근로자는 구제명령서나 기각결정서를 통지받은 날부터 10일 이내에 중앙노동위원회에 재심을 신청할 수 있습니다. 중앙노동위원회의 재심판정에 대하여 사용자나 근로자는 재심판정서를 송달받은 날부터 15일 이내에 행정소송법의 규정에 따라 소(訴)를 제기할 수 있습니다. 이 기간 이내에 재심을 신청하지 아니하거나 행정소송을 제기하지 아니하면 그 구제명령, 기각결정 또는 재심판정은 확정됩니다.

⑤ 노동위원회의 구제명령, 기각결정 또는 재심판정은 근기법 제31조에 따른 중앙노동위원회에 대한 재심 신청이나 행정소송 제기에 의하여 그 효력이 정지되지 않습니다.

⑥ 노동위원회는 구제명령(구제명령을 내용으로 하는 재심판정을 포함합니다.)을 받은 후 이행기한까지 구제명령을 이행하지 아니한 사용자에게 2천만원 이하의 이행강제금을 부과합니다. 이행강제금을 부과하기 30일 전까지 이행강제금을 부과·징수한다는 뜻을 사용자에게 미리 문서로써 알려 주어야 합니다. 이행강제금을 부과할 때에는 이행강제금의 액수, 부과 사유, 납부기한, 수납기관, 이의제기방법 및 이의제기기관 등을 명시한 문서로써 하여야 합니다.

이행강제금을 부과하는 위반행위의 종류와 위반 정도에 따른 금액(아래 표 참조), 부과·징수된 이행강제금의 반환절차, 그 밖에 필요한 사항은 대통령령으로 정합니다.

이행강제금의 부과기준

위반행위	해당 법조문	금액
정당한 이유 없는 해고에 대한 구제명령을 이행하지 아니 한 자	법 제33조 제1항	500만원 이상 2,000만원 이하
정당한 이유 없는 휴직, 정직(停職)에 대한 구제명령을 이행하지 아니 한 자	법 제33조 제1항	250만원 이상 1,000만원 이하
정당한 이유 없는 전직(轉職), 감봉에 대한 구제명령을 이행하지 아니 한 자	법 제33조 제1항	200만원 이상 500만원 이하
정당한 이유 없는 그 밖의 징벌(懲罰)에 대한 구제명령을 이행하지 아니 한 자	법 제33조 제1항	100만원 이상 500만원 이하

※ 비고 : 구체적인 이행강제금의 금액은 위반행위의 종류에 따른 부과금액의 범위에서 위반행위의 동기, 고의·과실 등 사용자의 귀책 정도, 구제명령 이행을 위한 노력의 정도, 구제명령을 이행하지 아니한 기간 등을 고려하여 결정한다.

　　노동위원회는 최초의 구제명령을 한 날을 기준으로 매년 2회의 범위에서 구제명령이 이행될 때까지 반복하여 제1항에 따른 이행강제금을 부과·징수할 수 있습니다. 이 경우 이행강제금은 2년을 초과하여 부과·징수하지 못합니다.

⑦ 노동위원회는 구제명령을 받은 자가 구제명령을 이행하면 새

로운 이행강제금을 부과하지 아니하되, 구제명령을 이행하기 전에 이미 부과된 이행강제금은 징수하여야 합니다. 이행강제금 납부의무자가 납부기한까지 이행강제금을 내지 아니하면 기간을 정하여 독촉을 하고 지정된 기간에 제1항에 따른 이행강제금을 내지 아니하면 국세 체납처분의 예에 따라 징수할 수 있습니다.

⑧ 근로자는 구제명령을 받은 사용자가 이행기한까지 구제명령을 이행하지 아니하면 이행기한이 지난 때부터 15일 이내에 그 사실을 노동위원회에 알려줄 수 있습니다.

부당해고등의 구제 신청서

접수번호	접수일	처리기간 : 90일 (사건에 따라 연장가능)

신청인	성명	생년월일
	주소 (전화번호 :)	
	사업장명	근무부서

피신청인	사업장명	사업주 성명(법인인 경우 대표자 성명)
	사업장 주소 (전화번호 :)	

해고등 발생일	
신청 취지	
신청 이유	(별지 작성 가능)

「근로기준법」 제28조제1항과 같은 법 시행규칙 제5조에 따라 위와 같이 부당해고등에 대한 구제를 신청합니다.

년   월   일

신청인   (서명 또는 인)

대리인   (서명 또는 인)

○○지방노동위원회 위원장
귀하

첨부서류	없 음	수수료 없음

처 리 절 차

신청서 작성	→	접 수	→	확인 검토	→	심의 의결	→	통 보
신청인		노동위원회 (사무국)		노동위원회 (심사담당)		노동위원회 (심판위원회)		

210mm×297mm[백상지 80g/㎡ 또는 중질지 80g/㎡]

5. 사용자의 준수사항 및 금지행위

5-1. 준수사항

① 사용자는 근기법에서 정하는 근로조건은 최저기준이므로 근로관계 당사자는 이 기준을 이유로 근로조건을 낮출 수 없습니다. 근로조건은 근로자와 사용자가 동등한 지위에서 자유의사에 따라 결정하여야 합니다.

② 근로자와 사용자는 각자가 단체협약, 취업규칙과 근로계약을 지키고 성실하게 이행할 의무가 있습니다.

③ 사용자는 근로자에 대하여 남녀의 성(性)을 이유로 차별적 대우를 하지 못하고, 국적·신앙 또는 사회적 신분을 이유로 근로조건에 대한 차별적 처우를 하지 못합니다.

④ 사용자는 폭행, 협박, 감금, 그 밖에 정신상 또는 신체상의 자유를 부당하게 구속하는 수단으로써 근로자의 자유의사에 어긋나는 근로를 강요하지 못합니다.

⑤ 사용자는 사고의 발생이나 그 밖의 어떠한 이유로도 근로자에게 폭행을 하지 못합니다.

⑥ 누구든지 법률에 따르지 아니하고는 영리로 다른 사람의 취업에 개입하거나 중간인으로서 이익을 취득하지 못합니다.

⑦ 사용자는 근로자가 근로시간 중에 선거권, 그 밖의 공민권(公民權) 행사 또는 공(公)의 직무를 집행하기 위하여 필요한 시간을 청구하면 거부하지 못합니다. 다만, 그 권리 행사나 공(公)의 직무를 수행하는 데에 지장이 없으면 청구한 시간

을 변경할 수 있습니다.

⑧ 사용자는 근로자가 퇴직한 후라도 사용 기간, 업무 종류, 지위와 임금, 그 밖에 필요한 사항에 관한 증명서를 청구하면 사실대로 적은 증명서를 즉시 내주어야 합니다. 이 증명서에는 근로자가 요구한 사항만을 적어야 합니다.

⑨ 누구든지 근로자의 취업을 방해할 목적으로 비밀 기호 또는 명부를 작성·사용하거나 통신을 하여서는 아니 됩니다.

⑩ 사용자는 각 사업장별로 근로자 명부를 작성하고 근로자의 성명, 생년월일, 이력, 그 밖에 대통령령으로 정하는 사항을 적어야 합니다. 이 근로자 명부에 적을 사항이 변경된 경우에는 지체 없이 정정하여야 합니다.

⑪ 사용자는 근로자 명부와 대통령령으로 정하는 근로계약에 관한 중요한 서류를 3년간 보존하여야 합니다.

5-2. 금지행위

① 사용자는 근로계약 불이행에 대한 위약금 또는 손해배상액을 예정하는 계약을 체결하지 못합니다.

② 사용자는 전차금(前借金)이나 그 밖에 근로할 것을 조건으로 하는 전대(前貸)채권과 임금을 상계하지 못합니다.

③ 사용자는 근로계약에 덧붙여 강제 저축 또는 저축금의 관리를 규정하는 계약을 체결하지 못합니다.

④ 사용자가 근로자의 위탁으로 저축을 관리하는 경우에는 다음 각 호의 사항을 지켜야 합니다.

1) 저축의 종류·기간 및 금융기관을 근로자가 결정하고, 근로
   자본인의 이름으로 저축할 것
2) 근로자가 저축증서 등 관련 자료의 열람 또는 반환을 요구
   할 때에는 즉시 이에 따를 것

⑤ 사용자는 근로자에게 정당한 이유 없이 해고, 휴직, 정직, 전직, 감봉, 그 밖의 징벌(懲罰)을 하지 못합니다.

⑥ 사용자는 근로자가 업무상 부상 또는 질병의 요양을 위하여 휴업한 기간과 그 후 30일 동안 또는 산전(産前)·산후(産後)의 여성이 이 법에 따라 휴업한 기간과 그 후 30일 동안은 해고하지 못합니다. 다만, 사용자가 근기법 제84조에 따라 일시보상을 하였을 경우 또는 사업을 계속할 수 없게 된 경우에는 예외로 합니다.

⑦ 사용자가 경영상 이유에 의하여 근로자를 해고하려면 긴박한 경영상의 필요가 있어야 합니다. 이 경우 경영 악화를 방지하기 위한 사업의 양도·인수·합병은 긴박한 경영상의 필요가 있는 것으로 봅니다.

경영상 이유에 의한 해고계획 신고서

※ 뒤쪽의 작성방법을 읽고 작성하여 주시기 바랍니다. (앞쪽)

접수번호		접수일		처리기간 즉시	

사업장 개요	①사업장명			②사업의 종류	
	③대표자 성명			④생년월일	
	⑤근로자수　　　　　　　　　　　명 （남 :　　　명, 여:　　　명)			⑥전화번호	
	⑦소재지				

근로자 대표	⑧직위			⑨성명	

⑩해고사유 (별지작성가능)					
⑪해고예정인원	、 상시근로자의　　　　　％		명 (여 :　　　　　　　　)		
노동조합 또는 근로자 대표와 협의한 내용	⑫해고계획통보일 　　년　　월　　일		⑬ 해고계획 통보방법		
	⑭ 해고계획 통보내용 (별지작성가능)	해고를 피하기 위한 방법			
		해고기준			
		기　타			
⑮ 해고일정					

「근로기준법」 제24조제4항과 같은 법 시행규칙 제3조에 따라 위와 같이 경영상 이유에 의한 해고계획을 신고합니다.

　　　　　　　　　　　　　　　　　　　　　　　　　　년　　　　월　　　　일

　　　　　　　　　　　　신고인　　　　　　　　(서명 또는 인)
　　　　　　　　　　　　대리인　　　　　　　　(서명 또는 인)

○○지방고용노동청(지청)장 귀하

첨부서류	근로자대표에게 통보한 내용을 적은 해고 관련 서류 1부	수수료 없음

210mm×297mm[일반용지 60g/㎡(재활용품)]

작성방법

⑧ 란에는 노동조합장, 노사협의회 근로자위원, 선출된 대표자 등을 적습니다.

⑭ 란은 다음과 같이 적습니다.
 "해고를 피하기 위한 방법"란에는 "연장근로의 축소, 근로시간 단축, 신규채용의 중지, 배치전환, 재교육·훈련의 실시, 퇴직희망자의 모집 등" 해고를 피하기 위하여 하였거나 앞으로 할 계획의 구체적인 내용을 적습니다.
 "해고 기준"란에는 "근속연수가 짧은 자, 근무성적이나 능력이 낮은 자 등" 해고대상자 선정기준을 구체적으로 적습니다.
 "기타"란에는 해고자 우선 재고용 여부 등 필요한 사항을 적습니다.

⑮ 란에는 해고예고일, 해고예정일 등을 적습니다.

처 리 절 차

※ 이 신고서는 아래와 같이 처리됩니다.

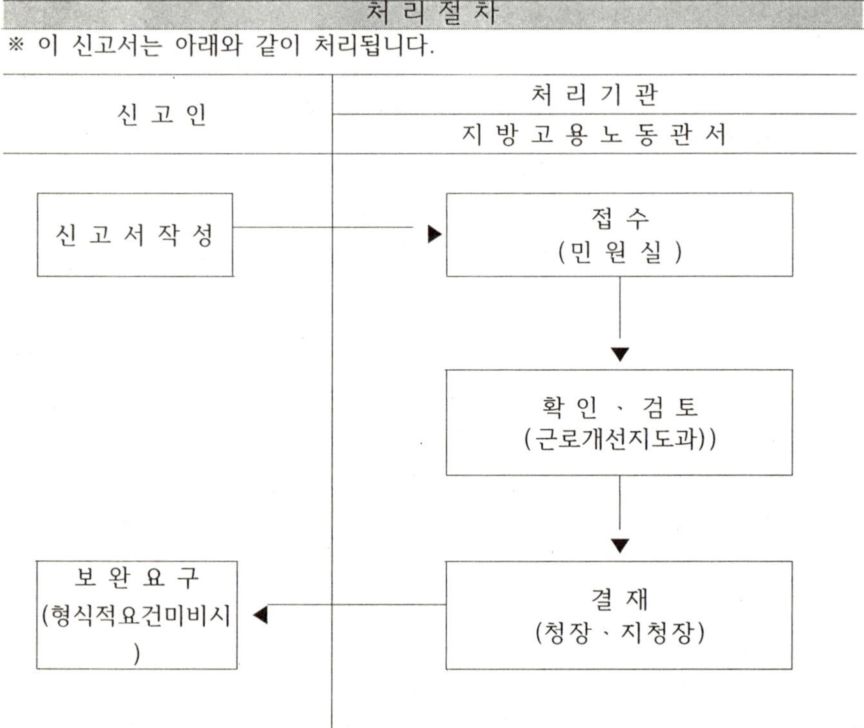

⑧ 사용자는 해고를 피하기 위한 노력을 다하여야 하며, 합리적이고 공정한 해고의 기준을 정하고 이에 따라 그 대상자를 선정하여야 합니다. 이 경우 남녀의 성을 이유로 차별하여서는 아니 됩니다.

⑨ 사용자는 ⑧에 따른 해고를 피하기 위한 방법과 해고의 기준 등에 관하여 그 사업 또는 사업장에 근로자의 과반수로 조직된 노동조합이 있는 경우에는 그 노동조합(근로자의 과반수로 조직된 노동조합이 없는 경우에는 근로자의 과반수를 대표하는 자를 말한다. 이하 "근로자대표"라 합니다)에 해고를 하려는 날의 50일 전까지 통보하고 성실하게 협의하여야 합니다.

⑩ 사용자는 ⑦에 따라 대통령령으로 정하는 일정한 규모 이상의 인원을 해고하려면 대통령령으로 정하는 바에 따라 고용노동부장관에게 신고하여야 합니다.

⑪ 사용자가 ⑦부터 ⑨까지의 규정에 따른 요건을 갖추어 근로자를 해고한 경우에는 근기법 제23조제1항에 따른 정당한 이유가 있는 해고를 한 것으로 봅니다.

⑫ 근기법 제24조에 따라 근로자를 해고한 사용자는 근로자를 해고한 날부터 3년 이내에 해고된 근로자가 해고 당시 담당하였던 업무와 같은 업무를 할 근로자를 채용하려고 할 경우 해고된 근로자가 원하면 그 근로자를 우선적으로 고용하여야 합니다. 정부는 해고된 근로자에 대하여 생계안정, 재취업, 직업훈련 등 필요한 조치를 우선적으로 취하여야 합니다.

⑬ 사용자는 근로자를 해고(경영상 이유에 의한 해고를 포함합니다)하려면 적어도 30일 전에 예고를 하여야 하고, 30일 전

에 예고를 하지 아니하였을 때에는 30일분 이상의 통상임금
을 지급하여야 합니다. 다만, 천재·사변, 그 밖의 부득이한
사유로 사업을 계속하는 것이 불가능한 경우 또는 근로자가
고의로 사업에 막대한 지장을 초래하거나 재산상 손해를 끼
친 경우로서 다음에 정하는 사유에 해당하는 경우는 예외로
합니다.

1) 납품업체로부터 금품이나 향응을 제공받고 불량품을 납
   품받아 생산에 차질을 가져온 경우
2) 영업용 차량을 임의로 타인에게 대리운전하게 하여 교통
   사고를 일으킨 경우
3) 사업의 기밀이나 그 밖의 정보를 경쟁관계에 있는 다른
   사업자 등에게 제공하여 사업에 지장을 가져온 경우
4) 허위 사실을 날조하여 유포하거나 불법 집단행동을 주도
   하여 사업에 막대한 지장을 가져온 경우
5) 영업용 차량 운송 수입금을 부당하게 착복하는 등 직책을
   이용하여 공금을 착복, 장기유용, 횡령 또는 배임한 경우
6) 제품 또는 원료 등을 몰래 훔치거나 불법 반출한 경우
7) 인사·경리·회계담당 직원이 근로자의 근무상황 실적을 조작
   하거나 허위 서류 등을 작성하여 사업에 손해를 끼친 경우
8) 사업장의 기물을 고의로 파손하여 생산에 막대한 지장을
   가져온 경우
9) 그 밖에 사회통념상 고의로 사업에 막대한 지장을 가져
   오거나 재산상 손해를 끼쳤다고 인정되는 경우

⑭ 사용자는 근로자를 해고하려면 해고사유와 해고시기를 서면
   으로 통지하여야 합니다. 근로자에 대한 해고는 서면으로 통

지하여야 효력이 있습니다. 사용자가 해고의 예고를 해고사
유와 해고시기를 명시하여 서면으로 한 경우에는 통지를 한
것으로 봅니다.

⑮ 사용자가 근기법을 위반하였을 경우에는 다음과 같이 과태료
가 부과됩니다.

과태료의 부과기준

1. 일반기준
 가. 위반행위의 횟수에 따른 과태료 부과기준은 최근 1년간 같은
    위반행위로 과태료를 부과받은 경우에 적용한다. 이 경우 위반
    행위에 대하여 과태료 부과처분을 한 날과 다시 같은 위반행위
    를 적발한 날을 각각 기준으로 하여 위반횟수를 계산한다.
 나. 고용노동부장관은 위반행위자가 다음의 어느 하나에 해당하
    는 경우에는 제2호에 따른 과태료 금액의 2분의 1의 범위에서 그
    금액을 감경할 수 있다. 다만, 과태료를 체납하고 있는 위반행위
    자의 경우에는 그러하지 아니하다.

    1) 위반행위자가 「질서위반행위규제법 시행령」 제2조의2제1항 각
       호의 어느 하나에 해당하는 경우

    2) 위반행위자의 사소한 부주의나 오류 등 과실로 발생한 것으
       로 인정되는 경우

    3) 위반행위자가 위반행위를 바로 정정하거나 시정하여 해소한
       경우

    4) 위반행위자가 자연재해·화재 등으로 재산에 현저한 손실이
       발생하거나 사업여건의 악화로 사업이 중대한 위기에 처하
       는 등의 사정이 있는 경우

    5) 그 밖에 위반행위의 정도, 위반행위의 동기와 그 결과 등을

고려하여 감경할 필요가 있다고 인정되는 경우

2. 개별기준

위반행위	근거 법조문	과태료 금액(만원)		
		1차	2차	3차 이상
가. 법 제13조에 따른 요구가 있는 경우에 보고·출석하지 않거나 거짓된 보고를 한 경우	법 제116조 제1항제1호	50	100	200
1) 보고 또는 출석을 하지 않은 경우		300	300	300
2) 거짓된 보고를 한 경우				
나. 법 제14조에 따른 게시 또는 비치의무를 위반한 경우	법 제116조 제1항제2호	30	50	100
다. 법 제39조에 따른 사용증명서 교부의무를 위반한 경우	법 제116조 제1항제2호			
1) 사용증명서를 즉시 내어 주지 않은 경우		30	50	100
2) 사실과 다르게 적은 사용증명서를 내어준 경우		50	100	200
3) 근로자가 요구하지 않은 사항을 사용증명서에 적은 경우		80	150	300
라. 법 제41조에 따른 근로자 명부 작성의무를 위반한 경우	법 제116조 제1항제2호	30	50	100
1) 근로자 명부를 작성하지 않은 경우		20	30	50
2) 근로자 명부에 기재하여야 할 사항을 일부 적지 않거나 변경내용을 지체 없이 정정하지 않은 경우				

위반행위	근거 법조문	1차	2차	3차
마. 법 제42조에 따른 근로계약에 관한 서류의 보존의무를 위반한 경우	법 제116조 제1항제2호	80	150	300
바. 법 제48조에 따른 임금대장 작성의무를 위반한 경우	법 제116조 제1항제2호			
1) 임금대장을 작성하지 않은 경우		30	50	100
2) 임금대장 기재하여야 할 사항을 일부 적지 않은 경우		20	30	50
사. 법 제66조에 따른 연소자 증명서류 비치의무를 위반한 경우	법 제116조 제1항제2호	80	150	300
아. 법 제74조제7항에 따른 여성 근로자의 근로시간 단축을 허용하지 않은 경우	법 제116조 제1항제2호	500	500	500
자. 법 제91조에 따른 재해보상에 관한 중요서류 보관의무를 위반한 경우	법 제116조 제1항제2호	50	100	200
차. 법 제93조에 따른 취업규칙 작성·신고 의무를 위반한 경우	법 제116조 제1항제2호			
1) 취업규칙을 작성하지 않은 경우		70	130	250
2) 취업규칙을 작성하고 신고하지 않은 경우		40	80	150
3) 취업규칙의 변경신고를 하지 않은 경우		40	80	150
카. 법 제98조제2항을 위반하여 임원 선거에 간섭한 경우	법 제116조 제1항제2호	80	150	300
타. 법 제99조에 따른 기숙사	법 제116조			

위반행위	근거 법조문			
규칙의 작성 의무를 위반한 경우	제1항제2호	40	80	150
1) 기숙사 규칙을 작성하지 않은 경우		20	30	50
2) 기숙사 규칙의 작성 또는 변경에 대하여 기숙사에 기숙하는 근로자 과반수를 대표하는 자의 동의를 받지 않은 경우		30	50	100
3) 기숙사 규칙을 지키지 않은 경우				
파. 법 제102조에 따른 근로감독관 또는 그 위촉을 받은 의사의 임검 또는 검진을 거절, 방해 또는 기피하고 그 심문에 대하여 진술을 하지 않거나 거짓된 진술을 하며, 장부·서류를 제출하지 않거나 거짓된 장부·서류를 제출한 경우	법 제116조 제1항제3호			
1) 근로감독관 또는 그 위촉을 받은 의사의 임검 또는 검진을 거절, 방해 또는 기피한 경우		500	500	500
2) 근로감독관의 심문에 대하여 진술을 하지 않거나 거짓된 진술을 한 자				
가) 진술을 하지 않은 경우		50	100	200
나) 거짓된 진술을 한 자		300	300	300
3) 근로감독관의 요구에 대하여 장부·서류를 제출하지 않거나 거짓된 장부·서류를 제출한 경우		50	100	200
가) 장부·서류를 제출하지				

| | 300 | 300 | 300 |
| 나) 거짓된 장부·서류를 제출한 경우 | | | |

(앞 행: 않은 경우)

6. 근기법의 적용 사업장

근기법은 상시 5명 이상의 근로자를 사용하는 모든 사업 또는 사업장에 적용합니다. 다만, 동거하는 친족만을 사용하는 사업 또는 사업장과 가사(家事) 사용인에 대하여는 적용하지 아니합니다. 상시 4명 이하의 근로자를 사용하는 사업 또는 사업장에 대하여는 근로기준법의 일부 규정을 적용할 수 있습니다.

상시 4명 이하의 근로자를 사용하는 사업 또는 사업장에 적용하는 법 규정

구 분	적 용 법 규 정
제1장 총 칙	제1조부터 제13조까지의 규정
제2장 근로계약	제15조, 제17조, 제18조, 제19조제1항, 제20조부터 제22조까지의 규정, 제23조제2항, 제26조, 제35조부터 제42조까지의 규정
제3장 임금	제43조부터 제45조까지의 규정, 제47조부터 제49조까지의 규정
제4장 근로시간과 휴식	제54조, 제55조, 제63조
제5장 여성과 소년	제64조, 제65조제1항·제3항(임산부와 18세 미만인 자로 한정한다), 제66조부터 제69

	조까지의 규정, 제70조제2항·제3항, 제71조, 제72조, 제74조
제6장 안전과 보건	제76조
제8장 재해보상	제78조부터 제92조까지의 규정
제11장 근로감독관 등	제101조부터 제106조까지의 규정
제12장 벌 칙	제107조부터 제116조까지의 규정(제1장부터 제6장까지, 제8장, 제11장의 규정 중 상시 4명 이하 근로자를 사용하는 사업 또는 사업장에 적용되는 규정을 위반한 경우로 한정한다)

「상시 사용하는 근로자 수」는 해당 사업 또는 사업장에서 법적용 사유 발생일 전 1개월(사업이 성립한 날부터 1개월 미만인 경우에는 그 사업이 성립한 날 이후의 기간을 말합니다. 이하 "산정기간"이라 합니다) 동안 사용한 근로자의 연인원을 같은 기간 중의 가동 일수로 나누어 산정합니다.

그러나 다음의 구분에 따라 그 사업 또는 사업장에 대하여 5명(근기법 제93조의 적용 여부를 판단하는 경우에는 10명을 말합니다. 이하 "법 적용 기준"이라 합니다) 이상의 근로자를 사용하는 사업 또는 사업장(이하 "법 적용 사업 또는 사업장"이라 합니다)으로 보거나 법 적용 사업 또는 사업장으로 보지 않습니다.

① 법 적용 사업 또는 사업장으로 보는 경우 : 해당 사업 또

는 사업장의 근로자 수를 산정한 결과 법 적용 사업 또는 사업장에 해당하지 않는 경우에도 산정기간에 속하는 일(日)별로 근로자 수를 파악하였을 때 법 적용 기준에 미달한 일수(日數)가 2분의 1 미만인 경우

② 법 적용 사업 또는 사업장으로 보지 않는 경우 : 해당 사업 또는 사업장의 근로자 수를 산정한 결과 법 적용 사업 또는 사업장에 해당하는 경우에도 산정기간에 속하는 일별로 근로자 수를 파악하였을 때 법 적용 기준에 미달한 일수가 2분의 1 이상인 경우

근기법 제60조부터 제62조까지의 규정(제60조제2항에 따른 연차유급휴가에 관한 부분은 제외합니다)의 적용 여부를 판단하는 경우에 해당 사업 또는 사업장에 대하여 위의 규정에 따라 월 단위로 근로자 수를 산정한 결과 법 적용 사유 발생일 전 1년 동안 계속하여 5명 이상의 근로자를 사용하는 사업 또는 사업장은 법 적용 사업 또는 사업장으로 봅니다.

근로시간 연장 [ ]인가 [ ]승인 신청서

※ [ ]에는 해당되는 곳에 √ 표시를 합니다.

접수번호	접수일	처리기간 **3일**

신청인	사업장명	사업의 종류
	대표자 성명	생년월일
	소재지 (전화번호 :)	

신청내용	연장업무의 종류	
	연장기간	년 월 일부터 년 월 일까지 (일)
	근로자수	명 (남 명, 여 명)
	연장사유 발생일	년 월 일

시간 연장사유(구체적으로 적으시기 바랍니다.)

「근로기준법」 제53조제3항과 같은 법 시행규칙 제9조제1항에 따라 위와 같이 근로시간 연장 [ ]인가, [ ]승인을 신청합니다.

년   월   일

신청인   (서명 또는 인)
대리인   (서명 또는 인)

○○지방고용노동청(지청)장 귀하

첨부서류	근로자의 동의서 사본 1부	수수료 없음

처 리 절 차

신청서 제출	→	접 수	→	내용검토	→	결 재	→	통 보
신청인		지방고용노동청 (지청)장 (민원실)		지방고용노동청 (지청)장 (근로개선지도 과)		지방고용노동청 (지청)장 (청장 · 지청장)		

210mm×297mm[일반용지 60g/㎡ (재활용품)]

<table>
<tr><td colspan="2">제   호</td></tr>
<tr><td colspan="2"><h1>근로시간 연장　　　[ ] 인가서
[ ] 승인서</h1></td></tr>
<tr><td>사업장명</td><td>사업의 종류</td></tr>
<tr><td>대표자 성명</td><td>생년월일</td></tr>
<tr><td colspan="2">소재지

(전화번호 :　　　　　　　　　　　)</td></tr>
<tr><td colspan="2">연장업무의 종류</td></tr>
<tr><td colspan="2">연장기간
　　　년　　　월　　　일부터　　　년　　　월
일까지 (　　일)</td></tr>
<tr><td colspan="2">근로자수
　　　　　명 (남　　　명, 여　　　명)</td></tr>
</table>

「근로기준법」 제53조제3항과 같은 법 시행규칙 제9조제3항에 따라 위와 같이 근로시간 연장을 [ ]인가, [ ]승인합니다.

　　　　　　　　　　　　　　　　　　　년　　　월　　　일

〇〇지방고용노동청(지청)장　　　　직인

210mm×297mm(백상지 80g/㎡)

[ ] 감시적
[ ] 단속적 근로종사자에 대한 적용제외 승인 신청서

※ [ ]에는 해당되는 곳에 √ 표시를 합니다.

접수번호		접수일	처리기간　10일

신청인	①사업장명		②사업의 종류
	③대표자성명		④생년월일
	⑤근로자수		⑥전화번호
	⑦소재지		

신청 내용	⑧종사 업무		
	⑨근로 자수	감시적 근로종사자	명 (남:　　명, 여:　　명)
		단속적 근로종사자	명 (남:　　명, 여:　　명)
	⑩근로 형태	감시적 근로종사자	
		단속적 근로종사자	

「근로기준법」 제63조제3호와 같은 법 시행규칙 제10조제1항에 따라 위와 같이 [[ ] 감시적, [　] 단속적] 근로종사자에 대한 「근로기준법」 제4장 및 제5장에서 정한 근로시간, 휴게와 휴일에 관한 규정의 적용 제외 승인을 신청합니다.

년 　 월 　 일

신청인　　　　　　　　　　　(서명 또는 인)
대리인　　　　　　　　　　　(서명 또는 인)

○○지방고용노동청(지청)장 귀하

첨부서류	없 음	수수료 없음

처 리 절 차

신청서 제출	→	접 수	→	내용검토	→	결 재	→	통 보
신청인		지방고용노동청 (지청)장 (민원실)		지방고용노동청(지청)장 (근로개선지도 과)		지방고용노동청 (지청)장 (청장· 지청장)		

210mm×297mm[일반용지 60g/㎡ (재활용품)]

제   호

[ ] 감시적
[ ] 단속적 근로종사자에 대한 적용 제외 승인서

※ [   ]에는 해당되는 곳에 "√" 표시를 합니다.

사업장명		사업의 종류	
대표자 성명		생년월일	
근로자수		전화번호	
소재지			

종사업무		
근로자수	감시적 근로종사자	명 (남: 명, 여: 명)
	단속적 근로종사자	명 (남: 명, 여: 명)
근로형태	감시적 근로종사자	
	단속적 근로종사자	

「근로기준법」 제63조제3호와 같은 법 시행규칙 제10조제4항에 따라 위와 같이{[ ] 감시적, [ ] 단속적} 근로종사자에 대한 「근로기준법」 제4장 및 제5장에서 정한 근로시간, 휴게와 휴일에 관한 규정의 적용 제외를 승인합니다.

년   월   일

○○지방고용노동청(지청)장   직인

210mm×297mm(백상지 80g/㎡)

■ 학습지판매위탁 상담교사도 근로기준법상의 근로자인지요?

저는 학습지제작·판매회사인 A회사와 위탁업무계약을 체결한 교육상담교사입니다. 저와 같은 경우에도 근로기준법상의 근로자로서 퇴직금을 청구할 수 있는지요?

근로기준법상 근로자의 범위에 관하여 판례는 "근로기준법상의 근로자에 해당하는지 여부는 계약의 형식과는 관계없이 실질에 있어서 근로자가 임금을 목적으로 종속적인 관계에서 사용자에게 근로를 제공하였는지 여부에 따라 판단하여야 하고, 이를 판단함에 있어서는 업무의 내용이 사용자에 의하여 정하여지고 취업규칙·복무규정·인사규정 등의 적용을 받으며 업무수행과정에 있어서도 사용자로부터 구체적이고 직접적인 지휘·감독을 받는지 여부, 사용자에 의하여 근무시간과 근무장소가 지정되고 이에 구속을 받는지 여부, 비품·원자재·작업도구 등의 소유관계, 보수가 근로자체의 대상적(對償的) 성격을 가지고 있는지 여부와 기본급이나 고정급이 정하여져 있는지 여부 및 근로소득세의 원천징수 여부 등 보수에 관한 사항, 근로제공관계의 계속성과 사용자에의 전속성의 유무와 정도, 사회보장제도에 관한 법령 등 다른 법령에 의하여 근로자로서의 지위를 인정하여야 하는지 여부, 양 당사자의 경제·사회적 조건 등을 종합적으로 고려하여 판단하여야 하고, 반대로 어떤 근로자에 대하여 누가 근로기준법 제28조 제1항(현행 근로기준법 제34조), 제30조(현행 근로기준법 제36조)가 정하는 퇴직금 지급의무를 부담하는 사용자인가를 판단함에 있어서도 계약의 형식이나 관련 법규의 내용에 관계없이 실질적인 근로관계를 기준으로 하여야 하고, 이때에도 위와 같은 여러 요소들을 종합적으로 고려하여야 한다."라고 하였습니다(대법원 1999. 2. 9. 선고 97다56235 판결, 2001. 4. 13. 선고 2000도4901 판결, 2002. 7. 26. 선고 2000다27671 판결).

또한, "학습지 등을 제작·판매하는 회사와 위탁업무계약을 체결한 교육상담교사의 경우 그 위탁업무의 수행과정에서 업무의 내용이나 수행방법 및 업무수행시간 등에 관하여 그 회사로부터 구체적이고 직접적인 지휘·감독을 받고 있지 아니한 점, 그 회사로부터 지급받는 수수료는 그 위탁업무수행을 위하여 상담교사가 제공하는 근로의 내용이나 시간과는 관계없이 오로지 신규회원의 증가나 월회비의 등록에 따른 회비의 수금실적이라는 객관적으로 나타난 위탁업무의 이행실적에 따라서만 그 지급여부 및 지급액이 결정되는 것이어서 종속적인 관계에서의 근로제공의 대가로써의 임금이라 보기 어려운 점 및 그밖에 업무수행시간의 정함이 없는 점 등 여러 사정을 종합하여 볼 때, 교육상담교사는 그 회사와의 사이에 사용·종속관계하에서 임금을 목적으로 근로를 제공한 근로자로 볼 수 없다."라고 하였습니다(대법원 1996. 4. 26. 선고 95다20348 판결, 2005. 11. 24. 선고 2005다39136 판결).

따라서 귀하의 경우에도 위와 같은 종합적인 기준에 의하여 근로기준법상의 근로자인지 여부를 판단하여야 할 것인바, 위 판례에 비추어 볼 때 근로기준법상의 근로자로 인정되기는 어려울 것으로 보입니다.

　입시학원 운영자의 시설 내에서 수강생에게 강의를 하고 매월 수강료 수입금의 일정비율을 배분받기로 한 입시학원 단과반 강사는 학원 측에 대하여 사용 종속관계 하에서 임금을 목적으로 근로를 제공하는 근로자로 볼 수 없다는 이유로 이를 근로기준법상의 근로자로 보아야 한다(대법원 1996. 7. 30. 선고 96도732 판결).

　근로기준법상의 근로자에 해당하는지 여부는 계약의 형식이 고용계약인지 도급계약인지보다 그 실질에 있어 근로자가 사업 또는 사업장에 임금을 목적으로 종속적인 관계에서 사용자에게 근로를 제공하였는지 여부에 따라 판단하여야 하고, 위에서 말하는 종속적인 관계가 있는지 여부는 업무 내용을 사용자가 정하고 취업규칙 또는 복무(인사)규정 등의 적용을 받으며 업무 수행 과정에서 사용자가 상당한 지휘·감독을 하는지, 사용자가 근무 시간과 근무 장소를 지정하고 근로자가 이에 구속을 받는지, 노무제공자가 스스로 비품·원자재나 작업도구 등을 소유하거나 제3자를 고용하여 업무를 대행하게 하는 등 독립하여 자신의 계산으로 사업을 영위할 수 있는지, 노무 제공을 통한 이윤의 창출과 손실의 초래 등 위험을 스스로 안고 있는지와, 보수의 성격이 근로 자체의 대상적 성격인지, 기본급이나 고정급이 정하여졌는지 및 근로소득세의 원천징수 여부 등 보수에 관한 사항, 근로 제공 관계의 계속성과 사용자에 대한 전속성의 유무와 그 정도, 사회보장제도에 관한 법령에서 근로자로서 지위를 인정받는지 등의 경제적·사회적 여러 조건을 종합하여 판단하여야 한다. 다만, 기본급이나 고정급이 정하여졌는지, 근로소득세를 원천징수하였는지, 사회보장제도에 관하여 근로자로 인정받는지 등의 사정은 사용자가 경제적으로 우월한 지위를 이용하여 임의로 정할 여지가 크다는 점에서, 그러한 점들이 인정되지 않는다는 것만으로 근로자성을 쉽게 부정하여서는 안 된다(대법원 2006. 12. 7. 선고 2004다29736 판결 등 참조).

■ 대학병원의 전공의가 근로기준법상의 근로자에 해당하는지요?

질문

저는 A대학병원에서 전공의 과정을 밟고 있는 레지던트입니다. 그런데 몇 달 전부터 저에 대한 임금이 지급되지 않고 있어 병원측에 그 지급을 요구하였으나, 병원측은 레지던트 과정도 교육의 과정이므로 임금을 지급하지 않아도 되며 그 전에 얼마씩 지급한 것도 장학금 내지 생활비조로 병원측에서 호의적으로 지급한 것이었다고 말하고 있습니다. 저는 계속 이를 다투었다가는 장래에 좋지 않은 영향을 줄 것도 같아 어떻게 하여야 할지 모르겠습니다. 좋은 방법이 있는지요?

답변

근로기준법 제2조 제1항 1호에서는 '근로자'를 '직업의 종류와 관계없이 임금을 목적으로 사업이나 사업장에 근로를 제공하는 자를 말한다'라고 정의하고 있습니다.

귀하의 경우 '전공의'과정은 '전문의'자격을 따기 위한 필수적인 수련과정에 해당한다는 점에서 과연 귀하가 근로기준법 소정의 '임금을 목적으로 근로를 제공하는 자'에 해당하는지 여부가 다투어질 수 있습니다.

이에 관하여 판례는 "인턴 또는 레지던트 등 '수련의', '전공의'의 경우에도 그들이 비록 전문의 시험자격취득을 위한 필수적인 수련과정에서 수련병원에 근로를 제공하였다고 하더라도 수련의, 전공의의 지위는 교과과정에서 정한 환자진료 등 피교육자적인 지위와 함께 병원에서 정한 진료계획에 따라 근로를 제공하고 그 대가로 임금을 지급받는 근로자로서의 지위를 아울러 가지고 있다 할 것이고, 또한 병원측의 지휘·감독아래 노무를 제공함으로써 실질적인 사용·종속관계에 있다고 할 것이므로 전공의는 병원경영자에 대한 관계에 있어서 근로기준법상의 근로자에 해당한다."라고 하였습니다(대법원 1998. 4. 24. 선고 97다57672 판결, 2001. 3. 23. 선고 2000다39513 판결).

　따라서 귀하는 근로기준법의 보호를 받을 수 있으므로 임금 등의 지급을 구할 권리가 있고, 만일 이로 인해 어떠한 불이익한 처우를 받게 된 경우에는 역시 근로자의 지위에서 권리구제를 받을 수 있을 것입니다.

［관련판례1］

　노조법상의 근로자란 타인과의 사용종속관계하에서 노무에 종사하고 그 대가로 임금 등을 받아 생활하는 자를 말하고, 그 사용종속관계는 당해 노무공급계약의 형태가 고용, 도급, 위임, 무명계약 등 어느 형태이든 상관없이 사용자와 노무제공자 사이에 지휘·감독관계의 여부, 보수의 노무대가성 여부, 노무의 성질과 내용 등 그 노무의 실질관계에 의하여 결정되는 것이다(대법원 1993. 5. 25. 선고 90누1731 판결, 대법원 2006. 10. 13. 선고 2005다64385 판결 등 참조).

［관련판례2］

　골프장에서 일하는 캐디는, ① 골프장 시설운영자와 사이에 근로계약·고용계약 등의 노무공급계약을 전혀 체결하고 있지 않고, ② 그 경기보조업무는 원래 골프장 측이 내장객에 대하여 당연히 제공하여야 하는 용역 제공이 아니어서 캐디에 의한 용역 제공이 골프장 시설운영에 있어서 필요불가결한 것이 아니며, ③ 내장객의 경기보조업무를 수행한 대가로 내장객으로부터 직접 캐디 피(caddie fee)라는 명목으로 봉사료

만을 수령하고 있을 뿐 골프장 시설운용자로부터는 어떠한 금품도 지급받지 아니하고, ④ 골프장에서 용역을 제공함에 있어 그 순번의 정함은 있으나 근로시간의 정함이 없어 자신의 용역 제공을 마친 후에는 골프장 시설에서 곧바로 이탈할 수 있고, ⑤ 내장객의 감소 등으로 인하여 예정된 순번에 자신의 귀책사유 없이 용역 제공을 할 수 없게 되더라도 골프장 시설운용자가 캐디 피에 상응하는 금품이나 근기법 소정의 휴업수당을 전혀 지급하고 있지도 아니하며, ⑥ 내장객에 대한 업무 수행과정에서 골프장 시설운용자로부터 구체적이고 직접적인 지휘·감독을 받고 있지 않으며, ⑦ 근로소득세를 납부하고 있지 않고, ⑧ 내장객에 대한 경기보조업무 수행을 해태하여도 그 용역을 제공하는 순번이 맨 끝으로 배정되는 등의 사실상의 불이익을 받고 있을 뿐 달리 골프장 시설운용자가 캐디에 대하여 회사의 복무질서 위배 등을 이유로 한 징계처분을 하지 아니하는 등의 여러 사정을 종합하여 볼 때, 골프장 시설운영자에 대하여 사용종속관계하에서 임금을 목적으로 근로를 제공하는 근기법 소정의 근로자로 볼 수 없다 할 것이다(대법원 1996. 7. 30. 선고 95누13432 판결 참조).

■ 학교법인이 운영하는 대학교 시간강사가 근로자인지요?

질문

대학교에서 시간강사로 위촉한 강사들이 근로자임을 전제로 근로복지공단에서 학교법인 앞으로 산업재해보상보험료 등을 부과하였습니다. 그런데 학교법인에서 근무하는 시간강사들 대부분이 정해진 기본급이나 고정급이 없고, 근로소득세도 원천징수되지 않는 일시적인 근로제공관계에 있는데 이러한 경우에도 시간강사가 근로자로서 인정되어 학교법인이 산업재해보상보험료 등을 납부해야 하는지요?

　근로기준법 제2조 제1항 제1호는 "'근로자'란 직업의 종류와 관계없이 임금을 목적으로 사업이나 사업장에 근로를 제공하는 자를 말한다."라고 규정하고 있습니다.

　근로자의 범위에 관하여 판례는 "근로기준법상의 근로자에 해당하는지 여부를 판단함에 있어서는 그 계약의 형식이 민법상의 고용계약인지 또는 도급계약인지에 관계없이 그 실질에 있어 근로자가 사업 또는 사업장에 임금을 목적으로 종속적인 관계에서 사용자에게 근로를 제공하였는지 여부에 따라 판단하여야 할 것이고, 위에서 말하는 종속적인 관계가 있는지 여부를 판단함에 있어서는, 업무의 내용이 사용자에 의하여 정하여지고 취업규칙 또는 복무(인사)규정 등의 적용을 받으며 업무수행과정에 있어서도 사용자로부터 구체적, 개별적인 지휘·감독을 받는지 여부, 사용자에 의하여 근무시간과 근무장소가 지정되고 이에 구속을 받는지 여부, 근로자 스스로가 제3자를 고용하여 업무를 대행케 하는 등 업무의 대체성 유무, 비품, 원자재나 작업도구 등의 소유관계, 보수의 성격이 근로 자체의 대상적 성격이 있는지 여부와 기본급이나 고정급이 정하여져 있는지 여부 및 근로소득세의 원천징수 여부 등 보수에 관한 사항, 근로제공관계의 계속성과 사용자에의 전속성의 유무와 정도, 사회보장제도에 관한 법령 등 다른 법령에 의하여 근로자로서의 지위를 인정받는지 여부, 양 당사자의 경제·사회적 조건 등을 종합적으로 고려하여 판단하여야 할 것이다."라고 하였습니다(대법원 1994. 12. 9. 선고 94다22859 판결).

　한편, 위 사안과 관련하여 판례는 "학교법인이 운영하는 대학교에서 강의를 담당한 시간강사들은 학교측에서 시간강사들의 위촉·재위촉과 해촉 또는 해임, 강의시간 및 강사료, 시간강사의 권리와 의무 등에 관하여 정한 규정에 따라 총장 등에 의하여 시간강사로 위촉되어 대학교측이 지정한 강의실에서 지정된 강의시간표에 따라 대학교측이 개설한 교과목의 강의를 담당한 점, 대학교측의 학사관리에 관한 규정 및 학사일정에 따라 강의계획서를 제출하고 강의에 수반되는 수강생들의 출·결석 관리, 과제물 부과와 평가, 시험문제의 출제, 시험감독, 채점 및 평가 등 학사관리업무를 수행한 점, 위와 같은 업무수행의 대가로 시간당 일정액에 실제 강의시간 수를 곱한 금액(강사료)을 보수로 지급받은 점, 시간강사가 제3자를 고용하여 위와 같은 업무를 수행하는 것은 규정상 또는 사실상 불가능한 점, 시간강사가 위와 같은 업무를 수행하면서 업무수행에 불성실하거나 대학교의 제반 규정을 위반하고 교수로서의 품위를 유지하지 못하는 경우 등에는 전임교원(총장, 학장, 교수, 부교수, 조교수 및 전임강사)에 대한 재임용제한 및 해임 또는 파면 등 징계처분과 동일한 의미를 갖는 조치인 재위촉제한 또는 해촉(해임)을 받도록 되어 있는 점 등을 종합하여 보면, 대학교의 시간강사는 임금을 목적으로 종속적인 관계에서 학교법인에게 근로를 제공한 근로자에 해당한다고 봄이 상당하다.”라고 하였습니다(대법원 2007. 3. 29. 선고 2005두13018, 13025 판결). 따라서 대학교의 시간강사를 근로기준법에서 정한 근로자임을 전제로 하여 학교법인에 산업재해보상보험료 등을 부과하는 처분은 정당하다고 보입니다.

　대학입시학원 종합반 강사들의 출근시간과 강의시간 및 강의장소의 지정, 사실상 다른 사업장에 대한 노무 제공 가능성의 제한, 강의 외 부수 업무 수행 등에 관한 사정과 그들이 시간당 일정액에 정해진 강의 시간수를 곱한 금액을 보수로 지급받았을 뿐 수강생수와 이에 따른 학원의 수입 증감이 보수에 영향을 미치지 아니하였다는 사정 등에 비추어 볼 때 위 강사들이 근로기준법상의 근로자에 해당한다고 하면서, 비록 그들이 학원측과 매년 '강의용역제공계약'이라는 이름의 계약서를 작성하였고 일반 직원들에게 적용되는 취업규칙 등의 적용을 받지 않았으며 보수에 고정급이 없고 부가가치세법상 사업자등록을 하고 근로소득세가 아닌 사업소득세를 원천징수 당하였으며 지역의료보험에 가입하였다고 하더라도 위 강사들의 근로자성을 부정할 수 없다"라고 한 사례도 있습니다(대법원 2006. 12. 7. 선고 2004다29736 판결).

■ 자기소유 버스로 사업주의 회원 운송을 하면 근로기준법 상 근로자인지요?

저는 제 소유 버스를 수영장 사업주의 명의로 등록하고 위 수영장에 전속되어 위 수영장이 정한 운행시간 및 운행노선에 따라 회원운송용으로 운행하고 있습니다. 그래서 위 수영장의 사업주로부터 매월 일정액의 급여를 지급받고 있습니다. 이러한 경우 제가 차량운행 중에 재해를 당하면 근로기준법상 근로자로서 산업재해보상을 받을 수 있는지요?

근로기준법상의 근로자에 해당하는지 여부에 관하여 판례는 "근로기준법상의 근로자에 해당하는지 여부는 그 계약의 형식이 민법상의 고용계약인지 또는 도급계약인지에 관계없이 그 실질에 있어 근로자가 사업 또는 사업장에 임금을 목적으로 종속적인 관계에서 사용자에게 근로를 제공하였는지 여부에 따라 판단하여야 한다."라고 하였습니다(대법원 1997. 12. 26. 선고 97다17575 판결, 2001. 4. 13. 선고 2000도4901 판결, 2002. 7. 26. 선고 2000다27671 판결).

그러므로 근로제공자가 기계, 기구 등을 소유하고 있다고 하여 그것이 곧 자기의 계산과 위험부담하에 사업경영을 하는 사업자라고 단정할 것은 아닙니다.

귀하가 위 수영장이 정한 운행시간 및 운행노선에 따라 회원운송용 버스를 왕복운행하고, 일일운행점검표를 작성하여

매일 결재를 받는 등 그 운행에 관하여 수영장의 지시·감독을 받았고, 타인으로 하여금 위 버스를 대신 운행하게 하는 것이 거의 불가능하였으며, 위 수영장에 전속되어 노무를 제공하였을 뿐 위 버스를 이용하여 다른 영업행위를 한 사실이 없는 점 등이 인정된다면 비록 근로계약서, 임금대장이 작성되지 않았다거나 근로소득세가 원천징수되지 않았다고 하더라도, 귀하는 위 수영장에 대하여 사용·종속적인 관계에서 자신 소유의 차량을 이용하여 근로를 제공하는 방법으로 근로를 제공하고 실비변상적인 성격의 금원을 포함한 포괄적인 형태의 임금을 받는 자로 보입니다(대법원 2000. 1. 18. 선고 99다 48986 판결). 따라서 귀하가 위 차량운행 중 재해를 당하게 되면 근로기준법상의 근로자로서 산업재해보상을 받을 수 있을 것으로 보입니다.

근로기준법 상의 근로자에 해당하는지 여부를 판단함에 있어서는 그 계약이 민법상의 고용계약이든 또는 도급계약이든 그 계약의 형식에 관계없이 그 실질에 있어 근로자가 사업 또는 사업장에 임금을 목적으로 종속적인 관계에서 사용자에게 근로를 제공하였는지 여부에 따라 판단하여야 하고, 여기서 종속적인 관계가 있는지 여부를 판단함에 있어서는 업무의 내용이 사용자에 의하여 정하여지고, 취업규칙·복무규정·인사규정 등의 적용을 받으며, 업무수행과정에 있어서도 사용자로부터 구체적이고 직접적인 지휘·감독을 받는지 여부, 사용자에 의하여 근무시간과 근무장소가 지정되고 이에 구속을 받는지 여부, 근로자 스스로가 제3자를 고용하여 업무를 대행케 하는 등 업무의 대체성 유무, 비품·원자재·작업도구 등의 소유관계, 보수가 근로 자체의 대상적(대상적) 성격을 갖고 있는지 여부와 기본급이나 고정급이 정하여져 있는지 여부 및 근로소득세의 원천징수 여부 등 보수에 관한 사항, 근로제공관계의 계속성과 사용자에의 전속성의 유무와 정도, 사회보장제도에 관한 법령 등 다른 법령에 의하여 근로자로서의 지위를 인정받는지 여부, 양 당사자의 경제·사회적 조건 등을 종합적으로 고려하여 판단하여야 한다(대법원 1996. 7. 30. 선고 96도732 판결).

관련판례2

근로기준법상의 근로자에 해당하는지 여부는 계약의 형식이 고용계약인지 도급계약인지보다 그 실질에 있어 노무제공자가 사업 또는 사업장에 임금을 목적으로 종속적인 관계에서 사용자에게 근로를 제공하였는지 여부에 따라 판단하여야 한다. 여기에서 종속적인 관계가 있는지 여부는 업무내용을 사용자가 정하고 취업규칙 또는 복무규정 등의 적용을 받으며 업무수행과정에서 사용자가 상당한 지휘·감독을 하는지, 사용자가 근무시간과 근무장소를 지정하고 노무제공자가 이에 구속을 받는지, 노무제공자가 스스로 비품·원자재나 작업도구 등을 소유하거나 제3자를 고용하여 업무를 대행하게 하는 등 독립하여 자신의 계산으로 사업을 영위할 수 있는지, 노무제공을 통한 이윤의 창출과 손실의 초래 등 위험을 스스로 안고 있는지, 보수의 성격이 근로 자체의 대상적 성격인지, 기본급이나 고정급이 정하여졌는지 및 근로소득세의 원천징수 여부 등 보수에 관한 사항, 근로제공관계의 계속성과 사용자에 대한 전속성의 유무와 그 정도, 사회보장제도에 관한 법령에서 근로자로서 지위를 인정받는지 등의 경제적·사회적 여러 조건을 종합하여 판단하여야 한다. 다만 기본급이나 고정급이 정하여졌는지, 근로소득세를 원천징수하였는지, 사회보장제도에 관하여 근로자로 인정받는지 등의 사정은 사용자가 경제적으로 우월한 지위를 이용하여 임의로 정할 여지가 크다는 점에서 그러한 점들이 인정되지 아니한다는 것만으로 근로자성을 쉽게 부정하여서는 아니 된다(대법원 2006. 12. 7. 선고 2004다29736 판결 등 참조).

■ 외국인회사의 경우에도 근로기준법이 적용되는지요?

저는 외국인이 경영하는 상시 근로자 5명인 회사에서 근무하고 있습니다. 이 경우에도 근로기준법이 적용되는지요? 적용된다면 그 구체적인 적용기준은 어떤지요?

근로기준법 제11조 제1항은 "근로기준법은 상시 5인 이상의 근로자를 사용하는 모든 사업 또는 사업장에 적용한다."라고 규정하고 있고, 이는 국가·지방자치단체에 의한 사업은 물론 국영기업체, 공익사업체, 사회사업단체, 종교단체가 행하는 모든 사업에 적용됩니다(서울지법 1996. 9. 10. 선고 96가단90373 판결, 대법원 1979. 3. 27. 선고 78다163 판결).

이와 같이 근로기준법은 이 법의 적용대상이 되는 사업을 한정시키지 않고 모든 사업에 적용되도록 규정하고 있으므로 사업의 개념은 탄력적으로 파악되어야 할 것입니다.

여기서 사업 또는 사업장의 판단기준과 관련하여 문제되는 것은 다음과 같습니다.

첫째, 한 사업주가 2개 이상의 사업장을 갖는 경우에 장소적으로 분산되어 있다 하여도 동일한 조직적 관련을 가지고 사업의 독립성이 없을 경우에는 하나의 사업장으로 보아야 할 것입니다.

둘째, 계절적 사업 또는 일용근로자만을 사용하는 사업장의 경우도 같은 법의 적용을 받아야 합니다(대법원 1987. 4. 14.

선고 87도 153 판결).

셋째, 외국인사업에 대해서는 외국인회사가 우리나라에서 한국인 노동자를 고용하여 사용자의 지위를 가지는 한, 자연인이나 법인을 불문하고 근로기준법상의 규정 및 의무를 준수·이행하여야 합니다.

넷째, 근로기준법도 국내법으로서 국내에서만 적용되며 통치권이 미치지 못하는 국외의 사업장에 대해서는 적용되지 않는 것이 원칙입니다. 그러므로 한국인이 경영하는 외국소재 기업체에서는 근로기준법이 적용되지 않습니다. 반면, 국내에 본사(기업체)가 있고 그 출장소나 지점 등이 외국에 있는 경우에 그 출장소나 지점에 근무하는 한국인 노동자에게는 근로기준법 및 산업재해보상보험법이 적용됩니다(산업재해보상보험법 제122조).

다만, 상시 5인 이상의 근로자를 사용하는 사업 또는 사업장이라도 다음의 경우에는 근로기준법이 적용되지 않습니다.

첫째, 동거의 친족만을 사용하는 사업은 종속적 근로관계를 인정할 수 없으니 친족상호간에 누가 사용자이고 노동자인지를 형식적으로 구별하기 곤란하기 때문에 법적용에서 제외하고 있습니다. 그러나 민법 제777조에 의한 법률상의 친족범위(8촌 이내의 혈족, 4촌 이내의 인척, 배우자)밖에 있는 친족을 근로자로 사용하는 경우에는 근로기준법이 적용됩니다.

둘째, 가사사용인은 제외됩니다. 가사사용인이란 일반가정의 가정부, 파출부 등 가사에 종사하는 자를 말합니다. 가사사용인과의 관계는 주로 개인의 사생활과 관련되어 있고 근무시간이나 임금규제를 통하여 국가의 감독행정이 미치기 어렵기 때문입니다.

셋째, 특별법에 의한 적용의 예외로서 선원의 경우는 해상

노동의 특이성을 고려하여 선원법이 적용되며, 국가공무원 및 지방공무원은 특별규정(예 : 공무원연금법, 공무원보수규정 등)이 있는 경우에는 근로기준법의 적용이 제한되며, 사립학교교직원은 사립학교법에 특별히 근로기준법의 적용을 배제한다는 규정이 없는 한 근로기준법이 적용됩니다.

또한 판례는 "근로기준법 제10조(현행 근로기준법 제11조) 본문에서 '상시 5인 이상의 근로자를 사용하는 사업 또는 사업장'이라고 함은 근로자 수가 때때로 5인 미만이 되는 경우가 있어도 상태적으로 5인 이상이 되는 경우에는 이에 해당하고, 나아가 당해 사업장에 계속 근무하는 근로자뿐 아니라 그때그때의 필요에 의하여 사용하는 일용근로자도 포함하는 것이다."라고 하였습니다(대법원 1997. 11. 28. 선고 97다28971 판결, 2000. 3. 14. 선고 99도1243 판결 ※ 상시고용근로자수=일정기간 내의 고용자 연인원수/일정사업기간내 가동일수).

따라서 귀하의 경우 외국인회사의 한국지부라도 속지주의 원칙상 한국인 노동자를 고용하여 사용자의 지위를 가지는 한 자연인이나 법인을 불문하고 근로기준법상의 규정 및 의무를 준수·이행할 의무가 있으므로, 사용자가 근로기준법에 위반할 경우에는 고용노동부 지방노동사무소에 고발하거나 법원에 민사상 소송을 청구할 수 있음은 물론이고, 이외에 별도로 노동위원회에 구제신청도 할 수 있다 하겠습니다.

[관련판례]

근로기준법상의 근로자에 해당하는지 여부는 계약의 형식이 고용계약인지 도급계약인지보다 그 실질에 있어 노무제공자가 사업 또는 사업장에 임금을 목적으로 종속적인 관계에서 사용자에게 근로를 제공하였는지 여부에 따라 판단하여야 한다. 여기에서 종속적인 관계가 있는지 여부는 업무내용을 사용자가 정하고 취업규칙 또는 복무규정 등의 적용을 받으며 업무수행과정에서 사용자가 상당한 지휘·감독을 하는지, 사용자가 근무시간과 근무장소를 지정하고 노무제공자가 이에 구속을 받는지, 노무제공자가 스스로 비품·원자재나 작업도구 등을 소유하거나 제3자를 고용하여 업무를 대행하게 하는 등 독립하여 자신의 계산으로 사업을 영위할 수 있는지, 노무제공을 통한 이윤의 창출과 손실의 초래 등 위험을 스스로 안고 있는지, 보수의 성격이 근로 자체의 대상적 성격인지, 기본급이나 고정급이 정하여졌는지 및 근로소득세의 원천징수 여부 등 보수에 관한 사항, 근로제공관계의 계속성과 사용자에 대한 전속성 유무와 그 정도, 사회보장제도에 관한 법령에서 근로자로서 지위를 인정받는지 등의 경제적·사회적 여러 조건을 종합하여 판단하여야 한다(대법원 2006. 12. 7. 선고 2004다29736 판결 등 참조).

■ 산업기술연수생도 근로기준법상 근로자인지요?

질문

중국인이 국내 염색가공업체인 A회사에서 산업기술연수생으로 일을 하던 중 안면부위에 중화상을 입었습니다. 이 경우 근로기준법상의 근로자로서 산업재해보상보험법상의 보험금을 받을 수 있는지요?

답변

근로기준법 제2조 제1항 제1호는 "이 법에서 근로자라 함은 직업의 종류를 불문하고 사업 또는 사업장에 임금을 목적으로 근로를 제공하는 자를 말한다."라고 규정하고 있고, 산업재해보상보험법 제5조 제2호에서 '근로자'는 근로기준법에 의한 근로자를 말한다고 규정하고 있습니다.

위 사안과 관련하여 판례는 "산업기술연수사증을 발급받은 외국인이 정부가 실시하는 외국인산업기술연수제도의 국내대상업체에 산업기술연수생으로 배정되어 대상업체와 사이에 상공부장관의 지침에 따른 계약서의 양식에 따라 연수계약을 체결하였다 하더라도 그 계약의 내용이 단순히 산업기술의 연수만에 그치는 것이 아니고, 대상업체가 지시하는 바에 따라 소정시간 근로를 제공하고 그 대가로 일정액의 금품을 지급받으며 더욱이 소정시간외의 근무에 대하여는 근로기준법에 따른 시간외 근로수당을 지급받기로 하는 것이고, 이에 따라 당해 외국인이 대상업체의 사업장에서 실질적으로 대상업체의 지시·감독을 받으면서 근로를 제공하고 수당명목의 금품을 수령하여 왔다면 당해 외국인도 근로기준법 제14조(현행 근로기준법 제2조) 소정의 근로자에 해당한다."라고 하였습니다(대법원 1995. 12. 22. 선고 95누2050 판결, 1997. 10. 10. 선고 97누10352 판결).

따라서 위 질문의 경우에도 근로기준법상의 근로자로서 산업재해보상보험법상의 보험금을 받을 수 있을 것으로 보입니다.

[관련판례]

근로기준법 제109조, 제36조 위반죄의 주체는 사용자인바, 근로기준법 제2조는 '사용자'라 함은 사업주 또는 사업 경영 담당자, 그 밖에 근로자에 관한 사항에 대하여 사업주를 위하여 행위하는 자를 말한다고 규정하고 있다. 여기에서 '사업주'란 사업경영의 주체를 말하고, '근로자에 관한 사항에 대하여 사업주를 위하여 행위하는 자'라 함은 근로자의 인사·급여·후생·노무관리 등 근로조건의 결정 또는 업무상의 명령이나

■ 경리부장 겸 상무이사의 경우 근로기준법상의 근로자에 해당되는지요?

질문

저는 A주식회사에서 경리부장 겸 상무이사로서 5년간 근무하다가 퇴직하였으나 그 퇴직금을 단 한푼도 지급받지 못하였습니다. 그 이유는 제가 형식상 A회사의 상무이사로 되어 있었고, 이사의 퇴직금에 관하여는 별도로 정한 바가 없으며 이사는 근로기준법상의 근로자가 아니기 때문에 퇴직금을 지급할 수 없다고 하는데, 저는 퇴직금을 지급받을 수 없는지요?

답변

사용자는 퇴직하는 근로자에게 급여를 지급하기 위하여 퇴직급여제도 중 하나 이상의 제도를 설정하여야 하며(근로기준법 제34조, 근로자퇴직급여 보장법 제4조), 근로기준법 제2조 제1항 제1호는 '근로자'라 함은 직업의 종류를 불문하고 사업 또는 사업장에 임금을 목적으로 근로를 제공하는 자를 말한다고 규정하고 있습니다. 그러므로 이사로서의 지위를 겸하고 있었던 귀하가 근로기준법에 의하여 퇴직금을 지급받을 수 있는 근로자에 해당되는지가 문제됩니다.

이에 관하여 판례는 "회사의 업무집행권을 가진 이사 등 임원은 그가 회사의 주주가 아니라 하더라도 회사로부터 일정한 사무처리의 위임을 받고 있는 것이므로, 특별한 사정이 없는 한 사용자의 지휘·감독아래 일정한 근로를 제공하고 소정의 임금을 받는 고용관계에 있는 것이 아니어서 근로기준법상의 근로자라고 할 수 없다."라고 하면서 "정관 및 관계법규상 이사의 보수 또는 퇴직금에 관하여 주주총회의 결의로 정한다고 규정되어 있는 경우 금액, 지급방법, 지급시기 등에 관한 주주총회의 결의가 있었음을 인정할 증거가 없는 한 이사의 보수나 퇴직금청구권을 행사할 수 없다."라고 하였습니다(대법원 1992. 12. 22. 선고 92다28228 판결).

그러나 "근로기준법의 적용을 받는 근로자란 사용자로부터 근로의 대가를 받고 사용자에게 근로를 제공하는 자를 말하는 것이므로, 회사의 이사가 회사로부터 위임받은 사무를 처리하는 이외에 사용자의 지휘·감독아래 일정한 노무를 담당하고 그 대가로 일정한 보수를 지급받아 왔다면 근로기준법상의 근로자라고 볼 수 있다."라고 하였습니다(대법원 1992. 5. 12. 선고 91누11490 판결, 2005. 5. 27. 선고 2005두524 판결).

따라서 귀하의 경우도 귀하가 회사로부터 위임받은 이사로서의 사무를 처리하는 이외에 사용자의 지휘·감독아래 일정한 노무를 담당하고 그 대가로 일정한 보수를 지급받아 왔다면 근로기준법상의 근로자라고 보아 퇴직금을 청구할 수 있을 것으로 보입니다.

관련판례1

  상법 제385조 제1항에 의하면, 이사는 언제든지 주주총회의 특별결의
로 해임할 수 있으나, 이사의 임기를 정한 경우에 정당한 이유 없이 그
임기만료 전에 이사를 해임한 때에는 그 이사는 회사에 대하여 해임으
로 인한 손해의 배상을 청구할 수 있다. 여기에서 '정당한 이유'란 주주
와 이사 사이에 불화 등 단순히 주관적인 신뢰관계가 상실된 것만으로
는 부족하고, 이사가 법령이나 정관에 위배된 행위를 하였거나 정신적·
육체적으로 경영자로서의 직무를 감당하기 현저하게 곤란한 경우, 회사
의 중요한 사업계획 수립이나 그 추진에 실패함으로써 경영능력에 대한
근본적인 신뢰관계가 상실된 경우 등과 같이 당해 이사가 경영자로서
업무를 집행하는 데 장해가 될 객관적 상황이 발생한 경우라야 할 것이
다(대법원 2004. 10. 15. 선고 2004다25611 판결 등 참조).

관련판례2

  상법 제388조는 "이사의 보수는 정관에 그 액을 정하지 아니한 때에
는 주주총회의 결의로 이를 정한다."고 규정하고 있다. 여기에서 말하는
이사의 보수에는 월급·상여금 등 명칭을 불문하고 이사의 직무수행에 대
한 보상으로 지급되는 대가가 모두 포함되고, 퇴직금 내지 퇴직위로금도
그 재직 중의 직무집행의 대가로 지급되는 보수의 일종이다(대법원
1977. 11. 22. 선고 77다1742 판결 등 참조). 위 규정은 강행규정이므
로, 정관에서 이사의 보수 또는 퇴직금에 관하여 주주총회의 결의로 정한
다고 되어 있는 경우에 그 금액·지급시기·지급방법 등에 관한 주주총회의
결의가 있었음을 인정할 증거가 없다면 이사는 보수나 퇴직금을 청구할
수 없다(대법원 2004. 12. 10. 선고 2004다25123 판결 등 참조).

관련판례3

  근로기준법 제2조 제1호에서 규정하는 근로자는 직업의 종류와 관계없
이 임금을 목적으로 사업이나 사업장에 근로를 제공하는 자를 말하며, 이
에 해당하는지는 계약의 형식과 관계없이 실질적으로 임금을 목적으로 종
속적인 관계에서 사용자에게 근로를 제공하였는지에 따라 판단한다.
  한편 주식회사의 이사는 주주총회에서 선임하고 그 등기를 하여야 한

다. 이러한 절차에 따라 선임된 이사는 이사회의 구성원으로서 회사 업무집행의 의사결정에 참여하는 등 상법에서 정한 권한을 행사할 수 있고, 또한 회사로부터 위임을 받아 일정한 사무를 처리할 수 있다. 따라서 이사가 상법상 정하여진 이사로서의 업무를 실질적으로 수행하는 한편 회사의 경영을 위한 업무를 함께 담당하는 경우에, 그 담당하고 있는 전체 사무의 실질이 사용자의 지휘·감독 아래 일정한 근로를 제공하는 것에 그치는 것이 아니라면, 그 이사는 회사로부터 위임받은 사무를 처리하는 것으로 볼 수 있다.

그리고 주식회사의 이사가 정관이나 주주총회의 결의에서 정한 바에 따라 지급받는 보수는 원칙적으로 상법 제388조의 규정에 근거한 것으로 보아야 하고, 또한 회사의 규정에 의하여 퇴직금을 지급받는 경우에도 그 퇴직금은 원칙적으로 재직 중의 위임 사무 집행에 대한 대가로 지급되는 보수의 일종이라고 할 수 있으므로, 보수와 퇴직금을 지급받았다고 하여 그 이사가 반드시 근로자의 지위를 가지게 된다고 볼 것은 아니다(대법원 2013. 9. 26. 선고 2012다28813 판결 참조).

■ 실업자도 노동조합 및 노동관계조정법상의 근로자에 해당되는지요?

☞ 질문

저는 현재 직장을 구하는 중에 있는 실업자입니다. 그런데 지역별 노동조합이 생긴다고 하기에 이에 가입하고 싶습니다. 가입이 가능한지요?

☞ 답변

직장생활을 하는 근로자를 보호하기 위한 법률로는 근로기준법이 있고, 근로자의 단결권·단체교섭권·단체행동권이라는 근로3권을 보장하기 위한 법률로는 노동조합 및 노동관계조정법(이하 '노조법'이라 한다)이 있습니다.

근로기준법 제2조 제1항 제1호에 의하면 '근로자'란 직업의 종류와 관계없이 임금을 목적으로 사업이나 사업장에 근로를 제공하는 자를 말하며, 노조법 제2조 제1호에 의하면 '근로자'라 함은 직업의 종류를 불문하고 임금·급료 기타 이에 준하는 수입에 의하여 생활하는 자로 규정하고 있습니다.

또한 노조법 제2조 제4호는 "'노동조합'은 근로자가 주체가 되어 자주적으로 단결하여 근로조건의 유지·개선 기타 근로자의 경제적·사회적 지위의 향상을 도모함을 목적으로 조직하는 단체 또는 그 연합단체를 말하며 다만, 같은 호 라목에 의하면 근로자가 아닌 자의 가입을 허용하는 경우 노동조합으로 보지 않는다."라고 규정하고 있습니다.

이와 관련하여 지역별 노동조합이 그 구성원으로 '구직중인 여성 노동자'를 포함하여 노동조합설립신고를 한 것에 대하여 판례는 "근로기준법은 '현실적으로 근로를 제공하는 자에 대하여 국가의 관리·감독에 의한 직접적인 보호의 필요성이 있는가'라는 관점에서 개별적 노사관계를 규율할 목적으로 제정된 것인 반면에, 노조법은 '노무공급자들 사이의 단결권 등을 보장해 줄 필요성이 있는가'라는 관점에서 집단적 노사관계를 규율할 목적으로 제정된 것으로 그 입법목적에 따라 근로자의 개념을 상이하게 정의하고 있는 점, 일정한 사용자에의 종속관계를 조합원의 자격요건으로 하는 기업별 노동조합의 경우와는 달리 산업별·직종별·지역별 노동조합 등의 경우에는 원래부터 일정한 사용자에의 종속관계를 조합원의 자격요건으로

하는 것이 아닌 점에 비추어, 노조법 제2조 제1호 및 제4호 (라)목 본문에서 말하는 '근로자'에는 특정한 사용자에게 고용되어 현실적으로 취업하고 있는 자뿐만 아니라, 일시적으로 실업 상태에 있는 자나 구직중인 자도 노동3권을 보장할 필요성이 있는 한 그 범위에 포함된다."라고 하였습니다(대법원 2004. 2. 27. 선고 2001두8568 판결).

이에 비추어볼 때 지역별 노동조합이 그 구성원으로 구직중인 실업자도 포함시키도록 하고 있다면, 귀하도 노동조합에 가입이 가능할 것으로 보입니다.

[관련판례1]

근로자의 기본적인 노동조건 등에 관하여 그 근로자를 고용한 사업주로서의 권한과 책임을 일정 부분 담당하고 있다고 볼 정도로 실질적이고 구체적으로 지배·결정할 수 있는 지위에 있는 자가, 노동조합을 조직 또는 운영하는 것을 지배하거나 이에 개입하는 등으로 노조법 제81조 제4호에서 정한 행위를 하였다면, 그 시정을 명하는 구제명령을 이행하여야 할 사용자에 해당한다(대법원 2010. 3. 25. 선고 2007두8881 판결 등 참조).

[관련판례2]

사용자의 행위가 노동조합 및 노동관계조정법(이하 '노조법'이라 한다)에 정한 부당노동행위에 해당한다는 점은 이를 주장하는 근로자 또는 노동조합이 증명하여야 하므로, 필요한 심리를 다하였어도 사용자에게 부당노동행위의사가 존재하였는지 여부가 분명하지 아니하여 그 존재 여부를 확정할 수 없는 경우에는 그로 인한 위험이나 불이익은 이를 주장하는 근로자 또는 노동조합이 부담할 수밖에 없다(대법원 2011. 7. 28. 선고 2009두9574 판결 참조). 그리고 사용자가 근로자를 해고함에 있어서 적법한 징계해고사유가 있어 징계해고한 이상 사용자가 근로자의 노동조합활동을 못마땅하게 여긴 흔적이 있다 하여 그 사유만으로

■ 미성년자의 근로계약은 어떻게 해야 하나요?

질문

저는 올해 고등학교를 졸업하고 사회에 첫발을 내딛은 만 18
세의 미성년자입니다. 부모님은 제가 대학에 진학하기를 원하
셨지만 저는 자력으로 취업하여 사회적으로 자립하고 싶은데,
미성년자의 취업에 따른 법률문제는 어떻게 되어 있는지요?

답변

근로기준법 제64조 제1항은 15세 미만인 자(「초·중등교육
법」에 따른 중학교에 재학중인 18세 미만인 자를 포함)는 고
용노동부장관의 취직인허증을 소지한 자가 아닌 경우에는 근
로자로 사용하지 못하게 하고, 같은 법 제67조 제1항은 친권
자 또는 후견인은 미성년자의 근로계약을 대리할 수 없다고
규정하고 있는데, 여기에는 법정대리권의 행사뿐만 아니라 미
성년자의 위임에 의한 임의대리의 경우도 포함된다고 할 것입
니다. 이는 비록 미성년자의 동의를 얻었다 하더라도 미성년
자에게 불리한 친권남용이 될 가능성이 많기 때문입니다.

따라서 미성년자의 근로계약은 친권자 또는 후견인의 동의
를 얻어 본인 자신이 체결하는 것이 원칙이라 하겠습니다. 다
만, 친권자, 후견인 또는 고용노동부장관은 근로계약이 미성

년자에게 불리하다고 인정하는 경우에는 이를 해지할 수 있습니다(같은 법 제67조 제2항).

그리고 같은 법 제68조는 "미성년자는 독자적으로 임금을 청구할 수 있다."라고 규정하여 미성년자에게 독자적인 임금청구권을 부여하고 있습니다. 이는 임금청구를 친권자가 대리로 수행하게 할 경우 친권자 등이 법정대리권을 빙자하여 미성년자가 수령해야 할 임금을 중간에서 수취하여 사용함으로써 미성년자가 반강제적 근로에 종사하게 되는 경우가 생길 여지가 있기 때문입니다.

같은 법 제43조 제1항 본문에서도 "임금은 통화로 직접 근로자에게 그 전액을 지급하여야 한다."라고 규정하여 사용자에게 임금직접지불의 의무를 부여함으로써 미성년자를 보호하고 있습니다.

그 외 근로기준법에는 18세 미만의 자에 대하여는 연소자증명서의 비치(제66조), 근로시간, 야간근로와 휴일근로의 제한(제69조, 제70조) 등이 규정되어 있으나 귀하와 같이 18세 이상인 자에 대하여는 18세 이상의 여성을 오후 10시부터 오전 6시까지의 시간 및 휴일에 근로시키려면 그 근로자의 동의를 받아야 하는 것(제70조 제1항, 상시 5명 이상의 근로자를 사용하는 사업장에 한정)을 제외하고는 해당이 없습니다.

제2장

비정규직근로자

제2장 비정규직근로자(非正規職 勤勞者)

1. 비정규직근로자의 의미

비정규직 근로자의 개념에 대해서는 국제적으로 통일된 기준은 없습니다. 다만, 경제협력개발기구(OECD)는 고용기간이 짧은 유기계약근로자(temporary worker), 시간제근로자(part-time worker) 및 파견근로자(temporary agency worker) 정도를 비정규직 근로자로 파악하고 있습니다.

우리나라에서는 외환위기 이후 비정규직 근로자의 개념과 범위를 둘러싸고 논쟁이 지속됨에 따라 2002년 7월 노사정위원회의 비정규직특위에서 노·사·정 합의로 비정규직 근로자의 개념과 범위를 정하게 되었습니다.

이 합의에 따르면 비정규직 근로자는 고용형태를 기준으로 '한시적 근로자(기간제근로자)', '단시간 근로자(시간제근로자)', '파견·용역·호출 등의 형태로 종사하는 근로자(비전형근로자)'로 정의하는 한편, 고용이 불안정하고 근로기준법상 보호나 각종 사회보험의 혜택에서 누락되어 사회적 보호가 필요한 근로계층을 취약근로자로 정의하였습니다.

통상적으로 '비정규직 보호법'이라고 불리는 법령에는 기간제 및 단시간근로자 보호 등에 관한 법률 및 파견근로자보호 등에 관한 법률이 있습니다. 이러한 비정규직 보호법은 여러 종류의 비정규직 근로자 중 기간제근로자, 단시간근로자 및 파견근로자를 보호대상으로 하고 있습니다.

2. 기간제근로자

2-1. 정의
「기간제근로자」란 근로기간이 정해져 있는 근로계약을 체결한 근로자를 말합니다(기간제 및 단시간근로자 보호 등에 관한 법률(이하 '기간제법'이라 줄여 씁니다. 제2조제1호). 따라서 계약직, 임시직, 일용직, 촉탁직 등 명칭에 관계없이 기간의 정함이 있는 근로계약을 체결한 근로자는 모두 기간제근로자에 해당합니다.

2-2. 근로조건의 서면 명시
사업주는 기간제근로자와 근로계약을 체결하는 경우 다음의 모든 사항을 서면으로 명시해야 합니다(기간제법 제17조).
① 근로계약기간에 관한 사항
② 근로시간·휴게에 관한 사항
③ 임금의 구성항목·계산방법 및 지불방법에 관한 사항
④ 휴일·휴가에 관한 사항
⑤ 취업의 장소와 종사하여야 할 업무에 관한 사항

2-3. 상시 4명 이하의 근로자를 사용하는 사업주의 근로계약
상시 4명 이하의 근로자를 사용하는 사업주는 기간제근로자와 근로계약을 체결하는 경우 다음의 모든 사항을 서면으로 명시해야 합니다(기간제법 제3조제2항, 동법 시행령 제2조).
① 근로계약기간에 관한 사항
② 휴게에 관한 사항

③ 임금의 구성항목·계산방법 및 지불방법에 관한 사항

④ 휴일에 관한 사항

⑤ 취업의 장소와 종사하여야 할 업무에 관한 사항

상시 4명 이하의 근로자를 사용하는 사업 또는 사업장에 적용하는 법 규정

구 분	적 용 법 규 정
제1장 총칙	제1조 제2조
제2장 기간제근로자	제5조
제3장 단시간근로자	제7조
제5장 보칙	제16조제4호 제17조제1호·제2호(휴게에 관한 사항에 한정한다)·제3호·제4호(휴일에 관한 사항에 한정한다)·제5호 제18조부터 제20조까지의 규정
제6장 벌칙	제21조 제23조 제24조제2항제2호 제24조제3항부터 제6항까지의 규정

2-4. 불리한 처우 금지

사업주는 기간제근로자가 다음의 어느 하나에 해당하는 행위를 한 것을 이유로 해고하거나 그 밖의 불리한 처우를 할 수 없습니다(기간제법 제16조).

① 차별적 처우의 시정신청, 시정신청에 따른 노동위원회에의 참석 및 진술, 시정명령에 따른 재심신청 또는 행정소송의 제기

② 시정명령 불이행의 신고

③ 법률 위반 또는 명령 위반에 대한 감독기관 등에의 통고

상시 4명 이하의 근로자를 사용하는 사업주는 기간제근로자가 법률 위반 또는 명령 위반에 대한 감독기관 등에의 통고를 한 것을 이유로 해고하거나 그 밖의 불리한 처우를 할 수 없습니다(기간제법 제3조제2항, 동법 시행령 제2조 및 별표 1).

2-5. 기간제근로자의 정규직 채용

기간제근로자는 2년 이상 근로계약 시 무기계약을 체결한 것으로 봅니다. 사업주는 무기계약을 체결하려는 경우 기간제근로자를 우선적으로 고용하도록 노력해야 합니다.

2년 이상 근로계약 시에는 무기근로계약을 체결해야 합니다.

2-6. 기간제근로자의 근로기간

사업주는 2년을 초과하지 않는 범위에서(기간제 근로계약의 반복갱신 등의 경우에는 그 계속근로한 총기간이 2년을 초과하지 않는 범위에서) 기간제근로자를 사용할 수 있습니다(기간제법 제4조제1항 본문).

기간의 정함이 있는 근로계약은 그 기간의 만료로 고용관계가 종료되는 것이 원칙이지만, 근로계약이 만료됨과 동시에 근로계약기간을 갱신하거나 동일한 조건의 근로계약을 반복하여 체결한 경우에는 갱신 또는 반복한 계약기간을 모두 합산하여 계속근로연수를 계산해야 합니다(대법원 1995.07.11. 선고 93다26168 전원합의체판결).

한편, 근로계약기간이 갱신되거나 반복 체결된 근로계약 사이에 일부 공백 기간이 있다고 하더라도 그 기간이 전체 근로계약기간에 비해 길지 않고, 계절적 요인이나 방학기간 등 해당 업무의 성격에 기인하거나 대기기간·재충전을 위한 휴식기간 등의 사정이 있어 그 기간 중 근로를 제공하지 않거나 임금을 지급하지 않을 상당한 이유가 있다고 인정되는 경우에는 근로관계의 계속성은 그 기간 중에도 유지됩니다(대법원 2006.12. 07 선고 2004다29736 판결).

상시 4명 이하의 근로자를 사용하는 사업주는 기간제근로자의 근로기간이 2년을 초과하더라도 무기근로계약을 체결할 의무가 없습니다(기간제법 제3조제1항).

2-7. 기간제근로자 2년 초과사용의 예외적 허용

2-7-1. 2년 초과하여 기간제근로자를 사용할 수 있는 경우

다음의 어느 하나에 해당하는 경우에는 2년을 초과하여 기간제근로자로 사용할 수 있습니다(기간제법 제4조제1항 단서).

① 사업의 완료 또는 특정한 업무의 완성에 필요한 기간을 정한 경우(건설공사 등 유기사업, 특정 프로그램 개발 또는 프로젝트 완수를 위해 고용하는 경우를 말합니다.)

② 휴직·파견 등으로 결원이 발생하여 해당 근로자가 복귀할 때까지 그 업무를 대신할 필요가 있는 경우(출산·질병·군입대 등으로 인한 휴직, 장기파견 근로자를 대체하는 경우를 말합니다.)

③ 기간제근로자가 학업, 직업훈련 등을 이수함에 따라 그 이수에 필요한 기간을 정한 경우

④ 고용상 연령차별금지 및 고령자고용촉진에 관한 법률 제2조제1호의 고령자(55세 이상)와 근로계약을 체결하는 경우

⑤ 전문적 지식·기술의 활용이 필요한 경우로서 다음의 어느 하나에 해당하는 경우

  1) 박사학위(외국에서 수여받은 박사학위를 포함)를 소지하고 해당 분야에 종사하는 경우

  2) 국가기술자격법 제9조제1호에 따른 기술사 등급의 국가기술자격을 소지하고 해당 분야에 종사하는 경우

  3) 다음에서 정한 전문자격을 소지하고 해당분야에 종사하는 사람

<table>
<tr><th colspan="1" align="center">전문자격의 종류</th></tr>
<tr><td>1. 「건축사법」 제7조에 따른 건축사
2. 「공인노무사법」 제3조에 따른 공인노무사
3. 「공인회계사법」 제3조에 따른 공인회계사
4. 「관세사법」 제4조에 따른 관세사
5. 「변리사법」 제3조에 따른 변리사
6. 「변호사법」 제4조에 따른 변호사
7. 「보험업법」 제182조에 따른 보험계리사
8. 「보험업법」 제186조에 따른 손해사정사</td></tr>
</table>

9.「부동산가격공시 및 감정평가에 관한 법률」제23조에 따른
　감정평가사
10.「수의사법」제2조제1호에 따른 수의사
11.「세무사법」제3조에 따른 세무사
12.「약사법」제3조에 따른 약사
13.「약사법」제4조에 따른 한약사
14.「약사법」제45조에 따른 한약업사
15.　대통령령 제14319호 약사법 시행령 일부개정령 부칙 제2
　조에 따른 한약조제사
16.「의료법」제5조에 따른 의사
17.「의료법」제5조에 따른 치과의사
18.「의료법」제5조에 따른 한의사
19.「중소기업진흥에 관한 법률」제46조에 따른 경영지도사
20.「중소기업진흥에 관한 법률」제46조에 따른 기술지도사
21.「항공법」제26조에 따른 사업용조종사
22.「항공법」제26조에 따른 운송용조종사
23.「항공법」제26조에 따른 항공교통관제사
24.「항공법」제26조에 따른 항공기관사
25.「항공법」제26조에 따른 항공사

⑥ 정부의 복지정책·실업대책 등에 따라 일자리를 제공하는
　경우로서 다음의 어느 하나에 해당하는 경우

1) 고용정책 기본법, 고용보험법 등 다른 법령에 따라 국민
　의 직업능력 개발, 취업 촉진 및 사회적으로 필요한 서
　비스 제공 등을 위해 일자리를 제공하는 경우

2) 제대군인 지원에 관한 법률 제3조에 따라 제대군인의 고
　용증진 및 생활안정을 위해 일자리를 제공하는 경우

3) 국가보훈 기본법 제19조 제2항에 따라 국가보훈대상자에
　대한 복지증진 및 생활안정을 위해 보훈 도우미 등 복지

지원 인력을 운영하는 경우

⑦ 다른 법령에서 기간제근로자의 사용 기간을 기간제 및 단시
간근로자 보호 등에 관한 법률 제4조 제1항과 달리 정하거나
별도의 기간을 정해 근로계약을 체결할 수 있도록 한 경우

⑧ 국방부장관이 인정하는 군사적 전문적 지식·기술을 가지고
관련 직업에 종사하거나 고등교육법 제2조 제1호에 따른
대학에서 안보 및 군사학 과목을 강의하는 경우

⑨ 특수한 경력을 갖추고 국가안전보장, 국방·외교 또는 통일
과 관련된 업무에 종사하는 경우

⑩ 고등교육법 제2조에 따른 학교(고등교육법 제30조에 따른
대학원대학을 포함)에서 다음의 업무에 종사하는 경우

 1) 조교의 업무(고등교육법 제14조)

 2) 겸임교원, 명예교수, 시간강사, 초빙교원 등의 업무(고등
   교육법 시행령 제7조)

⑪ 통계법 제22조에 따라 고시한 한국표준직업분류의 대분류
1과 대분류 2 직업에 종사하는 자의 소득세법 제20조제1
항에 따른 근로소득(최근 2년간의 연평균근로소득을 말함)
이 고용노동부장관이 최근 조사한 고용형태별 근로실태조
사의 한국표준직업분류 대분류 2 직업에 종사하는 자의 근
로소득 상위 25%에 해당하는 경우

⑫ 근로기준법 제18조제3항에 따른 1주 동안의 소정근로시간
이 뚜렷하게 짧은 단시간근로자를 사용하는 경우

⑬ 국민체육진흥법 제2조제4호에 따른 선수와 같은 조 제6호
에 따른 체육지도자 업무에 종사하는 경우

⑭ 다음의 연구기관에서 연구업무에 직접 종사하는 경우 또는

실험·조사 등을 수행하는 등 연구업무에 직접 관여하여 지원하는 업무에 종사하는 경우

1) 국공립연구기관

2) 정부출연연구기관 등의 설립·운영 및 육성에 관한 법률 또는 과학기술분야 정부출연연구기관 등의 설립·운영 및 육성에 관한 법률에 따라 설립된 정부출연연구기관

3) 특정연구기관 육성법에 따른 특정연구기관

4) 지방자치단체출연 연구원의 설립 및 운영에 관한 법률에 따라 설립된 연구기관

5) 공공기관의 운영에 관한 법률에 따른 공공기관의 부설 연구기관

6) 기업 또는 대학의 부설 연구기관

7) 민법 또는 다른 법률에 따라 설립된 법인인 연구기관

2-7-2. 2년 초과사용 시 무기근로계약의 체결

위의 2년 초과사용의 예외적 허용사유가 없거나 소멸되었음에도 불구하고 2년을 초과하여 기간제근로자로 사용하는 경우에는 그 근로자는 기간의 정함이 없는 근로계약을 체결한 근로자로 봅니다(기간제법 제4조제2항). 만약, 사업주가 2년을 초과해서 기간제근로자를 사용할 때 종전에 체결한 근로계약기간의 만료를 이유로 고용을 종료하면, 이는 '해고'에 해당하므로 근로기준법 제23조의 '정당한 이유'가 있어야 합니다.

사용기간 2년 초과 자체에 대한 벌칙 등 제재는 없으나, 2년 초과사용 시 정당한 이유가 없는 고용종료는 부당해고에 해당합니다.

2-8. 기간제근로자의 우선 고용(무기계약직 근로자로의 전환)

사업주는 기간의 정함이 없는 근로계약을 체결하려는 경우에는 해당 사업 또는 사업장의 동종 또는 유사한 업무에 종사하는 기간제근로자를 우선적으로 고용하도록 노력해야 합니다(기간제법 제5조).

상시 4명 이하의 근로자를 사용하는 사업주는 기간제근로자의 근로기간이 2년을 초과하더라도 무기근로계약을 체결할 의무는 없지만 기간의 정함이 없는 근로계약을 체결하려는 경우에는 기간제근로자를 우선적으로 고용하도록 노력해야 합니다(기간제법 제3조 제1항·제2항, 동법 시행령」 제2조 및 별표 1).

3. 단시간근로자의 개념

3-1. 정의

「단시간근로자」란 1주일 동안의 소정근로시간이 그 사업장에서 같은 종류의 업무에 종사하는 통상근로자의 1주일 동안의 소정근로시간에 비해 짧은 근로자를 말합니다(기간제법 제2조 제2호 및 근로기준법 제2조 제1항 제8호).

「소정의 근로시간」이란 다음의 근로시간의 범위에서 근로자와 사업주 간에 정한 근로시간을 말합니다(근로기준법 제2조 제1항 제7호).

① 1주간 근로시간(휴게시간 제외)이 40시간을 초과하지 않을 것, ② 1일 근로시간(휴게시간 제외)이 8시간을 초과하지 않을 것, ③ 15세 이상 18세 미만인 자의 근로시간은 1일에 7시간, 1주일에 40시간을 초과하지 않을 것(다만, 당사자의

합의에 따라 1일에 1시간, 1주일에 6시간을 한도로 연장할
수 있음), ④ 잠함(潛函) 또는 잠수작업 등 높은 기압에서 행
하는 유해하거나 위험한 작업의 근로시간은 1일에 6시간, 1주
일에 34시간을 초과하지 않을 것

3-2. 단시간근로자의 통상근로자 전환 노력

사업주는 통상근로자를 채용하려는 경우 해당 사업 또는 사
업장의 동종 또는 유사한 업무에 종사하는 단시간근로자를 우
선적으로 고용하도록 노력해야 합니다(기간제법 제7조 제1항).

3-3. 통상근로자의 단시간근로자 전환 노력

사업주는 가사, 학업 그 밖의 이유로 통상근로자가 시간제
(단시간)근로를 신청하는 때에는 해당 근로자를 단시간근로자
로 전환하도록 노력해야 합니다(기간제법 제7조 제2항).

3-4. 근로조건 서면 명시

① 사업주는 단시간근로자와 근로계약을 체결하는 경우 다음의
　모든 사항을 서면으로 명시해야 합니다(기간제법 제17조).
　1) 근로계약기간에 관한 사항
　2) 근로시간·휴게에 관한 사항
　3) 임금의 구성항목·계산방법 및 지불방법에 관한 사항
　4) 휴일·휴가에 관한 사항
　5) 취업의 장소와 종사하여야 할 업무에 관한 사항
　6) 근로일 및 근로일별 근로시간
② 상시 4명 이하의 근로자를 사용하는 사업주는 단시간근로

자와 근로계약을 체결하는 경우 다음의 모든 사항을 서면으로 명시해야 합니다(기간제법 제3조 제2항, 동법 시행령」 제2조 및 별표 1).

1) 근로계약기간에 관한 사항

2) 휴게에 관한 사항

3) 임금의 구성항목·계산방법 및 지불방법에 관한 사항

4) 휴일에 관한 사항

5) 취업의 장소와 종사하여야 할 업무에 관한 사항

3-5. 불리한 처우 금지

사업주는 단시간근로자가 다음의 어느 하나에 해당하는 행위를 한 것을 이유로 해고하거나 그 밖의 불리한 처우를 할 수 없습니다(기간제법 제16조).

상시 4명 이하의 근로자를 사용하는 사업주는 단시간근로자가 법률 위반 또는 명령 위반에 대한 감독기관 등에의 통고를 한 것을 이유로 해고하거나 그 밖의 불리한 처우를 할 수 없습니다(기간제법 제3조 제2항, 동법 시행령 제2조 및 별표 1).

사업주가 기간제법을 위반한 경우에는 아래와 같이 과태료 처분을 받습니다.

<u>과태료의 부과기준</u>

1. 일반기준
   가. 위반행위의 횟수에 따른 과태료 부과기준은 최근 2년간 같은 위반행위로 과태료를 부과받은 경우에 적용한다. 이 경우 위반행위에 대하여 과태료 부과처분을 한 날과 다시 같

은 위반행위를 적발한 날을 각각 기준으로 하여 위반횟수
를 계산한다.

나. 고용노동부장관은 다음의 어느 하나에 해당하는 경우에는
제2호에 따른 과태료 금액의 2분의 1의 범위에서 그 금액
을 감경할 수 있다. 다만, 과태료를 체납하고 있는 위반행
위자의 경우에는 그러하지 아니하다.

1) 위반행위자가 「질서위반행위규제법 시행령」 제2조의2제1항
각 호의 어느 하나에 해당하는 경우

2) 위반행위자가 자연재해·화재 등으로 재산에 현저한 손실이
발생하거나 사업여건의 악화로 사업이 중대한 위기에 처하
는 등의 사정이 있는 경우

3) 위반행위가 사소한 부주의나 오류 등 과실로 인한 것으로
인정되는 경우

4) 위반행위자가 위법행위로 인한 결과를 시정하거나 해소한
경우

5) 그 밖에 위반행위의 정도, 위반행위의 동기와 그 결과 등을
고려하여 감경할 필요가 있다고 인정되는 경우

2. 개별기준

위반행위	근거 법조문	과태료 금액(만원)		
		1차	2차	3차 이상
가. 법 제14조(법 제15조의2제4항 및 제15조의3제2항에 따라 준용되는 경우를 포함한다)에 따라 확정된 시정명령을 정당한 이유 없이 이행하지 않은 경우	법 제24조제1항			

		1억원의 범위에서 해당 배 상 명령 액	1억원의 범위에서 해당 배 상 명령 액	1억원의 범위에서 해당 배 상 명령 액
1) 배상을 내용으로 하는 시정명령을 이행하지 않은 경우				
2) 근로시간, 휴일·휴가 등 근로조건의 차별에 대한 시정명령을 이행하지 않은 경우		500	1,000	2,000
3) 시설 등 이용의 차별에 대한 시정명령을 이행하지 않은 경우		500	1,000	2,000
나. 법 제15조제1항(법 제15조의2제4항 및 제15조의3제2항에 따라 준용되는 경우를 포함한다)을 위반하여 정당한 이유 없이 고용노동부장관의 이행상황 제출요구에 불응한 경우	법 제24조 제2항제1호	200	400	500
다. 법 제17조를 위반하여 근로조건을 서면으로 명시하지 않은 경우	법 제24조 제2항제2호			
1) 법 제17조제1호, 제3호 또는 제6호를 명		50 (서면명시	100 (서면명시	200 (서면명시

시하지 않은 경우		사항 1개 호당	사항 1개 호당	사항 1개 호당
2) 법 제17조제2호, 제 4호 또는 제5호를 명 시하지 않은 경우		30 (서면명시 사항 1개 호당)	60 (서면명시 사항 1개 호당)	120 (서면명시 사항 1개 호당)

4. 파견근로자

4-1. 정의

「파견근로자」란 파견사업주가 고용한 근로자로서 근로자파견의 대상이 되는 자를 말합니다(파견근로자보호 등에 관한 법률(이하 '파견제근로자법'이라 한다) 제2조 제5호). 즉, 파견근로자는 임금을 지급하고 고용관계가 유지되는 고용주와 업무지시를 하는 사업주가 일치하지 않는 근로자의 형태로서 파견사업주에게 고용된 후 그 고용관계를 유지하면서 근로자파견계약의 내용에 따라 사용사업주의 사업장에서 지휘·명령을 받아 사용사업주를 위해 근무하는 자를 말합니다.

사내하도급 근로자는 파견근로자에 해당하지 않기 때문에 원칙적으로 파견근로자보호 등에 관한 법률에 따른 보호를 받을 수 없지만, 사내하도급이 불법파견의 형태로 이루어진 경우에는 파견근로자로 인정되어 파견근로자보호 등에 관한 법률에 따른 보호를 받을 수 있습니다. 이 법에서 사용하는 용어의 정의는 다음과 같습니다.

① 근로자 파견 : 파견사업주가 근로자를 고용한 후 그 고용관계를 유지하면서 근로자파견계약의 내용에 따라 사용사

업주의 지휘·명령을 받아 사용사업주를 위한 근로에 종사하게 하는 것을 말합니다(파견근로자법 제2조 제1호).

② 파견사업주: 근로자파견사업을 행하는 자를 말합니다(파견근로자법 제2조 제3호).

③ 사용사업주: 근로자파견계약에 따라 파견근로자를 사용하는 자를 말합니다(파견근로자법 제2조 제4호).

근로자파견사업 [ ] 신규 / [ ] 갱신 허가신청서

※ 뒤쪽의 작성방법을 읽고 작성해 주시기 바라며, 색상이 어두운 란은 신청인이 적지 않습니다.

(앞쪽)

접수번호		접수일		처리기간	20일

신청인	①상호 또는 법인명칭		②사업자등록번호 (법인등록번호)	
	③소 재 지		④전 화 번 호 (휴대전화번호)	
	⑤대 표 자		⑥주민등록번호	

⑦자 산 상 황　　　　　동산　　　　원, 　부동산　　　　원
⑧사무실전용면적(㎡)

인적 사항	구 분	성 명	주민등록번호	등록기준지
	⑨대 표 자			
	⑩임 원			
	⑪파견사업관리책임자			

「파견근로자보호 등에 관한 법률 시행규칙」 제3조제1항 또는 제5조제1항에 따라 다음과 같이 신청합니다.

년　　　　월　　　　일

신청인　　　　　(서명 또는 인)

○○지방고용노동청(지청)장 귀하

			수수료
첨부 서류	신규허가 신청시 (각 1부)	1. 별지 제2호서식에 따른 사업계획서 2. 정관(법인인 경우만 해당합니다) 3. 자산상황을 확인할 수 있는 서류(개인인 경우만 해당합니다) 4. 사무실 전용면적으로 확인할 수 있는 서류 및 그 위치도 5. 신청인(법인인 경우에는 임원)이 외국인인 경우에는 법 제8조 각 호에 해당하지 아니함을 증명하는 해당 국가의 정부, 그 밖에 권한 있는 기관이 발행한 서류 또는 공증인이 공증한 신청인의 진술서로서 「재외공관 공증법」에 따라 해당 국가에 주재하는 대한민국공관의 영사관이 확인한 서류	수수료 3만원 다만, 전자문서로 신청하는 경우에는 무료로 한다.
	갱신허가 신청시 (각 1부)	1. 정관(법인인 경우만 해당합니다) 2. 허가증 사본 3. 신청인(법인인 경우에는 임원)이 외국인인 경우에는 법 제8조 각 호에 해당하지 아니함을 증명하는 해당 국가의 정부, 그 밖에 권한 있는 기관이 발행한 서류 또는 공증인이 공증한 신청인의 진술서로서 「재외공관 공증법」에 따라 해당 국가에 주재하는 대한민국공관의 영사관이 확인한 서류	수수료 1만원 다만, 전자문서로 신청하는 경우에는 무료로 한다.
담당 공무원 확인사항	신규허가 신청시	법인 등기사항증명서(법인)	
	갱신허가 신청시	1. 법인 등기사항증명서(법인) 2. 사업자등록증(개인)	

행정정보 공동이용 동의서

본인은 이 건 업무처리와 관련하여 「전자정부법」 제36조제1항에 따른 행정정보의 공동이용을 통하여 담당 공무원이 위의 확인사항 중 제2호의 확인사항을 확인하는 것에 동의합니다.

※ 신청인이 담당 공무원의 확인에 동의하지 아니하거나 「전자정부법」 제36조제1항에 따른 행정정보의 공동이용을 통하여 확인할 수 없는 경우에는 해당 서류를 신청인이 직접 제출하여야 합니다.

신청인(대표자)　　　　　(서명 또는 인)

210mm×297mm[백상지 80g/㎡]

근로자파견사업 [　] 변경허가신청서
　　　　　　　　　[　] 변경신고서

※ 뒤쪽의 작성방법을 읽고 작성해 주시기 바라며, 색상이 어두운
　 란은 신청인이 적지 않습니다.

(앞쪽)

접수번호		접수일		처리기간	14일
①상호(법인명칭)			②허가번호		
③소 재 지			④전 화 번 호 　(휴대전화번 　　호)		
⑤대 표 자			⑥주민등록번 호		
⑦변경사항	⑧ 변경 전				
	⑨ 변경 후				
⑩인적사항 변경		성　　명	주민등록번호	등록기준지	

「파견근로자보호 등에 관한 법률 시행규칙」 제4조에 따라 위와 같이
신청(신고)합니다.

　　　　　　　　　　　　　　　　　　　　　　　년　　　　월　　　　일

　　　　　　　　　신청인(신고인)　　　　　　　(서명 또는 인)

○○지방고용노동청(지청)장　귀하

| 첨부서류 | 변경허가신청시 | 1. 사업소 수의 증가
　가. 별지 제2호서식에 따른 해당 사업소의 사업계획서
　나. 해당 사업소의 사무실 전용면적을 확인할 수 있는 서류 및 그 위치도
2. 사업소의 위치변경: 사무실 전용면적을 확인할 수 있는 서류 및 그 위치도
3. 사업주(법인의 경우에는 대표자)의 변경: 제3조제1항제5호에 따른 서류(외국인의 경우에 한정합니다)
4. 허가증 사본 | 수수료
2만원
다만, 전자문서로 신청하는 경우에는 무료로 한다. |
| | 변경신고시 | 1. 법인의 임원(대표자를 제외합니다)의 변경: 제3조제1항제5호에 따른 서류(외국인의 경우에 한정합니다)
2. 파견사업관리책임자의 변경: 제3조제1항제5호에 따른 서류(외국인의 경우에 한정합니다)
3. 상호 또는 법인 명칭의 변경: 변경된 내용을 증명할 수 있는 서류
4. 허가증 사본 | 수수료
없음 |

210mm×297mm[일반용지 60g/㎡(재활용품)]

수입인지 붙이는 난	수 수 료
	변경허가: 2만원
	다만, 전자문서로 신청하는 경우에는 무료로 한다.

유 의 사 항

변경허가를 받지 아니하고 허가받은 사항을 변경한 때에는 3년 이하의 징역 또는 2천만원 이하의 벌금에 처하게 되며, 변경신고를 하지 아니하고 허가받은 사항을 변경한 때에는 허가가 취소되거나 1개월 이내의 영업정지 처분을 받을 수 있습니다.

작 성 방 법

⑩란에는 파견사업주, 법인의 임원, 파견사업관리책임자 등의 인적사항 변경이 있는 경우에만 기재합니다.

처 리 절 차

이 신청서는 아래와 같이 처리됩니다.

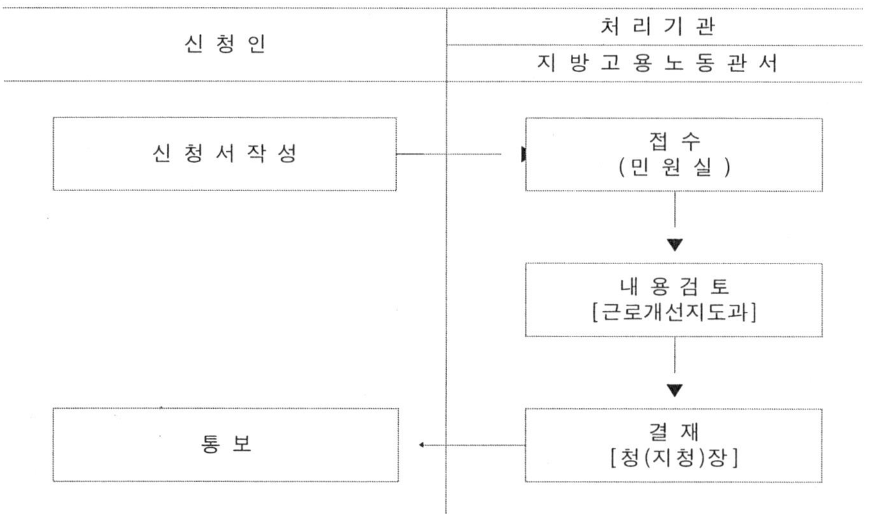

근로자파견사업 폐지신고서

※ 색상이 어두운 란은 신청인이 적지 않습니다.

접수번호	접수일	처리기간 즉시

상호(법인명칭)	전화번호
소재지	
대표자	생년월일
허가번호	허가연월일
폐지연월일	
폐지사유	

「파견근로자보호 등에 관한 법률」 제11조제1항 및 같은 법 시행규칙 제6조제1항에 따라 위와 같이 신고합니다.

년　　　　월　　　　일

신고인　　　　(서명 또는 인)

○○지방고용노동청(지청)장 귀하

첨부서류	허가증 원본	수수료 없음

유의사항

근로자파견사업의 허가를 받은 자가 그 사업을 폐지한 경우에는 폐지신고를 하여야 하며, 이를 위반한 경우에는 300만원 이하의 과태료에 처합니다.

210mm×297mm[일반용지 60g/㎡(재활용품)]

근로자파견사업허가증 재교부신청서

※ 색상이 어두운 란은 신청인이 적지 않습니다

접수번호		접수일		처리기간	5일
상호(법인명칭)			사업자등록번호 (법인등록번호)		
소 재 지			전 화 번 호		
대 표 자			생 년 월 일		
주　　　소			전화번호 (휴대전화번호)		

허가번호
재교부를　신청하는 이유

「파견근로자보호 등에 관한 법률 시행규칙」 제3조제4항에 따라 위와 같이 신고합니다.

년　　　월　　　일

신청인　　　　　　　　　　　　　　　(서명 또는 인)

○○지방고용노동청(지청)장　귀하

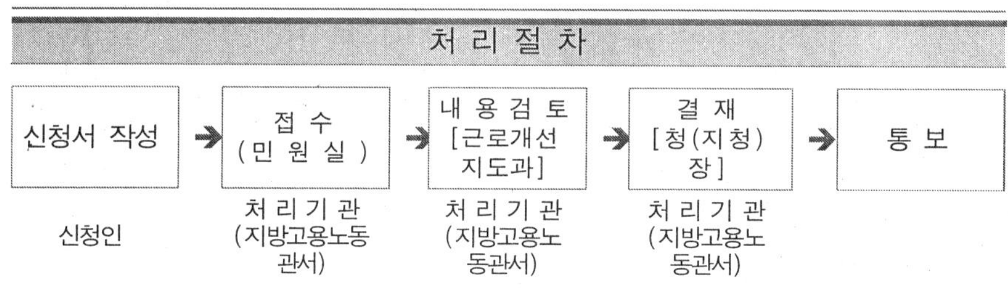

210mm×297mm[백상지 80g/㎡]

4-2. 사내하도급 근로자는 파견근로자에 해당하지 않습니다.

4-2-1. 사내하도급의 개념

「사내하도급」이란 원사업주로부터 업무를 도급받거나 업무의 처리를 수탁한 사업주가 자신의 의무를 이행하기 위해 원사업주의 사업장에서 해당 업무를 수행하는 것을 말합니다(고용노동부, 사내하도급 근로자의 근로조건 보호 가이드라인, 2011).

즉, 사내하도급 근로자는 원사업주의 공간을 이용하지만 근로와 관련된 지시·명령을 원사업주가 아닌 수탁사업주에게 받는 것으로서 이는 사용사업주의 지시를 받는 파견근로자와 성격이 다르기 때문에 파견근로자보호 등에 관한 법률에 따른 보호를 받을 수 없습니다.

4-2-2. 사내하도급 근로자를 파견근로자로 보는 경우

근로자파견에 해당하는지 여부는 당사자의 형식적이고 명목상 정한 계약형식과 상관없이 계약목적 또는 대상의 특정성, 전문성 및 기술성, 계약당사자의 기업으로서 실체 존부와 사업경영상 독립성, 계약 이행에서 사용사업주의 지휘명령권 보유 등을 종합적으로 고려하여 그 근로관계의 실질을 따져서 판단해야 합니다(서울고등법원 2011. 2. 10. 선고 2010누23752 판결).

구체적으로는 ① 수급사업주의 근로자들이 각종 작업지시서 등에 따라 단순·반복적인 업무를 수행하고, ② 수급사업주 회사의 고유 기술이나 자본 등이 업무에 투입된 바가 없으며, ③ 원사업주가 수급사업주 근로자들에 대한 일반적인 작업배치권과 변경 결정권을 가지고 있는 점(수급사업주 회사의 현장관리인이 근로자들에게 구체적인 지휘명령권을 행사하였다고 하더라도 이는 원사업주의 결정사항을 전달한 것에 불과하거나 통제되는 것에 불과하다는 점) 등에 해당하면 그 근로자들은 사내하도급 근로자가 아닌 파견근로자로 보아야 합니다(대법원 2010. 7. 22. 선고 2008두4367 판결).

이에 따라 사내하도급이 불법파견의 형태를 띤 경우에는 사내하도급 근로자는 파견근로자, 원사업주는 사용사업주, 수급사업주는 파견사업주가 되며, 근로자들은 「파견근로자보호 등에 관한 법률」에 따른 보호를 받을 수 있게 됩니다.

4-3. 근로자파견 대상 업무

근로자파견사업이 가능한 업무와 예외적으로 허용하는 사유 및 근로자파견이 절대적으로 금지되는 업무는 법령에 정해져 있습니다. 근로자파견사업이 가능한 업무는 파견근로자보호 등에 관한 법률 시행령 별표 1에 열거된 업무이며, 제조업의 직접생산공정업무는 제외됩니다(파견근로자법 제5조 제1항 및 동법 시행령」 제2조 제1항).

4-4. 근로자파견의 예외적 허용

위 파견대상업무가 아니라도 출산·질병·부상 등으로 결원이 생긴 경우 또는 일시적·간헐적으로 인력을 확보해야 할 필요가 있는 경우에는 근로자파견사업이 가능합니다(파견근로자법 제5조 제2항).

4-5. 근로자파견의 절대적 금지업무

위 허용사유의 유무에 상관없이 다음의 업무에 대해서는 근

로자파견사업이 금지됩니다(파견근로자법 제5조 제3항 및 동
법 시행령」제2조 제2항).

① 건설공사현장에서 이루어지는 업무

② 항만운송사업법 제3조 제1호, 한국철도공사법 제9조 제1항
   제1호, 농수산물 유통 및 가격안정에 관한 법률 제40조, 물
   류정책기본법 제2조 제1항 제1호의 하역업무로서 직업안정
   법 제33조에 따라 근로자공급사업 허가를 받은 지역의 업무

③ 선원법 제2조제1호에 따른 선원의 업무

④ 동일한 사업장 내에서 공정의 일부분을 도급하는 경우로서
   다음의 어느 하나에 해당하는 작업(산업안전보건법 시행령
   제26조 제1항).

   1) 도금작업

   2) 수은·연·카드뮴 등 중금속을 제련·주입·가공 및 가열하는
      작업

   3) 산업안전보건법 제38조제1항에 따라 허가를 받아야 하는
      물질을 제조하거나 사용하는 작업

   4) 그 밖에 유해 또는 위험한 작업으로서 산업재해보상보험
      및 예방심의위원회의 심의를 거쳐 고용노동부장관이 정
      하는 작업

⑤ 진폐의 예방과 진폐근로자의 보호 등에 관한 법률 제2조제
   3호에 따른 분진작업을 하는 업무

⑥ 산업안전보건법 제44조에 따른 건강관리수첩의 교부대상 업무

⑦ 의료법 제2조에 따른 의료인의 업무 및 의료법 제80조에
   따른 간호조무사의 업무

⑧ 의료기사 등에 관한 법률 제3조에 따른 의료기사의 구체적

인 업무

⑨ 여객자동차 운수사업법 제2조제3호에 따른 여객자동차운
송사업의 운전업무

⑩ 화물자동차 운수사업법 제2조제3호에 따른 화물자동차운
송사업의 운전업무

4-6. 위반 시 제재

이를 위반해서 근로자파견사업을 하거나 근로자파견의 역무
를 제공받은 경우에는 3년 이하의 징역 또는 3천만원 이하의
벌금에 처해집니다(파견근로자법 제43조 제1호 및 1호의2).

또한, 공중위생 또는 공중도덕상 유해한 업무에 취업시킬
목적으로 근로자파견을 하면 5년 이하의 징역 또는 5천만원
이하의 벌금에 처해지며, 그 미수범도 처벌됩니다(파견근로자
법 제42조).

4-7. 파견근로자의 취업조건

파견사업주는 근로자파견을 하려는 경우 미리 해당 파견근
로자에게 파견사유, 근로사항 등에 대하여 서면으로 알려주어
야 하며, 근로자 파견 시에는 해당 파견근로자에게 서면으로
미리 알려주어야 합니다. 파견사업주는 정당한 이유 없이 파
견근로자가 사용사업주와의 고용관계가 종료된 후 사용사업주
에게 고용되는 것을 금지하는 내용의 근로계약이나 근로자파
견계약을 체결해서는 안 됩니다.

4-7-1. 서면 고지의무

파견사업주는 근로자파견을 하려는 경우 미리 해당 파견근

로자에게 다음의 사항을 서면으로 알려주어야 합니다(파견근로자법 제20조 제1항, 제26조 제1항, 동법 시행규칙 제11조 및 제12조).

① 파견근로자의 수

② 파견근로자가 종사할 업무의 내용

③ 파견사유(출산·질병·부상 등으로 결원이 생긴 경우 또는 일시적·간헐적으로 인력을 확보해야 할 필요에 따라 근로자를 파견하는 경우만 해당)

④ 파견근로자가 파견되어 근로할 사업장의 명칭 및 소재지와 그 밖에 파견근로자의 근로 장소

⑤ 파견근로 중인 파견근로자를 직접 지휘·명령할 사람에 관한 사항

⑥ 근로자파견기간 및 파견근로 개시일에 관한 사항

⑦ 시업(始業) 및 종업(終業)의 시각과 휴게시간에 관한 사항

⑧ 휴일·휴가에 관한 사항

⑨ 연장·야간·휴일근로에 관한 사항

⑩ 안전 및 보건에 관한 사항

⑪ 근로자파견의 대가(對價)

⑫ 파견사업관리책임자 및 사용사업관리책임자의 성명·소속 및 직위

⑬ 근로자가 파견되어 근로할 사업장의 복리후생시설의 이용에 관한 사항

이를 위반하여 근로자를 파견할 때 미리 해당 근로자에게 취업조건을 고지하지 않은 파견사업주에게는 1천만원 이하의 과태료가 부과됩니다(파견근로자법 제46조 제3항).

4-7-2. 서면 계약체결

근로자파견계약의 당사자는 근로자파견계약을 체결하는 경우 각 파견근로자별로 계약서를 작성하여 서면으로 계약을 체결해야 합니다. 다만, 근로자파견계약의 내용이 동일한 경우에는 하나의 계약서로 작성할 수 있습니다(파견근로자법 제20조 제1항 및 동법 시행규칙 제11조 제1항).

이를 위반하여 근로자파견계약을 서면으로 체결하지 않은 사업주는 최대 6개월의 영업정지 처분을 받을 수 있습니다(파견근로자법 제12조 제1항 제15호).

4-7-3. 파견대가의 내역 제시

파견근로자는 파견사업주에게 해당 근로자파견의 대가에 관하여 그 내역의 제시를 요구할 수 있으며, 파견사업주는 이를 요구받은 때에는 지체 없이 그 내역을 서면으로 제시해야 합니다(파견근로자법 제26조 제2항 및 제3항)

이를 위반하여 파견대가 내역의 제시를 요구받고도 그 내역을 제시하지 않은 파견사업주에게는 300만원 이하의 과태료가 부과됩니다(파견근로자법 제46조 제5항 제2호의2).

4-8. 파견근로자 고용제한의 금지

파견사업주는 정당한 이유 없이 파견근로자 또는 파견근로자로서 고용되려는 사람과 그 고용관계의 종료 후 사용사업주에게 고용되는 것을 금지하는 내용의 근로계약을 체결해서는 안 됩니다. 파견사업주는 정당한 이유 없이 파견근로자와 고용관계의 종료 후 사용사업주가 해당 파견근로자를 고용하는 것을 금지하는 내용의 근로자파견계약을 체결해서는 안 됩니다(파견근로자법 제25조).

이를 위반하여 파견근로자가 사용사업주에게 고용되는 것을 제한하는 근로계약 또는 근로자파견계약을 체결한 파견사업주는 최대 6개월의 영업정지 처분을 받을 수 있습니다(파견근로자법 제12조 제1항 제17호).

4-9. 파견근로 대상에 대한 고지의무

파견사업주는 근로자를 파견근로자로서 고용하고자 할 때에는 미리 당해 근로자에게 그 취지를 서면으로 알려주어야 합니다. 파견사업주는 고용한 근로자 중 파견을 목적으로 고용하지 않은 근로자를 근로자파견의 대상으로 하기 위해서는 미리 그 취지를 서면으로 알려주고 해당 근로자의 동의를 얻어야 합니다(파견근로자법 제24조).

이를 위반하여 근로자의 동의를 받지 않고 근로자를 파견한 파견사업주는 최대 6개월의 영업정지 처분을 받을 수 있습니다(파견근로자법 제12조 제1항 제16호).

파견사업주가 파견근로자법을 위반하면 다음과 같은 행정처분을 받게 됩니다.

행정처분기준

1. 일반기준
   가. 위반행위가 2이상인 때에는 그중 중한 처분기준에 의하며, 2이상의 처분기준이 같은 영업정지인 경우에는 중한 처분기준에 나머지 각각의 처분기준의 2분위 1을 더하여

처분한다.

나. 위반행위의 횟수에 따른 행정처분기준은 당해 위반행위가
   있는 날이전 최근 1년간 같은 위반행위로 행정처분을 받
   은 경우에 적용한다.

다. 위반행위의 동기·내용·정도 및 횟수 등 다음의 해당 사
   유를 고려하여 그 처분을 감경할 수 있다. 이 경우 그 처
   분이 영업정지인 경우에는 그 처분기준의 2분의 1 범위에
   서 감경할 수 있고, 허가취소인 경우에는 6개월 이내의
   영업정지로 감경(다만, 법 제7조제1항에 따른 허가 또는
   법 제10조제2항에 따른 갱신허가를 거짓이나 그 밖의 부
   정한 방법으로 받은 때와 법 제8조에 따른 결격사유에 해
   당하게 된 때에는 제외한다)할 수 있다.
   1) 위반행위가 고의나 중대한 과실이 아닌 사소한 부주의나
      오류로 인한 것으로 인정되는 경우
   2) 위반의 내용·정도가 경미하여 파견근로자에게 미치는 피
      해가 적다고 인정되는 경우
   3) 위반행위자가 처음 해당 위반행위를 한 경우로서, 3년 이
      상 해당 사업을 모범적으로 해 온 사실이 인정되는 경우
   4) 위반행위자가 해당 위반행위로 인하여 검사로부터 기소유
      예 처분을 받거나 법원으로부터 선고유예의 판결을 받
      은 경우

2. 개별기준

위 반 사 항	행 정 처 분 기 준		
	1차 위반	2차 위반	3차 위반
(1) 법 제5조제5항을 위반하여 근로자파 견사업을 행한 때	경 고	영업정 지3월	허가취 소
(2) 법 제6조제1항, 제2항 또는 제4항을 위반하여 근로자파견사업을 행한 때	경 고	영업정 지3월	허가취 소

위반사항			
(3) 법 제7조제1항의 규정을 위반한 때			
(가) 허위 기타 부정한 방법으로 허가를 받은 때	허가취소		
(나) 허가를 받지 아니하고 중요한 사항을 변경한 때	영업정지3월	허가취소	
(4) 법 제7조제2항의 규정에 의한 변경신고를 하지 아니하고 신고사항을 변경한 때	경 고	영업정지1월	허가취소
(5) 법 제8조의 규정에 의한 허가의 결격사유에 해당하게 된 때			
(가) 제1호 내지 제5호의 규정에 해당하게 된 때	허가취소		
(나) 제6호의 규정에 해당하게 된 때	경 고	허가취소	
(6) 법 제9조의 규정에 의한 허가의 기준에 적합하지 아니하게 된 때	경 고	영업정지1월	허가취소
(7) 법 제10조제2항의 규정에 의한 갱신허가를 허위 기타 부정한 방법으로 받은 때	허가취소		
(8) 법 제11조제1항의 규정에 의한 폐지신고를 하지 아니한 때	경 고	허가취소	
(9) 법 제13조제2항의 규정을 위반하여 영업정지처분의 내용을 사용사업주에게 통지하지 아니한 때	경 고	영업정지1월	영업정지2월
(10) 법 제14조의 규정에 의한 겸업금지의무를 위반한 때	경 고	영업정지2월	허가취소
(11) 법 제15조의 규정을 위반하여 명의를 대여한 때	허가취소		

위반행위	1차	2차	3차
(12) 법 제16조제1항의 규정을 위반하여 근로자를 파견한 때	경 고	영업정지3월	허가취소
(13) 법 제17조의 규정에 의한 준수사항을 위반한 때	경 고	영업정지1월	영업정지2월
(14) 법 제18조의 규정에 의한 보고를 하지 아니하거나 허위의 보고를 한 때	경 고	영업정지1월	영업정지2월
(15) 법 제20조제1항에 따른 근로자파견계약을 서면으로 체결하지 아니한 때	경 고	영업정지1월	영업정지2월
(16) 법 제24조제2항의 규정을 위반하여 근로자의 동의를 얻지 아니하고 근로자파견을 행한 때	경 고	영업정지1월	허가취소
(17) 법 제25조의 규정을 위반하여 근로계약 또는 근로자파견계약을 체결한 때	경 고	영업정지1월	허가취소
(18) 법 제26조제1항을 위반하여 파견근로자에게 법 제20조제1항제2호.제4호부터 제12호까지의 사항을 알려주지 아니한 때	경 고	영업정지1월	영업정지2월
(19) 법 제28조의 규정에 의한 파견사업관리책임자를 선임하지 아니하거나 결격사유에 해당하는 자를 선임한 때	경 고	영업정지1월	허가취소
(20) 법 제29조의 규정에 의한 파견사업관리대장을 작성하지 아니하거나 보존하지 아니한 때	경 고	영업정지1월	허가취소
(21) 법 제35조제5항의 규정을 위반하여 건강진단결과를 송부하지 아니한 때	경 고	영업정지1월	영업정지2월

(22) 법 제37조의 규정에 의한 근로자파견사업의 운영 및 파견근로자의 고용관리 등에 관한 개선명령을 이행하지 아니한 때	경 고	영업정지1월	영업정지3월
(23) 법 제38조의 규정을 위반한 때			
(가) 보고명령을 이행하지 아니하거나 허위의 보고를 한 때	경 고	영업정지1월	영업정지3월
(나) 관계공무원의 출입·검사·질문 등의 업무를 거부·기피하거나 방해한 때	경 고	영업정지1월	영업정지3월

4-10. 파견기간의 제한

근로자파견의 기간은 원칙적으로 1년을 초과할 수 없지만 출산·질병·부상 등으로 결원이 생긴 경우 또는 일시적·간헐적으로 인력을 확보할 필요가 있는 경우에는 1년을 초과할 수 있습니다.

파견사업주·사용사업주 및 파견근로자간의 합의가 있는 경우에는 파견기간을 연장할 수 있습니다.

근로자파견의 기간은 원칙적으로 1년을 초과할 수 없습니다(파견근로자법 제6조 제1항). 다만, 출산·질병·부상 등으로 결원이 생긴 경우 또는 일시적·간헐적으로 인력을 확보할 필요가 있는 경우에는 1년을 초과할 수 있습니다. 이 경우 파견기간은 다음과 같습니다(파견근로자법 제5조 제2항, 제6조 제1항 및 제4항).

① 출산·질병·부상 등 그 사유가 객관적으로 명백한 경우에는 그 사유의 해소에 필요한 기간

② 일시적·간헐적으로 인력을 확보할 필요가 있는 경우에는 3

개월 이내의 기간(다만, 그 사유가 해소되지 않고 파견사업
주·사용사업주 및 파견근로자간의 합의가 있는 경우에는 1
회에 한하여 3개월의 범위에서 기간 연장 가능)

4-11. 파견기간 연장의 예외적 허용

파견사업주·사용사업주 및 파견근로자간의 합의가 있는 경
우에는 파견기간을 연장할 수 있습니다. 이 경우 1회를 연장
할 때에 그 연장기간은 1년을 초과하지 못하며, 연장된 기간
을 포함한 총 파견기간은 2년을 초과하지 못합니다. 다만, 파
견근로자가 고용상 연령차별금지 및 고령자고용촉진에 관한
법률 제2조 제1호에 따라 55세 이상 고령자인 경우에는 총
파견기간 2년을 초과하여 파견기간을 연장할 수 있습니다(파
견근로자법 제6조).

이를 위반하여 근로자파견사업을 하거나 근로자파견의 역무
를 제공받은 사람은 3년 이하의 징역 또는 3천만원 이하의
벌금에 처해집니다(파견근로자법 제43조 제1호 및 1호의2).

4-12. 파견근로자의 직접고용 의무

파견근로자의 총 파견기간이 2년을 초과하거나 파견 절대금
지 업무에 파견되는 등의 사유가 발생한 경우 사용사업주는
해당 파견근로자를 직접 고용해야 합니다. 다만, 파견근로자
가 명시적인 반대의사를 표시하는 등의 사유가 있으면 직접고
용하지 않아도 됩니다. 사용사업주가 다음의 어느 하나에 해
당하는 경우에는 해당 파견근로자를 직접 고용해야 합니다(파
견근로자법 제6조의2 제1항).

① 파견대상업무에 해당하지 않는 업무에서 파견근로자를 사용하는 경우(파견근로자법 제5조제2항에 따라 근로자파견사업을 한 경우는 제외)

② 파견근로 절대금지업무에 파견근로자를 사용하는 경우

③ 총파견기간인 2년을 초과하여 계속적으로 파견근로자를 사용하는 경우

④ 파견기간 연장의 예외적 허용 사유(당사자간의 합의)를 위반하여 파견근로자를 사용하는 경우

⑤ 허가를 받지 않고 근로자파견사업을 행하는 사람으로부터 근로자파견의 역무를 제공받은 경우

그러나 사용사업주의 직접고용 의무는 다음의 어느 하나에 해당하는 경우에는 적용되지 않습니다(파견근로자법 제6조의2 제2항 및 동법 시행령 제2조의2).

① 해당 파견근로자가 명시적인 반대의사를 표시하는 경우

② 「임금채권보장법」 제7조제1항 각 호의 어느 하나에 해당하는 경우

③ 천재·사변 그 밖의 부득이한 사유로 사업의 계속이 불가능한 경우

직접고용사유에 해당하면서도 파견근로자를 직접 고용하지 않은 사용사업주에게는 3천만원 이하의 과태료가 부과됩니다(파견근로자법 제46조 제2항).

4-13. 파견근로자에 대한 차별적 처우는 금지

파견사업주와 사용사업주는 파견근로자임을 이유로 사용사업주의 사업 내의 동종 또는 유사한 업무를 수행하는 근로자

에 비해 임금이나 그 밖의 근로조건 등에 있어서 합리적인 이유 없이 불리하게 처우해서는 안 됩니다.

「차별적 처우」란 다음 사항에 있어서 합리적인 이유 없이 불리하게 처우하는 것을 말합니다(파견근로자법 제2조 제7호).

① 근로기준법 제2조제1항제5호에 따른 임금

② 정기상여금, 명절상여금 등 정기적으로 지급되는 상여금

③ 경영성과에 따른 성과금

④ 그 밖에 근로조건 및 복리후생 등에 관한 사항

파견사업주 및 사용사업주가 지켜야 할 파견근로자에 대한 차별적 처우의 금지의무는 4명 이하의 근로자를 사용하는 경우에는 적용되지 않습니다(파견근로자보호 등에 관한 법률 제21조 제4항).

또한, 4명 이하의 근로자를 사용하는 사업장에서 파견사업주 또는 사용사업주로부터 차별적 처우를 받은 파견근로자는 차별적 처우 시정신청을 할 수 없습니다(파견근로자법 제21조 제4항).

파견사업주가 파견근로자법을 위반한 경우에는 다음과 같이 과태료 처분을 받습니다.

과태료의 부과기준

1. 일반기준

　가. 위반행위의 횟수에 따른 과태료 부과기준은 최근 2년간 같은 위반행위로 과태료를 부과받은 경우에 적용한다. 이 경우 위반행위에 대하여 과태료 부과처분을 한 날과 다시 같은 위반행위를 적발한 날을 각각 기준으로 하여 위반횟수

를 계산한다.

나. 고용노동부장관은 다음의 어느 하나에 해당하는 경우에는
제2호에 따른 과태료 금액의 2분의 1의 범위에서 그 금액
을 감경할 수 있다. 다만, 과태료를 체납하고 있는 위반행
위자의 경우에는 그러하지 아니하다.

1) 위반행위자가 「질서위반행위규제법 시행령」 제2조의2제1항
각 호의 어느 하나에 해당하는 경우

2) 위반행위자가 자연재해·화재 등으로 재산에 현저한 손실이
발생하거나 사업여건의 악화로 사업이 중대한 위기에 처하
는 등의 사정이 있는 경우

3) 위반행위가 사소한 부주의나 오류 등 과실로 인한 것으로
인정되는 경우

4) 위반행위자가 위법행위로 인한 결과를 시정하거나 해소한
경우

5) 그 밖에 위반행위의 정도, 위반행위의 동기와 그 결과 등을
고려하여 감경할 필요가 있다고 인정되는 경우

2. 개별기준

위반행위	근거 법조문	과태료 금액		
		1차	2차	3차 이상
가. 법 제6조의2제1항을 위반하여 파견근로자를 직접 고용하지 않은 경우	법 제46조제2항	1,000만원	2,000만원	3,000만원
나. 법 제11조제1항에 따른 신고를 하지 않거나 허위의 신고를 한 경우	법 제46조제5항제1호	200만원	300만원	300만원
다. 법 제18조 또는 제38조제1항에 따른 보고를	법 제46조제5항제2호	300만원	300만원	300만원

위반행위	근거 법조문	1차 위반	2차 위반	3차 위반
하지 않거나 허위의 보고를 한 경우				
라. 법 제21조제3항, 제21조의2제4항 및 제21조의3제2항에 따라 준용되는 「기간제 및 단시간근로자 보호 등에 관한 법률」 제14조제2항 또는 제3항에 따라 확정된 시정명령을 정당한 이유 없이 이행하지 않은 경우	법 제46조제1항			
1) 배상을 내용으로 하는 차별시정명령을 이행하지 않은 경우		1억원의 범위에서 해당 배상명령액	1억원의 범위에서 해당 배상명령액	1억원의 범위에서 해당 배상명령액
2) 근로시간, 휴일·휴가 등 근로조건에 대한 차별시정명령을 이행하지 않은 경우		500만원	1,000만원	2,000만원
3) 시설 등 이용에 대한 차별시정명령을 이행하지 않은 경우		500만원	1,000만원	2,000만원
마. 법 제21조제3항, 제21조의2제4항 및 제21조의3제2항에 따라 준용되는 「기간제 및 단시간근로자 보호 등에 관한 법률」 제15조제1항에 따른	법 제46조제4항	200만원	400만원	500만원

위반행위	근거 법조문			
고용노동부장관의 이행상황 제출요구에 정당한 이유 없이 불응한 경우				
바. 법 제26조제1항을 위반하여 근로자파견을 할 때에 미리 해당 파견근로자에게 법 제20조제1항 각 호의 사항 및 그 밖에 고용노동부령으로 정하는 사항을 서면으로 알리지 않은 경우	법 제46조제3항			
1) 전부를 알리지 않은 경우		500만원	1,000만원	1,000만원
2) 일부를 알리지 않은 경우		200만원	400만원	1,000만원
사. 법 제26조제3항을 위반한 경우	법 제46조제5항제2호의2	300만원	300만원	300만원
아. 법 제27조ㆍ제29조 또는 제33조를 위반한 경우	법 제46조제5항제3호	200만원	300만원	300만원
자. 법 제35조제3항 또는 제5항을 위반하여 해당 건강진단결과를 송부하지 않은 경우	법 제46조제5항제4호	200만원	300만원	300만원
차. 법 제37조에 따른 개선명령을 위반한 경우	법 제46조제5항제5호	300만원	300만원	300만원
카. 법 제38조제2항에 따른 검사를 정당한 이유 없이 거부ㆍ방해 또는 기피한 경우	법 제46조제5항제6호	300만원	300만원	300만원

4-13-1. 파견근로자에 대한 차별적 처우의 판단기준

파견근로자에 대한 차별적 처우를 판단함에 있어 비교대상 근로자는 사용사업주의 사업 내의 동종 또는 유사한 업무를 수행하는 근로자입니다(파견근로자법 제21조 제1항).

「동종 또는 유사한 업무」에 해당하는지 여부는 주된 업무의 성질과 내용, 업무수행과정에서의 권한과 책임의 정도, 작업조건 등을 종합적으로 고려하여 판단해야 합니다(서울행정법원 2009. 6. 3. 선고 2008구합24743 판결).

사용사업주의 사업 내의 동종 또는 유사한 업무를 수행하는 근로자의 업무가 파견근로자의 업무와 동종 또는 유사한 업무에 해당하는지는 취업규칙이나 근로계약 등에 명시된 업무 내용이 아니라 근로자가 실제 수행하여 온 업무를 기준으로 판단하되, 이들이 수행하는 업무가 서로 완전히 일치하지 않고 업무의 범위 또는 책임과 권한 등에서 다소 차이가 있다고 하더라도 주된 업무의 내용에 본질적인 차이가 없다면, 특별한 사정이 없는 이상 이들은 동종 또는 유사한 업무에 종사한다고 보아야 합니다(대법원 2012.10.25. 선고 2011두7045 판결).

4-13-2. 불리한 처우와 합리적인 이유가 없는 경우

「불리한 처우」란 사업주가 임금 그 밖의 근로조건 등에서 파견근로자와 사용사업주의 사업 내의 동종 또는 유사한 업무를 수행하는 근로자를 다르게 처우함으로써 파견근로자에게 발생하는 불이익 전반을 의미하고, "합리적인 이유가 없는 경우"란 파견근로자를 달리 처우할 필요성이 인정되지 않거나, 달리 처우할 필요성이 인정되는 경우에도 그 방법이나 정도 등이 적정하지 않은 경우를 의미합니다(대법원 2012.10.25. 선고 2011두7045 판결).

그리고 합리적인 이유가 있는지는 개별 사안에서 문제가 된 불리한 처우의 내용 및 사업주가 불리한 처우의 사유로 삼은 사정을 기준으로 파견근로자의 고용형태, 업무 내용과 범위·권한·책임, 임금 그 밖의 근로조건 등의 결정요소 등을 종합적으로 고려하여 판단해야 합니다(대법원 2012.10.25. 선고 2011두7045 판결).

차별금지 영역으로 인정한 사례는 기본금, 상여금, 근속수당, 안전수당(무사고수당), 공정지원금, 교통비, 가족수당, 경조휴가 및 경조금, 교육비보조, 체력단련비, 성과배분 및 생산장려금, 창립일 유급휴가, 정기승호 등을 지급·적용 받지 못하거나 적게 지급 받는 것 등입니다.

4-14. 파견근로자의 파견 기간

근로자파견의 기간은 원칙적으로 1년을 초과할 수 없지만 출산·질병·부상 등으로 결원이 생긴 경우 또는 일시적·간헐적으로 인력을 확보할 필요가 있는 경우에는 1년을 초과할 수 있습니다. 파견사업주·사용사업주 및 파견근로자간의 합의가 있는 경우에는 파견기간을 연장할 수 있습니다.

4-14-1. 1년 이상 파견 금지 원칙

근로자파견의 기간은 원칙적으로 1년을 초과할 수 없지만, 출산·질병·부상 등으로 결원이 생긴 경우 또는 일시적·간헐적으로 인력을 확보할 필요가 있는 경우에는 1년을 초과할 수 있습니다.

4-14-2. 파견기간 연장의 예외적 허용

파견사업주·사용사업주 및 파견근로자간의 합의가 있는 경우에는 파견기간을 연장할 수 있습니다. 이 경우 1회를 연장할 때에 그 연장기간은 1년을 초과하지 못하며, 연장된 기간을 포함한 총 파견기간은 2년을 초과하지 못합니다. 다만, 파견근로자가 고용상 연령차별금지 및 고령자고용촉진에 관한 법률 제2조 제1호에 따라 55세 이상 고령자인 경우에는 총 파견기간 2년을 초과하여 파견기간을 연장할 수 있습니다.

4-14-3. 파견근로자의 직접고용 의무

사용사업주는 총파견기간인 2년을 초과하여 계속적으로 파견근로자를 사용하는 경우 해당 파견계약직 근로자를 직접 고용해야 합니다.

5. 비정규직 보호법의 보호범위

기간제근로자, 단시간근로자, 파견근로자는 일반적인 근로자 관련 법령 뿐만 아니라 비정규직 보호법인 기간제 및 단시간근로자 보호 등에 관한 법률 및 파견근로자보호 등에 관한 법률의 보호를 받게 되지만 그 외의 비정규직 근로자는 비정규직보호법의 보호를 받을 수 없고, 일반적인 근로자 관련 법령으로만 보호됩니다.

5-1. 기간제법에 따른 보호범위

계약직, 임시직, 촉탁직 등 근로의 명칭과 관계없이 근로계약 기간이 정해져 있는 경우에는 모두 기간제근로자에 해당하여 기간제법의 보호를 받을 수 있습니다.

1주일 동안의 소정근로시간이 그 사업장에서 같은 종류의 업무에 종사하는 통상 근로자의 1주일 동안의 소정근로시간에 비해 짧은 근로자는 단시간근로자로서 기간제 및 단시간근로자 보호 등에 관한 법률의 보호를 받을 수 있습니다.

5-2. 파견근로자보호 등에 관한 법률에 따른 보호범위

임금을 지급하고 고용관계가 유지되는 고용주와 업무지시를 하는 사업주가 일치하지 않는 근로자의 형태로서 파견사업주에게 고용된 후 그 고용관계를 유지하면서 근로자 파견계약의 내용에 따라 사용사업주의 사업장에서 지휘, 명령을 받아 사용사업주를 위해 근무하는 파견근로자는 파견근로자법의 보호를 받을 수 있습니다.

■ 단시간근로자의 초과근무는 어떻게 보호되나요?

질문

저는 단시간근로자로 근무하고 있습니다. 그런데 사장이 자꾸 초과근무를 강요하면서 초과근무를 할 수 없으면 그만두라고 협박을 하고 있습니다. 이런 경우에는 어떻게 해야 하나요?

답변

5명 이상의 근로자를 사용하는 사업주가 단시간근로자에게 소정근로시간을 초과하여 근로하게 하려는 경우에는 해당 근로자의 동의를 얻어야 하며, 동의를 얻었다고 하더라도 1주일에 12시간을 초과하여 근로를 시킬 수 없습니다. 이를 위반하는 사업주는 처벌됩니다.

그리고 사업주는 단시간근로자가 동의한 초과근로에 대해 통상임금의 100분의 50 이상을 가산하여 지급해야 합니다.

단시간근로자는 사업주가 동의를 얻지 않고 초과근로를 하게 하는 경우 이를 거부할 수 있습니다.

단시간근로자의 동의를 얻지 않고 초과근로를 하게 하거나 동의를 얻었더라도 1주일에 12시간을 초과하여 근로하게 한 사업주는 1천만원 이하의 벌금에 처해집니다.

(참고)
단시간근로자의 근로조건 결정기준 등에 관한 사항

1. 근로계약의 체결
   가. 사용자는 단시간근로자를 고용할 경우에 임금, 근로시간, 그 밖의 근로조건을 명확히 적은 근로계약서를 작성하여 근로자에게 내주어야 한다.
   나. 단시간근로자의 근로계약서에는 계약기간, 근로일, 근로시간의 시작과 종료 시각, 시간급 임금, 그 밖에 고용노동부장관이 정하는 사항이 명시되어야 한다.
2. 임금의 계산
   가. 단시간근로자의 임금산정 단위는 시간급을 원칙으로 하며, 시간급 임금을 일급 통상임금으로 산정할 경우에는 나목에 따른 1일 소정근로시간 수에 시간급 임금을 곱하여 산정한다.
   나. 단시간근로자의 1일 소정근로시간 수는 4주 동안의 소정근로시간을 그 기간의 통상 근로자의 총 소정근로일 수로 나눈 시간 수로 한다.
3. 초과근로
   가. 사용자는 단시간근로자를 소정 근로일이 아닌 날에 근로시

키거나 소정근로시간을 초과하여 근로시키고자 할 경우에는
근로계약서나 취업규칙 등에 그 내용 및 정도를 명시하여야
하며, 초과근로에 대하여 가산임금을 지급하기로 한 경우에는
그 지급률을 명시하여야 한다.

　나. 사용자는 근로자와 합의한 경우에만 초과근로를 시킬 수
있다.

4. 휴일·휴가의 적용

　가. 사용자는 단시간근로자에게 법 제55조에 따른 유급휴일을
주어야 한다.

　나. 사용자는 단시간근로자에게 법 제60조에 따른 연차유급휴
가를 주어야 한다. 이 경우 유급휴가는 다음의 방식으로 계산
한 시간단위로 하며, 1시간 미만은 1시간으로 본다.

$$\text{통상 근로자의 연차휴가일수} \times \frac{\text{단시간근로자의 소정근로시간}}{\text{통상 근로자의 소정근로시간}} \times 8\text{시간}$$

　다. 사용자는 여성인 단시간근로자에 대하여 법 제73조에 따른
생리휴가 및 법 제74조에 따른 산전후휴가를 주어야 한다.

　라. 가목 및 다목의 경우에 사용자가 지급하여야 하는 임금은
제2호가목에 따른 일급 통상임금을 기준으로 한다.

　마. 나목의 경우에 사용자가 지급하여야 하는 임금은 시간급을
기준으로 한다.

5. 취업규칙의 작성 및 변경

　가. 사용자는 단시간근로자에게 적용되는 취업규칙을 통상근로
자에게 적용되는 취업규칙과 별도로 작성할 수 있다.

　나. 가목에 따라 취업규칙을 작성하거나 변경하고자 할 경우에
는 적용대상이 되는 단시간근로자 과반수의 의견을 들어야 한
다. 다만, 취업규칙을 단시간근로자에게 불이익하게 변경하는
경우에는 그 동의를 받아야 한다.

　다. 단시간근로자에게 적용될 별도의 취업규칙이 작성되지 아
니한 경우에는 통상 근로자에게 적용되는 취업규칙이 적용된
다. 다만, 취업규칙에서 단시간근로자에 대한 적용을 배제하는

규정을 두거나 다르게 적용한다는 규정을 둔 경우에는 그에 따른다.

라. 가목 및 다목에 따라 단시간근로자에게 적용되는 취업규칙을 작성 또는 변경하는 경우에는 법 제18조 제1항의 취지에 어긋하는 내용이 포함되어서는 아니 된다.

■ 파견근로자로 인정되는 조건은 무엇인지요?

☞ 질문

저는 사내하도급(사내하청) 근로자로 형식적인 근로계약은 수급사업주와 체결했지만 실제로는 원사업주의 작업지시를 받은지 3년이 되었습니다. 이런 경우 파견근로자로 인정되는 것 아닌가요?

☞ 답변

수급사업주의 근로자들이 각종 작업지시서 등에 따라 단순·반복적인 업무를 수행하고, 수급사업주 회사의 고유 기술이나 자본 등이 업무에 투입된 바가 없으며, 원사업주가 수급사업주 근로자들에 대한 일반적인 작업배치권과 변경 결정권을 가지고 있으면 그 근로자들은 사내하도급(사내하청) 근로자가 아닌 파견근로자로 봅니다.

파견근로자는 임금을 지급하고 고용관계가 유지되는 고용주와 업무지시를 하는 사업주가 일치하지 않는 근로자의 형태로서 파견사업주에게 고용된 후 그 고용관계를 유지하면서 근로자 파견계약의 내용에 따라 사용사업주의 사업장에서 지휘·명령을 받아 사용사업주를 위해 근무하는 자를 말합니다.

한편, 사내하도급(사내하청) 근로자는 원사업주로부터 업무를 도급받거나 업무의 처리를 수탁한 사업주가 자신의 의무를 이행하기 위해 원사업주의 사업장에서 해당 업무를 수행하는 근로자를 말합니다.

사내하도급(사내하청) 근로자를 파견근로자로 보는 경우로서는 판례는 ① 수급사업주의 근로자들이 각종 작업지시서 등에 따라 단순·반복적인 업무를 수행하고, ② 수급사업주 회사의 고유 기술이나 자본 등이 업무에 투입된 바가 없으며, ③ 원사업주가 수급사업주 근로자들에 대한 일반적인 작업배치권과 변경 결정권을 가지고 있으면 그 근로자들은 사내하도급(사내하청) 근로자가 아닌 파견근로자로 보고 있습니다.

이에 따라 사내하도급(사내하청)이 불법파견의 형태를 띤 경우에는 그 근로자는 파견근로자, 원사업주는 사용사업주, 수급사업주는 파견사업주가 되며, 근로자들은 파견근로자보호 등에 관한 법률에 따른 보호를 받을 수 있게 됩니다.

■ 기간제근로자도 육아휴직을 사용할 수 있나요?

저는 기간제근로자로 근무 중입니다. 육아문제로 휴직을 하고 싶은데 정규직이 아니어도 육아휴직을 사용할 수 있나요?

사업주는 근로자가 만 6세 이하의 초등학교 취학 전 자녀를 양육하기 위하여 육아휴직 또는 육아기 근로시간 단축을 신청하는 경우에 특별한 사정이 없는 한 1년 이내의 기간 동안 이를 허용해야 합니다.

사업주는 근로자가 다음의 어느 하나에 해당하는 경우를 제외하고 만 8세 이하 또는 초등학교 2학년 이하의 자녀(입양한 자녀를 포함)를 양육하기 위하여 휴직을 신청하는 경우에 1년 이내의 기간 동안 이를 허용해야 합니다. 이를 위반하여 근로자의 육아휴직 신청을 받고 육아휴직을 허용하지 않은 사업주는 500만원 이하의 벌금에 처해집니다(남녀고용평등과 일·가정 양립 지원에 관한 법률 제37조 제4항 제4호).

① 육아휴직을 시작하려는 날의 전날까지 해당 사업에서 계속 근로한 기간이 1년 미만인 근로자
② 같은 영유아에 대하여 배우자가 육아휴직을 하고 있는 근로자

아울러 사업을 계속할 수 없는 경우를 제외하고 육아휴직을 이유로 해고나 그 밖의 불리한 처우를 해서는 안 되며, 육아휴직 기간에는 그 근로자를 해고하지 못합니다. 이를 위반하

여 근로자에게 육아휴직을 이유로 해고나 그 밖의 불리한 처우를 하거나 사업을 계속할 수 없는 사유가 없음에도 육아휴직 기간동안 해당 근로자를 해고한 사업주는 3년 이하의 징역 또는 2천만원 이하의 벌금에 처해집니다.

사업주는 육아휴직을 마친 후에는 해당 근로자를 휴직 전과 같은 업무 또는 같은 수준의 임금을 지급하는 직무에 복귀시켜야 합니다.

이를 위반하여 근로자가 육아휴직을 마친 후 휴직 전과 같은 업무 또는 같은 수준의 임금을 지급하는 직무에 복귀시키지 않은 사업주는 500만원 이하의 벌금에 처해집니다.

기간제근로자의 육아휴직 기간은 근속기간에는 포함되지만, 기간제 및 단시간근로자 보호 등에 관한 법률 제4조에 따른 사용기간에는 산입되지 않습니다. 따라서 육아휴직기간을 제외한 근무기간이 2년을 초과해야 무기계약직으로 전환될 수 있습니다.

사업주는 육아휴직을 신청할 수 있는 근로자가 육아휴직 대신 1년 이내의 기간을 정하여 근로시간 단축(이하 "육아기 근로시간 단축"이라 함)을 신청하는 경우 이를 허용해야 합니다.

사업주가 해당 근로자에게 육아기 근로시간 단축을 허용하는 경우 단축 후 근로시간은 주당 15시간 이상 이어야 하고 30시간을 넘어서는 안 됩니다. 다만, 다음의 어느 하나에 해당하는 경우에는 사업주는 육아기 근로시간 단축을 허용하지 않을 수 있습니다.

① 단축개시예정일의 전날까지 해당 사업에서 계속 근로한 기간이 1년 미만인 근로자가 신청한 경우

② 같은 영유아의 육아를 위하여 배우자가 육아휴직(다른 법령에 따른 육아휴직을 포함)을 하고 있는 근로자가 신청한 경우

③ 사업주가 직업안정법 제2조의2 제1호에 따른 직업안정기관에 구인신청을 하고 14일 이상 대체인력을 채용하기 위하여 노력하였으나 대체인력을 채용하지 못한 경우(다만, 직업안정기관의 장의 직업소개에도 불구하고 정당한 이유 없이 2회 이상 채용을 거부한 경우는 제외)

④ 육아기 근로시간 단축을 신청한 근로자의 업무 성격상 근로시간을 분할하여 수행하기 곤란하거나 그 밖에 육아기 근로시간 단축이 정상적인 사업 운영에 중대한 지장을 초래하는 경우로서 사업주가 이를 증명하는 경우

사업주가 육아기 근로시간 단축의 적용 제외에 해당하여 근로시간 단축을 허용하지 않는 경우에는 해당 근로자에게 그 사유를 서면으로 통보하고 육아휴직을 사용하게 하거나 그 밖의 조치를 통하여 지원할 수 있는지를 해당 근로자와 협의해야 합니다. 사업주는 육아기 근로시간 단축을 이유로 해당 근로자에게 해고나 그 밖의 불리한 처우를 해서는 안 됩니다.

이를 위반하여 육아기 근로시간 단축을 이유로 해당 근로자에 대하여 해고나 그 밖의 불리한 처우를 한 사업주는 3년 이하의 징역 또는 2천만원 이하의 벌금에 처해집니다.

사업주는 근로자의 육아기 근로시간 단축기간이 끝난 후에 그 근로자를 육아기 근로시간 단축 전과 같은 업무 또는 같은 수준의 임금을 지급하는 직무에 복귀시켜야 합니다.

이를 위반하여 육아기 근로시간 단축이 끝난 후에 육아기 근로시간 단축 전과 같은 업무 또는 같은 수준의 임금을 지급

하는 직무에 복귀시키지 않은 사업주는 500만원 이하의 벌금
에 처해집니다(남녀고용평등법 제37조 제4항 제5호).

월급 금액으로 정하여진 통상임금을 시간급 금액으로 산정할 때에는
그 금액을 월의 통상임금 산정 기준시간 수(주의 통상임금산정 기준시
간에 1년간의 평균 주의 수를 곱한 시간을 12로 나눈 시간)로 나눈 금
액에 의하여야 하므로(근로기준법 시행령 제6조 제2항 제4호), 그 시간
급 통상임금 산정을 위해서는 먼저 월급 금액으로 정하여진 통상임금을
확정하여야 한다. 그런데 근로자가 근로기준법 제50조의 기준근로시간
을 초과하는 약정 근로시간에 대한 임금으로 월급을 지급받거나 기본시
급과 함께 매월 고정수당을 지급받는 경우, 그 월급이나 월급의 형태로
지급받는 고정수당에는 통상임금으로 볼 수 없는 근로기준법 제55조 소
정의 유급휴일에 대한 임금과 근로기준법 제56조 소정의 연장·야간근로
에 대한 임금이 포함되어 있어 그 통상임금을 확정하기가 곤란하므로,
이러한 경우에는 유급휴일에 근무한 것으로 의제하여 그 근로의제시간
을 약정 근로시간(연장 및 야간근로시간의 경우 각 가산율 고려)과 합하
여 총 근로시간을 산정한 후 유급휴일에 대한 임금의 성격을 가지는 부
분과 연장·야간근로수당분이 포함된 월급 또는 월급 형태로 지급받는
고정수당을 그 총 근로시간 수로 나누는 방식에 의하여 그 시간급 통상
임금을 산정하여도 무방하다(대법원 2012. 3. 29. 선고 2010다91046
판결 등 참조).

■ 근로자를 파견할 수 있는 업무가 따로 있나요?

저는 생산업체를 운영하는 사업주입니다. 다른 생산업체와 파견계약을 맺고 근로자를 파견하려고 하는데 근로자를 파견할 수 있는 업무가 따로 정해져 있나요?

근로자파견사업이 가능한 업무와 예외적으로 허용하는 사유 및 근로자파견이 절대적으로 금지되는 업무는 법령에 정해져 있습니다. 근로자를 파견할 수 있는 업무는 전문적인 기술을 요하는 업무 또는 전화교환, 수금, 주유원, 건물 청소, 운전 등 법령으로 정하는 업무이며, 제조업의 직접생산공정업무에는 근로자를 파견할 수 없습니다.

위의 파견대상 업무에 해당하지 않더라도 출산·질병·부상 등으로 결원이 생긴 경우 또는 일시적·간헐적으로 인력을 확보해야 할 필요가 있는 경우에는 예외적으로 근로자파견사업이 가능합니다. 다만, 건설공사 현장에서 이루어지는 업무, 근로자공급사업 허가를 받은 지역의 업무, 선원 업무, 동일한 사업장 내에서 공정의 일부분을 도급하는 특정의 작업, 분진작업, 간호조무사, 의료기사 등의 업무에는 어떠한 경우라도 근로자를 파견할 수 없습니다.

사용사업주가 근로자 파견의 절대적 금지업무에 파견근로자를 사용하는 경우에는 해당 근로자를 직접 고용해야 합니다.

■ 비정규직 근로자의 차별적 처우를 신고하려면 어떻게 하나요?

질문

저는 비정규직 근로자로서 정규직 근로자에 비하여 성과급과 휴가에 있어서 차별을 받았습니다. 이에 대해서 신고하려고 하는 데 어떻게 해야 하나요?

답변

5명 이상의 근로자를 사용하는 사업주는 비정규직 근로자임을 이유로 정규직 근로자, 통상 근로자 또는 사용사업주의 사업 내의 동종 또는 유사한 업무를 수행하는 근로자에 비해 임금이나 그 밖의 근로조건 등에 있어서 합리적인 이유 없이 불리하게 처우해서는 안 됩니다.

5명 이상의 근로자를 사용하는 사업주는 비정규직 근로자임을 이유로 비교대상 근로자에 비하여 임금이나 그 밖의 근로조건 등에 있어서 차별적 처우를 하여서는 안 됩니다.

① 기간제근로자의 비교대상 근로자: 해당 사업 또는 사업장에서 동종 또는 유사한 업무에 종사하는 기간의 정함이 없는 근로계약을 체결한 정규직 근로자

② 단시간근로자의 비교대상 근로자: 해당 사업 또는 사업장에서 동종 또는 유사한 업무에 종사하는 통상근로자

③ 파견근로자의 비교대상 근로자: 사용사업주의 사업 내의 동종 또는 유사한 업무를 수행하는 근로자

차별적 처우를 받은 비정규직 근로자는 차별적 처우가 있은

날(계속되는 차별적 처우는 그 종료일)로부터 6개월 이내에 노동위원회에 직접 시정을 신청할 수 있습니다.

차별적 처우의 신고를 받은 노동위원회는 조사·심문을 통하여 시정명령 또는 기각결정을 합니다.

노동위원회는 심문 과정에서 관계 당사자 쌍방 또는 일방의 신청 또는 직권으로 조정절차를 개시할 수 있으며, 관계 당사자가 미리 노동위원회의 중재결정에 따르기로 합의하여 중재를 신청한 경우에는 중재를 할 수 있습니다.

[관련판례]

사용자가 사고나 비위행위 등을 저지른 근로자에게 시말서를 제출하도록 명령한 경우, 그 시말서가 단순히 사건의 경위를 보고하는 데 그치지 않고 더 나아가 근로관계에서 발생한 사고 등에 관하여 '자신의 잘못을 반성하고 사죄한다는 내용'이 포함된 사죄문 또는 반성문을 의미하는 것이라면, 이는 헌법이 보장하는 내심의 윤리적 판단에 대한 강제로서 양심의 자유를 침해하는 것이므로 효력이 없고, 그에 근거한 사용자의 시말서 제출명령은 업무상 정당한 명령으로 볼 수 없다(대법원 2010. 1. 14. 선고 2009두6605 판결 참조).

■ 기간제근로자로 2년 근무했는데 언제 정규직이 되나요?

☞ 질문

저는 기간제근로자로서 2년을 근무했습니다. 언제 정규직이 될 수 있나요?

☞ 답변

사업주는 2년을 초과하지 않는 범위에서(기간제 근로계약의 반복갱신 등의 경우에는 그 계속 근로한 총기간이 2년을 초과하지 않는 범위에서) 기간제근로자를 사용할 수 있습니다.

근로자의 근로기간이 2년을 초과한 경우에는 예외적인 사유에 해당하지 않는 한 기간의 정함이 없는 근로계약(무기근로계약)을 체결해야 합니다. 2년 초과사용의 예외적 허용사유가 없거나 소멸되었음에도 불구하고 2년을 초과하여 기간제근로자로 사용하는 경우에는 그 근로자는 기간의 정함이 없는 근로계약을 체결한 근로자로 봅니다.

그러나 다음의 어느 하나에 해당하는 경우에는 2년을 초과하여 기간제근로자로 사용할 수 있습니다.

① 사업의 완료 또는 특정한 업무의 완성에 필요한 기간을 정한 경우

② 휴직·파견 등으로 결원이 발생하여 해당 근로자가 복귀할 때까지 그 업무를 대신할 필요가 있는 경우

③ 기간제근로자가 학업, 직업훈련 등을 이수함에 따라 그 이수에 필요한 기간을 정한 경우

④ 55세 이상 고령자와 근로계약을 체결하는 경우

⑤ 전문적 지식·기술의 활용이 필요한 경우로서 법령으로 정하는 경우

⑥ 정부의 복지정책·실업대책 등에 따라 일자리를 제공하는 경우로서 법령으로 정하는 경우

⑦ 다른 법령에서 기간제근로자의 사용 기간을 기간제 및 단시간근로자 보호 등에 관한 법률과 달리 정하거나 별도의 기간을 정해 근로계약을 체결할 수 있도록 한 경우

⑧ 국방부장관이 인정하는 군사적 전문적 지식·기술을 가지고

관련 직업에 종사하거나 대학에서 안보 및 군사학 과목을
강의하는 경우

⑨ 특수한 경력을 갖추고 국가안전보장, 국방·외교 또는 통일
과 관련된 업무에 종사하는 경우

⑩ 고등교육법 제2조에 따른 학교(고등교육법 제30조에 따른 대
학원대학을 포함)에서 조교 및 교원의 업무에 종사하는 경우

⑪ 한국표준직업분류의 대분류 1과 대분류 2 직업에 종사하
는 자의 근로소득이 고용노동부장관이 최근 조사한 고용형
태별 근로실태조사의 한국표준직업분류 대분류 2 직업에
종사하는 자의 근로소득 상위 25%에 해당하는 경우

⑫ 1주 동안의 소정근로시간이 뚜렷하게 짧은 단시간근로자를
사용하는 경우

⑬ 선수와 체육지도자 업무에 종사하는 경우

⑭ 법령에서 정한연구기관에서 연구업무에 직접 종사하는 경
우 또는 실험·조사 등을 수행하는 등 연구업무에 직접 관
여하여 지원하는 업무에 종사하는 경우

[관련판례]

　원고용주에게 고용되어 제3자의 사업장에서 제3자의 업무를 수행하는
사람을 제3자의 근로자라고 하기 위해서는, 원고용주가 사업주로서의
독자성이 없거나 독립성을 결하여 제3자의 노무대행기관과 동일시할 수
있는 등 그 존재가 형식적·명목적인 것에 지나지 아니하고, 사실상 당해
피고용인은 제3자와 종속적인 관계에 있으며 실질적으로 임금을 지급하
는 주체가 제3자이고 근로 제공의 상대방도 제3자이어서, 당해 피고용
인과 제3자 사이에 묵시적 근로계약관계가 성립하였다고 평가할 수 있
어야 한다(대법원 2010. 7. 22. 선고 2008두4367 판결 등 참조).

■ 기간제근로자도 퇴직금을 받을 수 있나요?

저는 조그만 중소기업체에 기간제 근로자로 근무하고 있습니다. 퇴직하면 퇴직금을 받을 수 있나요?

사업주는 계속근로기간 1년에 대하여 30일분 이상의 평균임금을 퇴직금으로 퇴직근로자에게 지급할 수 있는 제도(확정급여형퇴직연금제도, 확정기여형퇴직연금제도 또는 퇴직금제도 중 하나 이상)를 설정해야 합니다(근로자퇴직급여 보장법 제4조 제1항 및 제8조 제1항).

「평균임금」이란 평균임금을 산정할 사유가 발생한 날 이전 3개월 동안에 그 근로자에게 지급된 임금(사업주가 근로의 대가로 근로자에게 임금, 봉급, 그 밖에 어떠한 명칭으로든지 지급하는 일체의 금품을 말함)의 총액을 그 기간의 총일수로 나눈 금액을 말합니다.

그런데 5명 미만의 근로자를 사용하는 사업주는 2010년 11월 30일까지에 해당하는 퇴직금을 지급할 법적의무는 없습니다.

예컨대, 상시 근로자가 2명인 사업장에 근무하는 근로자가 2010년 11월 30일 이전에 퇴직한 경우에는 사업주가 퇴직금을 주기로 약정한 경우를 제외하고 퇴직금을 받을 수 없습니다. 그러나 5명 미만의 근로자를 사용하는 사업의 사업주는 2010년 12월 1일부터 2012년 12월 31일까지에 해당하는 퇴직금을 근로자에게 지급해야 하며, 사업주가 부담할 금액은 근로자의 근로기간 1년 당 30일분의 평균임금의 50%입니다.

예컨대, 상시근로자가 2명인 사업장에 근무하는 근로자가 2012년 1월 1일부터 2012년 12월 31일까지 1년을 근무하면서 임금으로 월 100만원을 받았다면 해당 근로자에 대하여 사업주가 지급해야 할 퇴직금은 50만원이 됩니다.

모든 사업의 사업주는 2013년 1월 1일 이후부터 발생되는 퇴직금을 근로자에게 지급해야 하며, 사업주가 부담할 금액은 근로자의 근로기간 1년 당 30일분의 평균임금입니다.

사업주는 근로자가 퇴직한 경우에는 그 지급사유가 발생한 날부터 14일 이내에 퇴직금을 지급하여야 합니다. 다만, 특별한 사정이 있는 경우에는 당사자 간의 합의에 따라 지급기일을 연장할 수 있습니다. 이를 위반하여 퇴직금을 지급하지 않은 사업주는 3년 이하의 징역 또는 2천만원 이하의 벌금에 처해집니다. 다만, 이 경우 피해자의 명시적인 의사에 반하여 공소를 제기할 수 없습니다.

퇴직금을 받을 권리는 3년간 행사하지 않으면 시효로 소멸됩니다. 퇴직금을 지급받지 못한 근로자는 필요한 경우 사전상담을 한 후에 진정 또는 고소 여부를 결정한 후 사업장소재지 관할 지방고용노동관서에 진정 또는 고소를 할 수 있습니다.

퇴직금 체불 당시 최종 3월분의 월평균 임금이 400만원 미만인 퇴직금 체불로 인한 피해근로자(국내 거주 외국인 포함)는 대한법률구조공단의 법률구조를 받을 수 있습니다.

퇴직금 체불로 인한 피해근로자는 사업장 소재지 관할 지방법원·지원에 민사소송을 제기하여 확정판결을 받은 뒤 강제집행을 할 수 있습니다. 이 경우 사업주의 재산이 있어야 강제

집행을 통하여 체불퇴직금을 받을 수 있으므로 사전에 사업주의 재산을 파악하고 가압류하는 것이 중요합니다.

체불퇴직금이 2천만원 이하인 경우 사업장소재지 관할 지방법원·지원, 시군법원에 소액사건심판을 제기하여 저렴한 소송비용과 간단한 절차로 체불퇴직금을 받을 수 있는 권원을 확보할 수 있습니다.

[관련판례1]

기간을 정하여 근로계약을 체결한 근로자의 경우 그 기간이 만료함으로써 근로자로서의 신분관계가 당연히 종료하고, 근로계약을 갱신하지 못하면 갱신 거절의 의사표시가 없어도 당연 퇴직하는 것이 원칙이다. 다만 근로계약, 취업규칙, 단체협약 등에서 기간 만료에도 불구하고 일정한 요건이 충족되면 당해 근로계약이 갱신된다는 취지의 규정을 두고 있거나, 그러한 규정이 없더라도 근로계약의 내용과 근로계약이 이루어지게 된 동기 및 경위, 계약 갱신의 기준 등 갱신에 관한 요건이나 절차의 설정 여부 및 그 실태, 근로자가 수행하는 업무의 내용 등 당해 근로관계를 둘러싼 여러 사정을 종합하여 볼 때 근로계약 당사자 사이에 일정한 요건이 충족되면 근로계약이 갱신된다는 신뢰관계가 형성되어 있어 근로자에게 근로계약이 갱신될 수 있으리라는 정당한 기대권이 인정되는 경우에는, 사용자가 이를 위반하여 부당하게 근로계약의 갱신을 거절하는 것은 부당해고와 마찬가지로 아무런 효력이 없고, 이 경우 기간만료 후의 근로관계는 종전의 근로계약이 갱신된 것과 동일하다(대법원 2011. 4. 14. 선고 2007두1729 판결 등 참조).

[관련판례2]

사용자로부터 해고된 근로자가 퇴직금 등을 수령하면서 아무런 이의의 유보나 조건을 제기하지 않았다면 특별한 사정이 없는 한 그 해고의 효력을 인정하였다고 할 것이고, 따라서 그로부터 오랜 기간이 지난 후에 그 해고의 효력을 다투는 소를 제기하는 것은 신의칙이나 금반언의 원칙에 위배되어 허용될 수 없다. 그렇지만 근로자가 해고의 효력을 인

■ 단시간근로자의 처우는 어떻게 되나요?

☞ 질문

저는 단시간근로자로 근무하고 있습니다. 그런데 정규직과 많은 차별을 받고 있는 것 같습니다. 단기근로자의 처우는 어떻게 되나요?

☞ 답변

사업주는 통상근로자를 채용하려는 경우 단시간근로자를 우선적으로 고용하도록 노력해야 하며, 통상근로자가 가사, 학업 그 밖의 이유로 단시간근로를 신청하는 때에는 해당 근로자를 단시간근로자로 전환하도록 노력해야 합니다.

사업주는 단시간근로자의 근로조건을 서면으로 명시해야 하며, 통상근로자와 비교하여 불리한 처우를 해서는 안 됩니다.

사업주가 단시간근로자에게 소정근로시간을 초과하여 근로하게 하려는 경우에는 해당 근로자의 동의를 얻어야 하며, 단시간근로자는 이를 거부할 수 있습니다.

사업주가 단시간근로자에게 소정근로시간을 초과하여 근로

하게 하려는 경우에는 해당 근로자의 동의를 얻어야 합니다
(기간제법 제6조 제1항 전단).

　사업주는 초과근로에 대하여 근로자의 동의를 얻었다고 하
더라도 1주일에 12시간을 초과하여 근로하게 할 수 없습니다
(기간제법 제6조 제1항 후단).

　사업주는 단시간근로자가 동의한 초과근로에 대해 통상임금
의 100분의 50 이상을 가산하여 지급해야 합니다(기간제법
제6조 제3항).

　상시 4명 이하의 근로자를 사용하는 사업 또는 사업장의 경
우에는 위 규정이 적용되지 않습니다(기간제법 제3조 제1항,
제2항 동법 시행령 제2조 및 별표 1).

　단시간근로자는 사업주가 동의를 얻지 않고 초과근로를 하게
하는 경우 이를 거부할 수 있습니다(기간제법 제6조 제2항). 단
시간근로자의 동의를 얻지 않고 초과근로를 하게 하거나 동의
를 얻었더라도 1주일에 12시간을 초과하여 근로하게 한 사업
주는 1천만원 이하의 벌금에 처해집니다(기간제법 제22조).

■ 단시간근로자도 퇴직금을 받을 수 있나요?

저는 단시간근로자로 근무하고 있습니다. 그런데 퇴직하면 퇴직금을 받을 수 있나요?

사업주는 1년(52주 + 1일) 이상 근무하고 퇴직하는 단시간근로자에게 지급하기 위한 퇴직급여제도를 설정해야 합니다(근로자퇴직급여 보장법 제4조 제1항 본문). 이 경우 퇴직금의 금액은 해당 사업장의 같은 종류의 업무에 종사하는 통상근로자의 근로시간을 기준으로 산정한 비율에 따라 결정됩니다(근로기준법 제18조 제1항). 다만, 사업주는 4주간을 평균하여 1주일의 소정근로시간이 15시간 미만인 근로자에 대해서는 퇴직급여를 설정하지 않아도 됩니다(근로자퇴직급여 보장법 제4조 제1항 단서).

이는 최소한의 기준을 정해놓은 것으로서 사업주가 1주일의 소정근로시간이 15시간 미만인 단시간근로자에게도 퇴직급여제도를 설정하는 것에는 아무런 제한이 없습니다.

제3장

여성근로자

제3장 여성근로자(女性勤勞者)

1. 여성의 근로를 보호하는 제도

1-1. 여성근로자를 위한 근무환경 조성

남성과 다른 생리적 특성을 가진 여성근로자의 보호를 위해 갱내 등 위험한 장소에서의 근로는 금지되며, 야간 및 휴일근로는 근로자의 동의하에 가능합니다.

상시 5명 이상의 근로자를 사용하는 모든 사업 또는 사업장의 사용자는 여성근로자가 청구하면 월 1일의 무급생리휴가를 주어야 합니다.

여성근로자는 근무 중 문제가 발생했을 때에는 사업주 또는 직장 내의 고충처리위원이나 명예고용평등감독관에게 고충신고를 할 수 있으며, 민간단체의 고용평등상담실을 통해서도 도움을 받을 수 있습니다.

1-2. 위험한 장소에서의 근로 금지

상시 5명 이상의 근로자를 사용하는 모든 사업 또는 사업장의 사용자는 18세 이상의 여성을 보건상 유해·위험한 사업 중 임신 또는 출산에 관한 기능에 유해·위험한 다음의 사업에 사용해서는 안 됩니다(근기법 제65조 제2항·제3항, 제11조 제1항, 동법 시행령 제40조 및 별표 4).

① 2-브로모프로판을 취급하거나 노출될 수 있는 업무(다만, 의학적으로 임신할 가능성이 전혀 없는 여성인 경우는 제외)

② 그 밖에 고용노동부장관이 산업재해보상보험및예방심의위
원회의 심의를 거쳐 지정하여 고시하는 업무

임산부 등의 사용금지직종

구 분	사 용 금 지 직 종
임신 중인 여성	1. 「산업안전기준에 관한 규칙」 제59조와 제60조에서 규정한 둥근톱으로서 지름 25센티미터 이상, 같은 규칙 제61조와 제62조에서 규정하는 띠톱으로서 풀리(Pulley)의 지름 75센티미터 이상의 기계를 사용하여 목재를 가공하는 업무 2. 「산업안전기준에 관한 규칙」 제5편제3장과 제4장에 따른 정전작업, 활선작업 및 활선 근접작업 3. 「산업안전기준에 관한 규칙」 제6편제2장제3절에서 규정한 통나무비계의 설치 또는 해체업무와 제6편제5장에 따른 건물 해체작업(지상에서 작업을 보조하는 업무를 제외한다) 4. 「산업안전기준에 관한 규칙」 제6편제3장제3절에서 규정하는 터널작업, 같은 규칙 제439조에 따른 추락위험이 있는 장소에서의 작업, 같은 규칙 제452조에 따른 붕괴 또는 낙하의 위험이 있는 장소에서의 작업 5. 「산업보건기준에 관한 규칙」 제58조제4호에 따른 진동작업 6. 「산업보건기준에 관한 규칙」 제69조제2호 및 제3호에 따른 고압작업 및 잠수작업 7. 「산업보건기준에 관한 규칙」 제108조에 따른 고

		열작업이나 한랭작업
		8. 「원자력법」 제97조에 따른 방사선 작업 종사자 등의 피폭선량이 선량한도를 초과하는 원자력 및 방사선 관련 업무
		9. 납, 수은, 크롬, 비소, 황린, 불소(불화수소산), 염소(산), 시안화수소(시안산), 2-브로모프로판, 아닐린, 수산화칼륨, 페놀, 에틸렌글리콜모노메틸에테르, 에틸렌글리콜모노에틸에테르, 에틸렌글리콜모노에틸에테르 아세테이트, 염화비닐, 벤젠 등 유해물질을 취급하는 업무
		10. 사이토메갈로바이러스(Cytomegalovirus)·B형 간염 바이러스 등 병원체로 인하여 오염될 우려가 짙은 업무. 다만, 의사·간호사·방사선기사 등으로서 면허증을 소지한 자 또는 양성 중에 있는 자를 제외한다.
		11. 신체를 심하게 펴거나 굽힌다든지 또는 지속적으로 쭈그려야 하거나 앞으로 구부린 채 있어야 하는 업무
		12. 연속작업에 있어서는 5킬로그램 이상, 단속작업에 있어서는 10킬로그램 이상의 중량물을 취급하는 업무
		13. 그 밖에 고용노동부장관이 「산업재해보상보험법」 제8조에 따른 산업재해보상보험및예방심의위원회(이하 "산업재해보상보험및예방심의위원회"라 한다. 이하 이 표에서 같다)의 심의를 거쳐 지정하여 고시하는 업무
산후	1년이	1. 납, 비소를 취급하는 업무. 다만, 모유 수유를

지나지 아니한 여성	하지 아니하는 여성으로서 본인이 취업 의사를 사업주에게 서면으로 제출한 경우에는 그러하지 아니한다. 2. 2-브로모프로판을 취급하거나 노출될 수 있는 업무 3. 그 밖에 고용노동부장관이 산업재해보상보험및예방심의위원회의 심의를 거쳐 지정하여 고시하는 업무
임산부가 아닌 18세 이상인 여자	1. 2-브로모프로판을 취급하거나 노출될 수 있는 업무. 다만, 의학적으로 임신할 가능성이 전혀 없는 여성인 경우에는 그러하지 아니하다. 2. 그 밖에 고용노동부장관이 산업재해보상보험및예방심의위원회의 심의를 거쳐 지정하여 고시하는 업무
18세 미만인 자	1.「산업보건기준에 관한 규칙」제69조제2호 및 제3호에 따른 고압작업 및 잠수작업 2.「건설기계관리법」,「도로교통법」등에서 18세 미만인 자에 대하여 운전·조종면허 취득을 제한하고 있는 직종 또는 업종의 운전·조종업무 3.「청소년보호법」등 다른 법률에서 18세 미만 청소년의 고용이나 출입을 금지하고 있는 직종이나 업종 4. 교도소 또는 정신병원에서의 업무 5. 소각 또는 도살의 업무 6. 유류를 취급하는 업무(주유업무는 제외한다) 7. 2-브로모프로판을 취급하거나 노출될 수 있는 업무

| | 8. 그 밖에 고용노동부장관이 산업재해보상보험및 예방심의위원회의 심의를 거쳐 지정하여 고시하는 업무 |

　사용자는 여성을 갱내(坑內)에서 근로시킬 수 없습니다. 다만, 보건·의료, 보도·취재 등 다음에서 정하는 업무를 수행하기 위하여 일시적으로 필요한 경우에는 근로시킬 수 있습니다(근기법 제72조 및 동법 시행령 제42조).

① 보건, 의료 또는 복지 업무

② 신문·출판·방송프로그램 제작 등을 위한 보도·취재업무

③ 학술연구를 위한 조사 업무

④ 관리·감독 업무

⑤ 위의 4개규정의 업무와 관련된 분야에서 하는 실습 업무

　이를 위반하고 여성을 위험한 장소에서 근로시킨 사용자는 3년 이하의 징역 또는 2천만원 이하의 벌금에 처해집니다(근기법 제109조 제1항).

1-3. 야간근로 및 휴일근로의 제한

　상시 5명 이상의 근로자를 사용하는 모든 사업 또는 사업장의 사용자는 18세 이상의 여성을 오후 10시부터 오전 6시까지의 시간 및 휴일에 근로시키려면 해당 근로자의 동의를 받아야 합니다(근기법 제70조 제1항 및 제11조 제1항).

　이를 위반하는 경우에는 2년 이하의 징역 또는 1천만원 이하의 벌금에 처해집니다(근기법 제110조 제1호).

1-4. 생리휴가의 허용

 상시 5명 이상의 근로자를 사용하는 모든 사업 또는 사업장의 사용자는 여성근로자가 청구하면 월 1일의 생리휴가를 주어야 합니다(근기법 제73조 및 제11조 제1항).

 이를 위반하여 생리휴가를 허용하지 않은 사용자는 500만원 이하의 벌금에 처해집니다(근기법 제114조 제1호).

1-5. 사업주 또는 직장 내의 고충처리위원에게 고충신고

 여성근로자는 남녀차별, 직장 내 성희롱, 출산전후휴가, 육아휴직, 육아기 근로시간 단축, 직장어린이집, 가족돌봄휴직 등과 관련한 문제가 발생하였을 때에는 사용자에게 고충을 신고할 수 있습니다〔남녀고용평등과 일·가정 양립 지원에 관한 법률(이하 '남녀고용평등법'이라 한다) 제25조 참조〕.

 고충 신고는 구두, 서면, 우편, 전화, 팩스 또는 인터넷 등의 방법으로 해야 합니다(남녀고용평등법 시행령 제18조 제1항).

 고충 신고를 받은 사용자는 특별한 사유가 없으면 신고 접수일부터 10일 이내에 신고된 고충을 직접 처리하거나 근로자참여 및 협력증진에 관한 법률에 따라 설치된 노사협의회에 위임하여 처리하게 하고, 사업주가 직접 처리한 경우에는 처리 결과를, 노사협의회에 위임하여 처리하게 한 경우에는 위임 사실을 해당 근로자에게 알려주어야 합니다(남녀고용평등법 제25조 및 동법 시행령 제18조 제2항).

 사업주는 고충접수·처리대장을 작성하여 갖추어 두고 관련 서류를 3년간 보존해야 합니다(남녀고용평등법 시행령 제18조 제3항).

고충접수·처리대장은 전자적 처리가 불가능한 특별한 사유가 없으면 전자적 처리가 가능한 방법으로 작성하여 갖추어 두어야 하며, 이에 따른 서류는 전자적인 방법으로 작성·보존할 수 있습니다(남녀고용평등법 시행령 제18조 제4항).

1-6. 명예고용평등감독관에게 상담

고용노동부장관은 사업장의 남녀고용평등 이행을 촉진하기 위하여 그 사업장 소속 근로자 중 노사가 추천하는 사람으로 다음에 해당하는 사람을 명예고용평등감독관을 위촉할 수 있습니다(남녀고용평등법 제24조 제1항 및 동법 시행규칙 제16조 제1항).

① 근로자참여 및 협력증진에 관한 법률에 따른 노사협의회의 위원 또는 고충처리위원

② 노동조합의 임원 또는 인사·노무 담당부서의 관리자

③ 그 밖에 해당 사업의 남녀고용평등을 실현하기 위하여 활동하기에 적합하다고 인정하는 사람

1-7. 명예고용평등감독관의 업무

명예고용평등감독관은 다음의 업무를 수행합니다(남녀고용평등법 제24조 제2항).

① 해당 사업장의 차별 및 직장 내 성희롱 발생 시 피해 근로자에 대한 상담·조언

② 해당 사업장의 고용평등 이행상태 자율점검 및 지도 시 참여

③ 법령위반 사실이 있는 사항에 대하여 사업주에 대한 개선 건의 및 감독기관에 대한 신고

④ 남녀고용평등 제도에 대한 홍보·계몽

⑤ 그 밖에 남녀고용평등의 실현을 위하여 고용노동부장관이
   정하는 업무

사업주는 명예고용평등감독관으로서 정당한 임무 수행을 한 것을 이유로 해당 근로자에게 인사상 불이익 등의 불리한 조치를 해서는 안 됩니다(남녀고용평등법 제24조 제3항). 이를 위반한 경우에는 500만원 이하의 벌금에 처해집니다(남녀고용평등법 제37조 제4항 제6호).

법인의 대표자나 법인 또는 개인의 대리인, 사용인, 그 밖의 종업원이 그 법인 또는 개인의 업무에 관하여 위와 같은 위반행위를 하면 그 행위자를 벌하는 외에 그 법인 또는 개인에게도 해당 조문의 벌금형을 과(科)합니다. 다만, 법인 또는 개인이 그 위반행위를 방지하기 위하여 해당 업무에 관하여 상당한 주의와 감독을 게을리 하지 않은 경우에는 그렇지 않습니다(남녀고용평등법 제38조).

명예고용평등감독관 추천·위촉동의서

<추 천 서>

아래 사람을 명예고용평등감독관으로 추천합니다.

성명 (한자)	김 노 동 (金 勞 動)				주민 등록 번호	650102-1234567		
소속 및 직책	**생산1부 반장**	직 종	☑생산직 □사무직	노조원 여 부	무	입사일자	2000. 5.	

사업장 (단체) 개 요	사업장명 (단체명)	한국전자(주)			사업 종류	제조업	
	소 재 지	서울 영등포구 영등포동 1	근로 자수	100 (여 20명)	연 락 처	○전화번호: 02-123-4567 ○이메일 등: nodong@nodong .co.kr	
	추천자 의견	위 사람은 평소 업무에 성실하고 회사발전에 기여하므로 명예고용평등감독관으로 추천함					

2010 년　2 월　16 일

추천기관명 : 한국전자(주)　　　　　　전화 : 02-123-4567

소 재 지 : 서울 영등포구 영등포동 1

사 업 주 성명 :　이 한 국　　　(서명 또는 인)

근로자 대표 성명 :　홍 길 동　　　(서명 또는 인)

<위촉동의서>

위 본인은 명예고용평등감독관 위촉에 동의합니다.

2010 년　2 월　16 일

성명 :　김 노 동　　　(서명 또는 인)

○○지방노동청(사무소)장 귀하

210㎜×297㎜(일반용지60g/㎡(재활용품))

1-8. 민간단체 고용평등상담실을 통한 상담

여성근로자는 차별, 직장 내 성희롱, 모성보호 및 일·가정 양립 등에 관한 상담을 실시하는 민간단체에 상담을 할 수 있습니다(남녀고용평등법 제23조 제1항 참조).

고용노동부장관은 위의 상담을 실시하는 민간단체에 필요한 비용의 일부를 예산의 범위에서 지원할 수 있습니다(남녀고용평등법 제23조 제1항).

2. 평등한 기회 보장

2-1. 여성근로자에 대한 차별금지

사업주는 근로자에게 성별, 혼인, 가족 안에서의 지위, 임신 또는 출산 등의 사유로 합리적인 이유 없이 채용 또는 근로의 조건을 다르게 하거나 그 밖의 불리한 조치를 해서는 안 됩니다. 사업주는 임금 및 복리후생, 교육·배치·승진, 정년·퇴직 및 해고 등의 분야에서 여성근로자를 차별해서는 안 됩니다.

2-2. 사용자의 성(性)차별 금지
2-2-1. 차별의 개념

「차별」이란 사업주가 근로자에게 성별, 혼인, 가족 안에서의 지위, 임신 또는 출산 등의 사유로 합리적인 이유 없이 채용 또는 근로의 조건을 다르게 하거나 그 밖의 불리한 조치를 하는 경우를 말합니다(남녀고용평등법 제2조제1호 본문).

비록 사업주가 채용조건이나 근로조건은 동일하게 적용하더라도 그 조건을 충족할 수 있는 남성 또는 여성이 다른 한 성

(性)에 비하여 현저히 적고 그에 따라 특정 성(性)에게 불리한 결과를 초래하며 그 조건이 정당한 것임을 증명할 수 없는 경우도 차별에 해당합니다. 다만, 다음의 경우에는 차별에 해당하지 않습니다(남녀고용평등법 제2조제1호 단서).

① 직무의 성격에 비추어 특정 성(性)이 불가피하게 요구되는 경우

② 여성근로자의 임신·출산·수유 등 모성보호를 위한 조치를 하는 경우

③ 그 밖에 남녀고용평등법 또는 다른 법률에 따라 적극적 고용개선조치를 하는 경우

2-2-2. 남녀차별 금지가 적용되지 않는 사업장

① 다음의 사업 또는 사업장의 경우에는 남녀차별 금지가 적용되지 않습니다(남녀고용평등법 제3조 제1항 단서 및 동법 시행령 제2조 제1항).

1) 동거하는 친족만으로 이루어지는 사업 또는 사업장

2) 가사사용인

② 상시 5명 미만의 근로자를 사용하는 사업 또는 사업장에 대해서는 다음의 사항이 적용되지 않습니다(남녀고용평등법 제8조부터 제11조 제1항까지 및 동법 시행령 제2조 제2항).

1) 동일 가치 노동에 대한 동일 임금 지급

2) 복리후생에서 남녀차별 금지

3) 교육·배치 및 승진에서 남녀차별 금지

4) 정년·퇴직 및 해고에서 남녀차별 금지

③ 사업주가 남녀고용평등법을 위반한 경우에는 다음과 같이 과태료가 부과됩니다.

<h2 align="center">위반행위의 종류별 과태료 부과기준</h2>

위 반 행 위	해당 법조문	금 액
1. 사업주가 법 제12조를 위반하여 직장 내 성희롱을 한 경우	법 제39조 제1항	
가. 직장 내 성희롱과 관련하여 최근 3년 이내에 과태료처분을 받은 사실이 있는 사람이 다시 직장 내 성희롱을 한 경우		1천만원
나. 한 사람에게 수차례 직장 내 성희롱을 하거나 2명 이상에게 직장 내 성희롱을 한 경우		500만원
다. 그 밖의 직장 내 성희롱을 한 경우		300만원
2. 사업주가 법 제14조제1항을 위반하여 직장 내 성희롱 발생이 확인되었는데도 지체 없이 행위자에게 징계나 그 밖에 이에 준하는 조치를 하지 아니한 경우	법 제39조제2항 제1호	400만원
3. 사업주가 법 제14조의2제2항을 위반하여 근로자가 고객 등에 의한 성희롱 피해를 입었음을 주장하거나 고객 등으로부터의 성적 요구 등에 불응한 것을 이유로 해고나 그 밖의 불이익한 조치를 한 경우	법 제39조제2항 제2호	500만원
4. 사업주가 법 제18조의2제1항을 위반하여 근로자가 배우자의 출산을 이유로 휴가를 청구하였는데도 3일의 휴가를 주지 아니한 경우	법 제39조제2항 제3호	500만원
5. 사업주가 법 제19조의2제2항을 위반하여 육아기 근로시간 단축을 허용하지 아	법 제39조제2항 제4호	400만원

니하였으면서도 해당 근로자에게 그 사유를 서면으로 통보하지 아니하거나, 육아휴직의 사용 또는 그 밖의 조치를 통한 지원 여부에 관하여 해당 근로자와 협의하지 아니한 경우		
6. 사업주가 법 제19조의3제2항을 위반하여 육아기 근로시간 단축을 한 근로자의 근로조건을 서면으로 정하지 아니한 경우	법 제39조제2항 제5호	400만원
7. 사업주가 제19조의2제1항을 위반하여 육아기 근로시간 단축 신청을 받고 육아기 근로시간 단축을 허용하지 않은 경우	법 제39조제2항 제6호	500만원
8. 사업주가 제22조의2제1항을 위반하여 가족돌봄휴직의 신청을 받고 가족돌봄휴직을 허용하지 않은 경우	법 제39조제2항 제7호	500만원
9. 사업주가 법 제13조제1항을 위반하여 직장 내 성희롱 예방교육을 하지 아니한 경우	법 제39조제3항 제1호	200만원
10. 사업주가 법 제17조의3제1항을 위반하여 시행계획을 제출하지 아니한 경우	법 제39조제3항 제2호	300만원
11. 사업주가 법 제17조의3제2항을 위반하여 남녀 근로자 현황을 제출하지 아니하거나 거짓으로 제출한 경우	법 제39조제3항 제3호	300만원
12. 사업주가 법 제17조의4제1항을 위반하여 이행실적을 제출하지 아니하거나 거짓으로 제출한 경우(법 제17조의3제3항에 따라 시행계획을 제출한 자가 이행실적을 제출하지 아니하는 경우는 제외한다)	법 제39조제3항 제4호	300만원
13. 사업주가 법 제18조제4항을 위반하여	법 제39조	200만

관계 서류의 작성·확인 등 모든 절차에 적극 협력하지 아니한 경우	제3항 제5호	원
14. 사업주가 법 제31조제1항에 따른 보고 또는 관계서류의 제출을 거부하거나 거짓으로 보고 또는 제출한 경우	법 제39조 제3항 제6호	200만 원
15. 법 제31조제1항에 따른 검사를 거부, 방해 또는 기피한 경우	법 제39조 제3항 제7호	200만 원
16. 사업주가 법 제33조를 위반하여 관계 서류를 3년간 보존하지 아니한 경우	법 제39조 제3항 제8호	200만 원

비고: 고용노동부장관은 위반행위의 동기와 그 결과 등을 고려하여 과태료 부과금액을 2분의 1의 범위에서 늘리거나 줄일 수 있다. 이 경우 과태료의 총액은 법 제39조제1항부터 제3항까지의 규정 중 해당 조항의 과태료 상한액을 초과할 수 없다.

3. 동일한 임금 지급

사업주는 특정 성(性)에 관계없이 동일한 사업 내의 동일 가치 노동에 대하여는 동일한 임금을 지급해야 합니다(남녀고용평등법 제8조 제1항).

동일 가치 노동의 기준은 직무 수행에서 요구되는 기술, 노력, 책임 및 작업 조건 등으로 하고, 사업주가 그 기준을 정할 때에는 노사협의회의 근로자를 대표하는 위원의 의견을 들어야 합니다.

사업주가 임금차별을 목적으로 설립한 별개의 사업은 동일한 사업으로 봅니다.

이를 위반하여 동일한 사업 내의 동일 가치의 노동에 대하여 동일한 임금을 지급하지 않은 사업주는 3년 이하의 징역 또는 2천만원 이하의 벌금에 처해집니다(남녀고용평등법 제37조 제2항 제1호).

법인의 대표자나 법인 또는 개인의 대리인, 사용인, 그 밖의 종업원이 그 법인 또는 개인의 업무에 관하여 위와 같은 위반행위를 하면 그 행위자를 벌하는 외에 그 법인 또는 개인에게도 해당 조문의 벌금형을 과(科)합니다. 다만, 법인 또는 개인이 그 위반행위를 방지하기 위하여 해당 업무에 관하여 상당한 주의와 감독을 게을리 하지 않은 경우에는 그렇지 않습니다(남녀고용평등법 제38조).

4. 복리후생에서의 차별금지

사업주는 임금 외에 근로자의 생활을 보조하기 위한 금품의 지급 또는 자금의 융자 등 복리후생에서 남녀를 차별해서는 안 됩니다(남녀고용평등법 제9조).

이를 위반한 사업주는 500만원 이하의 벌금에 처해집니다(남녀고용평등법 제37조 제4항 제2호).

법인의 대표자나 법인 또는 개인의 대리인, 사용인, 그 밖의 종업원이 그 법인 또는 개인의 업무에 관하여 위와 같은 위반행위를 하면 그 행위자를 벌하는 외에 그 법인 또는 개인에게도 해당 조문의 벌금형을 과(科)합니다. 다만, 법인 또는 개인이 그 위반행위를 방지하기 위하여 해당 업무에 관하여 상당한 주의와 감독을 게을리 하지 않은 경우에는 그렇지 않습니다(남녀고용평등법 제38조).

5. 교육·배치·승진에서의 차별금지

사업주는 근로자의 교육·배치 및 승진에서 남녀를 차별해서는 안 됩니다(남녀고용평등법 제10조).

이를 위반한 사업주는 500만원 이하의 벌금에 처해집니다(남녀고용평등법 제37조 제4항 제3호).

법인의 대표자나 법인 또는 개인의 대리인, 사용인, 그 밖의 종업원이 그 법인 또는 개인의 업무에 관하여 위와 같은 위반행위를 하면 그 행위자를 벌하는 외에 그 법인 또는 개인에게도 해당 조문의 벌금형을 과(科)합니다. 다만, 법인 또는 개인이 그 위반행위를 방지하기 위하여 해당 업무에 관하여 상당한 주의와 감독을 게을리 하지 않은 경우에는 그렇지 않습니다(남녀고용평등법 제38조).

6. 정년·퇴직 및 해고에서의 차별금지

사업주는 근로자의 정년·퇴직 및 해고에서 남녀를 차별해서는 안 됩니다(남녀고용평등법 제11조 제1항).

7. 혼인, 임신 또는 출산을 퇴직 사유로 예정하는 근로계약 체결금지

사업주는 여성근로자의 혼인, 임신 또는 출산을 퇴직 사유

로 예정하는 근로계약을 체결해서는 안 됩니다(남녀고용평등
법 제11조 제2항).

이를 위반하여 근로자의 정년·퇴직 및 해고에서 남녀를 차
별하거나 여성근로자의 혼인, 임신 또는 출산을 퇴직사유로
예정하는 근로계약을 체결하는 사업주는 5년 이하의 징역 또
는 3천만원 이하의 벌금에 처해집니다(남녀고용평등법 제37조
제1항). 법인의 대표자나 법인 또는 개인의 대리인, 사용인,
그 밖의 종업원이 그 법인 또는 개인의 업무에 관하여 위와
같은 위반행위를 하면 그 행위자를 벌하는 외에 그 법인 또는
개인에게도 해당 조문의 벌금형을 과(科)합니다. 다만, 법인
또는 개인이 그 위반행위를 방지하기 위하여 해당 업무에 관
하여 상당한 주의와 감독을 게을리 하지 않은 경우에는 그렇
지 않습니다(남녀고용평등법 제38조).

8. 임산부 보호 정책

8-1. 근로시간의 제한 및 단축
임산부인 여성근로자를 보호하기 위해 근로기준법은 근로시
간 제한 및 단축규정을 두고 있습니다. 임산부의 탄력적 근로
시간제, 시간 외 근로, 야간 및 휴일근로는 원칙적으로 금지
됩니다. 임신 후 12주 이내 또는 36주 이후에 있는 여성근로
자는 1일 2시간의 근로시간 단축을 신청할 수 있습니다.

8-2. 탄력적 근로시간제의 적용 금지
임신 중인 여성근로자에게는 탄력적 근로시간제가 적용되지

않습니다(근기법 제51조 제3항). 이는 사용자가 임신 중인 여성근로자가 특정시기에 장시간 근로를 하게 되는 경우 신체적·정신적으로 악영향을 끼칠 수 있으므로 이를 막기 위한 것입니다.

「탄력적 근로시간제」란 근로기준법상의 기준근로시간에 대한 예외를 인정한 것을 말하며, 2주 단위와 3개월 단위의 탄력적 근로시간제로 구분됩니다(근기법 제50조 제1항·제2항 및 제51조 제1항·제2항).

① 2주 단위 탄력적 근로시간제 : 사용자가 취업규칙(취업규칙에 준하는 것을 포함)에서 정하는 바에 따라 2주 이내의 일정한 단위기간을 평균하여 1주 동안 40시간의 근로시간을 초과하지 않는 범위 내에서 특정한 주에 1주 40시간을(48시간을 초과할 수 없음), 특정한 날에 1일 8시간의 근로시간을 초과하여 근로하게 할 수 있는 것을 말합니다.

② 3개월 단위 탄력적 근로시간제 : 사용자가 근로자대표와의 서면 합의에 의하여 3개월 이내의 단위기간을 평균하여 1주 동안 40시간의 근로시간을 초과하지 않는 범위 내에서 특정한 주에 1주 40시간을(52시간을 초과할 수 없음), 특정한 날에 1일 8시간(12시간을 초과할 수 없음)의 근로시간을 초과하여 근로하게 할 수 있는 것을 말합니다.

8-3. 시간 외 근로 금지

사용자는 임신 중의 여성근로자에게 시간 외 근로를 하게 해서는 안 됩니다(근로기준법 제74조 제5항 전단).

사용자는 산후 1년이 지나지 않은 여성에 대하여는 단체협약이 있는 경우라도 1일에 2시간, 1주일에 6시간, 1년에 150시간을 초과하는 시간 외 근로를 시킬 수 없습니다(근기법 제71조).

8-4. 쉬운 근로로 전환

사용자는 임신 중의 여성근로자의 요구가 있는 경우에는 쉬운 종류의 근로로 전환해주어야 합니다(근로기준법 제74조 제5항 후단).

이를 위반하고 임신 중 또는 산후 1년이 지나지 않은 여성에게 시간 외 근로를 시키거나 쉬운 근로로 전환해주지 않은 사용자는 2년 이하의 징역 또는 1천만원 이하의 벌금에 처해집니다(「근로기준법」 제110조 제1호).

8-5. 야간근로 및 휴일근로의 제한

사용자는 임산부를 오후 10시부터 오전 6시까지의 시간 및 휴일에 근로시킬 수 없습니다(근기법 제70조 제2항 본문). 다만, 다음의 어느 하나에 해당하는 경우로서 임산부의 야간 또는 휴일근로 인가 신청서에 그 근로자의 동의서 또는 청구서와 근로자대표와 협의(근로기준법 제70조 제3항)한 결과를 기록한 사본을 첨부하여 관할 지방고용노동관서의 장에게 제출하여 인가를 받은 경우에는 임산부에게 야간 및 휴일에 근로를 시킬 수 있습니다(근기법 제70조 제2항 단서 및 동법 시행규칙 제12조 제1항).

① 산후 1년이 지나지 않은 여성의 동의가 있는 경우
② 임신 중의 여성이 명시적으로 청구하는 경우

고용노동부장관에게 인가를 받지 않고 임산부를 야간 및 휴일에 근로시킨 사용자는 2년 이하의 징역 또는 1천만원 이하의 벌금에 처해집니다(근기법 제110조 제1호).

사용자는 고용노동부장관의 인가를 받기 전에 근로자의 건강 및 모성 보호를 위해 야간 및 휴일근로의시행 여부와 방법 등에 관하여 그 사업 또는 사업장의 근로자대표와 성실하게 협의해야하며 이를 위반한 경우에는 500만원 이하의 벌금에 처해집니다(근기법 제114조 제1호).

<table>
<tr><td colspan="4" rowspan="2">[☑임산부 □18세 미만인 자]의 [☑야간 ☑휴일]근로
인가 신청서</td><td>처리
기간</td></tr>
<tr><td>3 일</td></tr>
<tr><td>①사업장명</td><td>희망드림(주)</td><td>②사업의 종류</td><td colspan="2">도 · 소매업</td></tr>
<tr><td>③대표자성명</td><td>김 근 로</td><td>④주민등록번호</td><td colspan="2">640101-1******</td></tr>
<tr><td>⑤소재지</td><td colspan="2">①⑤⓪-⑨⑧①
서울영등포구 여의도동 456-7
02-2670-1234</td><td colspan="2">（전화 ：　　）</td></tr>
<tr><td>⑥신청이유</td><td colspan="4">야간, 휴일근로</td></tr>
<tr><td>⑦사유발생일</td><td colspan="2">2010년　2월
12일</td><td>⑧종사업무</td><td>캐셔</td></tr>
<tr><td>⑨인가기간</td><td colspan="2">2010.2.12. ~
2011.2.11. 까지</td><td>⑩근로형태</td><td>계약직</td></tr>
<tr><td rowspan="2">⑪인가대상
근로자수</td><td>야업근로</td><td>계 1 명</td><td>남　　　명</td><td>여 1 명</td></tr>
<tr><td>휴일근로</td><td>계 1 명</td><td>남　　　명</td><td>여 1 명</td></tr>
<tr><td colspan="5">　「근로기준법」 제70조제2항 단서 및 제3항과 같은 법 시행규칙 제12조제1항에 따라 위와 같이 [☑임산부 □18세 미만인 자]의 [☑야간 ☑휴일]근로에 대한 인가를 신청합니다.

　　　　　　　　　　　　2010 년　 2 월　 10 일

　　　　　　　　신청인　　　 김 근 로　（서명 또는 인）
　　　　　　　　대리인　　　　　　　　　（서명 또는 인）
　　지방노동청(　　　지청)장 귀하</td></tr>
<tr><td colspan="4">구비서류 : 1. 해당 근로자의 동의서나 청구서 사본
　　　　　 2. 법 제70조제3항에 따른 근로자대표와의 협의
　　　　　　　 결과 사본</td><td>수수료

없 음</td></tr>
</table>

210mm×297mm[일반용지 60g/㎡(재활용품)]

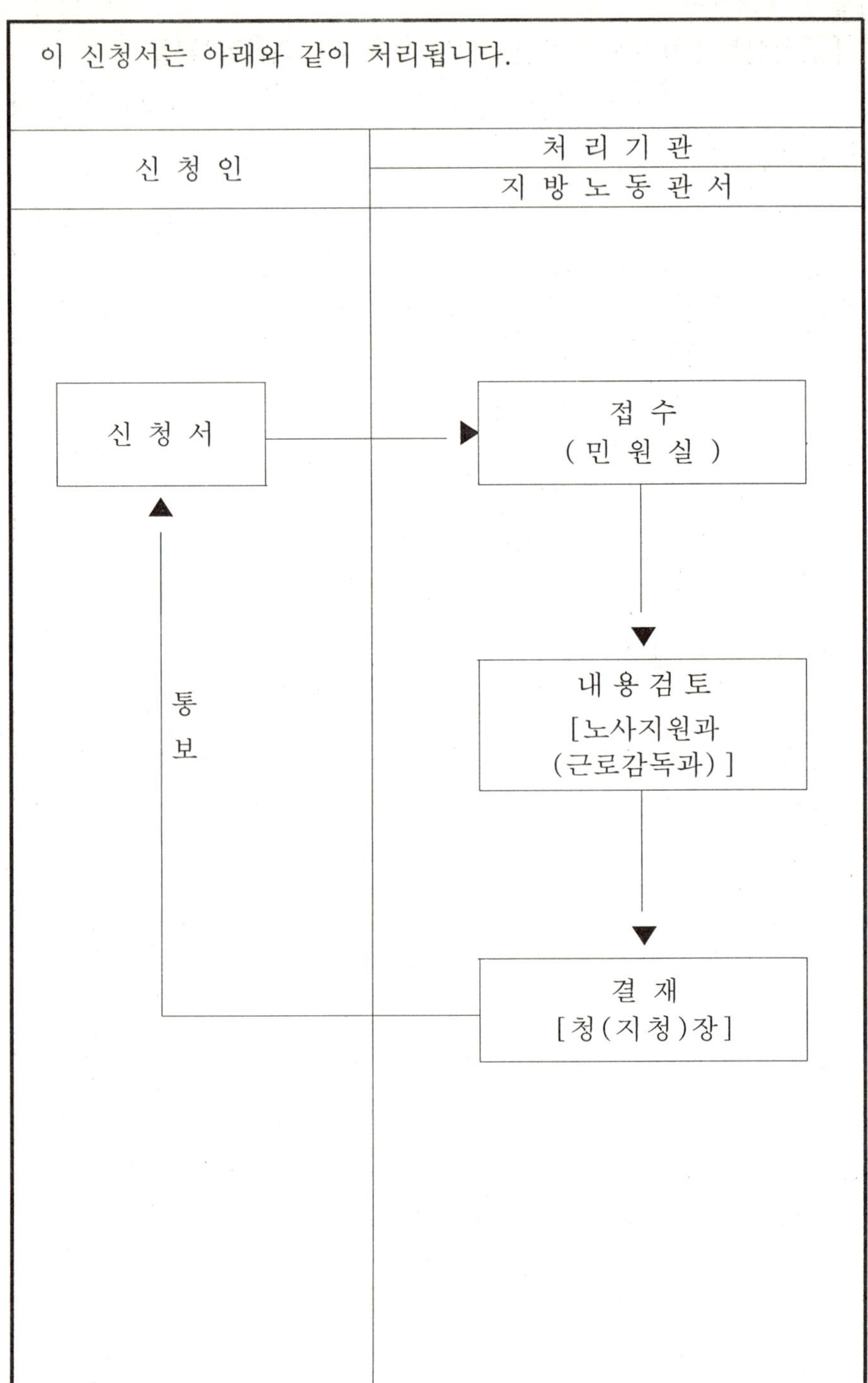

이 신청서는 아래와 같이 처리됩니다.

신 청 인

처 리 기 관
지 방 노 동 관 서

신 청 서

접 수
(민 원 실)

통
보

내 용 검 토
[노사지원과
(근로감독과)]

결 재
[청 (지청)장]

제   호

[ ]임산부
[ ]18세 미만인 자 의 [ ]야간
[ ]휴일 근로 인가서

사업장명	사업의 종류
대표자 성명	생년월일
소재지 (전화번호 :)	

신청이유	
사유발생일	종사업무
인가기간	근로형태

인가대상 근로자수	야간근로	명 (남 명, 여 명)
	휴일근로	명 (남 명, 여 명)

「근로기준법」 제70조제2항 단서 및 제3항과 같은 법 시행규칙 제12조제2항에 따라 위와 같이 { [ ] 임산부, [ ] 18세 미만인 자}의 { [ ] 야간, [ ] 휴일}근로를 인가합니다.

년   월   일

○○지방고용노동청(지청)장   직인

210mm×297mm(백상지 80g/㎡)

8-6. 임신기 근로시간 단축제의 허용

사용자는 임신 후 12주 이내 또는 36주 이후에 있는 여성 근로자가 1일 2시간의 근로시간 단축을 신청하는 경우 이를 허용해야 합니다(근기법 제74조 제7항 본문).

만약 여성근로자의 1일 근로시간이 8시간 미만인 경우에는 1일 근로시간이 6시간이 되도록 근로시간 단축을 허용할 수 있습니다(근기법 제74조 제7항 단서). 다만, 상시 300명 미만의 근로자를 사용하는 사업 또는 사업장에는 근로시간 단축에 관한 규정(동법 제74조 제7항~제9항)이 2016. 3. 25. 부터 적용됩니다[동법(법률 제12527호) 부칙 제1조 제2호].

8-7. 근로시간 단축에 따른 임금삭감 금지

사용자는 근로시간 단축을 이유로 해당 여성근로자의 임금을 삭감해서는 안 됩니다(근기법 제74조 제8항).

8-8. 근로시간 단축의 신청방법 및 절차 등

근로시간 단축을 신청하려는 여성 근로자는 근로시간 단축 개시 예정일의 3일 전까지 임신기간, 근로시간 단축 개시 예정일 및 종료 예정일, 근무 개시 시각 및 종료 시각 등을 적은 문서(전자문서를 포함)에 의사의 진단서(단, 같은 임신에 대하여 근로시간 단축을 다시 신청하는 경우는 제외)를 첨부하여 사용자에게 제출해야 합니다(근기법 제74조 제9항 및 동법 시행령 제43조의2). 여성근로자가 근로시간 단축을 신청하였음에도 이를 허용하지 않은 사업주에게는 500만원 이하의 과태료가 부과됩니다(근기법 제116조 제1항 제2호).

9. 출산전후휴가

9-1. 출산전후휴가의 사용

　사용자는 임신 중의 여성에게 출산 전과 출산 후를 통하여 90일의 출산전후휴가를 주어야 합니다. 이 경우 휴가 기간의 배정은 출산 후에 최소 45일 이상이 되어야 하며, 90일을 연속으로 사용해야 합니다(근기법 제74조 제1항). 만약 임신 중인 여성이 한 번에 둘 이상 자녀를 임신했다면 120일의 출산전후휴가를 주어야 하며, 이 경우 휴가 기간의 배정은 출산 후 60일 이상이 되어야 합니다. 사용자는 산전(産前) 및 산후(産後)의 여성근로자를 출산전후휴가 기간과 그 후 30일 동안은 해고할 수 없습니다(근로기준법 제23조 제2항). 다만, 사용자가 여성근로자에게 일시보상을 했거나, 사업을 계속할 수 없게 된 경우에는 해고할 수 있습니다. 이를 위반하여 여성근로자를 해고하면 5년 이하의 징역 또는 3천만원 이하의 벌금에 처해집니다(근기법 제107조). 사용자는 근로자가 출산 등 비상(非常)한 경우의 비용에 충당하기 위해 임금 지급을 청구하면 지급기일 전이라도 이미 제공한 근로에 대한 임금을 지급해야 합니다(근로기준법 제45조). 이를 위반하여 비상 시 임금을 지급하지 않은 경우에는 1천만원 이하의 벌금에 처해집니다(근기법 제113조). 사업주는 출산전후휴가 종료 후에는 휴가 전과 동일한 업무 또는 동등한 수준의 임금을 지급하는 직무에 복귀시켜야 합니다(근로기준법 제74조 제6항). 이를 위반한 사업주는 500만원 이하의 벌금에 처해집니다(근기법 제114조 제1호). 연차 유급휴가의 일수를 산정할 때 임신 중의 여성의 출산전후휴가 기간은 출근한 것으로 봅니다(근기법 제60조 제6항 제2호).

출산전후(유산·사산)휴가 확인서

※ 뒤쪽의 작성방법을 읽고 작성하시기 바라며, [ ]에는 해당되는 곳에 "√" 표시를 합니다.　　　　(앞쪽)

<table>
<tr><td rowspan="6">기
본
사
항</td><td>① 사업장관리번호</td><td colspan="2"></td></tr>
<tr><td>② 우선지원대상기업</td><td>[ ]해당
[ ]비해당</td><td>(「고용보험법 시행령」제12조에 따름)</td></tr>
<tr><td>③ 사업장명칭</td><td colspan="2"></td></tr>
<tr><td>④ 사업장소재지</td><td colspan="2">(담당자　　　　　)
(전자우편:　　　, 전화번호:　　　　　)</td></tr>
<tr><td>⑤ 피보험자성명</td><td>⑥피보험자
　주민등록번호</td><td></td></tr>
<tr><td>⑦ 피보험자의 고용형태</td><td colspan="2">[ ] 정규직
[ ] 비정규직([ ]기간제근로자, [ ]단시간근로자,
[ ]파견근로자, [ ]기타)</td></tr>
</table>

<table>
<tr><td rowspan="4">⑧출산
(예정)일</td><td rowspan="4">년　월　일</td><td rowspan="3">⑨출산전후
(유산·사산)
휴가
부여기간</td><td>년　월　일 ~
년　월　일（　일）</td></tr>
<tr><td>년　월　일 ~
년　월　일（　일）</td></tr>
<tr><td>년　월　일 ~
년　월　일（　일）</td></tr>
<tr><td colspan="2">분할사용 여부
[ ] 아니오　[ ] 예</td></tr>
</table>

<table>
<tr><td>⑩임신기간(유산·사산휴가의 경우)</td><td>1. 11주 이내　2. 12주~15주
3. 16주~21주　4. 22주~27주
5. 28주 이상</td></tr>
<tr><td>⑪통상임금
　　(출산전후휴가등 시작일 기준)</td><td>산정기준: 시급, 일급, 주급, 월급(기타　　) 통상임
금:　　　원</td></tr>
<tr><td>⑫산정기준 기간동안의 소정근로시간(휴가
　시작일 기준)</td><td>총　　　　　시간</td></tr>
</table>

<table>
<tr><td rowspan="2">⑬출산전후(유·사산)휴가기간 중 통상임금
　지급명세
　[우선지원대상기업이 아닌 경우 60일을
　초과한
　무급휴가기간(30일) 중 지급 급여]</td><td>휴가기간</td><td>첫번째
30일</td><td>두번째
30일</td><td>세번째
30일</td></tr>
<tr><td>급여지급액
(없으면 "없음")</td><td>원</td><td>원</td><td>원</td></tr>
</table>

<table>
<tr><td>⑭피보험단위기간
　산정대상기간</td><td>⑮임금지급
　기초일수</td><td>본 확인서의 기재사항은 사실과 다르지 않습니다.
　　　　　　　　　　　　년　　　월　　　일
　　　근로자　　　　　(서명 또는 인)</td></tr>
<tr><td>~</td><td>일</td><td rowspan="2">「고용보험법」제77조 및 같은 법 시행규칙 제
123조에 따라 위와 같이 출산전후(유산·사산)휴가
사실을 확인합니다.</td></tr>
<tr><td>~</td><td>일</td></tr>
<tr><td>~</td><td>일</td><td rowspan="2">확인자 사업장명</td></tr>
<tr><td>~</td><td>일</td></tr>
<tr><td>~</td><td>일</td><td rowspan="2">　　　대표자　　　　(서명 또는 인)</td></tr>
<tr><td>~</td><td>일</td></tr>
<tr><td>⑯통산피보험단위기간</td><td>일</td><td>○○지방고용노동청(지청)장 귀하</td></tr>
</table>

210mm×297mm[일반용지 60g/㎡(재활용품)]

◎ 사업주는 출산전후(유산·사산)휴가 확인서 작성·확인 등 모든 절차에 적극 협력하여야 합니다.

1. ①란 사업장관리번호는 고용보험가입번호를 적습니다.

2. ②우선지원 대상기업 해당 여부는 「고용보험법 시행령」 제12조에 해당하는 기업을 의미합니다.

   ※ 자세한 사항은 「고용보험법 시행령」 제12조를 참조하십시오.

3. ⑦란의 피보험자 고용형태 분류는 다음과 같습니다.

   ※ 기간제 근로자 : 기간의 정함이 있는 근로계약을 체결한 근로자
   ※ 단시간 근로자 : 1주 동안의 소정근로시간이 그 사업장에서 같은 종류의 업무에 종사하는
                    통상 근로자의 1주 동안의 소정근로시간에 비하여 짧은 근로자
   ※ 파견 근로자 : 파견사업주가 고용한 근로자로서 근로자파견의 대상이 되는 자

4. ⑨란의 휴가부여기간은 출산전후휴가를 부여한 전체 기간을 적습니다. 만약, 출산전후휴가를 분할하여 사용한 경우 각각의 기간을 모두 적습니다. 출산전후휴가를 분할하여 사용한 경우 분할사용 여부에 반드시 "예"라고 표시해야 합니다.

5. ⑩란의 임신기간은 유산 또는 사산휴가를 부여받은 경우(정상 분만의 경우 기재 불필요) 임신기간(의료기관에서 발행한 진단서상 임신기간)을 적습니다.

6. ⑪란의 통상임금은 최초 출산전후휴가등 시작일 기준의 통상임금을 말합니다. 따라서 월급 근로자의 경우는 출산전후휴가 시작일 현재의 월 통상임금을 적고, 주급, 일급, 시급 근로자의 경우 해당 급여지급기준에 ○표시하고 해당 통상임금(주급, 일급, 시급)을 적습니다.

   ※통상임금: 「근로기준법 시행령」 제6조와 「통상임금산정지침」 (고용노동부예규) 참조
            「통상임금산정지침」은 고용노동부홈페이지 <법령정보실-예규>에서 검색 가능

7. ⑫란의 소정근로시간은 출산전후휴가등 시작일을 기준으로 ⑪란의 통상임금 산정기준 단위기간(일급인 경우 일, 주급인 경우 주, 월급인 경우 월 등)동안의 소정근로시간을 적되, 연장·야간·휴일근로시간 등은 소정근로시간이 아니므로 총시간에서 제외하며,

   - 시급 또는 일급일 경우에는 1일의 소정근로시간을 적되, 일 소정근로시간 및 1주간의 근무일 수가 불규칙할 경우에는 이전 4주간을 통산하여 1일 평균 근로시간을 적습니다.

8. ⑬란은 출산전후휴가등의 기간 중에 통상임금에 해당하는 금품을 사업주가 지급하였을(지급예정인 경우 포함) 경우 해당기간별 지급금액을 적고, 없으면 "없음"이라고 적습니다. 다만, 우선지원 대상기업이 아닌 경우 60일을 초과한 무급휴가기간(세번째 30일) 중 급여지급액이 있는 경우에 적습니다.

9. ⑭란의 피보험단위기간 산정대상기간이란 재직기간 중 사업주로부터 임금을 지급받은 기간을 말하며 ⑭란은 각 월별로 구분하여 적되, 출산전후휴가 종료일부터 소급하여 피보험단위기간이 180일(⑯란의 합계일수)이 되는 기간까지 적습니다.

   - 출산전후휴가기간 중 무급휴가기간(90일 중 마지막 30일)은 피보험단위기간에서 제외하고, 무급휴가기간이라도 사업주가 임금을 지급하였으면 피보험단위기간에 포함하여야 합니다.
   (예: '02.9.1.부터 11.30.까지 출산전후휴가를 부여하고 최초 2개월만 임금을 지급한 경우
        '02.10.1.~10.31., '02.9.1.~9.30., '02.8.1~8.31., … 등으로 기재)

10. ⑮란의 임금지급기초일수는 ⑭피보험단위기간 산정대상기간 중 "임금지급의 기초가 된 일수"를 말하며, 이 경우 "임금지급의 기초가 된 일수"에는 주휴일 등 현실적으로 근로하지 아니한 날이 포함될 수 있습니다.

   ※ 정확한 통상임금 산정을 위하여 해당 근로자의 임금대장(출산전후휴가등 시작일 기준으로 전후 3개월분) 또는 근로계약서 사본, 급여지급규정 등을 첨부하여 주시기 바랍니다.

10. 육아휴직

10-1. 육아휴직의 신청

근로자는 만 8세 이하 또는 초등학교 2학년 이하의 자녀를 양육하기 위하여 육아휴직을 신청할 수 있으며, 육아휴직을 마친 후에는 휴직 전과 같은 업무 또는 같은 수준의 임금을 지급하는 직무에 복귀할 수 있습니다. 육아휴직의 기간은 1년 이내로 하며, 이 기간은 근속기간에 포함됩니다.

사업주는 육아휴직을 이유로 해고나 그 밖의 불리한 처우를 해서는 안 되며, 사업을 계속할 수 없는 경우를 제외하고는 육아휴직 기간에는 그 근로자를 해고하지 못합니다.

10-2. 육아휴직의 신청대상

사업주는 근로자가 만 8세 이하 또는 초등학교 2학년 이하의 자녀를 양육하기 위하여 휴직(이하 '육아휴직'이라 함)을 신청하는 경우에 이를 허용해야 합니다(남녀고용평등법 제19조제1항 본문). 다만, 위의 규정은 2014년 1월 14일 이후에 육아휴직을 신청한 경우에 적용됩니다[남녀고용평등법 제19조제1항 본문 및 부칙(법률 제12244호) 제3조].

이를 위반하여 근로자로부터 육아휴직 신청을 받았음에도 육아휴직을 허용하지 않은 사업주는 500만원 이하의 벌금에 처해집니다(남녀고용평등법률 제37조 제4항 제4호).

법인의 대표자나 법인 또는 개인의 대리인, 사용인, 그 밖의 종업원이 그 법인 또는 개인의 업무에 관하여 위와 같은 위반행위를 하면 그 행위자를 벌하는 외에 그 법인 또는 개인에게도 해당 조문의 벌금형을 과(科)합니다. 다만, 법인 또는 개인이 그 위반행위를 방지하기 위하여 해당 업무에 관하여 상당한 주의와 감독을 게을리하지 않은 경우에는 그렇지 않습니다(남녀고용평등법 제38조).

10-3. 육아휴직이 허용되지 않는 경우

다음의 경우에는 사업주가 육아휴직을 허용하지 않을 수 있습니다(남녀고용평등법 제19조제1항 단서).

① 육아휴직을 시작하려는 날(이하 '휴직개시예정일'이라 함)의 전날까지 해당 사업에서 계속 근로한 기간이 1년 미만인 근로자

② 같은 영유아에 대하여 배우자가 육아휴직(다른 법령에 따른 육아휴직을 포함)을 하고 있는 근로자

10-4. 육아휴직 허용 기간

육아휴직의 기간은 1년 이내로 합니다(남녀고용평등법 제19조 제2항). 육아휴직 기간은 근속기간에 포함됩니다.

10-5. 육아휴직의 신청방법

육아휴직을 신청하려는 근로자는 휴직개시예정일의 30일 전까지 육아휴직 대상인 영유아의 성명, 생년월일, 휴직개시예정일, 육아휴직을 종료하려는 날(이하 '휴직종료예정일'이라 함), 육아휴직 신청 연월일, 신청인 등에 대한 사항을 신청서에 적어 사업주에게 제출해야 합니다(남녀고용평등법 시행령 제11조 제1항).

　다음의 어느 하나에 해당하는 경우에는 휴직개시예정일 7일 전까지 육아휴직을 신청할 수 있습니다.
① 출산 예정일 이전에 자녀가 출생한 경우
② 배우자의 사망, 부상, 질병 또는 신체적·정신적 장애나 배우자와의 이혼 등으로 해당 영유아를 양육하기 곤란한 경우

[ ]육아휴직 [ ]육아기 근로시간 단축 급여 신청서

※ 뒤쪽의 공지사항, 작성방법, 행정정보공동이용 동의서를 읽고 작성하시기 바라며, [ ]에는 해당되는 곳에 √ 표를 합니다.

(앞쪽)

접수번호	접수일자	처리기간 : 14일

신청인	성 명	주민등록번호
	주 소	
	(전화번호:) (휴대전화번호:)	

자녀의 주민등록번호

①육아휴직 또는 육아기 근로시간 단축 급여 신청기간
  (사업주로부터 부여받은 총 휴직기간 또는 근로시간 단축 기간 중 급여를 지급받으려는 기간)　　　년　월　일 ~ 　년　월　일

②육아휴직 또는 육아기 근로시간 단축 급여를 지급받을 계좌번호
  은행명:　　　　　계좌번호:　　　　　예금주:

③육아휴직 또는 육아기 근로시간 단축 급여 신청 기간 동안 사업주로부터 급여를 받은 사실이 있습니까?
　　　　　　　[ ]예 (기간:　　　　금액:　　　　원),　　　　　[ ]아니오

④육아휴직 또는 육아기 근로시간 단축 급여 신청 기간 중에 조기복직, 창업, 다른 사업장에 취업 또는 이직(퇴사)한 사실이 있습니까?
　　　　　　　[ ]예 (조기복직일, 창업·취업·이직일:　　　　），[ ]아니오

⑤배우자가 그 자녀와 관련된 육아휴직 또는 육아기 근로시간 단축을 동시에 부여받은 사실이 있습니까?
　　　　　　　[ ]예 (휴직기간 :　　　　부터　　　　까지), [ ]아니오

⑥신청기간 연장 사유(육아휴직 또는 육아기 근로시간 단축 기간이 끝난 후 12개월이 지나 신청하는 신청자만 기재)

⑦해당 자녀에 대해 신청인이 아닌 부(父)또는 모(母가) 과거에 육아휴직을 사용한 적이 있어 이번 육아휴직이 부모 중 두 번째 육아휴직에 해당합니까?
　　　　　　　[ ]예　　　　　　　　[ ]아니오

「고용보험법」 제70조 또는 제73조의2 및 같은 법 시행규칙 제116조제1항에 따라 위와 같이 신청합니다.

　　　　　　　　　　　　　　　　　　　　　　　년　　　　월　　　　일

　　　　　　　　　　신청인　　　　　　　　　　　　　(서명 또는 인)

　　○○지방고용노동청(○○지청)장　귀하

| 신청인
제출서류 | <육아휴직 급여 신청 시>
1. 「고용보험법 시행규칙」제118조에 따른 육아휴직(육아기 근로시간 단축) 확인서 1부(최초 1회만 제출합니다)
2. 통상임금을 확인할 수 있는 증명자료(임금대장 등) 사본 1부
3. 육아휴직 기간 동안 사업주로부터 금품을 지급받은 경우 이를 확인할 수 있는 자료
4. 같은 자녀에 대하여 신청인이 아닌 부(父) 또는 모(母)가 육아휴직을 한 사실을 확인할 수 있는 증명자료 사본 1부(「고용보험법 시행령」 제95조의2에 따라 육아휴직 급여를 신청하는 경우만 제출합니다)
<육아기 근로시간 단축 급여 신청 시>
1. 「고용보험법 시행규칙」제118조에 따른 육아휴직(육아기 근로시간 단축) 확인서 1부(최초 1회로 한정합니다)
2. 육아기 근로시간 단축 전·후의 소정근로시간, 통상임금 등의 근로조건을 확인할 수 있는 증명자료(임금대장, 근로계약서 등) 사본 1부
3. 육아기 근로시간 단축기간 동안 사업주로부터 지급받은 금품을 확인할 수 있는 자료(단축된 소정근로시간을 초과한 근로를 이유로 지급받은 금품은 별도로 확인할 수 있어야 함) 사본 1부 | 수수료

없음 |
| 담당 공무원
확인 사항 | 주민등록표 등본 1부 | |

210mm×297mm[백상지 80g/㎡(재활용품)]

행정정보 공동이용 동의서

　본인은 이 건 업무처리와 관련하여 담당 공무원이 「전자정부법」 제36조제1항에 따른 행정정보의 공동이용을 통하여 위의 '담당 공무원 확인사항'을 확인하는 것에 동의합니다. ＊동의하지 않는 경우에는 신청(고)인이 직접 관련 서류를 제출하여야 합니다.

신청(고)인　　　　　　　　　　　(서명 또는 인)

공지사항

　본 민원의 처리결과에 대한 만족도 조사 및 관련 제도 개선에 필요한 의견조사를 위해 귀하의 전화번호(휴대전화)로 전화조사를 실시할 수 있습니다.

작성방법

1. 고용보험에서 지급하는 육아휴직(육아기 근로시간 단축) 급여는 육아휴직 시작일 이후 1개월부터 종료일 이후 12개월 이내에 신청하여야 합니다.
2. ①란 육아휴직(육아기 근로시간 단축) 급여 신청기간은 사업주로부터 부여받은 총 휴직기간(근로시간 단축 기간) 중 급여를 지급받으려는 기간을 적습니다.
3. ②란 계좌번호는 반드시 본인의 계좌번호를 적으셔야 합니다.
4. ③란은 육아휴직(육아기 근로시간 단축) 급여 신청기간 동안에 사업주로부터 급여를 일부 또는 전부를 지급받았을 경우(지급예정인 경우 포함) 그 기간 및 금액을 적습니다.
5. ④란은 육아휴직(육아기 근로시간 단축) 급여 신청기간 중 신고한 육아휴직기간(육아기 근로시간 단축기간)보다 조기 복직을 한 경우, 새로 창업·취업 또는 이직하였을 경우에 적습니다.
6. ⑤란은 신청인이 육아휴직(육아기 근로시간 단축) 중인 자녀에 대하여 배우자도 해당 사업주로부터 육아휴직(육아기 근로시간 단축)을 부여받은 경우에만 적습니다.
7. ③란, ④란, ⑤란을 사실대로 적지 아니하면 부정수급으로 결정되어 급여액의 2배에 해당하는 금액을 추징당하는 등의 불이익을 받을 수 있습니다.
8. ⑥란 작성 시 연장사유는 천재지변, 본인·배우자 또는 그 직계존·비속의 질병·부상, 「병역법」에 따른 의무복무, 범죄혐의로 인한 구속 또는 형의 집행 등이 발생한 경우를 말합니다.
9. ⑦란은 「고용보험법 시행령」 제95조의2에 따라 같은 자녀에 대하여 부모가 순차적으로 육아휴직을 사용하는 경우로서 두 번째 육아휴직을 사용한 사람의 경우에만 적습니다.

처리절차

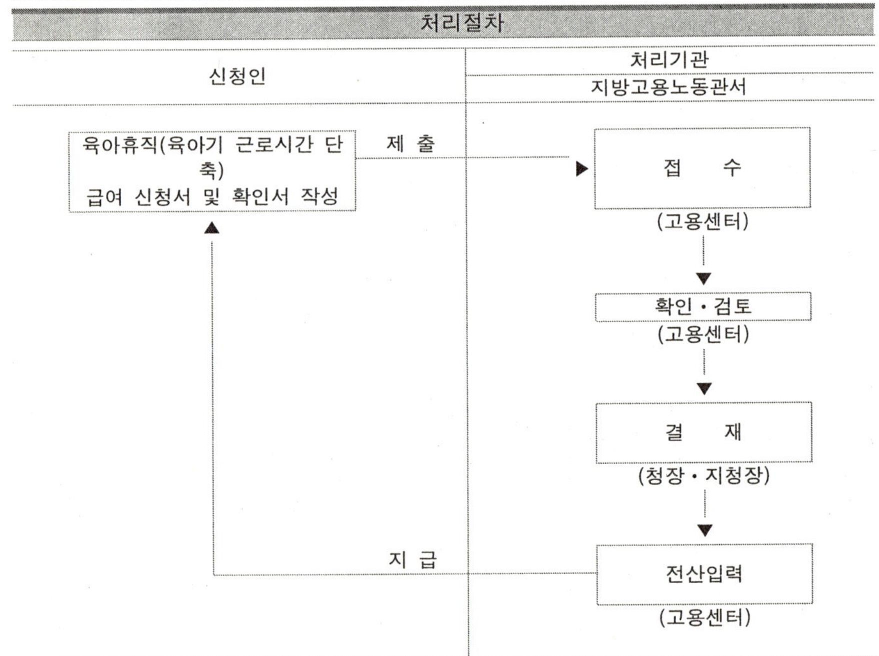

출산전후(유산·사산)휴가 급여 대위 신청서

※ 뒤쪽의 작성방법을 읽고 작성하시기 바라며, [　]에는 해당되는 곳에 "√" 표시를 하시기 바라며, ※ 색상이 어두운 난은 신청인이 적지 않습니다.

(앞쪽)

접수번호	접수일	처리기간 : 14일

기본 사항	①사업장관리번호		
	②우선지원 대상기업	[　] 해당　[　] 비해당　(「고용보험법 시행령」 제12조에 따름)	
	③사업장 명칭		
	④사업장 소재지		(담당자: 　　　　)
		(전자우편: 　　　　, 전화번호: 　　　　)	
	⑤피보험자 성명	⑥피보험자 주민등록번호	

⑦출산(예정)일	년　월　일	⑨출산전후(유산·사산) 휴가부여기간	년　월　일 ~ 년　월　일(　일) 년　월　일 ~ 년　월　일(　일) 년　월　일 ~ 년　월　일(　일)
⑧영아의 주민등록번호			분할사용 여부 [　] 아니오 [　] 예

⑩임신기간(유산·사산휴가의 경우)	1. 11주 이내　　2. 12주~15주 3. 16주~21주 4. 22주~27주　　5. 28주 이상
⑪통상임금 (출산전후휴가등 시작일 기준)	산정기준: 시급, 일급, 주급, 월급(기타　　) 통상임금:　　　　원
⑫산정기준 기간동안의 소정근로시간 (휴가시작일 기준)	총　　　　시간

⑬근로자에게 준 휴가급여 등 지급액(통상임금에 해당하는 금품)	첫 번째 30일	두 번째 30일	세 번째 30일	네 번째 30일 (다태아인 경우)
	(　　　　)원	(　　　　)원	(　　　　) 원	(　　　　) 원

⑭출산전후휴가 급여 등을 대위하여 지급받을 계좌번호	은행/계좌번호 :　　　　(예금주:　　　　)

　　　본 신청서의 기재사항은 사실과 다르지 아니하며, 「고용보험법」 제75조의2 및 같은 법 시행규칙 제121조의2에 따라 위와 같이 출산전후(유산·사산)휴가 급여를 대위 신청합니다.

년　　　　월　　　　일

출산전후(유산·사산)휴가 급여 대위 신청인
　　　　대표자(사업주)　　　　　　　　　　(서명 또는 인)

○○지방고용노동청(지청)장 귀하

첨부서류	다음 각 호 중 어느 하나의 서류를 첨부하여야 합니다. 1. 사업주가 통상임금에 해당하는 금품을 근로자에게 지급한 사실을 증명할 수 있는 서류로서 다음 각 목의 어느 하나에 해당하는 서류 　가. 통장 사본 등 송금을 증명할 수 있는 자료 사본 1부. 　나. 해당 근로자의 신분증 사본 1부와 통상임금에 해당하는 금품을 지급받았다는 해당 근로자의 사실확인서(근로자의 날인이 포함되어야 합니다) 1부. 2. 통상임금을 확인할 수 있는 증명자료(임금대장 등) 사본 1부. 3. 주민등록표 등본 등 근로자와 자녀의 모자관계를 증명할 수 있는 서류 1부(출산전후휴가의 경우만 해당합니다). 4. 유산·사산휴가의 경우 유산이나 사산을 하였음을 증명할 수 있는 「의료법」 제3조에 따른 의료기관의 진단서(임신기간이 적혀 있어야 합니다) 1부.	수수료 없음

210mm×297mm[일반용지 60g/㎡(재활용품)]

작성방법

◎ 고용보험에서 지급하는 출산전후휴가 급여 대위 신청은 출산전후휴가(유산·사산휴가 포함) 종료일부터 12개월 이내에 하여야 합니다.

1. ①란 사업장관리번호는 고용보험가입번호를 적습니다.

2. ②란 우선지원 대상기업 해당 여부는 「고용보험법 시행령」 제12조에 해당하는 기업을 의미합니다.

 ※ 자세한 사항은 「고용보험법 시행령」 제12조를 참조하십시오.

3. ⑨란의 휴가부여기간은 출산전후휴가를 분할하여 사용한 경우 각각의 기간을 모두 기재합니다. 출산전후휴가를 분할하여 사용한 경우 분할사용 여부에 반드시 "예"라고 체크해야 합니다.

4. ⑩란의 임신기간은 유산 또는 사산휴가를 부여받은 경우(정상 분만의 경우 기재 불필요) 임신기간(의료기관에서 발행한 진단서상 임신기간)을 적습니다.

5. ⑪란의 통상임금은 최초 출산전후휴가등 시작일 기준의 통상임금을 말합니다. 따라서 월급 근로자의 경우는 출산전후휴가 시작일 현재의 월 통상임금을 적고, 주급, 일급, 시급 근로자의 경우 해당 급여지급기준에 "○" 표시하고 해당 통상임금(주급, 일급, 시급)을 적습니다.

 ※통상임금: 「근로기준법 시행령」 제6조와 「통상임금산정지침」(고용노동부예규)참조
　　　　　 「통상임금산정지침」은 고용노동부홈페이지 <법령정보실-예규>에서 검색 가능

6. ⑫란의 소정근로시간은 출산전후휴가등 시작일을 기준으로 ⑪란의 통상임금 산정기준 단위기간(일급인 경우 일, 주급인 경우 주, 월급인 경우 월 등)동안의 소정근로시간을 적되, 연장·야간·휴일근로시간 등은 소정근로시간이 아니므로 총시간에서 제외하며,

 - 시급 또는 일급일 경우에는 1일의 소정근로시간을 적되, 일 소정근로시간 및 1주간의 근무일수가 불규칙할 경우에는 이전 4주간을 통산하여 1일 평균 근로시간을 적습니다.

7. ⑬란의 근로자에게 준 휴가급여 등 지급액은 출산전후(유산·사산)휴가 기간 중에 통상임금에 해당하는 금품을 사업주가 지급하였을 경우 해당 기간별 지급금액을 적고, 없으면 "없음"이라고 적습니다.

8. ⑭란 계좌번호는 출산전후휴가 급여 등을 대위하여 지급받을 대표자(사업주)의 계좌번호를 적어야 합니다.

출산전후(유산·사산)휴가 급여 신청서(　회차)

※ 뒤쪽의 유의사항 및 작성방법을 읽고 작성하시기 바라며, [　]에는 해당되는 곳에
"√" 표시를 합니다.

(앞쪽)

접수번호	접수일	처리기간: 14일

급여신청 구분	[　] 출산전후휴가　　　　　　　　[　] 유산·사산휴가		
신청인	①성명	②주민등록번호	
	③주소 및 연락처 　　　　(전화번호:　　　　　　　) (휴대전화번호:　　　　　　　)		

④출산일(출산예정일, 유산·사산일)	⑤영아의 주민등록번호

⑥이번 회차 신청기간　　　　　　　　.　　.　　.　~　　.　　.　　.

⑦출산전후휴가 급여등을 지급받을 계좌번호

　　　　　　　　　　　　은행명:　　　　　　　계좌번호:
　　　　　　　　　　　　예금주:

⑧출산전후휴가 급여등의 신청대상기간 중 통상임금에 해당하는 금품을 사업주로부터 받은 사실
　이 있습니까?
　　[　]예 (기간:　　　　　. 금액:　　　　　원),　　　　[　]아니오

⑨출산전후휴가 급여등 신청기간 중 조기복직, 창업, 다른 사업장에 취업 또는 이직(퇴사)한 사
　실이 있습니까?
　　[　]예 (조기복직일, 창업·취업·이직일:　　　　.　　.　.),　　　　[　]아니오

⑩신청기간 연장사유(출산전후휴가 기간등이 종료된 후 12월이 경과하여 신청하는 신청자만 기
　재)

「고용보험법」 제75조 및 같은 법 시행규칙 제121조에 따라 위와 같이 신청합니다.

　　　　　　　　　　　　　　　　　　　　　　　　　　　년　　　월　　　일
　　　　　　　　　　　신청인　　　　　　　　　　　　　(서명 또는 인)
○○지방고용노동청(지청)장　귀하

신청인 제출서류	1. 「고용보험법 시행규칙」 제123조에 따른 출산전후(유산·사산)휴가 확인서 1부 (최초 1회만 해당한다) 2. 통상임금을 확인할 수 있는 자료(임금대장 등) 사본 1부 3. 휴가기간 동안 사업주로부터 금품을 지급받은 경우 이를 확인할 수 있는 자료 4. 유산 또는 사산을 하였음을 증명할 수 있는 의료기관(「의료법」에 따른 의료기관 　을 말합니다)의 진단서(임신기간이 적혀 있어야 합니다) 1부(유산·사산휴가만 　해당합니다)	수수료 없음
담당 공무 원 확인사항	주민등록표 등본	

행정정보 공동이용 동의서

본인은 이 건 업무처리와 관련하여 담당 공무원이 「전자정부법」 제36조제1항에 따른 행정정보의 공동
이용을 통하여 위의 '담당 공무원 확인사항'을 확인하는 것에 동의합니다. *동의하지 않는 경우에
는 신청인이 직접 관련 서류를 제출하여야 합니다.

　　　　　　　　　　　　　　　　　　　　신청인　　　　　　　　　(서명 또는 인)

210mm×297mm[일반용지 60g/㎡(재활용품)]

공지사항

본 민원의 처리결과에 대한 만족도 조사 및 관련 제도 개선에 필요한 의견조사를 위해 귀하의 전화번호(휴대전화)로 전화조사를 실시할 수 있습니다.

작성방법

◎ 고용보험에서 지급하는 출산전후휴가 급여등은 출산전후휴가(유산·사산휴가 포함) 종료일부터 12개월 이내에 신청하여야 합니다.

1. 출산전후휴가 급여등 신청은 회차별(1, 2, 3, 4회차)로 구분하여 적습니다.

2. 출산전후휴가등을 부여 받았으나 출산전후휴가 급여등 신청일 현재 아직 출산하지 아니하였을 경우에는 ④란은 출산예정일을 적고, ⑤주민등록번호를 111111-1111111로 적습니다.
   (유산 또는 사산, 외국인인 경우에도 ⑤주민등록번호를 111111-1111111로 기재)

3. ⑥란은 사업주로부터 부여 받은 총 휴가기간 중 금회 급여신청 해당기간 및 일수만 적습니다.

4. ⑦란 계좌번호는 신청인 계좌번호를 적어야 합니다.

5. ⑧란은 출산전후휴가 급여등을 신청하는 기간 중 사업주로부터 통상임금에 해당하는 금품을 지급받았을 경우(지급예정인 경우 포함) 그 기간과 금액을 적습니다.

6. ⑨란은 조기 출근, 창업·취업 또는 이직하였을 경우만 적습니다.
   ※ ⑧란, ⑨란을 사실대로 적지 아니하면 부정수급으로 결정되어 급여액을 반환하고 그 급여액에 해당하는 금액의 추가징수를 당하는 불이익을 받을 수 있습니다.

7. ⑩란의 신청기간 연장사유는 천재지변, 본인·배우자 또는 그 직계존·비속의 질병·부상, 「병역법」에 따른 의무복무, 범죄혐의로 인한 구속 또는 형의 집행 등이 발생한 경우를 말합니다.

처리절차

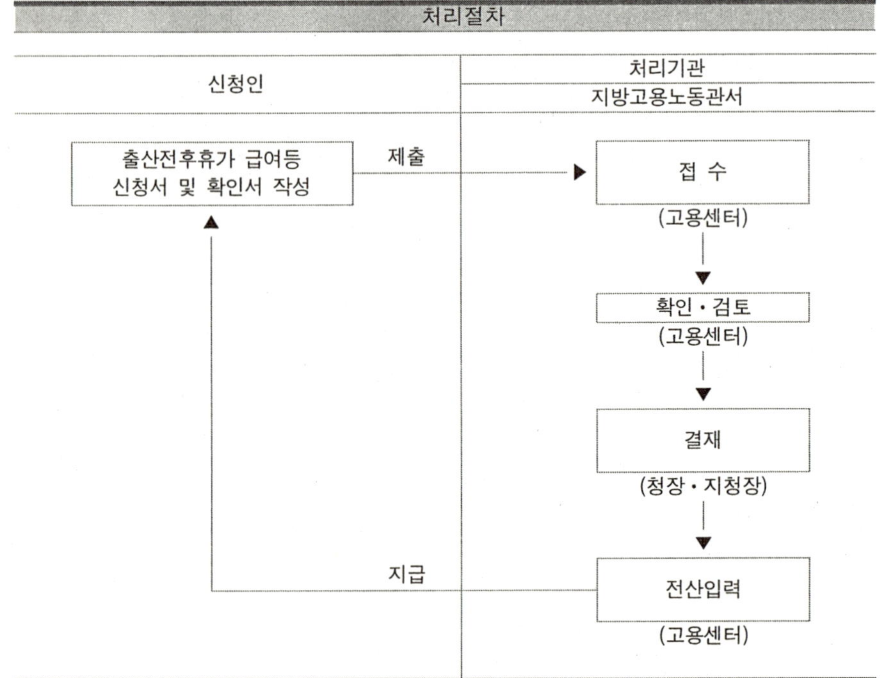

10-6. 육아휴직의 허용

사업주는 근로자가 휴직개시예정일의 30일 전까지의 기한이 지난 뒤에 육아휴직을 신청한 경우에는 그 신청일부터 30일 이내에, 휴직개시예정일 7일 전까지의 기한이 지난 뒤에 육아휴직을 신청한 경우에는 그 신청일부터 7일 이내에 육아휴직 개시일을 지정하여 육아휴직을 허용해야 합니다(남녀고용평등법 시행령 제11조 제3항).

사업주는 육아휴직을 신청한 근로자에게 해당 자녀의 출생 등을 증명할 수 있는 서류의 제출을 요구할 수 있습니다.

10-7. 육아휴직의 변경신청

육아휴직을 신청한 근로자는 휴직개시예정일 전에 다음의 어느 하나에 해당하는 사유가 발생한 경우에는 사업주에게 그 사유를 명시하여 휴직개시예정일을 당초의 예정일 전으로 변경하여 줄 것을 신청할 수 있습니다.

① 출산 예정일 이전에 자녀가 출생한 경우

② 배우자의 사망, 부상, 질병 또는 신체적·정신적 장애나 배우자와의 이혼 등으로 해당 영유아를 양육하기 곤란한 경우

휴직종료예정일은 한 번만 연기할 수 있으며, 이 경우 당초의 휴직종료예정일 30일 전까지 사업주에게 신청해야 합니다. 다만, 배우자의 사망, 부상, 질병 또는 신체적·정신적 장애나 배우자와의 이혼 등으로 해당 영유아를 양육하기 곤란한 경우로 휴직종료예정일을 연기하려는 경우에는 당초의 예정일 7일 전까지 신청합니다.

10-8. 육아휴직 신청의 철회

육아휴직을 신청한 근로자는 휴직개시예정일의 7일 전까지 사유를 밝혀 그 신청을 철회할 수 있습니다(남녀고용평등법 시행령 제13조 제1항).

10-9. 육아휴직의 종료

근로자는 다음의 어느 하나에 해당하는 날에 육아휴직이 끝난 것으로 봅니다(남녀고용평등법 시행령 제14조 제3항).

① 영유아가 사망하거나 영유아와 동거하지 않게 된 것을 통지하고, 사업주로부터 근무개시일을 통지받은 경우에는 그 근무개시일의 전날

② 영유아가 사망하거나 영유아와 동거하지 않게 된 것을 통지하였음에도 사업주로부터 근무개시일을 통지받지 못한 경우에는 근로자가 통지 한 날부터 30일이 되는 날

※ 예를 들어 근로자가 8월 1일에 통지하였다면 8월 30일에 육아휴직이 끝난 것으로 봅니다.

③ 영유아가 사망하거나 영유아와 동거하지 않게 된 것을 통지하지 않은 경우에는 영유아의 사망 등의 사유가 발생한 날부터 37일이 되는 날

※ 예를 들어 영유아의 사망 등의 사유가 8월 1일에 발생하였다면, 9월 6일에 육아휴직이 끝난 것으로 봅니다.

육아휴직 중인 근로자가 새로운 육아휴직을 시작하거나 출산전후휴가 또는 육아기 근로시간 단축을 시작하는 경우에는 그 새로운 육아휴직, 출산전후휴가 또는 육아기 근로시간 단축 개시일의 전날에 육아휴직이 끝난 것으로 봅니다.

10-10. 육아휴직을 이유로 한 불리한 처우의 금지

사업주는 육아휴직을 이유로 해고나 그 밖의 불리한 처우를 해서는 안 되며, 사업을 계속할 수 없는 경우를 제외하고는 육아휴직 기간에는 그 근로자를 해고하지 못합니다.

10-11. 육아휴직 후의 업무 복귀

사업주는 육아휴직을 마친 후에는 휴직 전과 같은 업무 또는 같은 수준의 임금을 지급하는 직무에 복귀시켜야 합니다(남녀고용평등법 제19조 제4항 전단). 육아휴직을 이유로 해고나 그 밖의 불리한 처우를 하거나, 사업을 계속할 수 없는 경우가 아님에도 육아휴직 기간 동안 해당 근로자를 해고한 경우에는 3년 이하의 징역 또는 2천만원 이하의 벌금에 처해집니다. 육아휴직을 마친 후 복귀한 근로자에게 휴직 전과 같은 업무 또는 같은 수준의 임금을 지급하는 직무에 복귀시키지 않은 경우에는 500만원 이하의 벌금에 처해집니다. 법인의 대표자나 법인 또는 개인의 대리인, 사용인, 그 밖의 종업원이 그 법인 또는 개인의 업무에 관하여 위와 같은 위반행위를 하면 그 행위자를 벌하는 외에 그 법인 또는 개인에게도 해당 조문의 벌금형을 과(科)합니다. 다만, 법인 또는 개인이 그 위반행위를 방지하기 위하여 해당 업무에 관하여 상당한 주의와 감독을 게을리하지 않은 경우에는 그렇지 않습니다.

11. 사업주에 대한 지원

11-1. 출산육아기의 고용안정을 위한 지원금 지급

고용노동부장관은 사업주가 출산육아기의 계속고용, 육아휴직 등의 허용, 대체인력 채용을 한 경우에는 이에 대한 출산육아기 고용안정 지원금을 지급합니다.

여성근로자의 근로계약기간이나 파견계약기간이 임신기간이나 출산전후휴가 기간 또는 육아휴직 기간(자녀가 생후 15개월이 될 때까지의 기간으로 한정) 중에 끝나는 경우 그 근로계약기간이나 파견계약기간이 끝난 즉시 또는 출산 후 15개월 이내에 근로기간을 1년 이상으로 하는 근로계약을 체결하는 사업주는 고용안정 지원금을 지원받습니다.

11-2. 출산육아기 계속고용에 대한 고용안정 지원금

고용노동부장관은 다음의 어느 하나에 해당하는 피보험자인 여성근로자의 근로계약기간이나 파견계약기간이 임신기간이나 출산전후휴가 기간 또는 육아휴직 기간(자녀가 생후 15개월이 될 때까지의 기간으로 한정) 중에 끝나는 경우 그 근로계약기간이나 파견계약기간이 끝난 즉시 또는 출산 후 15개월 이내에 그 근로자와 근로기간을 1년 이상으로 하는 근로계약을 체결하는 사업주(파견근로자인 경우에는 파견근로자보호 등에 관한 법률에 따른 사용사업주를 포함)에게 고용안정 지원금으로서 일정금액을 지원합니다(고용보험법 제23조 및 동법 시행령 제29조 제1항 제1호).

① 근로계약기간이 1년 이하인 자

② 파견근로자보호 등에 관한 법률에 따른 파견근로자

이 규정은 2014년 10월 1일을 기준으로 육아휴직 중이거나 육아휴직이 종료된 여성근로자와 근로계약을 체결하는 경우에도 적용됩니다[고용보험법 시행령(대통령령 제25645호) 부칙 제2조].

11-3. 출산육아기의 계속고용에 대한 고용안정 지원금 지급신청

출산육아기의 계속고용에 대한 고용안정 지원금을 지급받으려는 사업주는 다음 서류를 소재지 관할 직업안정기관에 제출해야 합니다(고용보험법 시행규칙 제51조 제1항 제1호).

① 출산육아기 고용안정 지원금 신청서

② 최초의 근로계약서와 근로계약이 끝난 후 계속 고용에 대한 근로계약서(파견근로자인 경우에는 최초의 파견계약서와 파견기간이 끝난 후의 계속 고용에 대한 근로계약서를 말함) 사본 각 1부(최초로 신청하는 경우에만 첨부)

③ 월별 임금대장 사본 1부

④ 피보험자의 임신기간, 출산전후휴가 또는 육아휴직의 실시를 증명하는 서류 사본 1부

출산육아기의 계속고용에 대한 고용안정 지원금은 계속 고용한 날이 속하는 분기의 다음 분기부터 분기 단위로 신청하되, 근로계약을 체결하고 1년 후부터는 한꺼번에 신청할 수 있습니다(고용보험법 시행규칙 제51조 제2항 제1호).

■ 고용보험법 시행규칙 [별지 제102호서식]

[ ] 육아휴직
[ ] 육아기 근로시간 단축　　　　확인서

※ 뒤쪽의 작성방법을 읽고 작성하시기 바라며, [　]에는 해당하는 곳에 "√" 표시를 합니다.

(앞쪽)

<table>
<tr><td rowspan="8">기
본
사
항</td><td>①사업장관리번호</td><td colspan="2"></td><td>②사업장명</td><td colspan="2"></td></tr>
<tr><td>③사업장소재지</td><td colspan="2">□□□-□□□</td><td>(전자우편:</td><td>전화번호:</td><td>담당자:
)</td></tr>
<tr><td>④피보험자성명</td><td colspan="2"></td><td>⑤피보험자
주민등록번호</td><td colspan="2"></td></tr>
<tr><td>⑥육아휴직 등 대상
자녀의 성명</td><td colspan="2"></td><td>⑦대상자녀의 주
민등록번호</td><td colspan="2"></td></tr>
<tr><td>⑧피보험자의
고용형태</td><td colspan="5">[　] 정규직
[　] 비정규직 ([　]기간제근로자, [　]단시간근로자, [　]파견근로자, [
]기타)</td></tr>
<tr><td>⑨육아휴직 또는 육아기
근로시간 단축 기간</td><td colspan="5">년　　월　　일 ~　　년　　월　　일</td></tr>
<tr><td>⑩육아기 근로시간 단
축에 따른 근로시간
변동</td><td colspan="5">근로시간 단축 전 소정근로시간　　총　　　시간
근로시간 단축 후 소정근로시간　　총　　　시간</td></tr>
<tr><td>⑪통상임금
(육아휴직 또는 육아기 근로시간 단축
시작일 기준)</td><td colspan="5">산정기준 : 시급, 일급, 주급, 월급, 기타
통상임금 :　　　　　　　　원</td></tr>
</table>

<table>
<tr><td>⑫산정기준 단위기간 동안의 소정근로시간
(육아휴직 또는 육아기 근로시간 단축
시작일 기준)</td><td colspan="2">총　　　　　　시간</td></tr>
<tr><td>⑬육아휴직 또는 육아기 근로시간 단축
기간 중 급여지급 내역</td><td>⑭피보험단위기간　산정대상기간(휴직시작일 미포함)</td><td>⑮임금지급
기초일수</td></tr>
<tr><td>월　　　　　　　　　　원</td><td>~</td><td>일</td></tr>
<tr><td>월　　　　　　　　　　원</td><td>~</td><td>일</td></tr>
<tr><td>월　　　　　　　　　　원</td><td>~</td><td>일</td></tr>
<tr><td>월　　　　　　　　　　원</td><td>~</td><td>일</td></tr>
<tr><td>월　　　　　　　　　　원</td><td>~</td><td>일</td></tr>
<tr><td>월　　　　　　　　　　원</td><td>~</td><td>일</td></tr>
<tr><td>월　　　　　　　　　　원</td><td>~</td><td>일</td></tr>
<tr><td>월　　　　　　　　　　원</td><td>⑯통산피보험단위기간</td><td>일</td></tr>
</table>

확인서의 기재사항은 사실과 다르지 않습니다.

년　　　월　　　일

근로자　　　　　　　　　　　　　　　　　　(서명 또는 인)

「고용보험법」 제71조 와 제74조제2항 및 같은 법 시행규칙 제118조에 따라 위와 같이 육아휴직(육아기 근로시간 단축) 사실을 확인합니다.

확인자 사업장명

대표자　　　　　　　　　　　　　　　　　(서명 또는 인)

○○지방고용노동청(지청)장 귀하

210mm×297mm[백상지(80g/㎡) 또는 중질지(80g/㎡)]

출산육아기 고용안정 지원 제도 안내

1. 육아휴직 또는 육아기 근로시간 단축을 30일(「근로기준법」 제74조에 따른 출산전후휴가기간 90일 과 중복되는 기간은 제외) 이상 허용한 사업주에게는 육아휴직 등에 대한 출산육아기 고용안정 지원 금을 지급합니다. 이 경우, 지원금의 1개월분에 해당하는 금액은 육아휴직 등을 시작한 날부터 30일이 되는 날 이후에 지급하고, 나머지 금액은 육아휴직 등이 끝난 후 6개월 이상 해당 근로자를 피보험자로 계속 고용하는 경우에 지급합니다.

2. 출산전후휴가, 육아휴직 또는 육아기 근로시간 단축 등의 시작일 전 60일이 되는 날 이후 새로 대체 인력을 고용하여 30일 이상 계속 고용한 사업주에게는 대체인력지원금을 지급합니다. 이 경우, 출산전 후휴가, 육아휴직 또는 육아기 근로시간 단축 등이 끝난 근로자를 30일 이상 계속 고용하여야 하고 고 용조정으로 다른 근로자를 이직시키지 않아야 합니다.

작성방법

◎ 사업주는 육아휴직(육아기 근로시간 단축) 확인서 작성·확인 등 모든 절차에 적극 협력하여야 합니다.

1. ①, ② 및 ③란은 사업장에 관한 정보를 적습니다.

2. ⑥ 및 ⑦란은 육아휴직 등 대상자녀의 이름과 주민등록번호를 적습니다.

3. ⑧란의 피보험자 고용형태 분류는 다음과 같습니다.

　　※ 기간제 근로자: 기간의 정함이 있는 근로계약을 체결한 근로자

　　※ 단시간 근로자: 1주 동안의 소정근로시간이 그 사업장에서 같은 종류의 업무에 종사하는 통상 근로자의 1주 동안의 소정근로시간에 비하여 짧은 근로자

　　※ 파견 근로자: 파견사업주가 고용한 근로자로서 근로자파견의 대상이 되는 자

4. ⑨란은 사업주가 근로자에게 부여한 육아휴직(육아기 근로시간 단축) 총 기간을 적습니다.

5. ⑩란의 육아기 근로시간 단축에 따른 근로시간 변동은 육아기 근로시간 단축 전 소정근로시간 과 육아기 근로시간 단축 후 소정근로시간을 각각 적습니다.

6. ⑪란의 통상임금은 최초 육아휴직(육아기 근로시간 단축) 시작일 기준의 통상임금을 말합니다. 따라서 월급 근로자의 경우는 육아휴직(육아기 근로시간 단축) 시작일 현재의 월 통상임금을 적고, 주급, 일급, 시급 근로자의 경우 해당 산정기준에 "○" 표시하고 해당 통상임금(주급, 일 급, 시급)을 적습니다.

　　※ 통상임금: 「근로기준법 시행령」 제6조와 「통상임금산정지침」(고용노동부예규)참조 「통상임금산정지침」은 고용노동부홈페이지 <법령정보실-예규>에서 검색 가능합니다.

7. ⑫란의 소정근로시간은 육아휴직(육아기 근로시간 단축) 시작일을 기준으로 ⑩란의 통상임금 산정기준 단위기간(일급인 경우 일, 주급인 경우 주, 월급인 경우 월 등)동안의 소정근로시간 을 적되, 연장·야간·휴일근로시간 등은 소정근로시간이 아니므로 총 시간에서 제외하며, 시 급 또는 일급일 경우에는 1일의 소정근로시간을 적되, 일 소정근로시간 및 1주간의 근무일수 가 불규칙할 경우에는 이전 4주간을 통산하여 1일 평균 근로시간을 적습니다.

8. ⑬란은 육아휴직(육아기 근로시간 단축) 기간 중에 급여를 사업주가 지급하였을(지급예정인 경 우 포함) 경우 해당기간별 지급금액을 적습니다.

9. ⑭란의 피보험단위기간 산정대상기간이란 재직기간 중 사업주로부터 임금을 지급받은 기간을 말하므로 각 월별로 구분하여 적되, 육아휴직 시작일 전날부터 피보험단위기간이 180일이 되 는 기간까지 소급하여 적습니다.

　　※ 근로자가 육아휴직(육아기 근로시간 단축) 시작일 전 「근로기준법」 제74조에 따른 출산 전후휴가를 부여받고, 이 휴가기간 중 사업주로부터 통상임금을 지급받은 기간은 피보험 단위기간에 포함됩니다

　　(예시: 2002.11.30.까지 출산전후휴가를 사용하고, 2002.12.1.부터 육아휴직을 사용한 근로자에 대하여 사업주가 2002.10.31.까지 임금을 지급한 경우 2002.10.1~10.31., 2002.9.1~9.30., 2002.8.1~8.31., 2002.7.1~7.31.,··· 등으로 기재)

10. ⑮란의 임금지급기초일수는 ⑭피보험단위기간 산정대상기간 중 "임금지급의 기초가 된 일수" 를 말하며, 이 경우 "임금지급의 기초가 된 일수"에는 주휴일 등 현실적으로 근로하지 아니 한 날이 포함될 수 있습니다.

　　※ 정확한 통상임금 산정을 위하여 해당 근로자의 임금대장(육아휴직(육아기 근로시간 단축) 시작일 기준으로 전후 3개월분) 또는 근로계약서 사본, 급여지급규정 등을 첨부하여 주 시기 바랍니다.

11. ⑯란 통산피보험단위기간은 임금지급기초일수를 모두 더한 일수가 180일이 넘어야 합니다.

■ 고용보험법 시행규칙[별지 제106호서식]

출산전후(유산·사산)휴가 [ ]지급
급여 [ ]미지급 결정 통지서

※ [ ]에는 해당되는 곳에 "√" 표시를 합니다.

신청인	성명		생년월일	
	주소			
휴가부여기간			신청일	
결정내용	[ ] 지급(금액:) – 급여산출명세: [ ] 미지급(미지급 사유:)			

「고용보험법 시행규칙」 제122조제1항에 따라 위와 같이 결정하여 알려드립니다.

년 월 일

○○지방고용노동청(지청)장 　 직인

지급안내

출산전후휴가 급여등은 귀하가 출산전후휴가 급여등 신청 시 적으신 계좌번호로 즉시 입금됩니다.

심사청구안내

1. 이 통지에 이의가 있는 경우에는 심사를 청구할 수 있습니다.
2. 심사를 청구할 경우에는 이 통지서를 받은 날부터 90일 이내에 원처분청을 거쳐 고용보험심사관에게 청구하시기 바랍니다.

기안자(직위/직급) 서명 검토자(직위/직급) 서명 결재권자(직위/직급) 서명
협조자(직위/직급) 서명

시행 처리과명-일련번호(시행일자) 접수 처리과명-일련번호(접수일자)
우편번호 　 주소 　 / 홈페이지 주소
전화번호 ( ) 　 FAX번호 ( ) 　 / 담당자의 전자우편주소/공개 구분

210mm×297mm[일반용지 60g/㎡(재활용품)]

11-4. 출산육아기 육아휴직 등에 대한 고용안정 지원금

　고용노동부장관은 피보험자(근로자)에게 육아휴직 또는 육아기 근로시간 단축(이하 "육아휴직 등"이라 함)을 30일(출산전후휴가의 기간과 중복되는 기간은 제외) 이상 허용하는 사업주에게 고용안정 지원금으로서 일정금액을 지원하고 있습니다(고용보험법 제23조 및 동법 시행령 제29조 제1항 제2호).

11-5. 출산육아기 육아휴직 등에 대한 고용안정 지원금 지급신청

　육아휴직 등에 대한 고용안정 지원금을 지급받으려는 사업주는 다음의 서류를 소재지 관할 직업안정기관에 제출해야 합니다(고용보험법 시행규칙 제51조 제1항 제2호).

① 출산육아기 고용안정 지원금 신청서

② 피보험자의 육아휴직 등 실시를 증명하는 서류 사본 1부

　1개월분에 해당하는 금액은 육아휴직 등을 시작한 날부터 30일이 되는 날 이후에 신청하고, 나머지 금액은 육아휴직 등이 끝난 날부터 6개월이 되는 날 이후에 한꺼번에 신청할 수 있습니다.

■ 고용보험법 시행규칙[별지 제53호서식]

년   차 출산육아기 고용안정 지원금 신청서

※ 뒤쪽의 작성방법을 읽고 작성하시기 바라며, [ ]에는 해당되는 곳에 "√" 표시를 합니다.
※ 색상이 어두운 난은 신청인이 적지 않습니다.

(앞쪽)

접수번호	접수일	처리기간: 10일

사업장	사업장관리번호		
	명칭	대규모기업	[ ] 해당 [ ] 비해당
	소재지		
	(전화번호: 휴대전화번호: 담당자:)		

신청 지원금 종류	1. 출산육아기 고용안정 지원금(기간제·파견근로자 재고용)(「고용보험법 시행령」 제29조제1항제1호)-①②⑩⑪ 작성 2. 출산육아기 고용안정 지원금(육아휴직등 부여)(「고용보험법 시행령」 제29조제1항제2호)-③④⑤⑥⑩⑪ 작성 3. 출산육아기 대체인력지원금(「고용보험법 시행령」 제29조제1항제3호)-⑦⑧⑨⑩⑪ 작성

신청 내용	①재고용된 기간제·파견근로자 수	명	②기간제·파견근로자의 재고용형태	상용직 계약직	명 명
	③육아휴직(육아기 근로 시간 단축 포함)을 한 피보험자 수	명	④육아휴직 지원 총개월 수		개월
			⑤육아기근로시간단축 지원 총개월 수		개월
			⑥총월수(④+⑤)		개월
	⑦신규대체근로자 수	명	⑧대체근로자 채용 총개월 수		개월
	⑨대체인력 채용 전 3개월, 채용 후 6개월 고용조정에 따른 근로자 이직 여부			[ ]예 [ ]아니오	
	⑩지원금 신청액				원
	※ 출산육아기 고용안정 지원금(육아휴직등 부여)의 1개월분에 해당하는 금액은 육아휴직 또는 육아기 근로시간 단축을 30일 이상 허용한 경우에 지급하고, 나머지 금액은 육아휴직 또는 육아기 근로시간 단축이 끝난 후 6개월 이상 해당 근로자를 피보험자로 계속 고용한 경우에 지급합니다.				
	⑪계좌번호		은행 (예금주:)		

「고용보험법 시행령」 제29조제1항 및 같은 법 시행규칙 제51조에 따라 위와 같이 신청합니다.

년   월   일

신청인   (서명 또는 인)

○○지방고용노동청(지청)장 귀하

첨부서류	1. 「고용보험법 시행령」 제29조제1항제1호에 해당하는 경우: 다음 각 목의 서류. 다만 가목의 서류는 최초로 신청하는 경우에만 첨부한다.
	  가. 최초의 근로계약서와 근로계약이 끝난 후 -재고용에 대한 근로계약서(파견근로자인 경우에는 최초의 파견계약서와 파견기간이 끝난 후의 재고용에 대한 근로계약서를 말한다) 사본 각 1부
	  나. 월별 임금대장 사본 1부
	  다. 피보험자의 임신기간, 출산전후휴가 또는 육아휴직의 실시를 증명하는 서류 사본 1부
	 2. 「고용보험법 시행령」 제29조제1항제2호 및 제3호에 해당하는 경우: 다음 각 목의 서류
	  가. 피보험자의 영 제29조제1항제1호에 따른 출산전후휴가, 영 제29조제1항제2호에 따른 육아휴직등 또는 영 제29조제1항제3호에 따른 유산·사산휴가 실시를 증명하는 서류 사본 1부
	  나. 새로 고용한 대체인력의 근로계약서 사본과 월별 임금대장 사본 각 1부(「고용보험법 시행령」 제29조제1항제3호에 해당하는 경우만 제출한다)
		수수료 없음

210mm×297mm[백상지 80g/㎡(재활용품)]

공지사항

　본 민원의 처리결과에 대한 만족도 조사 및 관련 제도 개선에 필요한 의견조사를 위해 귀하의 전화번호(휴대전화)로 전화조사를 실시할 수 있습니다.

작성방법

1. ⑫재고용 직전 고용(파견)계약란은 지원금 신청대상 근로자와 재고용 직전 체결한 근로계약(파견계약)의 시작일자(파견일자) 및 만료일자를 적고(근로계약서 또는 파견계약서와 일치), ⑭재고용계약란도 이에 준하여 적습니다(난이 부족하면 별지를 사용할 수 있습니다).
2. ⑬출산일은 출산 후 15개월 이내에 근로자와 근로계약기간을 1년 이상으로 하는 근로 계약을 체결하는 경우에 적습니다.
3. ⑮재고용형태는 기간의 정함이 없는 경우 상용직, 1년 이상 계약기간을 정한 경우 계약직으로 적습니다.
4. ⑯신청기간은 재고용 시 체결한 근로계약의 시작일부터 1개월 단위로 적습니다.
5. 신청대상 피보험자 명세는 앞면 ① 및 ②란의 지원대상자 수와 각각 일치해야 합니다.
　※ 기간제·파견근로자 재고용에 대한 지원금은 재고용일부터 무기계약은 1년간, 유기계약은 6개월간 지급됩니다.
6. ⑰란의 휴직 등[출산전후휴가, 유산·사산휴가 또는 육아휴직(육아기 근로시간 단축)]의 기간과 ⑲란의 대체인력 채용기간은 달력상의 기간을 적습니다.
7. ⑱란의 휴직 등 개월 수란은 출산전후휴가, 유산·사산휴가 또는 육아휴직(육아기 근로시간 단축) 기간을 달력상의 기간으로 적되, 1개월에 이르지 못하고 남은 기간은 그 기간을 30으로 나누어 산정된 숫자를 적습니다.
　　<예시 : 1. 1.부터 3. 15.까지 휴직(근로시간 단축)인 경우 2개월 + 0.5개월(15/30=0.5)이므로 2.5개월로 기재>
8. ⑳대체인력채용개월 수: 대체인력채용 기간을 달력상의 기간으로 적고, 1개월에 이르지 못하고 남은 기간은 30으로 나누어 산정된 개월수를 적습니다.
　　<예시 : 3. 15.부터 6. 20.까지 대체인력으로 채용된 경우 3개월 + 0.2개월(6/30=0.2)이므로 3.2개월로 기재>

　년　 기간제·파견 근로자 재고용에 대한 지원금 신청 명세

성명	주민등록번호	⑫재고용 직전 고용(파견)계약		⑬출산일	⑭재고용계약		⑮재고용형태 (상용직, 계약직)	⑯신청기간 (신청회차)
		시작일자	만료일자		시작일자	만료일자		

재고용자수	총　　　　명(상용직:　　　　　　, 계약직:　　　　　)

　년　 휴가·휴직(육아기 근로시간 단축) 또는 대체인력채용 명세

연번	성명	주민등록번호	⑰휴직 등 기간	⑱휴직 등 개월 수	대체인력		⑲대체인력 채용기간	⑳대체인력 채용개월 수
					성명	주민등록번호		

휴가·휴직(육아기 근로시간 단축)	총　　개월	대체인력채용	총　　개월

처리절차

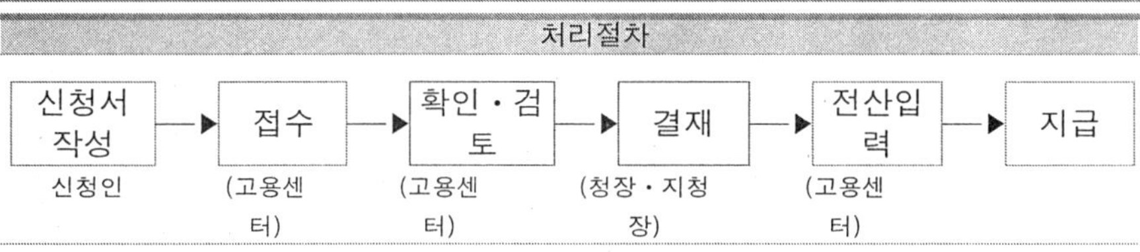

11-6. 출산육아기의 대체인력 채용에 대한 지원금 지급

고용노동부장관은 피보험자(근로자)에게 출산전후휴가, 유산·사산 휴가 또는 육아휴직 등을 30일 이상 부여하거나 허용하고 대체인력을 고용한 경우로서 다음의 요건을 모두 갖춘 사업주에게 대체인력지원금(출산육아기 대체인력 채용에 대한 고용안정 지원금)으로서 일정 금액을 지원하고 있습니다(고용보험법 제23조 및 동법 시행령 제29조 제1항 제3호).

① 출산전후휴가, 유산·사산 휴가 또는 육아휴직 등의 시작일 전 60일이 되는 날(출산전후휴가에 연이어 유산·사산 휴가 또는 육아휴직 등을 시작하는 경우에는 출산전후휴가 시작일 전 60일이 되는 날) 이후 새로 대체인력을 고용하여 60일 이상 계속 고용할 것

② 출산전후휴가, 유산·사산 휴가 또는 육아휴직 등이 끝난 후 출산전후휴가, 유산·사산 휴가 또는 육아휴직 등을 사용한 근로자를 30일 이상 계속 고용할 것

③ 새로 대체인력을 고용하기 전 3개월부터 고용 후 6개월까지 고용조정으로 다른 근로자(새로 고용한 대체인력보다 나중에 고용된 근로자는 제외)를 이직시키지 않을 것

위의 규정은 2014년 1월 14일 이후에 육아휴직을 신청한 경우부터 적용되며, 2014년 1월 14일 이전에 육아휴직을 신청했다면, 육아휴직을 신청할 수 있는 자녀는 만 6세 이하의 초등학교 취학 전 자녀만이 해당됩니다[남녀고용평등법 제19조제1항 본문 및 부칙(법률 제12244호) 제3조].

11-7. 출산육아기의 대체인력 채용에 대한 고용안정 지원금 지급 신청

출산육아기의 대체인력 채용에 대한 고용안정 지원금을 지급받으려는 사업주는 다음의 서류를 소재지 관할 직업안정기관에 제출해야 합니다(고용보험법 시행규칙 제51조 제1항 제2호).

① 출산육아기 고용안정 지원금 신청서

② 피보험자의 육아휴직 등 또는 유산·사산휴가의 실시를 증명하는 서류 사본 1부

③ 새로 고용한 대체인력의 근로계약서 사본과 월별 임금대장 사본 각 1부

출산육아기의 대체인력 채용에 대한 고용안정 지원금은 육아휴직 등이 끝난 후 30일이 지난날과 대체인력을 고용 후 6개월이 지난 날 중 늦은 날부터 신청할 수 있습니다(고용보험법 시행규칙 제51조 제2항 제3호).

11-8. 출산육아기 고용안정 지원금의 제한

고용노동부장관은 사업주가 근로자를 새로 고용하거나 고용유지조치를 하여 다음 어느 하나에 해당하게 된 경우 그 금액을 빼고 지원할 수 있습니다(고용보험법 제26조의2 및 동법 시행령 제40조의2).

① 북한이탈주민의 보호 및 정착지원에 관한 법률에 따라 지원금 등 금전적 지원을 받는 경우

② 산업재해보상보험법에 따라 지원금 등 금전적 지원을 받는 경우

③ 장애인고용촉진 및 직업재활법에 따라 지원금 등 금전적 지원을 받는 경우

④ 그 밖에 국가 또는 지방자치단체로부터 금전적 지원을 받는 경우

*** 참고**

여성 근로자의 고용 기준에 미달하는 사업

1. 상시 1,000명 미만의 근로자를 고용하는 사업의 경우
  가. 여성 근로자의 고용비율이 해당 사업이 속한 산업별 전(全) 직종 여성 근로자의 고용비율 평균(해당 산업에 속하는 사업 중 상시 1,000명 미만의 근로자를 고용하는 사업의 전 직종 여성 근로자의 고용비율 평균을 말한다)의 70퍼센트에 미달하는 사업. 다만, 여성 근로자의 고용비율이 50퍼센트 이상인 사업은 제외한다.
  나. 여성 관리자의 고용비율이 해당 사업이 속한 산업별 여성 관리자의 고용비율 평균(해당 산업에 속하는 사업 중 상시 1,000명 미만의 근로자를 고용하는 사업의 여성 관리자의 고용비율 평균을 말한다)의 70퍼센트에 미달하는 사업
2. 상시 1,000명 이상의 근로자를 고용하는 사업의 경우
  가. 여성 근로자의 고용비율이 해당 사업이 속한 산업별 전 직종 여성 근로자의 고용비율 평균(해당 산업에 속하는 사업 중 상시 1,000명 이상의 근로자를 고용하는 사업의 전 직종 여성 근로자의 고용비율 평균을 말한다)의 70퍼센트에 미달하는 사업. 다만, 여성 근로자의 고용비율이 50퍼센트 이상인 사업은 제외한다.
  나. 여성 관리자의 고용비율이 해당 사업이 속한 산업별 여성 관리자의 고용비율 평균(해당 산업에 속하는 사업 중 상시 1,000명 이상의 근로자를 고용하는 사업의 여성 관리자의 고용비율 평균을 말한다)의 70퍼센트에 미달하는 사업

비고
  1. 여성 근로자의 고용비율 및 여성 관리자의 고용비율은 법 제17조의3제1항에 따라 해당 사업의 사업주가 제출하는 남녀 근로자 현황을 기준으로 다음 각 목과 같이 산정(算定)한다.

가. 여성 근로자의 고용비율 = 여성 근로자 수/근로자 수

나. 여성 관리자의 고용비율 = 여성 관리자 수/관리자 수

2. 산업별 적용방법은 각 사업장별로 그 주된 사업의 종류에 따라 다음과 같이 적용한다.

가. 사업의 종류는「통계법」에 따라 통계청장이 고시하는 한국표준산업분류에 따라 적용 사업장의 최종 산출물, 완성품, 제공되는 서비스의 주된 내용에 따라 대분류 기준에 따르는 것을 원칙으로 하되, 다음과 같이 조정하여 적용한다.

1) 농업, 임업, 어업 및 광업은 통합

2) 제조업은 산업 중분류를 기준으로 경공업 1, 경공업 2, 경공업 3, 화학공업 1, 화학공업 2, 중공업 1, 중공업 2 및 전자산업으로 분류

가) 경공업 1: 제조업 중분류 중 식료품 제조업, 음료 제조업, 담배 제조업

나) 경공업 2: 제조업 중분류 중 섬유제품 제조업(의복 제외), 의복·액세서리 및 모피제품 제조업, 가죽·가방 및 신발 제조업, 인쇄 및 기록매체 복제업, 기타 제품 제조업

다) 경공업 3: 제조업 중분류 중 목재 및 나무제품 제조업(가구 제외), 펄프·종이 및 종이제품 제조업, 가구 제조업

라) 화학공업 1: 제조업 중분류 중 의료용 물질 및 의약품 제조업

마) 화학공업 2: 제조업 중분류 중 코크스·연탄 및 석유정제품 제조업, 화학물질 및 화학제품 제조업(의약품 제외), 고무제품 및 플라스틱제품 제조업

바) 중공업 1: 제조업 중분류 중 비금속 광물제품 제조업, 금속가공제품 제조업(기계 및 가구 제외), 기타 기계 및 장비 제조업, 자동차 및 트레일러 제조업

사) 중공업 2: 제조업 중분류 중 1차 금속 제조업, 기타 운송장비 제조업

아) 전자산업: 제조업 중분류 중 전자부품·컴퓨터·영상·음향 및 통신장비 제조업, 의료·정밀·광학기기 및 시계 제조업, 전기장비 제조업

3) 건설업은 산업 중분류를 기준으로 하여 종합 건설업과 전문직
   별 공사업으로 분류
 가) 종합 건설업
 나) 전문직별 공사업
4) 숙박 및 음식점업은 산업 중분류를 기준으로 하여 숙박업과 음
   식점 및 주점업으로 분류
 가) 숙박업
 나) 음식점 및 주점업
5) 운수업은 산업 중분류를 기준으로 하여 육상운송 및 수상운송
   관련업과 항공운송업으로 분류
 가) 육상운송 및 수상운송 관련업: 운수업 중분류 중 육상운송
     및 파이프라인 운송업, 수상 운송업, 창고 및 운송 관련 서
     비스업
 나) 항공 운송업
6) 전문, 과학 및 기술 서비스업은 산업 중분류를 기준으로 연구
   개발 및 전문서비스 관련업과 기술 서비스 관련업으로 분류
 가) 연구개발 및 전문서비스 관련업: 전문, 과학 및 기술 서비스
     업 중분류 중 연구개발업, 전문서비스업, 기타 전문, 과학
     및 기술 서비스업
 나) 기술 서비스 관련업: 전문, 과학 및 기술 서비스업 중분류 중
     건축기술, 엔지니어링 및 기타 과학기술 서비스업
7) 사업시설관리 및 사업지원 서비스업은 산업 중분류를 기준으
   로 사업시설 관리 관련업과 사업지원 서비스업으로 분류
 가) 사업시설 관리 관련업: 사업시설관리 및 사업지원 서비스업
     중분류 중 사업시설 관리 및 조경 서비스업
 나) 사업지원 서비스업: 사업시설관리 및 사업지원 서비스업 중
     분류 중 사업지원 서비스업
8) 공공행정, 국방 및 사회보장 행정, 가구 내 고용활동 및 달리
   분류되지 않은 자가소비 생산활동, 국제 및 외국기관은 통합
나. 같은 사업장에서 둘 이상의 사업을 하는 경우 종사하는 근로자
    수가 가장 많은 사업을 기준으로 산업분류를 적용한다.

다. 하나의 사업주가 장소가 분리된 둘 이상의 사업장을 경영하면
   서 사업의 종류가 각각 다른 경우 각 사업별로 산업분류를 적
   용한다.
3. 직종의 적용방법은 「통계법」에 따라 통계청장이 고시하는 한국
   표준직업분류에 따라 대분류 기준을 따르고, 관리자란 각급 부서
   단위 책임자로서 조직의 다른 부서 또는 외부기관에 대하여 소관
   부서를 대표하고 그 내부 부서의 정책과 활동을 기획·지휘 및
   조정하는 업무를 수행하며, 부서원을 감독·평가하는 위치에 있
   는 사람을 말한다.

■ 여성근로자는 어떤 보호를 받을 수 있는지요?

질문

저는 여성근로자입니다. 여성은 남성에 비하여 근로기준법
상 특별한 보호규정이 있다고 하는데, 어떠한 내용인지요?

답변

역사적으로 볼 때 각 나라의 노동보호법은 신체적·생리적 요
건이 성인남자 근로자에 비하여 약한 상태에 있는 여자와 연소
자를 과중한 근로시간, 야간근로 또는 유해·위험작업으로부터
보호하는 것으로 시작되었으며, 우리나라의 경우에도 헌법 제
32조, 근로기준법 제5장(제64조~제75조), 남녀고용평등법등에
서는 여자와 연소자의 보호를 주요내용으로 하고 있습니다.

근로기준법상 여성근로자의 보호규정을 살펴보면,

첫째, 사용자는 임신 중이거나 산후 1년이 경과되지 아니한
여성은 대통령령이 정하는 도덕상 또는 보건상 유해·위험한

사업에 사용하지 못하도록 규정하고 있으며(같은 법 제65조 제1항, 제3항), 임산부가 아닌 18세 이상의 여성을 위의 보건상 유해·위험한 사업 중 임신 또는 출산에 관한 기능에 유해·위험한 대통령령이 정하는 사업에 사용하지 못한다고 규정하고 있습니다(같은 법 제65조 제2항, 제3항).

둘째, 야간근로 및 휴일근로가 금지됩니다. 즉, 18세 이상의 여성을 오후 10시부터 오전 6시까지의 사이 및 휴일에 근로시키고자 하는 경우에는 당해 근로자의 동의를 얻어야 하고(같은 법 제70조 제1항 상시 5명 이상의 근로자를 사용하는 사업장에 한정), 임산부를 오후 10시부터 오전 6시까지의 사이 및 휴일에 근로시키지 못하고, 다만 산후 1년이 지나지 아니한 여성의 동의가 있는 경우, 임신 중의 여성이 명시적으로 청구하는 경우로서 고용노동부장관의 인가를 얻은 경우에는 예외가 됩니다(같은 법 제70조 제2항).

셋째, 갱내에서의 근로가 금지됩니다(같은 법 제72조).

넷째, 여자근로자에게는 시간외근로가 제한됩니다. 같은 법 제71조에서는 사용자는 산후 1년이 지나지 아니한 여성에 대하여는 단체협약이 있는 경우라도 1일에 2시간, 1주일에 6시간, 1년에 150시간을 초과하는 시간외의 근로를 시키지 못하도록 규정하고 있습니다.

다섯째, 생리휴가를 보장합니다. 같은 법 제73조는 "사용자는 여성근로자가 청구하면 월 1일의 생리휴가를 주어야 한다."라고 규정하고 있습니다(상시 5명 이상의 근로자를 사용하는 사업장에 한정).

여섯째, 산전·산후 휴가를 주고 있습니다. 같은 법 제74조에서는 사용자는 임신 중의 여성에게 산전·산후를 통하여 90일의 보호휴가를 주어야 하고, 이 경우 산후에 45일 이상 확보되도록 하여야 하며, 임신 중인 여성이 임신 16주 이후 유산 또는 사산한 경우에도 대통령령으로 정하는 바에 따라 보호휴가를 주어야 하고, 위 휴가 중 최초 60일은 유급으로 하여야 하고, 또한 임신 중의 여성근로자의 청구가 있는 경우에는 쉬운 종류의 근로에 전환시켜야 하며 시간외근로를 시키지 못하도록 규정하고 있습니다. 나아가 사업주에게 산전·산후 휴가 종료 후에는 휴가 전과 동일한 업무 또는 동등한 수준의 임금을 지급하는 직무에 복귀시킬 의무를 부여하고 있어(신설 2008.3.28.), 위 보호휴가를 이유로 직무복귀에 있어 불이익을 당하지 않도록 규정하고 있습니다.

일곱째, 육아시간을 보장하고 있습니다. 근로기준법 제75조에서 사용자는 "생후 1년 미만의 유아를 가진 여성근로자가 청구하면 1일 2회 각각 30분 이상의 유급 수유시간을 주어야 한다."라고 규정하고 있습니다(상시 5명 이상의 근로자를 사용하는 사업장에 한정).

따라서 귀하의 경우 근로기준법상 위에서 언급한 것과 같은 내용을 보장받을 권리가 있다 하겠습니다.

■ 육아휴직을 한 근로자에 대하여 연차유급휴가일수를 어떻게 산정해야 하는지요?

질문

근로기준법 제59조 제1항은 '사용자는 1년간 8할 이상 출근한 근로자에 대하여는 15일의 유급휴가를 주어야 한다'고 규정하고 있는 바, 남녀고용평등법 제19조의 육아휴직을 한 근로자에 대하여 연차유급휴가일수를 어떻게 산정해야 하는지요?

답변

사업장의 연간 총소정근로일수에서 육아휴직기간을 제외한 나머지 소정근로일수에 대해 출근율을 산정하고, 그 출근율이 8할 이상인 경우의 연차유급휴가일수는 연간 총소정근로일수에 대한 육아휴직기간을 제외한 소정근로일수의 비율에 따라 산정해야 합니다.

근로기준법 제59조 제1항은 "사용자는 1년간 8할 이상 출근한 근로자에 대하여는 15일의 유급휴가를 주어야 한다."고 규정하고 있고, 같은 조 제6항은 근로자가 업무상의 부상 또는 질병으로 휴업한 기간과 임신 중의 여성이 같은 법 제72조 제1항 또는 제2항의 규정에 의한 보호휴가로 휴업한 기간은 출근한 것으로 본다고 규정하고 있습니다.

또한, 남녀고용평등법 제19조 제1항은 "사업주는 생후 3년 미만의 영유아를 가진 근로자가 그 영유아의 양육을 위하여 휴직(이하 "육아휴직"이라 한다)을 신청하는 경우에 이를 허용하여야 한다."고 규정하고 있고, 같은 조 제2항은 "육아휴직기간은 1년 이내로 하되, 당해 영유아가 생후 3년이 되는 날을 경과할 수 없다."고 규정하고 있으며, 같은 조 제3항은 "사업주는 육아휴직을 이유로 해고 그 밖의 불리한 처우를 하여서는 아니 되며, 육아휴직 기간 동안은 당해 근로자를 해고하지 못한다."고 규정하고 있습니다.

육아휴직은 생후 3년 미만의 영유아를 가진 근로자가 그 영유아의 양육을 위하여 신청하는 휴직으로서, 근로자의 육아부담을 해소하고 계속근로를 지원함으로써 근로자의 생활안정 및 고용안정을 도모하는 한편, 기업의 숙련인력 확보를 지원하는 제도이며, 연차유급휴가제도는 소정의 근로를 한 근로자에게 그 근로에 따른 피로의 회복을 위하여 정신적·육체적 휴양의 기회를 제공함으로써 이러한 정신적·육체적 휴양을 통하여 노동력을 유지·배양하고, 문화적 생활의 향상을 기하려는 데 그 제도의 취지가 있습니다.

근로기준법 제59조 제1항에서 연차유급휴가 부여대상을 1년간 8할 이상 출근한 근로자로 정하고 있는데, 1년간 8할 이상의 출근이라고 하는 것은 1년의 총일수에서 근로제공의무가 없는 날을 뺀 일수, 즉 소정근로일수의 8할 이상을 출근한 것을 말한다고 할 것입니다.

그런데, 근로기준법 제59조 제6항에서 업무상 재해로 인한 휴업기간과 산전후휴가기간은 출근한 것으로 보도록 규정하고 있으나, 육아휴직기간에 대해서는 아무런 규정이 없고, 「남녀고용평등법」 제19조에서 육아휴직기간을 1년 이내로 하되, 육아휴직을 이유로 해고 그 밖의 불리한 처우를 하지 못하며, 육아휴직기간을 근속기간에 포함한다고 규정하고 있을 뿐입니다. 여기서 불리한 처우를 하지 못하도록 하는 것은 육아휴직을 이유로 해당 근로자에게 휴직, 정직, 배치전환, 전근, 출근정지, 승급정지, 감봉 등 경제상·정신상·생활상 불이익을 주지 않는 것을 의미하며, 육아휴직기간이 남녀고용평등법에 의하여 보장되어 있는 기간이라 할지라도 근로기준법 제59조 제6항에 규정된 업무상 재해로 인한 휴업기간과 산전후휴가기간과 같이 육아휴직기간을 연차유급휴가 산정시 출근한 것으로 보아 소정근로일수 계산에 포함시켜야 하는 것은 아닙니다.

그렇다면, 육아휴직기간을 포함하여 계속근로연수가 1년 이상인 근로자가 육아휴직기간을 제외한 나머지 소정근로일수의 출근율이 8할 이상이면 연차유급휴가를 부여하되, 연차유급휴가일수는 육아휴직기간을 제외한 나머지 소정근로일수와 연간 총소정근로일수의 비율에 따라 산정하는 것이 육아휴직을 사용한 근로자에 비해 근로제공을 한 다른 근로자와의 형평성차원에서 합당할 뿐만 아니라 연차유급휴가가 소정근로를 제공한 근로자에게 피로회복을 위해 유급휴가를 부여한다는 제도 취지에도 적합합니다.

또한 국가공무원복무규정 제15조 제1항은 재직기간별로 연가일수를 규정하면서 같은 조 제2항은 임신·출산 또는 자녀를 양육하기 위한 휴직기간을 재직기간에 산입한다고 규정하고 있으나, 위 규정 제17조 제2항은 법령에 의한 의무수행이나 공무상 질병 또는 부상으로 인하여 휴직한 경우를 제외한 휴직의 경우에는 당해 연도 휴직기간을 월로 환산하여 12월로 나눈 비율에 의해 산출된 일수를 연가일수에서 공제하도록 하여 육아휴직기간의 비율만큼 연가일수가 공제되도록 규정하고 있는 점과 비교하더라도 이 사안의 경우에 연차유급휴가일수를 산정함에 있어 연간 총소정근로일수에 대한 육아휴직기간을 뺀 소정근로일수의 비율에 따라 계산하는 것이 형평에 맞습니다.

따라서 질의의 경우에는 사업장의 연간 총소정근로일수에서 육아휴직기간을 제외한 나머지 소정근로일수에 대해 출근율을 산정하고, 그 출근율이 8할 이상인 경우의 연차유급휴가일수는 연간 총소정근로일수에 대한 육아휴직기간을 제외한 소정근로일수의 비율에 따라 산정해야 합니다.

■ 육아휴직 중 오후에 출근하여 근무할 수 있는지요?

저는 아이를 양육하기 위하여 육아휴직 중인데, 남편이 오후 출근을 하게 되어서 오전에는 시간을 낼 수 있게 되었습니다. 반나절 정도만이라도 일할 수 있을까요?

네. 가능합니다. 육아휴직을 신청할 수 있는 근로자는 육아휴직 대신 육아기 근로시간의 단축을 신청할 수 있습니다.

사업주는 육아휴직을 신청할 수 있는 근로자가 육아휴직 대신 근로시간의 단축을 신청하는 경우에 이를 허용해야 합니다. 다만, 대체인력 채용이 불가능한 경우, 정상적인 사업 운영에 중대한 지장을 초래하는 등 일정한 경우에는 육아기 근로시간 단축의 신청이 제한됩니다.

육아기 근로시간 단축의 기간은 1년 이내로 합니다.

육아기 근로시간 단축 중의근로시간은 주당 15시간 이상이어야 하고, 30시간을 넘어서는 안 됩니다.

이를 위반하여 근로자로부터 육아기 근로시간 단축 신청을 받았음에도 불구하고 이를 허용하지 않은 사업주는 500만원 이하의 과태료를 부과 받습니다.

구 교육공무원법(2011. 5. 19. 법률 제10634호로 개정되기 전의 것) 제44조 제1항 제7호는 '만 6세 이하의 초등학교 취학 전 자녀'를 양육대상으로 하여 '교육공무원이 그 자녀를 양육하기 위하여 필요한 경우'를 육아휴직의 사유로 규정하고 있으므로, 육아휴직 중 그 사유가 소멸하였는지는 해당 자녀가 사망하거나 초등학교에 취학하는 등으로 양육대상에 관한 요건이 소멸한 경우뿐만 아니라 육아휴직 중인 교육공무원에게 해당 자녀를 더 이상 양육할 수 없거나, 양육을 위하여 휴직할 필요가 없는 사유가 발생하였는지 여부도 함께 고려하여야 하고, 국가공무원법 제73조 제2항의 문언에 비추어 복직명령은 기속행위이므로 휴직사유가 소멸하였음을 이유로 신청하는 경우 임용권자는 지체 없이 복직명령을 하여야 한다(대법원 2014.06.12. 선고 2014두4931 판결).

■ 아이를 유산했는데, 휴가를 사용할 수 있나요?

질문

저는 결혼 5년만에 어렵게 아이를 가졌으나 유산해서 몸도 마음도 많이 지쳐있습니다. 당분간 집에서 쉬고 싶은데, 휴가를 사용할 수 있을까요?

답변

네, 가능합니다. 임신 중인 여성이 유산 또는 사산한 경우에는 유산·사산 휴가를 청구할 수 있습니다. 사용자는 임신 중인 여성이 유산 또는 사산한 경우로서 그 근로자가 청구하면 유산·사산 휴가를 주어야 합니다.

다만, 인공 임신중절 수술에 따른 유산의 경우는 예외적인 경우에만 허용됩니다.

유산·사산휴가를 청구한 여성근로자는 근로기준법 제74조 제3항 및 동법 시행령 제43조 제3항의 규정에 따라 유산·사산휴가가 주어집니다. 유산·사산휴가를 청구하려는 여성근로자는 휴가 청구 사유, 유산·사산 발생일 및 임신기간 등을 적은 유산·사산휴가 신청서에 의료기관의 진단서를 첨부하여 사업주에게 제출해야 합니다.

이를 위반하여 근로자에게 유산·사산휴가를 허용하지 않은 사용자는 2년 이하의 징역 또는 1천만원 이하의 벌금에 처해집니다.

■ 육아휴직과 육아기 근로시간 단축의 선택적 사용이 가능한지요?

질문

저는 아이를 양육 중인데 육아휴직과 육아기 근로시간 단축을 혼합해서 사용하는 것도 가능한가요?

답변

네, 총 1년의 기간 내에서 육아휴직과 육아기 근로시간 단축을 혼합하여 선택적으로 사용할 수 있습니다.

육아휴직이나 육아기 근로시간 단축을 하려는 경우에는 다음의 방법 중 하나를 선택하여 사용할 수 있습니다.

① 육아휴직의 1회 사용

② 육아기 근로시간 단축의 1회 사용

③ 육아휴직의 분할 사용(1회만 가능)

④ 육아기 근로시간 단축의 분할 사용(1회만 가능)

⑤ 육아휴직의 1회 사용과 육아기 근로시간 단축의 1회 사용

이 경우 어느 방법을 사용하든지 그 총 기간은 1년을 넘을 수 없습니다.

전일제 육아휴직을 1회 분할해서 사용하거나 육아기 근로시간 단축을 1회 분할해서 사용하거나 또는 육아휴직과 육아기 근로시간을 혼합하는 등 자유롭게 사용할 수 있으나, 육아휴직급여를 받기 위해서는 육아휴직을 한번에 30일 이상 사용해야 합니다.

■ 배우자도 출산휴가를 낼 수 있나요?

저의 아내가 출산하느라 고생을 많이 해서 곁에서 돌봐주고 싶은데, 남편인 저도 휴가를 낼 수 있을까요?

네, 근로자(남편)은 배우자(아내)의 출산을 이유로 휴가를 청구할 수 있습니다.

사업주는 근로자(남편)가 배우자(아내)의 출산을 이유로 휴가를 청구하는 경우에는 5일의 범위에서 3일 이상의 휴가를 주어야 합니다. 이 때 사용한 휴가기간 중 최초 3일은 유급으로 합니다. 다만, 배우자 출산휴가는 근로자(남편)의 배우자(아내)가 출산한 날부터 30일이 지나면 청구할 수 없습니다.

이를 위반하여 근로자가 배우자의 출산을 이유로 휴가를 청구하였는데도 5일의 범위에서 3일 이상의 휴가를 주지 않거나 근로자가 사용한 휴가 중 3일을 유급으로 하지 않은 사업주는 500만원 이하의 과태료를 부과 받습니다.

■ 야간근무 및 휴일도 근무하라고 하는데 꼭 해야 하나요?

☞ 질문

제가 다니는 회사는 직원이 약 50명 정도 되는 작은 회사인데, 일손이 많이 부족한 탓에 여자직원들도 야근뿐만 아니라 휴일에도 출근 하라고 하네요. 꼭 해야 하는 건가요?

☞ 답변

아닙니다. 여성근로자의 동의가 없으면 그 여성근로자에게 야간근로 및 휴일근로를 시킬 수 없습니다.

상시 5명 이상의 근로자를 사용하는 모든 사업 또는 사업장의 사용자는 18세 이상의 여성을 오후 10시부터 오전 6시까지의 시간 및 휴일에 근로시키려면 해당 근로자의 동의를 받아야 합니다. 이를 위반하는 경우에는 2년 이하의 징역 또는 1천만원 이하의 벌금에 처해집니다.

【관련판례】

근로기준법이 연장·야간·휴일 근로에 대한 가산임금, 해고예고수당, 연차휴가수당 등의 산정기준 및 평균임금의 최저한으로 규정하고 있는 통상임금은 근로자가 소정근로시간에 통상적으로 제공하는 근로인 소정근로(도급근로자의 경우에는 총 근로)의 대가로 지급하기로 약정한 금품으로서 정기적·일률적·고정적으로 지급되는 임금을 말한다. 1개월을 초과하는 기간마다 지급되는 임금도 그것이 정기적·일률적·고정적으로 지급되는 것이면 통상임금에 포함될 수 있다.

그리고 고정적인 임금이라 함은 '임금의 명칭 여하를 불문하고 임의의 날에 소정근로시간을 근무한 근로자가 그 다음 날 퇴직한다 하더라도 그 하루의 근로에 대한 대가로 당연하고도 확정적으로 지급받게 되는 최소한의 임금'을 말하므로, 근로자가 임의의 날에 소정근로를 제공하면 추가적인 조건의 충족 여부와 관계없이 당연히 지급될 것이 예정되어 지급 여부나 지급액이 사전에 확정된 임금은 고정성을 갖춘 것으로 볼 수 있다.

여기서 말하는 조건은 근로자가 임의의 날에 연장·야간·휴일 근로를 제공하는 시점에 그 성취 여부가 아직 확정되어 있지 않은 조건을 말하므로, 특정 경력을 구비하거나 일정 근속기간에 이를 것 등과 같이 위 시점에 그 성취 여부가 이미 확정되어 있는 기왕의 사실관계를 조건으로 부가하고 있는 경우에는 고정성 인정에 장애가 되지 않지만, 근로자가 소정근로를 했는지 여부와는 관계없이 지급일 기타 특정시점에 재직 중인 근로자에게만 지급하기로 정해져 있는 임금은 그 특정시점에 재직 중일 것이 임금을 지급받을 수 있는 자격요건이 된다. 그러한 임금은 기왕에 근로를 제공했던 사람이라도 특정시점에 재직하지 않는 사람에게는 지급하지 아니하는 반면, 그 특정시점에 재직하는 사람에게는 기왕의 근로 제공 내용을 묻지 아니하고 모두 이를 지급하는 것이 일반적이다. 그와 같은 조건으로 지급되는 임금이라면, 그 임금은 이른바 '소정근로'에 대한 대가의 성질을 가지는 것이라고 보기 어려울 뿐 아니라 근로자가 임의의 날에 근로를 제공하더라도 그 특정시점이 도래하기 전에 퇴직하면 당해 임금을 전혀 지급받지 못하여 근로자가 임의의 날에 연장·야간·휴일 근로를 제공하는 시점에서 그 지급조건이 성취될지 여부는 불확실하므로, 고정성도 결여한 것으로 보아야 한다(대법원 2013. 12. 18. 선고 2012다89399 전원합의체 판결, 대법원 2013. 12. 18. 선고 2012다94643 전원합의체 판결 등 참조).

■ 출산전후휴가를 분할하여 사용할 수 있나요?

질문

저는 임신 중인데 출산휴가를 분할하여 사용할 수도 있나요?

답변

네. 가능합니다. 다만, 근로자에게 유산·사산의 경험이 있거나, 출산전후휴가를 청구할 당시 연령이 만 40세 이상이거나, 유산·사산의 위험이 있다는 의료기관의 진단서를 제출한 경우에만 제한적으로 가능합니다.

출산 전과 출산 후를 통하여 90일(한 번에 둘 이상 자녀를 임신한 경우에는 120일)의 출산전후휴가는 90일(한 번에 둘 이상 자녀를 임신한 경우에는 120일)을 연속으로 사용해야 하는 것이 원칙입니다. 다만, 임신 중인 여성근로자가 유산의 경험 등 다음의 사유로 출산전후휴가를 청구하는 경우에는 출산 전 어느 때 라도 휴가를 나누어 사용할 수 있습니다. 이 경우에도 출산 후의 휴가 기간은 연속하여 45일(한 번에 둘 이상 자녀를 임신한 경우에는 60일) 이상이 되어야 합니다. 이를 규정을 위반한 사용자는 2년 이하의 징역 또는 1천만원 이하의 벌금에 처해집니다.

① 임신한 근로자에게 유산·사산의 경험이 있는 경우, ② 임신한 근로자가 출산전후휴가를 청구할 당시 연령이 만 40세 이상인 경우. ③ 임신한 근로자가 유산·사산의 위험이 있다는 의료기관의 진단서를 제출한 경우

근로기준법 제60조 제1항은 연차유급휴가에 관하여 '사용자는 1년간 8할 이상 출근한 근로자에게 15일의 유급휴가를 주어야 한다.'고 규정하고 있는데, 이는 근로자에게 일정 기간 근로의무를 면제함으로써 정신적·육체적 휴양의 기회를 제공하고 문화생활의 향상을 기하려는 데 그 취지가 있다(대법원 1996. 6. 11. 선고 95누6649 판결 등 참조). 이러한 연차유급휴가는 근로자가 사용자에게 근로를 제공하는 관계에 있다는 사정만으로 당연히 보장받을 수 있는 것이 아니라, 1년간 8할 이상 출근하였을 때 비로소 부여받을 수 있는 것이므로 다른 특별한 사정이 없는 한 이는 1년간의 근로에 대한 대가라고 볼 수 있고, 따라서 근로자가 연차유급휴가를 사용하지 못하게 됨에 따라 사용자에게 청구할 수 있는 연차휴가수당은 임금에 해당한다고 할 것이다(대법원 1991 11. 12. 선고 91다14826 판결, 대법원 2000. 12. 22. 선고 99다10806 판결 등 참조).

■ 집에서 직접 양육하는 경우에도 양육수당을 받을 수 있나요?

질문

어린이집이나 유치원을 이용하는 경우에는 정부로부터 보육료를 지원받는다고 하던데, 집에서 직접 양육하는 경우에는 지원금이 없나요?

답변

아닙니다. 만 5세 이하의 영육아를 가정에서 직접 양육하는 경우에도 양육수당을 지원받을 수 있습니다.

만 5세 이하 영육아를 어린이집, 유치원, 종일제 아이돌봄

서비스 등을 이용하지 않고 가정에서 양육하는 경우에는 소득 수준에 관계없이 가정양육수당을 지원받을 수 있습니다.

양육수당을 신청하려는 영유아의 부모(아동의 보호자로서 친권자·후견인, 그 밖에 영유아를 사실상 보호하고 있는자)가 아동 거주지(주민등록상 거주지) 관할 동 주민센터에 신청서를 제출하거나 복지로 홈페이지를 통해 온라인으로 신청할 수 있습니다. 가정양육수당은 현금으로 지급되며, 시장·군수·구청장이 계좌적정성 확인 후 아동 또는 부모 등의 명의 계좌에 입금합니다.

[관련판례]

> 감시·단속적 근로 등과 같이 근로시간, 근로형태와 업무의 성질을 고려할 때 근로시간의 산정이 어려운 것으로 인정되는 경우에는 사용자와 근로자 사이에 기본임금을 미리 산정하지 아니한 채 법정수당까지 포함된 금액을 월급여액이나 일당임금으로 정하거나 기본임금을 미리 산정하면서도 법정 제 수당을 구분하지 아니한 채 일정액을 법정 제 수당으로 정하여 이를 근로시간 수에 상관없이 지급하기로 약정하는 내용의 이른바 포괄임금제에 의한 임금 지급계약을 체결하더라도 그것이 달리 근로자에게 불이익이 없고 여러 사정에 비추어 정당하다고 인정될 때에는 유효하다. 그러나 위와 같이 근로시간의 산정이 어려운 경우가 아니라면 근로기준법상의 근로시간에 관한 규정을 그대로 적용할 수 없다고 볼 만한 특별한 사정이 없는 한 근로기준법상의 근로시간에 따른 임금 지급의 원칙이 적용되어야 하므로, 이러한 경우에 앞서 본 포괄임금제 방식의 임금 지급계약을 체결한 때에는 그것이 근로기준법이 정한 근로시간에 관한 규제를 위반하는지를 따져, 포괄임금에 포함된 법정수당이 근로기준법이 정한 기준에 따라 산정된 법정수당에 미달한다면 그에 해당하는 포괄임금제에 의한 임금 지급계약 부분은 근로자에게 불이익하여 무효라 할 것이고, 사용자는 근로기준법의 강행성과 보충성 원칙에 의하여 근로자에게 그 미달되는 법정수당을 지급할 의무가 있다(대법원 2010. 5. 13. 선고 2008다6052 판결 참조).

■ 출산전후휴가 기간에도 급여를 받을 수 있나요?

저는 출산 예정일이 얼마 남지 않아서 출산전후휴가를 신청하였습니다. 휴가 기간에도 급여를 받을 수 있나요?

네, 출산전후휴가 기간 중 최초 60일(한 번에 둘 이상 자녀를 임신한 경우에는 75일)은 유급휴가로 급여를 받을 수 있습니다. 출산전후휴가 중 최초 60일(한 번에 둘 이상 자녀를 임신한 경우에는 75일)은 유급휴가입니다. 다만, 사업주는 남녀고용평등과 일·가정 양립 지원에 관한 법률 제18조에 따라 출산전후휴가급여 등이 지급된 경우에는 그 금액의 한도에서 지급의 책임을 면하게 됩니다. 이를 위반하여 여성근로자에게 출산전후휴가 급여를 지급하지 않은 사업주는 2년 이하의 징역 또는 1천만원 이하의 벌금에 처해집니다.

출산전후휴가 급여를 지급받으려는 여성근로자는 다음의 서류를 모두 첨부하여 신청인의 거주지나 사업장의 소재지 관할 직업안정기관의 장에게 제출해야 합니다.

① 출산전후휴가 급여 신청서

② 출산전후휴가 확인서 1부(최초 1회만 제출)

③ 통상임금을 확인할 수 있는 자료(임금대장, 근로계약서 등) 사본 1부

④ 휴가기간 동안 사업주로부터 금품을 지급받은 경우 이를 확인할 수 있는 자료

　통상임금은 근로조건의 기준을 마련하기 위하여 근로기준법이 정한 것이므로, 사용자와 근로자가 통상임금의 의미나 범위 등에 관하여 단체협약 등에 의하여 따로 합의할 수 있는 성질의 것이 아니다. 따라서 성질상 근로기준법상의 통상임금에 속하는 임금을 통상임금에서 제외하기로 노사 간에 합의하였다고 하더라도 그 합의는 효력이 없다. 연장·야간·휴일 근로에 대하여 통상임금의 50% 이상을 가산하여 지급하도록 한 근로기준법의 규정은 각 해당 근로에 대한 임금산정의 최저기준을 정한 것이므로, 통상임금의 성질을 가지는 임금을 일부 제외한 채 연장·야간·휴일 근로에 대한 가산임금을 산정하도록 노사 간에 합의한 경우 그 노사합의에 따라 계산한 금액이 근로기준법에서 정한 위 기준에 미달할 때에는 그 미달하는 범위 내에서 노사합의는 무효이고, 무효로 된 부분은 근로기준법이 정하는 기준에 따라야 한다(대법원 2013. 12. 18. 선고 2012다89399 전원합의체 판결 등 참조).

■ 육아휴직 기간 급여액은 어느 정도인가요?

저는 육아휴직을 신청하려고 합니다. 육아휴직 기간에도 급여를 받을 수 있다고 하던데, 얼마 정도를 받을 수 있나요?

육아휴직 급여는 일반적인 경우 육아휴직 개시일을 기준으로 월 통상임금의 40%에 해당하는 금액을 월별 지급받게 되며, 상한액은 월 100만원, 하한액은 월 50만원입니다.

일반적인 경우 육아휴직 급여는 육아휴직 개시일을 기준으로 월 통상임금의 40%에 해당하는 금액을 월별 지급받으며, 상한액은 월 100만원, 하한액은 월 50만원 입니다.

만약 위에 따른 육아휴직 급여의 25%에 해당하는 금액을 빼고 남은 금액이 50만원 미만일 경우에는 월 50만원을 지급받습니다. 육아휴직 급여의 지급대상 기간이 1개월을 채우지 못하는 경우에는 월 통상임금의 40%에 해당하는 금액을 해당 월에 휴직한 일수로 일할계산(日割計算)하여 지급받습니다.

① 상한액: 월 100만원을 그 달의 일수로 나누어 산정한 금액에 육아휴직 일수를 곱하여 산정한 금액

② 하한액: 월 50만원을 그 달의 일수로 나누어 산정한 금액에 육아휴직 일수를 곱하여 산정한 금액

만약 위에 따른 육아휴직 급여의 25%에 해당하는 금액을 빼고 남은 금액이 50만원 미만일 경우에는 50만원을 그 달의 일수로 나누어 산정한 금액에 육아휴직 일수를 곱하여 산정한

금액을 지급받습니다.

같은 자녀에 대하여 부모가 순차적으로 육아휴직을 하는 경우 두 번째 육아휴직을 한 피보험자의 최초 3개월의 육아휴직 급여는 월 통상임금에 해당하는 금액으로 하며, 이 때 월별 상한액은 월 150만원입니다.

육아휴직 급여의 25%에 해당하는 금액(육아휴직 급여의 25%에 해당하는 금액을 빼고 남은 금액이 50만원 미만일 경우는 육아휴직 급여에서 위의 지급금액을 빼고 남은 금액)은 육아휴직 종료 후 해당 사업장에 복직하여 6개월 이상 계속 근무한 경우에 합산하여 일시불로 지급됩니다.

■ 가족돌봄휴직 제도는 어떤 경우에 신청할 수 있나요?

저는 어머니가 심하게 다치셔서 거동이 불편하신데 저 말고는 곁에서 보살펴 줄 사람이 없습니다. 어머니의 간병을 위한 휴직 신청도 가능할까요?

네, 가능합니다. 근로자는 부모, 배우자, 자녀 또는 배우자의 부모의 질병, 사고, 노령으로 인하여 그 가족을 돌보기 위해 가족돌봄휴직을 신청할 수 있습니다.

「가족돌봄휴직」이란 근로자가 부모, 배우자, 자녀 또는 배우자의 부모(이하 "가족"이라 함)의 질병, 사고, 노령으로 인하여 그 가족을 돌보기 위해 무급으로 휴직하는 것을 말합니다.

가족돌봄휴직 기간은 연간 최장 90일로 하며, 나누어 사용할 수 있으며, 이 경우 나누어 사용하는 1회의 기간은 30일 이상이 되어야 합니다. 그러나 대체인력 채용이 불가능한 경우, 정상적인 사업 운영에 중대한 지장을 초래하는 경우 등의 일정한 사유가 있는 경우에는 가족돌봄휴직이 허용되지 않습니다. 이를 위반하여 가족돌봄휴직의 신청을 받고 가족돌봄휴직을 허용하지 않은 사업주는 500만원 이하의 과태료를 부과 받습니다. 가족돌봄휴직 기간은 근속기간에 포함됩니다. 다만, 평균임금 산정기간(근로기준법 제2조제1항제6호)에서는 제외됩니다.

■ 출산이 늦어진 경우에 출산 후 휴가기간은 어떻게 되나요?

질문

저는 임신하여 출산휴가를 하고 있는데 출산이 생각보다 늦어져서 출산 후 휴가 기간을 45일을 확보하지 못한 경우에는 어떻게 하나요?

답변

이 경우에도 사업주는 출산 후 45일이 보장되도록 휴가를 더 부여해야 합니다. 다만, 추가로 부여한 출산전후휴가 기간에 대하여 사업주가 임금을 지급할 의무는 없습니다(근로기준법 제74조 제1항 참조). 다만, 임신 중인 여성근로자가 유산의 경험 등 다음의 사유로 출산전후휴가를 청구하는 경우에는 출산 전 어느 때 라도 휴가를 나누어 사용할 수 있도록 해야 합니다. 이 경우에도 출산 후의 휴가 기간은 연속하여 45일(한 번에 둘 이상 자녀를 임신한 경우에는 60일) 이상이 되어야 합니다(근로기준법 제74조 제2항 및 동법 시행령 제43조 제1항). 이를 위반한 사용자는 2년 이하의 징역 또는 1천만원 이하의 벌금에 처해집니다(근로기준법 제110조 제1호).

① 임신한 근로자에게 유산·사산의 경험이 있는 경우

② 임신한 근로자가 출산전후휴가를 청구할 당시 연령이 만 40세 이상인 경우

③ 임신한 근로자가 유산·사산의 위험이 있다는 의료기관의 진단서를 제출한 경우

사용자는 임산부의 출산을 이유로 불이익을 주어서는 안 됩

니다. 사용자는 산전(産前) 및 산후(産後)의 여성근로자를 출산전후휴가 기간과 그 후 30일 동안은 해고할 수 없습니다(「근로기준법」 제23조 제2항). 다만, 사용자가 여성근로자에게 일시보상을 했거나, 사업을 계속할 수 없게 된 경우에는 해고할 수 있습니다. 이를 위반하여 여성근로자를 해고하면 5년 이하의 징역 또는 3천만원 이하의 벌금에 처해집니다(「근로기준법」 제107조).

「관련판례」

자녀양육을 위한 육아휴직 기간 중 다른 자녀를 출산하거나 또는 출산이 예정되어 있어 구 국가공무원 복무규정(2011. 7. 4. 대통령령 제23010호로 개정되기 전의 것) 제20조 제2항에 따른 출산휴가 요건을 갖춘 경우에는 더 이상 기존 자녀의 양육을 위하여 휴직할 필요가 없는 사유가 발생한 때에 해당한다. 따라서 육아휴직 중인 여성 교육공무원이 출산휴가 요건을 갖추어 복직신청을 하는 경우는 물론 그 이전에 미리 출산을 이유로 복직신청을 하는 경우에도 임용권자는 출산휴가 개시시점에 휴직사유가 없어졌다고 보아 복직명령과 동시에 출산휴가를 허가하여야 한다(대법원 2014.06.12. 선고 2014두4931 판결).

■ 8살 아이도 육아휴직을 신청할 수 있나요?

저는 중학교 교사입니다. 올해 초등학교에 입학한 아이를 제가 옆에서 돌봐주고 싶은데, 8살 아이도 육아휴직을 신청할 수 있을까요?

교육공무원도 일반적인 육아휴직과 같이 만 8세 이하 또는 초등학교 2학년 이하의 자녀를 양육하기 위하여 육아휴직을 신청할 수 있습니다. 이 때 가능한 육아휴직 기간은 자녀 1명에 대하여 3년 이내로 하며 분할하여 휴직할 수 있습니다(교육공무원법 제45조 제1항).

교육공무원법 이외에도 국가공무원법 제71조 제2항 제4호, 지방공무원법 제63조 제2항 제4호에서도 육아휴직에 관하여 위와 같은 내용을 규정하고 있습니다.

○ 진정신고서(출산휴가 또는 육아휴직 미부여 / 출산휴가 또는 육아휴직 중 해고
    / 육아휴직을 이유로 불리한 처우 / 육아휴직 후 임금수준 하락 / 육아휴직
    기간 근속기간 미포함)

▶ 등록인정보

·성 명		·생년월일	
·주 소			
·전화번호		·핸드폰번호	
·이메일			
수신여부확인	○ 예 ○ 아니오 민원신청 처리상황을 문자메시지(SMS), E-mail 통해 정보를 제공받으실 수 있습니다.		

▶ 피진정인정보   ·필수입력 항목입니다

·회사명	
·대표자명	
·회사주소 (실근무장소)	
·회사전화번호	근로자수

▶ 진정내용

입사일		퇴사일	
출산전후휴가 (육아휴직) 신청일		출산전후휴가 (육아휴직) 신청기간	
육아휴직 대상 자녀의 성명		육아휴직 대상 자녀 생년월일 (출산예정일)	
제 목			
·내 용 (별지 기재 가능)			

■ 육아휴직을 철회할 수 있나요?

저는 육아휴직을 신청하였는데 이를 철회하려면 어떤 사유가 있어야 하나요?

육아휴직을 신청한 후 휴직개시예정일 전에 ① 해당 영유아의 사망, ② 양자인 영유아의 파양 또는 입양의 취소, ③ 육아휴직을 신청한 근로자가 부상, 질병 또는 신체적·정신적 장애나 배우자와의 이혼 등으로 해당 영유아를 양육할 수 없게 된 경우 등의 사유가 발생하면 그 육아휴직 신청은 없었던 것으로 봅니다.

이 경우 근로자는 지체 없이 그 사실을 사업주에게 알려야 합니다(남녀고용평등법 시행령 제13조 제2항).

■ 육아휴직 중 아이가 사망하면 어떻게 하나요?

저는 육아휴직중인데 갑자기 저희 아이가 병으로 사망하였습니다. 이 경우 육아휴직은 어떻게 되나요?

육아휴직 중인 근로자는 그 영유아가 사망하거나 영유아와 동거하지 않게 된 경우에는 그 사유가 발생한 날부터 7일 이내에 그 사실을 사업주에게 알려야 합니다(남녀고용평등법 시행령 제14조 제1항).

사업주는 육아휴직 중인 근로자로부터 영유아의 사망 등에 대한 사실을 통지받은 경우에는 통지받은 날부터 30일 이내로 근무개시일을 지정하여 그 근로자에게 알려줘야 합니다(남녀고용평등법 시행령 제14조 제2항).

제4장

건설일용근로자

제4장 건설일용근로자(建設日傭勤勞者)

1. 건설일용근로자

건설일용근로자는 근기법에 따라 근로조건의 서면 명시(明示), 법정근로시간 보장, 휴일·휴게 보장, 연장근로·야간근로 및 휴일근로에 대한 가산임금 지급, 임금의 정기지급, 직상수급인의 임금지급 연대책임, 휴업수당의 지급, 체불임금 구제 등 여러 보호를 받을 수 있으며, 최저임금법에 따른 최저임금 이상을 임금으로 지급받을 권리가 있습니다.

산업재해보상보험 및 고용보험에 가입된 사업장에 근로를 제공한 건설일용근로자가 산업재해를 당한 경우에는 산업재해보상보험급여를 지급받을 수 있고, 이직(離職)을 한 경우에는 실업급여를 받을 수 있으며, 또한 건설근로자 퇴직공제에 가입된 사업장에 근로를 제공한 건설일용근로자가 퇴직 등을 하는 경우 퇴직공제금을 지급받을 수 있습니다.

2. 건설일용근로자의 의의

① 「건설일용근로자」란 '한국표준산업분류'에 따른 건설업에 종사하는 일용근로자를 말합니다(건설근로자의 고용개선 등에 관한 법률(이하 '건설근로자법'이라 줄여 씁니다) 제2조 제1호·제2호).

② 「건설업」에는 계약 또는 자기계정에 의해 지반조성을 위한 발파·시굴·굴착·정지 등의 지반공사, 건설용지에 각종 건물

및 구축물을 신축 및 설치, 증축·재축·개축·수리 및 보수·해체 등을 수행하는 산업활동으로서 임시건물, 조립식 건물 및 구축물을 설치하는 활동이 포함됩니다[「한국표준산업분류」(통계청 고시 제2007-53호, 2007. 12. 28. 발령, 2008. 2. 1. 시행]. 건설업에 포함되는 건설활동은 도급·자영건설업자, 종합 또는 전문건설업자에 의해 수행됩니다[「한국표준산업분류」(통계청 고시 제2007-53호, 2007. 12. 28. 발령, 2008. 2. 1. 시행].

직접 건설활동을 수행하지 않더라도 건설공사에 대한 총괄적인 책임을 지면서 건설공사 분야별로 도급 또는 하도급을 주어 전체적으로 건설공사를 관리하는 경우에도 건설활동으로 봅니다[「한국표준산업분류」(통계청 고시 제2007-53호, 2007. 12. 28. 발령, 2008. 2. 1. 시행].

③ 「일용근로자」란 1일 단위의 계약기간으로 고용되고 1일이 종료되면 근로계약도 종료하는 계약형식의 근로자를 말합니다(근기 68207-1265, 94.8.10, 근기 68207-113, 99.9.22). 따라서 일용근로자의 경우 다음 날은 이미 근로계약이 존재하지 않는 것으로 다음 날의 계약을 새로 체결하지 않는 한 사용자는 계속하여 고용할 의무가 없습니다(근기 68207-1265, 94.8.10, 근기 68207-113, 99.9.22). 그러나 명목상 일용근로자라 하더라도 공사현장 등에 기간의 정함이 없이 채용된 후 통상적인 근로관계가 상당기간 지속되어 특별한 사정이 없는 한 공사만료 시까지의 계속근로가 예정되어 있는 경우에는 공사만료 시까지 고용관계가 계속되는 것으로 볼 수 있습니다(근기 68207-1265,

94.8.10, 근기 68207-113, 99.9.22).

④ 「근로자」란 직업의 종류와 관계없이 임금을 목적으로 사업이나 사업장에 근로를 제공하는 자를 말합니다(근기법 제2조 제1항 제1호).

⑤ 「임금」이란 사용자가 근로의 대가로 근로자에게 임금, 봉급, 그 밖에 어떠한 명칭으로든지 지급하는 일체의 금품을 말합니다(근기법 제2조 제1항 제5호).

3. 건설일용근로자의 근로조건 보호

3-1. 근로기준법의 적용

상시 5인 이상의 근로자를 사용하는 사업 또는 사업장에 근로를 제공하는 건설일용근로자는 원칙적으로 근기법이 적용됩니다[근기법 제11조제1항 및 건설일용근로자 보호지침(고용노동부 2004. 8)].

상시 4인 이하의 근로자를 사용하는 사업 또는 사업장은 근기법 시행령 별표 1에서 정하는 규정만 적용됩니다[근기법 제11조제2항, 동법 시행령 제7조 및 건설일용근로자 보호지침(고용노동부 2004. 8)].

3-2. 강제근로, 폭행 및 중간착취 금지

3-2-1. 강제근로 금지

사용자는 폭행, 협박, 감금, 그 밖에 정신상 또는 신체상의 자유를 부당하게 구속하는 수단으로써 건설일용근로자의 자유의사에 어긋나는 근로를 강요하지 못합니다(근기법 제7조).

이를 위반한 자는 5년 이하의 징역 또는 3천만원 이하의 벌금에 처해집니다(근기법 제107조).

3-2-2. 폭행의 금지

사용자는 사고의 발생이나 그 밖의 어떠한 이유로도 건설일용근로자에게 폭행을 하지 못합니다(근기법 제8조).

이를 위반한 자는 5년 이하의 징역 또는 3천만원 이하의 벌금에 처해집니다(근기법 제107조).

3-2-3. 중간착취의 배제

누구든지 법률에 따르지 않고서는 영리로 건설일용근로자의 취업에 개입하거나 중간인으로서 이익을 취득하지 못합니다(근기법 제9조).

이를 위반한 자는 5년 이하의 징역 또는 3천만원 이하의 벌금에 처해집니다(근기준법 제107조).

법률에 따라 영리로 다른 사람의 취업에 개입하거나 중간인으로서 이익을 취하는 자로서는 유료직업소개소 등이 있습니다.

3-3. 근로계약 체결에서의 보호

고용노동부는 건설일용근로자 등의 직업안정을 위해 유료직업소개소 등록제를 시행하고 있으며, 사용자가 건설일용근로자와 근로계약을 체결할 때 임금, 소정근로시간, 휴일 등을 명시하도록 하고 있습니다(직업안정법 제19조, 근기법 제17조 본문 및 동법 시행령 제8조).

근기법에 따른 기준에 미치지 못하는 근로조건을 정한 근로계약은 그 부분에 한해 무효로 되고, 그 무효로 된 부분은 근로기준법에 정한 기준에 따릅니다(근기법 제15조).

3-4. 근로조건의 보호

건설일용근로자는 근기법에 따라 근로조건의 서면 명시(明示), 법정근로시간 보장, 휴일·휴게 보장, 연장근로·야간근로 및 휴일근로에 대한 가산임금 지급 , 임금의 정기지급, 직상수급인의 임금지급 연대책임, 휴업수당의 지급, 체불임금 구제 등 여러 보호를 받을 수 있습니다(근기법 제17조, 제43조, 제44조의2, 제46조, 제50조, 제53조, 제54조, 제55조, 제56조).

3-5. 근로계약 종료에 대한 보호

건설일용근로자는 하루 단위로 근로계약을 체결하고 당일 근로계약이 종료되면 계약이 만료되므로 해고 및 퇴직금 지급 문제는 생기지 않는 것이 원칙입니다[건설일용근로자 보호지침(고용노동부 2004. 8)]. 다만, 건설일용계약을 계속적·반복적으로 갱신하여 건설일용근로자가 1년 이상 계속 근로한 것으로 인정되면 건설일용근로자도 사용자로부터 퇴직금을 받을 수 있습니다(근로자퇴직급여 보장법 제8조 제1항).

3-6. 그 밖의 건설일용근로자 보호 및 지원
3-6-1. 건설근로자 퇴직공제

혹서기인 6월부터 9월까지와 혹한기인 11월부터 2월까지는 눈, 비, 기온 등으로 공사가 중단되는 경우가 많아 건설일용근로자가 근로를 제공할 수 없는 날이 생기기 때문에 건설일용근로자가 1년 이상 계속 근로하여 퇴직금을 지급받기는 현실적으로 매우 어렵습니다.

이에 따라 건설일용근로자의 노후 보장 및 고용 개선을 위한 "건설근로자 퇴직공제제도"를 마련하여 사업주가 건설일용근로자 등을 피공제자로 하여 건설근로자회에 공제부금을 내고 피공제자가 건설업에서 퇴직을 하는 등의 경우에 퇴직공제금을 건설근로자에게 지급하고 있습니다(건설근로자법 제2조 제5호).

■ 건설근로자의 고용개선 등에 관한 법률 시행규칙 [별지 제3호서식]

건설근로자 퇴직공제 가입신청서

※ [　]에는 해당하는 곳에 √ 표시를 하시기 바라며, 바탕색이 어두운 난은 신청인이 적지 않습니다.

<table>
<tr><td>접수번호</td><td colspan="3">접수일</td><td colspan="2">처리기간: 7일</td></tr>
<tr><td rowspan="4">신청인
(사업주)</td><td colspan="3">상호(법인 명칭)</td><td colspan="2">대표자 성명</td></tr>
<tr><td colspan="5">주된 사무소의 소재지</td></tr>
<tr><td colspan="5">(전화번호:　　　　　　　　　　　　　　)</td></tr>
<tr><td colspan="3">법인등록번호(생년월일)</td><td colspan="2">사업자등록번호</td></tr>
<tr><td rowspan="9">사업장</td><td>가입범위</td><td colspan="4">사업장별 [　]　　사업의 전부 [　]</td></tr>
<tr><td>사업주
구분</td><td colspan="4">원수급 [　]　하수급 [　]　자체시공 [　]</td></tr>
<tr><td>공사명</td><td colspan="4"></td></tr>
<tr><td>소재지</td><td colspan="4">(전화번호:　　　　　　　　　　　　　　)</td></tr>
<tr><td>총공사금액</td><td colspan="2">공제부금액</td><td colspan="2">건설호(실)수</td></tr>
<tr><td>천원</td><td colspan="2">천원</td><td colspan="2">호(실)</td></tr>
<tr><td>사업기간</td><td colspan="2">착공일</td><td colspan="2">주된 공사종류</td></tr>
<tr><td rowspan="2">발주자</td><td rowspan="2">구분</td><td colspan="3">국가 [　]　지자체 [　]
정부출자·출연기관 [　]
정부재출자기관 [　] 민간 [　] 기타 [　]</td></tr>
<tr><td colspan="3">주소 및 성명(명칭)</td></tr>
<tr><td rowspan="3">원수급인
(하수급인
승인
가입의
경우
작성)</td><td colspan="3">원도급공사명</td><td>상호</td><td>법인등록번호</td></tr>
<tr><td>공제가입
번호</td><td colspan="2">－　　　　　－</td><td></td><td></td></tr>
</table>

<table>
<tr><td>※ 공제가입번호</td><td>－　　　　　－</td><td>※ 공제가입일</td></tr>
</table>

「건설근로자의 고용개선 등에 관한 법률」 제10조제2항 및 같은 법 시행규칙 제7조제1항에 따라 위와 같이 신청합니다.

년　　　　　월　　　　　일

신청인(사업주)　　　　　　　　　　　　　　　　(서명 또는 인)

건설근로자공제회 귀중

<table>
<tr><td rowspan="2">첨부서류</td><td>1. 도급계약서(발주자가 직접 시공하는 경우에는 사업계획승인서 또는 건축허가서를 말한다)나 하도급계약서 사본 1부</td><td rowspan="2">수수료
없음</td></tr>
<tr><td>2. 도급금액 산출명세서(발주자가 직접 시공하는 경우에는 공사원가계산서를 말한다)나 하도급금액 산출명세서 중 공제부금의 금액이 명시된 부분의 사본 1부</td></tr>
</table>

<table>
<tr><td colspan="9" align="center">처리절차</td></tr>
<tr><td>신청서
작성</td><td>→</td><td>접수</td><td>→</td><td>확인검토</td><td>→</td><td>결재</td><td>→</td><td>전산입력</td><td>→</td><td>통보</td></tr>
<tr><td>신청인</td><td></td><td>건설근
로자
공제회</td><td></td><td>건설근
로자
공제회</td><td></td><td>건설근
로자
공제회</td><td></td><td>건설근
로자
공제회</td><td></td><td></td></tr>
</table>

210mm×297mm(백상지　80g/㎡)

건설근로자 퇴직공제 가입 기재사항 변경신고서

신고인 (사업주)	상호(법인 명칭)	
	대표자 성명	법인등록번호
	주된 사무소의 소재지	
	공사명	공제가입번호

변경사항	변경일자	변경 전 내용	변경 후 내용	변경 사유

「건설근로자의 고용개선 등에 관한 법률 시행규칙」 제8조에 따라 위와 같이 신고합니다.

년　　　　　월　　　　　일
신고인(공제가입사업주)
(서명 또는 인)

건설근로자공제회 귀중

첨부서류	다음 각 호의 어느 하나에 해당하는 사항이 변경된 경우 그 변경사항을 증명할 수 있는 자료 1. 상호 또는 법인 명칭, 주된 사무소의 소재지 2. 사업장의 명칭 또는 소재지 3. 사업기간 4. 도급금액 산출명세서나 공사원가계산서에 명시된 공제부금의 금액	수수료 없음

처 리 절 차

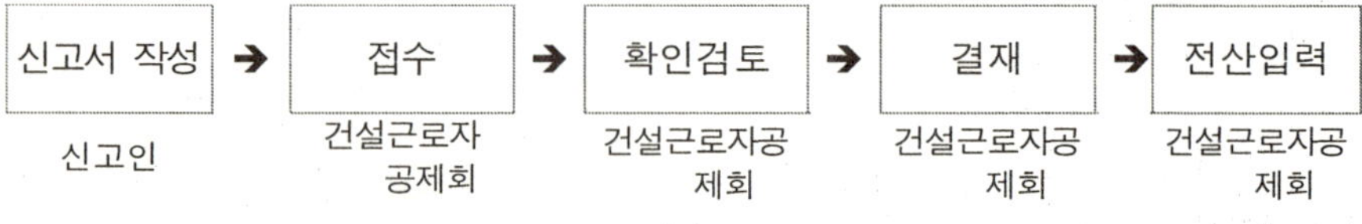

210mm×297mm(백상지 80g/㎡)

■ 건설근로자의 고용개선 등에 관한 법률 시행규칙 [별지 제8호서식]

퇴직공제 가입자증 재발급신청서

※ 색상이 어두운 란은 신청인이 적지 않습니다.

접수번호	접수일	처리기간: 7일

신청인	상호(법인 명칭)	대표자 성명
	법인등록번호	
	주된 사무소의 소재지	

<재발급신청 사업장 명세>

공제가입번호	공사명	재발급 신청 사유

「건설근로자의 고용개선 등에 관한 법률 시행규칙」 제11조제2항에 따라 건설근로자 퇴직공제가입자증 재발급을 신청합니다.

년　　　월　　　일

신청인(공제가입사업주)　　　　　　　(서명 또는 인)

건설근로자공제회 귀중

첨부서류	없음	수수료 없음

처 리 절 차

신청서 작성	→	접수	→	확인검토	→	결재	→	전산입력	→	재발급
신청인		건설근로자 공제회		건설근로자 공제회		건설근로자 공제회		건설근로자 공제회		건설근로자 공제회

210mm×297mm(백상지 80g/㎡)

■ 건설근로자의 고용개선 등에 관한 법률 시행규칙 [별지 제5호서식]

건설근로자 퇴직공제 관계성립신고서

※ [ ]에는 해당하는 곳에 √ 표시를 하시기 바라며, 바탕색이 어두운 난은 신고인이 적지 않습니다.

접수번호	접수일	처리기간: 7일

신고인 (사업주)	상호(법인 명칭)		대표자 성명	
	주된 사무소의 소재지			
			(전화번호:)	
	법인등록번호(생년월일)		사업자등록번호	
	가입범위	사업장별 [ ] 사업의 전부 [ ]		

사업장	사업주구분	원수급 [ ] 하수급 [ ] 자체시공 [ ]				
	공사명					
	소재지	(전화번호:)				
	총공사 금액	천원	공제부 금액	천원	건설호 (실)수	호(실)
	사업기간		착공일		주된 공사종류	
	발주자	구분	국가 [ ] 지자체 [ ] 정부출자·출연기관 [ ] 정부재출자기관 [ ] 민간 [ ] 기타 [ ]			
		주소 및 성명(명칭)				

원수급인 (하수급인 성립 신고인인 경우에만 작성)	원도급공사명			상호	법인등록번호
	공제 가입 번호	–	–		

※ 공제가입번호 | – | – | ※ 공제가입일

「건설근로자의 고용개선 등에 관한 법률」 제10조의4 및 같은 법 시행규칙 제9조제1항에 따라 위와 같이 신고합니다.

년　　　월　　　일

신고인(사업주)　　　　　　　(서명 또는 인)

건설근로자공제회 귀중

첨부서류	1. 도급계약서(발주자가 직접 시공하는 경우에는 사업계획승인서 또는 건축허가서를 말한다)나 하도급계약서 사본 1부 2. 도급금액 산출명세서(발주자가 직접 시공하는 경우에는 공사원가계산서를 말한다)나 하도급금액 산출명세서 중 공제부금의 금액이 명시된 부분의 사본 1부	수수료 없음

처리절차

신고서 작성	→	접수	→	확인검토	→	결재	→	전산입력	→	결과 통보
신고인		건설근 로자 공제회		건설근 로자 공제회		건설근 로자 공제회		건설근 로자 공제회		

210mm×297mm(백상지 80g/㎡)

퇴직공제 관계성립 기재사항 변경신고서

※ 당연가입 사업주용

접수번호	접수일	처리기간 4일

신고인(사업주)	① 상호 또는 법인 명칭	
	② 대표자 성명	
	③ 주된 사무소 소재지	
	④ 공사명	⑤ 공제가입번호

⑥ 변경사항	⑦ 변경일	⑧ 변경 전 내용	⑨ 변경 후 내용	⑩ 변경 사유

「건설근로자의 고용개선 등에 관한 법률 시행규칙」 제10조에 따라 위와 같이 신고합니다.

년   월   일

신고인(퇴직공제 관계 성립신고 사업주)   (서명 또는 인)

건설근로자공제회 이사장 귀하

첨부서류	1. 상호 또는 명칭, 주된 사무소의 소재지 변경: 법인 등기사항 증명서 중 변경사항이 명시된 부분의 사본(개인인 경우에는 사업자등록증) 2. 사업기간, 도급금액 산출명세서 또는 공사원가계산서에 명시된 공제부금 금액의 변경: 설계변경 명세서 중 변경사항이 명시된 부분의 사본	수수료 없 음

작 성 방 법

1. ⑤란은 건설근로자 퇴직공제 가입신청 시 부여받은 "공제가입번호"를 적습니다.
2. ⑥란은 "상호 또는 명칭의 변경", "주된 사무소의 소재지 변경", "사업기간의 변경", "공제부금 금액의 변경" 중 선택하여 적습니다.
3. ⑧, ⑨란은 변경 전과 변경 후의 내용을 적습니다.

처 리 절 차

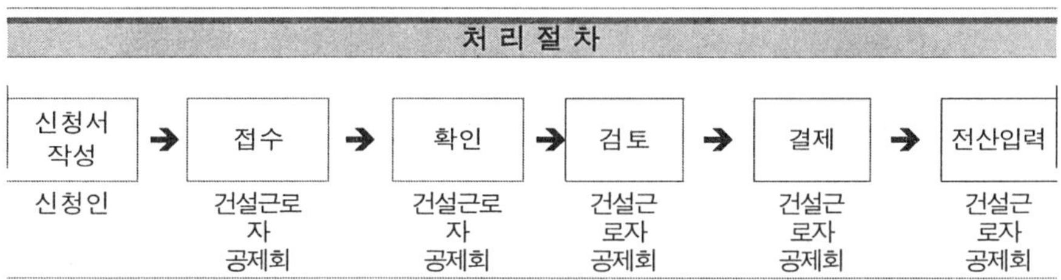

210mm×297mm[일반용지 70g/㎡ (재활용품)]

■ 건설근로자의 고용개선 등에 관한 법률 시행규칙 [별지 제15호서식]

건설근로자 퇴직공제 부정행위신고서

※ 바탕색이 어두운 난은 신고인이 적지 않습니다.

접수번호		접수일	처리기간: 30일

신고인	성명		생년월일	
	주소			
			(전화번호:	)
신고인	성명		생년월일	
	주소			
			(전화번호:	)

신고할 부정행위 내용

부정행위자 명(시공사명 또는 사업장명)	주된 사무소의 주소(법인의 경우 법인의 주소)
	(전화번호 :)
주소(사업장 소재지)	
	(전화번호 :)
부정행위 신고내용(구체적으로 기재)	

「건설근로자의 고용개선 등에 관한 법률」 제16조의2 및 같은 법 시행규칙 제19조제2항에 따라 위와 같이 부정행위를 신고합니다.

년   월   일

신고인   (서명 또는 인)

건설근로자공제회 귀중

첨부서류	부정행위를 증명할 수 있는 자료(자료가 있는 경우에만 해당합니다)	수수료 없음

처리절차

신고서 작성	→	접수	→	신고서 및 증명자료 검토	→	부정행위 조사	→	결재	→	통지
신고인		건설 근로자 공제회		건설 근로자 공제회		건설 근로자 공제회		건설 근로자 공제회		

210mm×297mm(백상지 80g/㎡)

3-6-2. 산업재해 예방과 산업재해 보상

사용자는 건설일용근로자 등의 산업재해 예방을 위한 안전조치 및 보건조치를 해야 하고, 건설일용근로자의 작업내용을 변경하는 경우와 건설일용근로자를 유해하거나 위험한 작업에 사용하는 경우에는 교육을 실시해야 합니다(산업안전보건법 제23조, 제24조 및 제31조 제2항·제3항). 산업재해보상보험에 가입된 사업장에서 근로를 제공하던 중 업무상 재해를 당한 건설일용근로자는 고용기간에 관계없이 요양급여, 휴업급여, 장해급여, 간병급여, 유족급여, 상병보상연금, 장의비, 직업재활급여 등의 보험급여를 받을 수 있습니다(산업재해보상보험법 제36조 제1항 본문, 제40조, 제52조, 제57조, 제61조, 제62조, 제66조, 제71조, 제72조).

3-6-3. 실업급여와 고용안정 지원

고용보험에 가입된 건설일용근로자가 ① 이직일 이전 18개월간 피보험 단위기간(근로일수)을 모두 더한 일수가 180일 이상이고, ② 근로의 의사와 능력이 있음에도 불구하고 취업하지 못한 상태에 있으며, ③ 이직사유가 수급자격의 제한 사유(자발적 이직 등)에 해당하지 않고, ④ 수급자격 인정신청일 이전 1개월 동안의 근로일수가 10일 미만이면 구직급여 및 취업촉진수당 등 실업급여를 받을 수 있습니다(고용보험법 제40조 제1항). 고용보험에 가입된 건설일용근로자가 직업능력개발훈련을 수강한 경우에는 고용노동부장관으로부터 필요한 비용의 전부나 일부를 지원받을 수 있으며, 고용보험에 가입되지 않은 건설일용근로자는 직업능력개발계좌를 개설하여 직업능력개발훈련을 받을 수 있습니다(고용보험법 제29조 제1항, 동법 시행령 제43조, 근로자직업능력 개발법 제18조 및 동법 시행령 제18조 제2항).

년 제 차(상/하 반기) 건설근로자 고용보험관리지원금 신청서

(앞 쪽)

접수번호		접수일자	처리기간 : 15일

사업장	①사업장관리번호		②명칭	
	③대표자		④고용관리책임자	
	⑤소재지			
		(전화번호:　　　　　　　　　　　　　　　　) (휴대전화:　　　　　　　　　　　　　　　　)		

신청내용	일용근로자신고실적	구 분	( )월	( )월	( )월	( )월	( )월	( )월
		⑥신고인원	( )명	( )명	( )명	( )명	( )명	( )명
		⑦지원금신청액	( )원	( )원	( )원	( )원	( )원	( )원
	전자카드활용신고실적	⑧신고인원	( )명	( )명	( )명	( )명	( )명	( )명
		⑨지원금신청액	( )원	( )원	( )원	( )원	( )원	( )원
	⑩지원금신청총액		(　　　　　　　　　　　　　　) 원					
	⑪계좌번호		은행　　　　　　　　　(예금주:　　　　　)					

「고용보험법 시행령」 제32조 및 같은 법 시행규칙 제55조에 따라 위와 같이 신청합니다.

년　　　월　　　일

신청인　　　　　　　　　　　　　(서명 또는 인)

○○지방고용노동청(○○지청)장　귀하

신고(신청)인 제출서류	1. 건설업면허증 등 「건설근로자의 고용개선 등에 관한 법률」 제2조제1호에 따른 건설업자임을 확인할 수 있는 서류 1부 2. 건설고용보험 카드 사용에 필요한 리더기 등 장비의 구입 비용임을 확인할 수 있는 서류 1부(구입한 자만 해당)	수수료 없음

210mm×297mm[일반용지 60g/㎡(재활용품)]

(뒤 쪽)

작성방법

1. ①란은 사업장관리번호를 적습니다(원수급인·하수급인 여부와 관계 없습니다).

2. ②란은 상호 또는 법인 명칭을 적습니다.

3. ③란은 대표자 성명을 적습니다.

4. ④란은 고용관리책임자 성명을 적습니다.

5. ⑤란은 주된 사무소의 소재지 및 그 전화번호를 적습니다.

6. ⑥란은 해당 월에 소속 건설현장에서 근로하고, 다음 달 15일까지 고용보험 피보험자격(근로내용)을 신고한 일용근로자의 연인원수를 적되, 모든 건설현장의 연인원수를 합산합니다.

7. ⑦란은 ⑥란에 적은 연인원수에 대하여 고용노동부장관이 고시한 금액을 적습니다.

8. ⑧란은 해당 월에 소속 건설현장에서 근로하고, 다음 달 15일까지 건설고용보험카드를 활용하여 고용보험 피보험자격(근로내용)을 신고한 일용근로자의 연인원수를 적되, 모든 건설현장의 연인원수를 합산합니다.

9. ⑨란은 ⑧란에 적은 연인원수에 대하여 고용노동부장관이 고시한 금액을 적습니다.

10. ⑩란은 ⑦란과 ⑨란에 적은 금액을 모두 합산한 금액을 적습니다.

처리절차

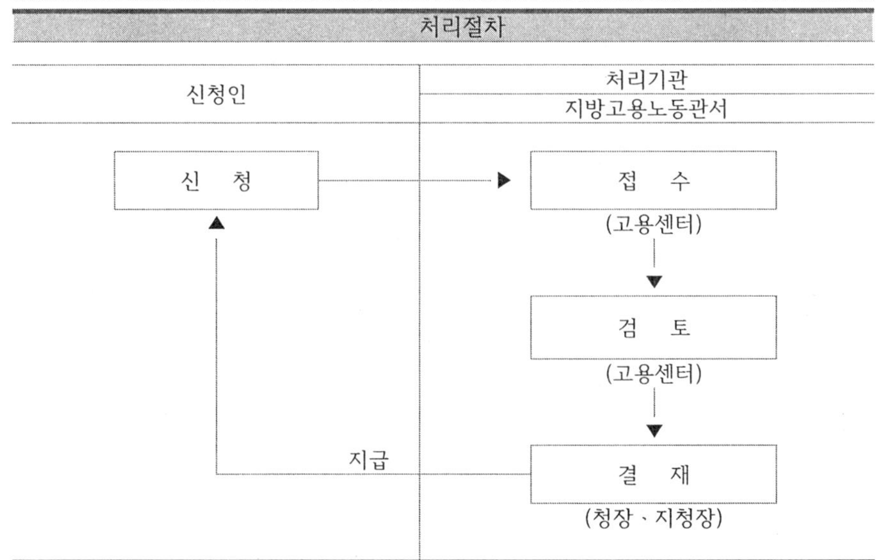

4. 근로계약의 체결 등

4-1. 근로계약의 체결

건설일용근로자의 근로계약은 특별한 형식 없이 구두합의만으로도 성립하지만, 나중에 문제가 생겼을 경우에 그 내용을 증명하기 어렵거나 곤란한 경우가 있을 수 있으므로 계약의 내용을 문서로 작성하는 것이 좋습니다.

건설일용근로자의 근로조건이 근로기준법에 따른 기준에 미치지 못하는 근로조건을 정한 근로계약은 그 부분에 한정하여 무효로 되고, 그 무효로 된 부분은 근로기준법에서 정한 기준에 따릅니다.

4-2. 근로계약의 의의

「근로계약」이란 근로자가 사용자에게 근로를 제공하고 사용자는 근로자의 근로제공에 대해서 임금을 지급하는 것을 목적으로 체결된 계약을 말합니다(근기법 제2조 제1항 제4호).

4-3. 근로계약의 체결 방법

건설일용근로자의 근로계약은 특별한 형식 없이 구두합의만으로도 성립하지만, 나중에 문제가 생겼을 경우에 그 내용을 증명하기 어렵거나 곤란한 경우가 있을 수 있으므로 계약의 내용을 문서로 작성하는 것이 좋습니다.

서면근로계약을 체결하면 이런 점이 좋습니다.

사업주는 ① 근로자와의 근로조건 분쟁을 미리 방지할 수 있습니다. ② 근로자에게 소속감을 주게 되어 생산성이 향상

됩니다. ③ 근로자의 이탈을 방지하여 인력수급의 어려움이 경감됩니다.

근로자는 ① 임금체불을 방지하고 임금체불이 발생한 경우 법적 해결이 쉬워집니다. ② 산업재해가 발생한 경우 입증자료로 사용할 수 있습니다. ③ 고용보험, 산업재해보험, 건강보험, 국민연금 등 사회보험의 신고가 누락되어도 적용을 쉽게 받을 수 있습니다. ④ 사업주의 건설근로자 퇴직공제부금 납입 누락을 방지할 수 있습니다.

4-4. 근로조건의 결정 및 준수

4-4-1. 근로조건의 결정

근로조건은 건설일용근로자와 사용자가 동등한 지위에서 자유로운 의사에 따라 결정해야 합니다(근기법 제4조).

근기법에 따른 근로조건은 최저기준이므로 건설일용근로자와 사용자는 근로기준법에 따른 기준을 이유로 하여 근로조건을 낮출 수는 없습니다(근기법 제3조).

4-4-2. 근로계약의 일부 무효

근기법에 따른 기준에 미치지 못하는 근로조건을 정한 근로계약은 그 부분에 한정하여 무효로 되고, 그 무효로 된 부분은 근로기준법에서 정한 기준에 따릅니다(근기법 제15조).

※ **위약예정의 금지** : 사용자는 건설일용근로자와 근로계약 불이행에 대한 위약금이나 손해배상액을 예정하는 계약을 체결할 수 없습니다(근기법 제20조). 사용자가 건설일용근로자와 근로계약의 불이행에 대한 위약금 또는 손해배

상액을 예정하는 계약을 체결한 경우 500만원 이하의 벌
금에 처해집니다(근기법 제114조 제1호).

※ **전차금 상계의 금지** : 사용자는 건설일용근로자의 전차금(前
借金)이나 그 밖에 근로할 것을 조건으로 하는 전대(前
貸)채권과 임금을 상계하지 못합니다(근기법 제21조). 사
용자가 건설일용근로자의 전차금이나 그 밖에 근로할 것
을 조건으로 하는 전대채권과 임금을 상계한 경우 500만
원 이하의 벌금에 처해집니다(근기법 제114조 제1호).

※ **강제 저축의 금지 등** : 사용자는 근로계약에 덧붙여 건설일
용근로자와 강제 저축 또는 저축금의 관리를 규정하는 계
약을 체결할 수 없습니다(근기법 제22조 제1항). 사용자가
근로계약에 덧붙여 건설일용근로자와 강제 저축이나 저축
금의 관리계약을 체결한 경우 2년 이하의 징역 또는 1천
만원 이하의 벌금에 처해집니다(근기법 제110조 제1호).

4-4-3. 근로조건의 준수의무

사용자와 건설일용근로자는 근로계약, 단체협약, 취업규칙을
지키고 성실하게 이행해야 합니다(근기법 제5조).

4-5. 사용자의 근로조건 명시 의무

4-5-1. 근로조건의 명시

사용자는 건설일용근로자와 근로계약을 체결할 때에 건설일
용근로자에게 다음의 근로조건을 모두 명시(明示)해야 합니다
(근기법 제17조 전단 및 동법 시행령 제8조).

① 임금

② 소정근로시간

③ 휴일(건설일용근로자에게 휴일을 제공해야 하는 경우만 해당함)

④ 연차 유급휴가(건설일용근로자에게 연차 유급휴가를 제공해야 하는 경우만 해당함)

⑤ 취업의 장소와 종사해야 할 업무에 관한 사항

⑥ 근로기준법에 따라 작성·신고된 취업규칙(사용자가 상시 10명 이상의 근로자를 사용하는 경우에만 해당함)

⑦ 기숙사규칙에서 정한 사항(사업장의 부속 기숙사에 근로자를 기숙하게 하는 경우만 해당함)

4-5-2. 임금 구성항목 등의 서면 명시

사용자가 근로조건을 건설일용근로자에게 명시하는 경우 임금의 구성항목·계산방법·지급방법, 소정근로시간, 휴일 및 연차 유급휴가에 관한 사항은 서면으로 명시하고 건설일용근로자의 요구가 있으면 그 건설일용근로자에게 교부해야 합니다(근기법 제17조 후단).

사용자가 건설일용근로자와 근로계약을 체결하는 때에 근로조건을 명시하지 않거나, 임금의 구성항목·계산방법·지급방법, 소정근로시간, 휴일 및 연차 유급휴가에 관한 사항을 서면으로 명시하지 않은 경우 또는 명시하더라도 건설일용근로자의 교부요구에 응하지 않은 경우 500만원 이하의 벌금에 처해집니다(근기법 제114조 제1호).

「소정(所定)근로시간」이란 법정 근로시간(근기법 제50조, 제69조 본문 또는 산업안전보건법 제46조)의 범위에서 근로자와 사용자 사이에 정한 근로시간을 말합니다(근기법 제2조 제1항 제7호).

4-6. 근로조건의 위반에 대한 손해배상 청구 등

사용자가 건설일용근로자에게 명시한 근로조건이 사실과 다를 경우에 건설일용근로자는 근로조건 위반을 이유로 손해의 배상을 청구할 수 있으며, 즉시 근로계약을 해제할 수 있습니다(근기법 제19조 제1항).

건설일용근로자가 사용자에게 손해배상을 청구할 경우에는 노동위원회에 신청할 수 있으며, 근로계약이 해제되었을 경우에는 사용자는 취업을 목적으로 거주를 변경하는 건설일용근로자에게 귀향 여비를 지급해야 합니다(근기법 제19조 제2항).

4-7. 고용에 관한 서류의 발급

사업주는 건설일용근로자를 고용하면 다음의 사항을 적은 서류를 즉시 그 건설일용근로자에게 내주어야 합니다(건설근로자법 제6조 및 동법 시행규칙 제3조 제1항·제2항).

① 사업주(법인인 경우에는 대표자를 말함)의 성명

② 사업장의 명칭 및 소재지(사업주가 법인인 경우에는 법인의 명칭 및 소재지를 포함)

③ 근로시간, 임금 및 고용기간

④ 업무의 내용

⑤ 건설일용근로자의 배치 장소, 그 사업의 퇴직공제 가입대상 여부와 가입 여부

「사업주(事業主)」란 근로자를 고용하여 건설업을 하는 자로서 관계 법령에 따라 면허·허가를 받거나 등록을 한 자를 말합니다(건설근로자법 제2조 제1호).

5. 근로시간 등

5-1. 근로시간 및 가산임금 등

건설일용근로자의 근로시간은 1일 8시간 1주, 40시간을 초과할 수 없으나 사용자와 건설일용근로자가 합의하면 1주간에 12시간을 한도로 1주 40시간 근로시간을 연장할 수 있습니다. 이를 위반한 사용자는 2년 이하의 징역 또는 1천만원 이하의 벌금에 처해집니다(근기법 제110조).

사용자는 건설일용근로자가 연장근로와 야간근로(오후 10시부터 오전 6시까지 사이의 근로)를 한 경우 통상임금의 100분의 50 이상을 가산하여 지급해야 합니다.

사용자는 건설일용근로자의 근로시간이 4시간인 경우에는 30분 이상, 8시간인 경우에는 1시간 이상의 휴게시간을 근로시간 도중에 주어야 합니다.

위의 근로시간을 산정함에 있어 작업을 위하여 근로자가 사용자의 지휘·감독 아래에 있는 대기시간 등은 근로시간으로 봅니다(근기법 제50조 제3항).

근로기준법이 적용되지 않는 상시 근로자가 5명 미만인 사업장에는 법정근로시간과 연장 근로의 제한 규정이 적용되지 않습니다(근기법 제11조 제2항, 제56조, 동법 시행령 제7조, 별표 1).

5-2. 연장·야간 근로에 대한 가산임금

사용자는 건설일용근로자가 연장근로 또는 야간근로(오후 10시부터 오전 6시까지 사이의 근로)를 한 경우 통상임금의 100분의 50 이상을 가산하여 지급해야 합니다(근기법 제56

조). 이를 위반한 사용자는 3년 이하의 징역 또는 2천만원 이하의 벌금에 처해집니다(근기법」 제109조). 근로기준법이 적용되지 않는 상시 근로자가 5명 미만인 사업장에는 야간근로에 대한 가산임금 규정이 적용되지 않습니다(근기법 제11조 제2항, 제56조, 동법 시행령 제7조, 별표 1).

6. 건설일용근로자의 휴게·휴일·연차유급휴가

6-1. 휴게

사용자는 건설일용근로자의 근로시간이 4시간인 경우에는 30분 이상, 8시간인 경우에는 1시간 이상의 휴게시간을 근로시간 도중에 주어야 합니다(근기법 제54조 제1항). 이를 위반한 사용자는 2년 이하의 징역 또는 1천만원 이하의 벌금에 처해집니다(근기법 제110조).

건설일용근로자는 휴게시간을 자유롭게 이용할 수 있습니다(근기법 제54조 제2항).

6-2. 휴일

근기법이 적용되는 상시 근로자가 5명 이상인 사업장은 건설일용근로자가 1주 5일을 계속 근로한 경우 1일의 유급휴일과 1일의 무급휴무일을 주어야 합니다[근기법 제55조 및 건설일용근로자 보호지침(고용노동부 2004. 8) 참조].

이를 위반한 사용자는 2년 이하의 징역 또는 1천만원 이하의 벌금에 처해집니다(근기법 제110조 제1호).

근기법이 적용되지 않는 상시 근로자가 5명 미만인 사업장은 건설일용근로자가 1주 6일을 계속 근로한 경우 1일의 유급휴일을 주어야 합니다[근기법 제11조 제2항, 제55조, 동법 시행령 제7조, 별표 1 및 건설일용근로자 보호지침(고용노동부 2004. 8) 참조]. 이를 위반한 사용자는 2년 이하의 징역 또는 1천만원 이하의 벌금에 처해집니다(근기법 제110조 제1호).

건설일용근로자가 5일(상시 근로자가 5명 미만인 사업장은 6일) 동안 계속 근로하여 유급휴일 지급요건을 충족한 경우에도 휴일을 주어야 할 날 직전 일에 근로관계가 종료된 경우에는 유급휴일을 주지 않을 수 있습니다[근기법 제55조 및 건설일용근로자 보호지침(고용노동부 2004. 8) 참조].

6-3. 휴일근로에 대한 가산임금

근기법이 적용되는 상시 근로자가 5명 이상인 사업장의 건설일용근로자가 유급휴일에 근로를 제공한 경우 사용자는 통상임금의 100분의 50 이상을 가산하여 지급해야 합니다(근기법 제56조). 이를 위반한 사용자는 3년 이하의 징역 또는 2천만원 이하의 벌금에 처해집니다(근기법 제109조).

근로기준법이 적용되지 않는 상시 근로자가 5명 미만인 사업장에는 휴일근로에 대한 가산임금 규정이 적용되지 않습니다.

※ 휴일근로에 대한 가산임금 산정례

휴일에 8시간을 근로한 경우 사용자가 건설일용근로자에게 지급해야 하는 금액

임금 + 휴일수당 + 가산임금(통상임금의 100분의 50 이상) = 사용자가 지급해야 하는 금액

6-4. 연차유급휴가

  건설일용근로자가 1개월 이상 개근하는 경우 또는 1년에 80퍼센트 이상 출근하는 경우가 많지는 않지만, 만약 건설일용근로자가 1개월 이상 개근하거나 1년간 80퍼센트 이상 출근한 경우 사용자는 해당 건설일용근로자에게 다음의 기준에 따라 연차유급휴가를 주어야 합니다(근기법 제60조 제1항·제2항 및 건설일용근로자 보호지침 고용노동부, 2008. 4. 참조). 이를 위반한 사용자는 2년 이하의 징역 또는 1천만원 이하의 벌금에 처해집니다(근기법 제110조 제1호).

① 사용자는 근로한 기간이 1년 미만인 건설일용근로자 또는 1년간 80퍼센트 미만 출근한 건설일용근로자가 1개월 동안 개근한 경우 1일의 연차유급휴가를 주어야 합니다(근기법 제60조 제2항 및 건설일용근로자 보호지침)

② 사용자는 계속근로 기간이 1년 이상인 건설일용근로자가 1년 동안 80퍼센트 이상 출근한 경우 15일의 연차유급휴가를 주어야 합니다(근기법 제60조 제1항 및 건설일용근로자 보호지침 고용노동부, 2008. 4.).

7. 사용자에 대한 과태료 부과 처벌

 사용자가 건설근로자법을 위반하면 다음과 같이 과태료 처분을 받게 됩니다.

과태료의 부과기준

1. 일반기준
   가. 위반행위의 횟수에 따른 과태료의 부과기준은 최근 2년간 같은 위반행위로 과태료를 부과받은 경우에 적용한다. 이 경우 위반행위에 대하여 과태료 부과처분을 한 날과 다시 같은 위반행위를 적발한 날을 각각 기준으로 하여 위반횟수를 계산한다.
   나. 고용노동부장관은 다음의 어느 하나에 해당하는 경우에는 제3호(나목은 제외한다)에 따른 과태료 금액의 2분의 1의 범위에서 그 금액을 감경할 수 있다. 다만, 과태료를 체납하고 있는 위반행위자의 경우에는 그러하지 아니하다.
      1) 위반행위자가 「질서위반행위규제법 시행령」 제2조의2제1항 각 호의 어느 하나에 해당하는 경우
      2) 위반행위자가 자연재해·화재 등으로 재산에 현저한 손실이 발생하거나 사업여건의 악화로 사업이 중대한 위기에 처하는 등의 사정이 있는 경우
      3) 위반행위가 사소한 부주의나 오류 등 과실로 인한 것으로 인정되는 경우
      4) 위반행위자가 위법행위로 인한 결과를 시정하거나 해소한 경우
      5) 그 밖에 위반행위의 정도, 위반행위의 동기와 그 결과 등을 고려하여 감경할 필요가 있다고 인정되는 경우

---

2. 공사규모에 따른 과태료 감경기준

　　제3호나목에 따른 과태료는 제3호나목의 금액에 다음 각 목에
　　따라 구분한 사업주의 공사예정금액 중 해당하는 목에서 규정
　　한 비율을 곱한 금액으로 한다.
　　가. 100억원 이상 : 100분의 100
　　나. 30억원 이상 100억원 미만: 100분의 90
　　다. 5억원 이상 30억원 미만 : 100분의 80
　　라. 1억원 이상 5억원 미만 : 100분의 70

3. 개별기준

위반행위	근거 법조문	과태료 금액(만원)		
		1차	2차	3차 이상
가. 법 제5조제1항에 따라 고용관리 책임자 관련 신고를 하지 않은 경우	법 제26조제3항 제1호	25	50	100
나. 법 제7조의2에 따라 화장실·식당·탈의실을 설치하지 않거나 이용할 수 있도록 조치하지 않은 경우	법 제26조제1항	200	200	200
1) 화장실		200	200	200
2) 식당		100	100	100
3) 탈의실				
다. 법 제10조의4제1항에 따른 신고를 하지 않은 경우	법 제26조제2항	100	200	300
라. 법 제13조제1항에 따른 공제부금을 내지 않은 경우	법 제26조제3항 제4호	25	50	100
마. 법 제15조제2항에 따른 증명 요구에 따르지 않은 경우	법 제26조제3항 제5호	20	40	80

| 바. 법 제23조제1항에 따른 보고를 하지 않거나 거짓 보고를 한 경우 또는 자료를 제출하지 않거나 거짓 자료를 제출한 경우 | 법 제26조제3항 제6호 | 20 | 40 | 80 |
| 사. 법 제23조제3항에 따른 시정명령, 그 밖에 필요한 조치에 따르지 않은 경우 | 법 제26조제3항 제6호 | 15 | 30 | 60 |

■ 건설일용근로자로 근무하다 실직한 경우에도 구직급여를 받을 수 있나요?

질문

저는 2년 가까이 건설일용근로자로 근무하다가 그만두고, 취업을 준비하고 있습니다. 건설일용근로자도 실업 기간 중 구직급여를 받을 수 있나요?

답변

네, 받을 수 있습니다. 다만, 고용보험에 가입한 자로서 구직급여 수급요건을 갖추어야 합니다.

구직급여 수급요건은 고용보험에 가입된 건설일용근로자가 ① 이직일 이전 18개월간 피보험 단위기간(근로일수)을 모두 더한 일수가 180일 이상이고, ② 근로의 의사와 능력이 있음에도 불구하고 취업하지 못한 상태에 있으며, ③ 이직사유가 수급자격의 제한 사유(자발적 이직 등)에 해당하지 않고, ④

수급자격 인정신청일 이전 1개월 동안의 근로일수가 10일 미만이면 구직급여 및 취업촉진수당 등 실업급여를 받을 수 있습니다. 「실업급여」란 근로의 의사와 능력이 있음에도 불구하고 취업하지 못한 상태에 있는 고용보험에 가입되거나 가입된 것으로 보는 근로자의 생활에 필요한 급여를 실시하여 근로자의 생활안정과 구직활동을 촉진하기 위한 제도를 말합니다(고용보험법 제1조 및 제2조 제3호·제4호).

■ 유보임금 명목으로 임금을 받지 못하고 있는데 이는 불법이 아닌가요?

저는 조그마한 건설현장에서 일용근로자로 근무하고 있는데, 유보임금(쓰메끼리) 명목으로 임금을 두 달째 받지 못하고 있습니다. 이러한 유보임금이 적법한 것인가요?

건설현장에서 관행적으로 이루어지는 임금유보는 임금의 정기지급원칙에 위반한 위법한 행위입니다. 따라서 임금을 지급받지 못한 건설일용근로자는 관할 지방고용노동관서(고용센터)에 진정이나 고소를 하여 구제받을 수 있습니다.

건설일용근로자라도 일정 기간에 상시적으로 출근하거나 출근이 예정되어 월급형태로 임금을 지급하는 경우에는 최소한 월 1회 이상 날짜를 정하여 정기적으로 임금을 지급해야 합니다.

임금은 노동을 제공한 달에 받는 것이 일반적이지만 건설현장은 노동을 제공한 달이 아닌 그 다음 달이나 그 이후에 임금을 받는 관행이 있습니다. 이를 유보임금이라고 합니다.

이러한 임금유보(쓰메끼리)는 임금의 정기지급원칙에 위반하는 것으로서 임금유보를 한 사용자는 3년 이하의 징역 또는 2천만원 이하의 벌금에 처해집니다.

■ 사업주가 파산하였을 경우 못 받은 임금은 어떻게 구제 받을 수 있나요?

질문

저는 건설현장에서 일하고 있는 일용근로자인데, 얼마 전 사업주가 파산하였습니다. 받지 못한 임금이 꽤 되는데, 어떻게 구제받을 수 있을까요?

답변

체당금 지급신청을 하여 최종 3개월분의 임금의 지급을 청구할 수 있습니다.

「체당금」이란 사업주가 파산의 선고, 회생절차개시의 결정, 고용노동부장관의 도산 등 사실인정을 받은 경우, 사업주가 근로자에게 미지급 임금·퇴직금·휴업수당(이하 "임금 등"이라 함)을 지급하라는 판결, 명령, 조정 또는 결정 등이 있는 경우에 퇴직한 근로자가 지급받지 못한 임금·퇴직금·휴업수당의 지급을 청구하면, 제3자의 변제에 관한 민법 제469조에도 불구하고 고용노동부장관이 사업주를 대신하여 지급하는 임금 등을 말합니다.

체당금제도는 근로자를 사용하는 모든 건설업 또는 건설사업장에 적용됩니다. 다만, 「주택법」에 따른 주택건설사업자, 건설산업기본법에 따른 건설업자, 전기공사업법에 따른 공사업자, 정보통신공사업법에 따른 정보통신공사업자, 소방시설공사업법에 따른 소방시설업자 또는 문화재수리 등에 관한 법률에 따른 문화재수리업자가 아닌 자가 시공하는 다음의 어느 하나에 해당하는 공사에는 체당금제도가 적용되지 않습니다.

① 총공사금액이 2천만원 미만인 공사

② 연면적이 100제곱미터 이하인 건축물의 건축 또는 연면적
이 200제곱미터 이하인 건축물의 대수선에 관한 공사

체당금의 지급 신청은 파산의 선고, 회생절차의 개시 등에
따른 체당금을 받으려는 사람은 다음의 구분에 따라 체당금
지급청구서를 제출해야 합니다(임금채권보장법 제7조 제7항,
동법 시행령 제9조 및 동법 시행규칙 제5조).

① 일반체당금 : 파산선고 또는 회생절차개시의 결정이 있는
날부터 2년 이내에 일반체당금 지급청구서를 관할지방고용
노동관서의 장에게 제출

② 소액체당금 : 판결 등이 있는 날부터 1년 이내에 소액체당
금 지급청구서에 다음 서류를 첨부하여 근로복지공단에 제출

1) 임금채권보장법」 제7조제1항제4호 각 목의 어느 하나에
해당하는 판결, 명령, 조정 또는 결정 등(이하 "판결 등 "
이라 함)이 있는 경우 그 정본

2) 임금채권보장법 제7조제1항제4호 중 다음의 어느 하나에
해당하는 종국판결, 소송상 화해 또는 결정이 있는 경우
에는 그 확정증명원 정본

- 민사집행법 제24조에 따른 확정된 종국판결
- 민사집행법 제56조제5호에 따른 소송상 화해, 청구의
인낙(認諾) 등 확정판결과 같은 효력을 가지는 것
- 민사조정법 제30조에 따른 확정된 조정을 갈음하는 결정

3) 체불 임금 등사업주 확인서의 사본

일반체당금 지급청구서

[체당금(替當金)이란 기업이 도산하여 임금·휴업수당 및 퇴직금을 받지 못하고 퇴직한 근로자에게 국가가 사업주를 대신하여 지급하는 임금·휴업수당 및 퇴직금을 의미합니다.]

※ 뒤쪽의 작성방법을 읽고 작성하시기 바랍니다.　　　　　　　　　　　(앞쪽)

①접수번호	②접수일	처리기간　7일

③접수 지방고용노동관서

　　　　　　　　　　　　　　　　　　　　　　　지방고용노동청(지청)

청구인	④성명	⑤ 주민등록번호
	⑥주소	(전화번호:　　　　　　　) (휴대전화번호:　　　　　　) (전자우편주소:　　　　　　)
	⑦체당금(*)　　　　　　원	⑧체당금 구분(*) [　]임금　[　]휴업수당　[　]퇴직금
입금 의뢰	⑨입금은행	
	⑩예금주	
	⑪계좌번호	
대상 사업주	사업장명	⑫사업자등록번호
	대표자 성명　　　　　소재지	
	⑬산업재해보상보험 가입 여부(*) [　]가입　　　　[　]미가입	⑭확인통지서 대장번호(*)

　「임금채권보장법 시행령」 제9조제1항 및 같은 법 시행규칙 제5조제1호에 따라 위와 같이 체당금의 지급을 청구합니다.

　　　　　　　　　　　　　　　　　　　　　　년　　　월　　　일

　　　　　　　　청구인　　　　　　　　　　(서명 또는 인)

　　　　　　　　대리인　　　　　　　　　　(서명 또는 인)

　　근로복지공단 ○○○○지역본부(지사)장　귀하

첨부서류	없 음					수수료 없 음
처 리	선람		결 재	담당	차장	부장	본부장(지사장)
	조회확인					
	입력확인					

공지사항

　이 민원의 처리 결과에 대한 만족도 조사 및 관련 제도 개선에 필요한 의견조사를 위해 귀하의 전화번호(휴대전화번호)로 전화조사를 할 수 있습니다.

　　　　　　　　　　210mm×297mm[일반용지 60g/㎡(재활용품)]

■ 임금채권보장법 시행규칙[별지 제3호의2서식]

소액체당금 지급청구서

※ 뒤쪽의 작성방법을 읽고 작성하시기 바랍니다.　　　　　　　　　　　　　　　　（앞쪽）

접수번호		접수일		처리기간　14일

<table>
<tr><td rowspan="13">청구인</td><td>성명</td><td colspan="2">주민등록번호</td></tr>
<tr><td>주소</td><td colspan="2">(전화번호:　　　　　　　)
(휴대전화번호:　　　　　　　)
(전자우편주소:　　　　　　　)</td></tr>
<tr><td>근무기간 및 퇴직일

　　년　월　일　～　　　년　월　일</td><td colspan="2">①체불 임금등·사업주 확인서
　발급번호</td></tr>
<tr><td>②소(訴) 제기 또는 신청
　등을 한 날</td><td>③판결등이 있는 날</td><td>④지급받지 못한 임금등의 총
　확정금액

　　　　　　　　　　　원</td></tr>
<tr><td colspan="3">⑤지급받지 못한 임금등의 총 확정금액에 대하여 청구일 현재까지 사업주나 퇴직연금
사업자 등으로 부터 지급받은 금액(사업주 지급금, 퇴직연금, 이행보증보험 및 출국만기보험
등의 금액)

　　　　　　　　　　　　　　　　　　　　　　　　　　　　원</td></tr>
<tr><td colspan="3">⑥청구일 현재까지 지급받지 못한 임금등의 금액

　　가. 최종 3개월분의 임금 또는 휴업수당:　　　　　　　　원

　　나. 최종 3년간의 퇴직금:　　　　　　　　　　　　　　　원</td></tr>
<tr><td colspan="3">⑦지급받아야 할 체당금

　　　　　　　　　　　　　　　　　　　　　　　　　　　　원</td></tr>
</table>

⑧입금 의뢰	입금은행	예금주	계좌번호

⑨대상 사업주	사업장명		사업자등록번호
	대표자 성명	소재지	

「임금채권보장법」 제7조 및 「임금채권보장법 시행규칙」 제5조제2호에 따라 위와 같이 체당금의 지급을 청구합니다.

　　　　　　　　　　　　　　　　　　　　　　　　　　년　　　월　　　일

　　　　　　　　　　　　청구인　　　　　　　　　(서명 또는 인)
　　　　　　　　　　　　대리인　　　　　　　　　(서명 또는 인)

근로복지공단 ○○○○지역본부(지사)장　귀하

⑩ 첨부 서류	1. 「임금채권보장법」 제7조제1항제4호 각 목의 어느 하나에 해당하는 판결, 명령, 조정 또는 결정 등이 있는 경우 그 정본 2. 다음 각 목의 어느 하나에 해당하는 종국판결, 소송상 화해 또는 결정이 있는 경우에는 그 확정증명원 정본 　가. 「임금채권보장법」 제7조제1항제4호가목에 따른 종국판결 　나. 「임금채권보장법」 제7조제1항제4호다목에 따른 확정판결과 같은 효력을 가지는 것 중 소송상 화해 　다. 「임금채권보장법」 제7조제1항제4호마목에 따른 조정을 갈음하는 결정 3. 체불 임금등·사업주 확인서 사본	수수 료 없음

<table>
<tr><td rowspan="3">처
리</td><td>선람</td><td></td><td rowspan="3">결 재</td><td>담당</td><td>차장</td><td>부장</td><td>본부장
(지사장)</td></tr>
<tr><td>조회확인</td><td></td><td rowspan="2"></td><td rowspan="2"></td><td rowspan="2"></td><td rowspan="2"></td></tr>
<tr><td>지급할
체당금액</td><td></td></tr>
<tr><td></td><td>입력확인</td><td></td><td colspan="5"></td></tr>
</table>

210mm×297mm[백상지 80g/㎡(재활용품)]

체불 임금 등·사업주 확인서 발급신청서

(앞쪽)

접수번호	접수일	처리기간 3일

①신청인	성명	주민등록번호
	주소	(전화번호:) (휴대전화번호:) (전자우편주소:)
	근무기간	
	지급받지 못한 임금등의 총 금액	

②대상 사업주	사업장명	사업자등록번호
	성명	법인인 경우 실제 대표자의 성명
		법인인 경우 명의 대표자의 성명
	소재지	
	사업의 종류	사업기간

③직상 사업주 (대상자 인 경우에만 해당)	사업장명	사업자등록번호
	성명(법인인 경우에는 대표자 성명)	
	소재지	
	사업의 종류	사업기간

신청	④신청내용	
	⑤사용용도	
	신청부수	

「임금채권보장법」 제12조제1항 및 「임금채권보장법 시행규칙」 제9조의2제1항
에 따라 체불 임금등 및 체불 사업주의 확인을 신청하오니, 체불 임금등·사업주 확
인서를 발급하여 주시기 바랍니다.

20   .   .   .

신청인 :   (인)

○○지방고용노동청(○○지청)장 귀하

210mm×297mm[백상지 80g/㎡(재활용품)]

작성방법

①"신청인"란에는 신청인의 성명 등의 인적사항과 지급받지 못한 임금등을 적습니다. 다만, 대상 사업주가 동일하여 여러 명이 함께 신청하는 경우에는 대표 신청인의 인적사항을 적고, 그 밖의 신청인은 고용노동부장관이 정하는 별도 서식에 따라 해당 인적사항과 지급받지 못한 임금등을 적어 제출합니다.

②"대상 사업주"란에는 대상 사업주의 사업장명 및 소재지 등을 적습니다.

③"직상 사업주"란은 「건설산업기본법」 제2조제7호에 따른 건설업자가 아닌 공사도급의 하수급인에게 고용되었던 경우에만 작성하고, "직상 사업주"는 「건설산업기본법」 제2조제7호에 따른 건설업자가 아닌 해당 사업주(무면허 하수급인)에게 하도급을 주었던 「건설산업기본법」 제2조제7호에 해당하는 건설업자를 말합니다.

④"신청내용"란에는 "○○○○년 ○월 ○일 소(訴)를 제기한 체불임금 진정(고소)사건과 관련된 체불임금 및 체불사업주 내역" 으로 적습니다.

⑤"사용용도"란에는 "법률구조용"으로 적습니다.

처리절차

이 신청서는 아래와 같이 처리됩니다.

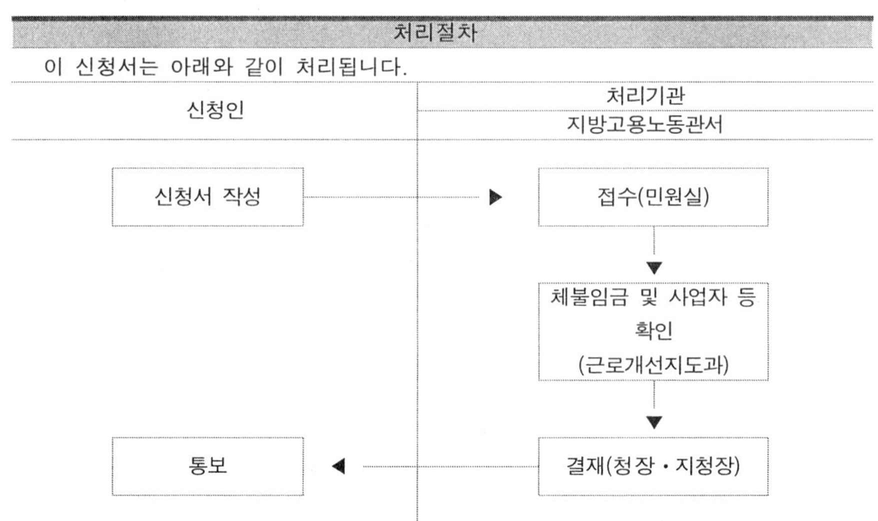

체불 임금 등·사업주 확인서

(앞쪽)

발급번호

①체불 근로자	성명		주민등록번호	
	주소			
	직위		근무기간	
	임금산정기간		정기임금지급일	

②체불 사업주	사업장명		사업자등록번호	
	실제 대표자	성명 (법인인 경우에는 실제 대표자 성명)	주민등록번호	
	명의 대표자	성명 (법인인 경우에는 명의 대표자 성명)	주민등록번호	
	주소	실제대표자		
		명의대표자		
	사업장 소재지			상시 근로자수
	사업의 종류		사업기간	

③적법한 직상 건설업자	사업장명		사업자등록번호	
	실제 대표자	성명 (법인인 경우에는 대표자 성명)	주민등록번호	
	명의 대표자	성명 (법인인 경우에는 대표자 성명)	주민등록번호	
	주소	실제대표자		
		명의대표자		
	사업장 소재지			상시 근로자수
	사업의 종류		사업기간	

④체불 임금등 내역 (원)	총 금액			원			
	최우선 변제금	구분	계	임금	퇴직금	휴업수당	재해 보상금
		계					

1개월(1년)분 <00.00.00 ~ 00. 00. 00>					
최종 2개월(2년)분 <00.00.00 ~ 00. 00. 00>					
최종 3개월(3년)분 <00.00.00 ~ 00. 00. 00>					

210mm×297mm[백상지 80g/㎡(재활용품)]
(뒤쪽)

⑤체불 임금등 및 그 밖의 금품등의 상세내역(원)

구분	합계	임금	퇴직금	상여금	휴업수당	미사용 연차수당	그 밖의 금품
계							
0000년 00월 <00.00.00 ~ 00. 00. 00>							
0000년 00월 <00.00.00 ~ 00. 00. 00>							
0000년 00월 <00.00.00 ~ 00. 00. 00>							
0000년 00월 <00.00.00 ~ 00. 00. 00>							

확인 근거				
사용 용도 (신청 부수)		확인자	근로감독관 ○○○ (전화번호:　　　　　　)	

<table>
<tr><td>첨부
서류</td><td>1.
2.</td><td>참고</td><td>①수사 중　②취하종결
③기소송치　④불기소송치
⑤기소중지 송치</td></tr>
</table>

　귀하의 체불 임금등 및 사업주에 관한 증명 신청에 대하여 「임금채권보장법」 제12조제2항 및 「임금채권보장법 시행규칙」 제9조의2제2항에 따라 위와 같이 확인·발급합니다.

20　.　.　.

○○지방고용노동청(○○지청)장　| 직인 |

※ 비고

1. 퇴직금에 대한 체불이 있는 경우에는 근로감독관집무규정 별지 제24호서식의 「평균임금 및 퇴직금 산정서」를 첨부합니다.

2. ④체불 임금등 내역란의 최종 1개월(1년)분, 최종 2개월(2년)분, 최종 3개월(3년)분은 근로자의 퇴직일을 기준으로 1개월(1년)씩 소급한 기간 동안 체불된 임금과 퇴직금 등의 내역을 적습니다.

3. ⑤체불 임금등 및 그 밖의 금품등의 상세내역란은 근무한 기간을 월별로 구분하여 아래 예시와 같이 작성합니다.

　(예시) 임금산정기간이 매월 1일부터 말일까지에 해당하는 근로자가 2015년 5월 16일까지 근무하고 퇴직한 경우, 2015년 5월<2015년 5월 1일~5월 16일>, 2015년 4월<2015년 4월 1일~4월 30일>, 2015년 3월<2015년 3월 1일~3월 31일>, 2015년 2월<2015년 2월 1일~2월 28일> 등으로 각각 구분하여 해당 기간의 체불 임금등의 내역을 적습니다.

4. 대상 사업주가 동일하여 여러 명이 함께 확인서 발급을 신청한 경우에는 ①체불근로자, ④체불 임금등 내역, ⑤체불 임금등 및 그 밖의 금품등의 상세내역란에는 대표 신청인에 대한 내역을 적고, 그 밖의 신청인에 대해서는 고용노동부장관이 정하는 별도 서식에 따라 해당 인적사항과 체불 임금등 내역 등을 작성합니다.

210mm×297mm[백상지 80g/㎡(재활용품)]

■ 건설일용근로자의 퇴직공제금의 계산은 어떻게 하나요?

☞ 질문

저는 건설현장에서 일용근로자로 일하다가 퇴직하였습니다. 퇴직공제금으로 생활을 하고 있는데, 퇴직공제금의 계산은 어떻게 하는 건지 알고 싶습니다.

☞ 답변

퇴직공제금은 납부한 공제부금에 이자를 가산하여 지급합니다. 공제부금의 납부 월수는 퇴직공제에 가입한 사업주에 고용되어 근로한 일수(日數)를 기준으로 계산하며, 이자는 납부한 공제부금에 해당 연도의 월 기준이자율을 적용하여 월 단위 복리로 산정합니다.

퇴직공제금은 건설근로자의 고용개선 등에 관한 법률 시행령 제12조에 따라 납부한 공제부금(건설근로자의 고용개선 등에 관한 법률 제7조제2항에 따라 지원된 공제부금을 포함)에 그 이자를 합산한 금액으로 합니다.

퇴직공제금의 계산은 납부한 공제부금 + 이자(월복리)입니다.

「퇴직」이란 개념은 피공제자가 몸담고 일했던 건설업 생활을 청산하고 영원히 떠나게 된 때(사망 포함)를 의미합니다.

공제부금의 납부 월수는 퇴직공제에 가입한 사업주에 고용되어 근로한 일수(日數)를 기준으로 하여 계산합니다. 다만, 피공제자가 둘 이상의 퇴직공제에 가입한 사업주에게 고용되어 근로한 경우에는 각각의 근로일수를 합산한 일수를 기준으로 하여 납부 월수를 계산합니다.

　이자는 납부한 공제부금에 해당 연도의 월 기준이자율을 적용하여 월 단위 복리로 산정합니다. 이 경우 이자계산기간은 공제부금의 납부일부터 퇴직공제금의 지급청구일까지로 합니다. 건설근로자 고용개선 등에 관한 법률에 따른 퇴직공제에 가입하여 퇴직공제부금을 납부하였는데, 해당 건설근로자가 해당 사업주와 사실상 계속하여 1년 이상 계속근로를 유지하고 퇴직하는 경우 퇴직공제금 외에 퇴직금도 전액 지급받을 수 있습니다.

■ 건설일용근로자도 연장근로에 대한 가산임금을 받을 수 있나요?

저는 건설일용근로자로서 공사장에서 하루 평균 10시간씩 일하고 있습니다. 건설일용근로자도 연장근로를 하면 가산임금을 받을 수 있나요?

네. 받을 수 있습니다. 건설일용근로자가 근로기준법이 적용되는 5인 이상 사업장에서 연장근로 또는 야간근로를 한 경우에는 사용자로부터 통상임금의 100분의 50 이상을 가산임금으로 지급받을 수 있습니다. 법정근로시간은 건설일용근로자의 1주일 동안 근로시간은 휴게시간을 제외하고 40시간을 초과할 수 없습니다. 건설일용근로자의 1일 근로시간은 휴게시간을 제외하고 8시간을 초과할 수 없습니다. 건설일용근로자와 사용자가 합의하면 1주일 동안 40시간인 건설일용근로자의 법정근로시간을 초과하여 1주일에 12시간을 한도로 근로시간을 연장할 수 있습니다. 근로기준법이 적용되지 않는 상시 근로자가 4명 이하인 사업장에는 법정근로시간과 연장 근로의 제한 규정이 적용되지 않습니다. 사용자는 건설일용근로자가 연장근로 또는 야간근로(오후 10시부터 오전 6시까지 사이의 근로)를 한 경우 통상임금의 100분의 50 이상을 가산하여 지급해야 합니다. 근로기준법이 적용되지 않는 상시 근로자가 5명 미만인 사업장에는 야간근로에 대한 가산임금 규정이 적용되지 않습니다.

■ 유료직업소개소 이용할 경우 주의할 점은 무엇인가요?

저는 직업소개소를 통해 건설현장에서 일용근로자로 일하려고 합니다. 유료 직업소개소를 이용할 때 주의해야 할 점은 무엇인가요?

유료직업소개소를 이용하려는 경우에는 먼저 등록된 직업소개소인지 확인하고, 소개요금이 고용노동부에서 고시한 금액을 넘는지 확인해야 합니다.

거짓 구인광고 또는 거짓 구인조건에 의해 피해를 입은 경우에는 시·군·구청 및 지방고용노동관서에 신고할 수 있습니다.

건설일용근로자가 등록되지 않은 유료 직업소개소를 이용하는 경우 선급금 지급을 요구 받거나 최저임금을 보장받지 못하는 사업장을 소개 받는 등 여러 불이익을 당할 수 있으므로 직업소개를 받기 전에 반드시 특별자치도지사·시장·군수 및 구청장에게 등록된 직업소개소인지 확인해야 합니다.

유료직업소개사업 등록을 하고 유료직업소개사업을 하는 자는 구직자로부터 다음의 요금 외의 금품을 받아서는 안됩니다.

① 고용기간이 3개월 미만인 경우: 고용기간 중 지급하기로 한 임금의 100분의 4 이하

② 고용기간이 3개월 이상인 경우: 3개월간 지급하기로 한 임금의 100분의 4 이하

직업소개사업, 근로자 모집을 하는 자나 이에 종사하는 사

람은 거짓 구인광고를 하거나 거짓 구인조건을 제시해서는 안 됩니다. 거짓 구인광고 또는 거짓 구인조건 제시의 범위는 신문·잡지, 그 밖의 간행물, 유선·무선방송, 컴퓨터통신, 간판, 벽보 또는 그 밖의 방법에 의해 광고를 하는 행위 중 다음의 어느 하나에 해당하는 것으로 합니다.

① 구인을 가장하여 물품판매·수강생모집·직업소개·부업알선·자금모금 등을 하는 광고

② 거짓 구인을 목적으로 구인자의 신원(업체명 또는 성명)을 표시하지 않는 광고

③ 구인자가 제시한 직종·고용형태·근로조건 등이 응모할 때의 그것과 현저히 다른 광고

④ 그 밖에 광고의 중요내용이 사실과 다른 광고

고시한 금액을 초과한 소개요금이나 거짓 구인광고로 피해를 입은 경우에는 가까운 시·군·구청 및 지방고용노동관서(고용센터)에 신고할 수 있습니다.

■ 건설일용근로자의 퇴직공제금의 지급 요건과 지급 사유는 무엇인가요?

저는 건설일용근로자인데, 일을 그만두고 퇴직공제금을 지급받으려고 합니다. 퇴직공제금을 지급받기 위한 요건은 무엇인가요?

① 공제부금의 납부 월수(月數)가 12개월 이상인 경우로서 ② 건설업에서 퇴직·사망한 경우나 60세에 이른 경우에는 피공제자나 그 유족은 퇴직공제금을 지급받을 수 있습니다.

퇴직공제금의 지급 요건은 건설근로자공제회는 ① 공제부금의 납부 월수(月數)가 12개월 이상인 피공제자가 ② 건설업에서 퇴직·사망한 경우나 60세에 이른 경우에는 피공제자나 그 유족에게 퇴직공제금을 지급해야 합니다.

공제부금의 납부 월수는 퇴직공제에 가입한 사업주에 고용되어 근로한 일수(日數)를 기준으로 하여 계산합니다. 다만, 피공제자가 둘 이상의 퇴직공제에 가입한 사업주에게 고용되어 근로한 경우에는 각각의 근로일수를 합산한 일수를 기준으로 하여 납부 월수를 계산합니다. 이 경우 납부 일수 21일분을 1개월로 보아 공제부금의 총 납부 일수를 21로 나누어 산정합니다. 퇴직공제금의 구체적 지급 사유는 다음과 같습니다.

① 피공제자 자신이 독립하여 새로운 사업을 시작한 경우
② 건설업 외의 사업(제조업, 서비스업 등)에 고용된 경우

③ 기간의 정함이 없는 상용근로자로 고용된 경우
④ 부상 또는 질병으로 건설업에 종사하지 못하게 된 경우
⑤ 피공제자가 사망한 경우
⑥ 피공제자의 연령이 60세에 이른 경우
⑦ 그 밖의 건설업에 종사할 수 없는 사유가 있거나 종사할
　의사가 없음을 입증하는 경우

■ 건설현장에서 부상한 경우 요양급여를 받을 수 있나요?

질문

　저는 건설현장에서 일용근로자로 일하고 있는데, 고층으로
벽돌을 나르다가 떨어져 크게 다쳤습니다. 이런 경우에도 요
양급여를 받을 수 있나요?

답변

　네. 업무상 재해로 인한 상해에 해당하므로 산업재해보험에
따른 요양급여를 지급받을 수 있습니다.

　「산업재해보상보험」이란 근로자의 업무상 재해를 신속하고
공정하게 보상하고, 업무상 재해를 당한 근로자의 재활 및 사
회 복귀를 촉진하며, 산업재해 예방과 그 밖에 근로자의 복지
증진을 위한 사업 등을 하기 위해 정부가 시행하는 사회보험
을 말합니다.

　다음의 어느 하나에 해당하는 자가 시공하는 공사는 산업재
해보상보험법이 적용됩니다.

① 주택법에 따른 주택건설사업자

② 건설산업기본법에 따른 건설업자

③ 전기공사업법에 따른 공사업자

④ 정보통신공사업법에 따른 정보통신공사업자

⑤ 소방시설공사업법에 따른 소방시설업자

⑥ 문화재수리 등에 관한 법률에 따른 문화재수리업자

　업무상 재해를 당한 건설일용근로자는 산업재해보상보험법에서 정한 요건에 따라 요양급여, 휴업급여, 장해급여, 간병급여, 유족급여, 상병보상연금, 장의비, 직업재활급여 등의 보험급여를 받을 수 있습니다.

　「업무상 재해」란 업무상의 사유에 따른 근로자의 부상·질병·장해 또는 사망을 말합니다.

　요양급여는 근로자가 업무상의 사유로 부상을 당하거나 질병에 걸린 경우(부상 또는 질병이 3일 이내 요양으로 치유되는 경우 제외함)에 그 근로자에게 지급됩니다.

■ 건설일용근로자도 퇴직금과 퇴직공제금을 받을 수 있나요?

저는 건설현장에서 일용근로자로 일하고 있는데, 앞으로의 노후대책이 걱정됩니다. 건설일용근로자도 퇴직금 등을 받을 수 있나요?

건설일용근로자도 근로자퇴직급여 보장법에 따른 요건을 충족하면 퇴직금을 지급받을 수 있습니다. 그러나 건설일용근로자는 1년 이상 계속 근로하기 어려운 점이 있으므로 퇴직공제금 제도를 이용하여 퇴직 시 건설근로자공제회로부터 퇴직공제금을 지급받을 수도 있습니다. 근로자퇴직급여 보장법 제8조 제1항에서는 사용자는 근로자에게 계속근로기간 1년에 대해 30일분 이상의 평균임금을 퇴직금으로 지급하는 제도를 설정하도록 정하고 있습니다.

「일용근로자」란 1일 단위의 계약으로 채용되고 그 날의 근로가 종료함으로써 근로계약도 종료되어 계속근로가 유지되지 않는 자를 말하나, 일용근로자라도 사용자와의 고용관계가 계속해서 1년 이상 지속되었다면 퇴직금 지급대상이 됩니다. 다만, 건설현장 일용근로자의 경우 건설현장의 특성상 부득이 1년 이상 계속근로가 어려운 점이 있습니다.

「퇴직공제(退職共濟)」란 사업주가 건설근로자를 피공제자로 하여 건설근로자공제회에 공제부금(共濟賦金)을 내고 그 피공제자가 건설업에서 퇴직하는 등의 경우에 건설근로자공제회가 퇴직공제금을 지급하는 것을 말합니다. 건설근로자공제회는 일용근로자가 건설업에서 퇴직 등을 한 경우에는 해당 근로자에게 적립된 공제부금에 소정의 이자를 더하여 퇴직공제금을 지급합니다.

■ 건설현장 일용근로자도 휴일수당을 받을 수 있나요?

질문

저는 조그마한 건설현장에서 일용근로자도 휴일수당을 받을 수 있나요?

답변

근기법에 따른 휴일은 1주 동안 소정근로일수를 개근한 자에게 주도록 되어 있으므로 근로계약이 1일 단위로 체결되어 1주간의 소정근로일수를 산정할 수 없는 건설일용근로자에게는 사용자는 원칙적으로 유급휴일을 주지 않을 수 있습니다. 그러나 유급휴일은 1주간의 근로로 인해 축적된 근로자의 피로를 풀어주고 건강을 확보하게 하고 여가의 이용을 가능하게 하여 사회적·문화적 생활을 할 수 있도록 하는데 있으므로 건설일용근로자가 실근로일수를 기준으로 1주일에 5일(5명 미만 사업장은 6일) 동안 개근하였으면 유급휴일을 주어야 합니다.

건설일용근로자는 소정근로일수를 산정할 수 없으므로 실근로일수를 기준으로 유급휴일 지급 여부를 판단합니다. 또한 일용근로자의 경우 휴일수당을 포함하여 임금을 지급 받기로 사전에 약정하지 않은 한 휴일수당은 임금과는 별도로 지급되는 것이므로 유급휴일을 준 건설일용근로자에게는 임금과는 별도로 휴일수당을 지급해야 합니다.

■ 시공참여자가 임금을 주지 않고 잠적했는데 구제 받을 수 있나요?

저는 건설현장에서 원수급인으로부터 하수급을 받은 시공참여자 밑에서 일을 하였는데, 시공참여자가 임금을 주지 않고 도망갔어요. 이 경우 어떻게 구제받을 수 있나요?

시공참여자(십장)로부터 지급받지 못한 임금을 원수급인(직상수급인)에게 청구하면 됩니다. 원수급인이 청구에 응하지 않으면 관할 지방고용노동관서(고용센터)에 진정이나 고소를 하여 구제받을 수 있습니다.

「직상수급인」이란 건설산업기본법 또는 다른 법률 등에 의해 등록 등을 하고 건설관련업을 하는 자를 말하고, 직상수급인이 건설업자가 아닌 경우에는 그 상위 수급인 중에서 최하위의 건설업자를 직상수급인으로 봅니다.

건설업에서 사업이 2차례 이상 공사도급이 이루어진 경우에 건설업자가 아닌 하수급인이 그가 사용한 근로자에게 임금(해당 건설공사에서 발생한 임금으로 한정함)을 지급하지 못한 경우에는 그 직상수급인은 하수급인과 연대해서 하수급인이 사용한 근로자의 임금을 지급할 책임을 집니다.

직상수급인은 하수급인과 연대해서 책임을 지므로 하수급인이 임금체불을 청산한 경우 그 범위 내에서 직상수급인은 연대책임을 면하게 되고, 또한 직상수급인이 연대책임을 이행하면 그 범위 내에서 하수급인은 체불임금 책임을 면하게 됩니다.

직상수급인이 연대책임을 지지 않는 경우에는 3년 이하의
징역 또는 2천만원 이하의 벌금에 처해집니다.

외국인근로자

제5장 외국인근로자(外國人勤勞者)

1. 외국인근로자의 정의

「외국인근로자」란 대한민국의 국적을 가지지 않은 자로서 대한민국에 소재하고 있는 사업 또는 사업장에서 임금을 목적으로 근로를 제공하고 있거나 제공하려는 자를 말합니다(외국인근로자의 고용 등에 관한 법률(이하 '외국인근로자법'이라 한다) 제2조 본문). 따라서 대한민국의 국민으로서 외국의 영주권을 취득한 자 또는 영주할 목적으로 외국에 거주하고 있는 자인 '재외국민'(재외동포의 출입국과 법적지위에 관한 법률 제2조 제1호)은 외국인근로자가 아닙니다.

2. 외국인근로자 취업 및 체류자격

외국인이 대한민국에서 취업하려면 출입국관리법에 따라 취업활동을 할 수 있는 체류자격을 받아야 합니다.

외국인의 취업활동은 체류자격에서 정해진 범위에 한정됩니다. 취업활동을 할 수 있는 체류자격을 받지 않은 외국인이 취업을 하면, 3년 이하의 징역 또는 2천만원 이하의 벌금에 처해집니다(출입국관리법 제94조 제8호).

취업활동을 할 수 있는 체류자격을 받지 않은 외국인을 고용하거나 그 고용을 업으로 알선 또는 권유하면, 3년 이하의 징역 또는 2천만원 이하의 벌금에 처해집니다.

3. 취업활동이 가능한 체류자격의 종류

대한민국에서 취업활동이 가능한 외국인의 체류자격은 아래 표와 같습니다. 이 경우 '취업활동'은 해당체류 자격의 범위에 속하는 활동을 말합니다(출입국관리법시행령 23조 및 별표1).

외국인의 체류자격

체류자격 (기 호)	체류자격에 해당하는 사람 또는 활동범위
1. 외교(A-1)	대한민국정부가 접수한 외국정부의 외교사절단이나 영사기관의 구성원, 조약 또는 국제관행에 따라 외교사절과 동등한 특권과 면제를 받는 사람과 그 가족
2. 공무(A-2)	대한민국정부가 승인한 외국정부 또는 국제기구의 공무를 수행하는 사람과 그 가족
3. 협정(A-3)	대한민국정부와의 협정에 따라 외국인등록이 면제되거나 면제할 필요가 있다고 인정되는 사람과 그 가족
4. 사 증 면 제 (B-1)	대한민국과 사증면제협정을 체결한 국가의 국민으로서 그 협정에 따른 활동을 하려는 사람
5.관광·통과(B-2)	관광·통과 등의 목적으로 대한민국에 사증 없이 입국하려는 사람
6. 일 시 취 재 (C-1)	일시적인 취재 또는 보도활동을 하려는 사람
7. 삭제 <2011.11.1>	
8. 단기방문(C-3)	시장조사, 업무 연락, 상담, 계약 등의 상용활동과 관광, 통과, 요양, 친지 방문, 친선경기,

	각종 행사나 회의 참가 또는 참관, 문화예술, 일반연수, 강습, 종교의식 참석, 학술자료 수집, 그 밖에 이와 유사한 목적으로 90일을 넘지 않는 기간 동안 체류하려는 사람(영리를 목적으로 하는 사람은 제외한다)
9.단기취업(C-4)	일시 흥행, 광고·패션 모델, 강의·강연, 연구, 기술지도 등 수익을 목적으로 단기간 취업활동을 하려는 사람
10. 문화예술 (D-1)	수익을 목적으로 하지 않는 학술 또는 예술 관련 활동을 하려는 사람(대한민국의 고유문화 또는 예술에 대하여 전문적인 연구를 하거나 전문가의 지도를 받으려는 사람을 포함한다)
11. 유학(D-2)	전문대학 이상의 교육기관 또는 학술연구기관에서 정규과정의 교육을 받거나 특정 연구를 하려는 사람
12. 기술연수 (D-3)	법무부장관이 정하는 연수조건을 갖춘 사람으로서 국내의 산업체에서 연수를 받으려는 사람
13.일반연수(D-4)	법무부장관이 정하는 요건을 갖춘 교육기관이나 기업체, 단체 등에서 교육 또는 연수를 받거나 연구활동에 종사하려는 사람[연수기관으로부터 체재비를 초과하는 보수(報酬)를 받거나 유학(D-2)·기술연수(D-3) 체류자격에 해당하는 사람은 제외한다]
14. 취재(D-5)	외국의 신문, 방송, 잡지, 그 밖의 보도기관으로부터 파견 또는 외국 보도기관과의 계약에 따라 국내에 주재하면서 취재 또는 보도활동을 하려는 사람
15. 종교(D-6)	외국의 종교단체 또는 사회복지단체로부터 파견되어 대한민국에 있는 지부 또는 유관 종교단체에서

	종교활동을 하려는 사람과 대한민국 내의 종교단체 또는 사회복지단체의 초청을 받아 사회복지활동을 하려는 사람 및 그 밖에 법무부장관이 인정하는 특정 종교활동 또는 사회복지활동에 종사하려는 사람
16. 주재(D-7)	가. 외국의 공공기관·단체 또는 회사의 본사, 지사, 그 밖의 사업소 등에서 1년 이상 근무한 사람으로서 대한민국에 있는 그 계열회사, 자회사, 지점 또는 사무소 등에 필수 전문인력으로 파견되어 근무하려는 사람[다만, 기업투자(D-8) 체류자격에 해당하는 사람은 제외하며, 국가기간산업 또는 국책사업에 종사하려는 경우나 그 밖에 법무부장관이 필요하다고 인정하는 경우에는 1년 이상의 근무요건을 적용하지 않는다] 나. 「자본시장과 금융투자업에 관한 법률」 제9조제15항제1호에 따른 상장법인 또는 「공공기관의 운영에 관한 법률」 제4조에 따른 공공기관이 설립한 해외 현지법인이나 해외지점에서 1년 이상 근무한 사람으로서 대한민국에 있는 그 본사나 본점에 파견되어 전문적인 지식·기술 또는 기능을 제공하거나 전수받으려는 사람(다만, 상장법인의 해외 현지법인이나 해외지점 중 본사의 투자금액이 미화 50만 달러 미만인 경우는 제외한다)
17. 기 업 투 자 (D-8)	가. 「외국인투자 촉진법」에 따른 외국인투자기업의 경영·관리 또는 생산·기술 분야에 종사하려는 필수 전문인력(국내에서 채용하는 사람은 제외한다) 나. 지식재산권을 보유하는 등 우수한 기술력으로 「벤처기업육성에 관한 특별조치법」 제2조의2제1항제2호다목에 따른 벤처기업을 설립한 사람 중 같은 법 제25조에 따

	라 벤처기업 확인을 받거나 이에 준하는 사람으로서 법무부장관이 인정하는 사람 다. 다음의 어느 하나에 해당하는 사람으로서 지식재산권을 보유하거나 이에 준하는 기술력 등을 가진 사람 중 법무부장관이 인정한 법인 창업자 　1) 국내에서 전문학사 이상의 학위를 취득한 사람 　2) 외국에서 학사 이상의 학위를 취득한 사람
18. 무 역 경 영 (D-9)	대한민국에 회사를 설립하여 경영하거나 무역, 그 밖의 영리사업을 위한 활동을 하려는 사람으로서 필수 전문인력에 해당하는 사람[수입기계 등의 설치, 보수, 조선 및 산업설비 제작·감독 등을 위하여 대한민국 내의 공·사 기관에 파견되어 근무하려는 사람을 포함하되, 국내에서 채용하는 사람과 기업투자(D-8) 체류자격에 해당하는 사람은 제외한다]
18의2. 구 직 (D-10)	가. 교수(E-1)부터 특정활동(E-7)까지의 체류자격[예술흥행(E-6) 체류자격 중 법무부장관이 정하는 공연업소의 종사자는 제외한다]에 해당하는 분야에 취업하기 위하여 연수나 구직활동 등을 하려는 사람으로서 법무부장관이 인정하는 사람 나. 기업투자(D-8) 다목에 해당하는 창업 준비 등을 하려는 사람으로서 법무부장관이 인정하는 사람
19. 교 수 (E-1)	「고등교육법」에 따른 자격요건을 갖춘 외국인으로서 전문대학 이상의 교육기관이나 이에 준하는 기관에서 전문 분야의 교육 또는 연구·지도 활동에 종사하려는 사람
20. 회 화 지 도	법무부장관이 정하는 자격요건을 갖춘 외국인

(E-2)	으로서 외국어전문학원, 초등학교 이상의 교육기관 및 부설어학연구소, 방송사 및 기업체 부설 어학연수원, 그 밖에 이에 준하는 기관 또는 단체에서 외국어 회화지도에 종사하려는 사람
21.연 구 (E-3)	대한민국 내 공·사 기관으로부터 초청을 받아 각종 연구소에서 자연과학 분야의 연구 또는 산업상 고도기술의 연구·개발에 종사하려는 사람[교수(E-1) 체류자격에 해당하는 사람은 제외한다]
2 2 . 기 술 지 도 (E-4)	자연과학 분야의 전문지식 또는 산업상 특수한 분야에 속하는 기술을 제공하기 위하여 대한민국 내 공·사 기관으로부터 초청을 받아 종사하려는 사람
2 3 . 전 문 직 업 (E-5)	대한민국 법률에 따라 자격이 인정된 외국의 변호사, 공인회계사, 의사, 그 밖에 국가공인 자격이 있는 사람으로서 대한민국 법률에 따라 할 수 있도록 되어 있는 법률, 회계, 의료 등의 전문업무에 종사하려는 사람[교수(E-1) 체류자격에 해당하는 사람은 제외한다]
2 4 . 예 술 흥 행 (E-6)	수익이 따르는 음악, 미술, 문학 등의 예술활동과 수익을 목적으로 하는 연예, 연주, 연극, 운동경기, 광고·패션 모델, 그 밖에 이에 준하는 활동을 하려는 사람
25.특정활동(E-7)	대한민국 내의 공·사 기관 등과의 계약에 따라 법무부장관이 특별히 지정하는 활동에 종사하려는 사람
25의2. 삭제 <2007.6.1>	
25의3.비전문취업 (E-9)	「외국인근로자의 고용 등에 관한 법률」에 따른 국내 취업요건을 갖춘 사람(일정 자격이나 경력 등이 필요한 전문직종에 종사하려는 사람은 제외한다)

25의4. 선원취업 (E-10)	다음 각목에 해당하는 사람과 그 사업체에서 6개월 이상 노무를 제공할 것을 조건으로 선원근로계약을 체결한 외국인으로서 「선원법」 제2조제6호에 따른 부원(部員)에 해당하는 사람 　가.「해운법」 제3조제1호·제2호·제5호 또는 제23조제1호에 따른 사업을 경영하는 사람 　나.「수산업법」 제8조제1항제1호, 제41조제1항 또는 제57조제1항에 따른 사업을 경영하는 사람 　다.「크루즈산업의 육성 및 지원에 관한 법률」 제2조제7호에 따른 국적 크루즈사업자로서 같은 조 제4호에 따른 국제순항 크루즈선을 이용하여 사업을 경영하는 사람
26. 방문동거(F-1)	가. 친척 방문, 가족 동거, 피부양(被扶養), 가사정리, 그 밖에 이와 유사한 목적으로 체류하려는 사람으로서 법무부장관이 인정하는 사람 나. 다음 어느 하나에 해당하는 사람의 가사보조인 　1) 외교(A-1), 공무(A-2) 체류자격에 해당하는 사람 　2) 미화 50만 달러 이상을 투자한 외국투자가(법인인 경우 그 임직원을 포함한다)로서 기업투자(D-8), 거주(F-2), 영주(F-5), 결혼이민(F-6) 체류자격에 해당하는 사람 　3) 정보기술(IT), 전자상거래 등 기업정보화(e-business), 생물산업(BT), 나노기술(NT) 분야 등 법무부장관이 정하는 첨단·정보기술 업체에 투자한 외국투자가(법인인 경우 그 임직원을 포함한다)로서 기업투자(D-8), 거주(F-2), 영주(F-5), 결혼이민(F-6) 체류자격에 해당하는 사람

	4) 취재(D-5), 주재(D-7), 무역경영(D-9), 교수(E-1)부터 특정활동(E-7)까지의 체류자격에 해당하거나 그 체류자격에서 거주(F-2) 바목 또는 영주(F-5) 가목의 체류자격으로 변경한 전문인력으로서 법무부장관이 인정하는 사람 다. 외교(A-1)부터 협정(A-3)까지의 체류자격에 해당하는 사람과 외국인등록을 마친 사람의 동거인으로서 그 세대에 속하지 않는 사람 라. 그 밖에 부득이한 사유로 직업활동에 종사하지 않고 대한민국에 장기간 체류하여야 할 사정이 있다고 인정되는 사람
27.거 주 (F-2)	가. 국민의 미성년 외국인 자녀 또는 영주(F-5) 체류자격을 가지고 있는 사람의 배우자 및 그의 미성년 자녀 나. 국민과 혼인관계(사실상의 혼인관계를 포함한다)에서 출생한 사람으로서 법무부장관이 인정하는 사람 다. 난민의 인정을 받은 사람 라. 「외국인투자 촉진법」에 따른 외국투자가 등으로 다음 어느 하나에 해당하는 사람 1) 미화 50만 달러 이상을 투자한 외국인으로서 기업투자(D-8) 체류자격으로 3년 이상 계속 체류하고 있는 사람 2) 미화 50만 달러 이상을 투자한 외국법인이 「외국인투자 촉진법」에 따른 국내 외국인투자기업에 파견한 임직원으로서 3년 이상 계속 체류하고 있는 사람 3) 미화 30만 달러 이상을 투자한 외국인으로서 2명 이상의 국민을 고용하고 있는 사람 마. 영주(F-5) 체류자격을 상실한 사람 중 국내

생활관계의 권익보호 등을 고려하여 법무부장관이 국내에서 계속 체류하여야 할 필요가 있다고 인정하는 사람(강제퇴거된 사람은 제외한다)

바. 외교(A-1)부터 협정(A-3)까지의 체류자격 외의 체류자격으로 대한민국에 7년 이상 계속 체류하여 생활 근거지가 국내에 있는 사람으로서 법무부장관이 인정하는 사람[다만, 교수(E-1)부터 전문직업(E-5)까지 또는 특정활동(E-7) 체류자격을 가진 사람에 대해서는 최소 체류기간을 5년으로 한다]

사. 비전문취업(E-9), 선원취업(E-10) 또는 방문취업(H-2) 체류자격으로 취업활동을 하고 있는 사람으로서 과거 10년 이내에 법무부장관이 정하는 체류자격으로 4년 이상의 기간 동안 취업활동을 한 사실이 있는 사람 중 다음 요건을 모두 갖춘 사람

1) 법무부장관이 정하는 기술·기능 자격증을 가지고 있거나 일정 금액 이상의 임금을 국내에서 받고 있을 것(기술·기능 자격증의 종류 및 임금의 기준에 관하여는 법무부장관이 관계 중앙행정기관의 장과 협의하여 고시한다)

2) 법무부장관이 정하는 금액 이상의 자산을 가지고 있을 것

3) 대한민국 「민법」에 따른 성년으로서 품행이 단정하고 대한민국에서 거주하는 데에 필요한 기본 소양을 갖추고 있을 것

아. 「국가공무원법」 또는 「지방공무원법」에 따라 공무원으로 임용된 사람으로서 법무부장관이 인정하는 사람

자. 나이, 학력, 소득 등이 법무부장관이 정하여 고시하는 기준에 해당하는 사람

	차. 투자지역, 투자대상, 투자금액 등 법무부장관이 정하여 고시하는 기준에 따라 부동산 등 자산에 투자한 사람 또는 법인의 임원, 주주 등으로서 법무부장관이 인정하는 외국인. 이 경우 법인에 대해서는 법무부장관이 투자금액 등을 고려하여 체류자격 부여 인원을 정한다. 카. 자목이나 차목에 해당하는 사람의 배우자 및 자녀(법무부장관이 정하는 요건을 갖춘 자녀만 해당한다)
28.동 반 (F-3)	문화예술(D-1)부터 특정활동(E-7)까지의 체류자격에 해당하는 사람의 배우자 및 미성년 자녀로서 배우자가 없는 사람[기술연수(D-3) 체류자격에 해당하는 사람은 제외한다]
28의2. 재외동포 (F-4)	「재외동포의 출입국과 법적 지위에 관한 법률」 제2조제2호에 해당하는 사람(단순 노무행위 등이 영 제23조제3항 각 호에서 규정한 취업활동에 종사하려는 사람은 제외한다)
28의3.영주(F-5)	법 제46조제1항 각 호의 강제퇴거 대상이 아닌 사람으로서 다음 각 목의 어느 하나에 해당하는 사람 가. 대한민국 「민법」에 따른 성년이고, 본인 또는 동반가족이 생계를 유지할 능력이 있으며, 품행이 단정하고 대한민국에 계속 거주하는 데에 필요한 기본 소양을 갖추는 등 법무부장관이 정하는 조건을 갖춘 사람으로서, 주재(D-7)부터 특정활동(E-7)까지의 체류자격이나 거주(F-2) 체류자격으로 5년 이상 대한민국에 체류하고 있는 사람 나. 국민 또는 영주(F-5) 체류자격을 가진 사

람의 배우자 또는 미성년 자녀로서 대한민
국에 2년 이상 체류하고 있는 사람 및 대
한민국에서 출생한 것을 이유로 법 제23조
에 따라 체류자격 부여 신청을 한 사람으
로서 출생 당시 그의 부 또는 모가 영주
(F-5) 체류자격으로 대한민국에 체류하고
있는 사람 중 생계유지 능력, 품행, 기본적
소양 등을 고려한 결과 대한민국에 계속
거주할 필요가 있다고 법무부장관이 인정
하는 사람

다. 「외국인투자 촉진법」에 따라 미화 50만 달러
이상을 투자한 외국투자가로서 5명 이상의 국
민을 고용하고 있는 사람

라. 재외동포(F-4) 체류자격으로 대한민국에 2년
이상 계속 체류하고 있는 사람으로서 생계유
지 능력, 품행, 기본적 소양 등을 고려하여
대한민국에 계속 거주할 필요가 있다고 법무
부장관이 인정하는 사람

마. 「재외동포의 출입국과 법적 지위에 관한 법
률」 제2조제2호의 외국국적 동포로서 「국적
법」에 따른 국적 취득 요건을 갖춘 사람

바. 종전 「출입국관리법 시행령」(대통령령 제
17579호로 일부개정되어 2002. 4. 18. 공포·
시행되기 이전의 것을 말한다) 별표 1 제27
호란의 거주(F-2) 체류자격(이에 해당되는
종전의 체류자격을 가진 적이 있는 사람을
포함한다)이 있었던 사람으로서 생계유지 능
력, 품행, 기본적 소양 등을 고려하여 대한민
국에 계속 거주할 필요가 있다고 법무부장관
이 인정하는 사람

사. 다음 각 호의 어느 하나에 해당하는 사람으
로서 법무부장관이 인정하는 사람

　　1) 국외에서 일정 분야의 박사 학위를 취득한
　　　 사람으로서 영주(F-5) 체류자격 신청 시
　　　 국내 기업 등에 고용된 사람
　　2) 국내 대학원에서 정규과정을 마치고 박사
　　　 학위를 취득한 사람
아. 법무부장관이 정하는 분야의 학사 학위 이
　　상의 학위증 또는 법무부장관이 정하는 기술
　　자격증이 있는 사람으로서 국내 체류기간이
　　3년 이상이고, 영주(F-5) 체류자격 신청 시
　　국내기업에 고용되어 법무부장관이 정하는
　　금액 이상의 임금을 받는 사람
자. 과학·경영·교육·문화예술·체육 등 특정 분야에서
　　탁월한 능력이 있는 사람 중 법무부장관이 인정
　　하는 사람
차. 대한민국에 특별한 공로가 있다고 법무부장
　　관이 인정하는 사람
카. 60세 이상으로서 법무부장관이 정하는 금액
　　이상의 연금을 해외로부터 받고 있는 사람
타. 방문취업(H-2) 체류자격으로 취업활동을 하
　　고 있는 사람으로서 이 표 제27호 거주(F-2)
　　란의 사목 1)부터 3)까지의 요건을 모두 갖추
　　고 있는 사람 중 근속기간이나 취업지역, 산
　　업 분야의 특성, 인력 부족 상황 및 국민의
　　취업 선호도 등을 고려하여 법무부장관이 인
　　정하는 사람
파. 거주(F-2) 자목에 해당하는 체류자격으로 대
　　한민국에서 3년 이상 체류하고 있는 사람으로
　　서 생계유지 능력, 품행, 기본적 소양 등을
　　고려하여 대한민국에 계속 거주할 필요가 있
　　다고 법무부장관이 인정하는 사람
하. 거주(F-2) 차목의 체류자격을 받은 후 5년
　　이상 계속 투자상태를 유지한 사람으로서 생

	계유지 능력, 품행, 기본 소양 등을 고려하여 대한민국에 계속 거주할 필요가 있다고 법무부장관이 인정하는 사람과 그 배우자 및 자녀(법무부장관이 정하는 요건을 갖춘 자녀만 해당한다) 거. 기업투자(D-8) 다목에 해당하는 체류자격으로 대한민국에 3년 이상 계속 체류하고 있는 사람으로서 투자자로부터 3억원 이상의 투자금을 유치하고 2명 이상의 국민을 고용하는 등 법무부장관이 정하는 요건을 갖춘 사람 너. 5년 이상 투자 상태를 유지할 것을 조건으로 법무부장관이 정하여 고시하는 금액 이상을 투자한 사람으로서 품행 등 법무부장관이 정하는 요건을 갖춘 사람 더. 기업투자(D-8) 가목에 해당하는 체류자격을 가지고「외국인투자촉진법 시행령」제25조제1항제4호에 따른 연구개발시설의 필수전문인력으로 대한민국에 3년 이상 계속 체류하고 있는 사람으로서 법무부장관이 인정하는 사람
28의4. 결혼이민 (F-6)	가. 국민의 배우자 나. 국민과 혼인관계(사실상의 혼인관계를 포함한다)에서 출생한 자녀를 양육하고 있는 부 또는 모로서 법무부장관이 인정하는 사람 다. 국민인 배우자와 혼인한 상태로 국내에 체류하던 중그 배우자의 사망이나 실종, 그 밖에 자신에게 책임이 없는 사유로 정상적인 혼인관계를 유지할 수 없는 사람으로서 법무부장관이 인정하는 사람
29. 기타(G-1)	외교(A-1)부터 결혼이민(F-6)까지, 관광취업

	(H-1) 또는 방문취업(H-2) 체류자격에 해당하지 않는 사람으로서 법무부장관이 인정하는 사람
30. 관광취업 (H-1)	대한민국과 "관광취업"에 관한 협정이나 양해각서 등을 체결한 국가의 국민으로서 협정 등의 내용에 따라 관광과 취업활동을 하려는 사람(협정 등의 취지에 반하는 업종이나 국내법에 따라 일정한 자격요건을 갖추어야 하는 직종에 취업하려는 사람은 제외한다)
31. 방문취업(H-2)	가. 체류자격에 해당하는 사람: 「재외동포의 출입국과 법적 지위에 관한 법률」 제2조제2호에 따른 외국국적동포(이하 "외국국적동포"라 한다)에 해당하고, 다음의 어느 하나에 해당하는 만 25세 이상인 사람 중에서 나목의 활동범위 내에서 체류하려는 사람으로서 법무부장관이 인정하는 사람[다만, 재외동포(F-4) 체류자격에 해당하는 사람은 제외한다] 1) 출생 당시에 대한민국 국민이었던 사람으로서 가족관계등록부, 폐쇄등록부 또는 제적부에 등재되어 있는 사람 및 그 직계비속 2) 국내에 주소를 둔 대한민국 국민 또는 영주(F-5) 체류자격 마목에 해당하는 사람인 8촌 이내의 혈족 또는 4촌 이내의 인척으로부터 초청을 받은 사람 3)「국가유공자 등 예우 및 지원에 관한 법률」 제4조에 따른 국가유공자와 그 유족 등에 해당하거나「독립유공자예우에 관한 법률」 제4조에 따른 독립유공자와 그 유족 또는 그 가족에 해당하는 사람 4) 대한민국에 특별한 공로가 있거나 대한민국의 국익 증진에 기여한 사람 5) 유학(D-2) 체류자격으로 1학기 이상 재학 중인 사람의 부모 및 배우자

6) 국내 외국인의 체류질서 유지를 위하여 법
   무부장관이 정하는 기준 및 절차에 따라 자
   진하여 출국한 사람
7) 1)부터 6)까지의 규정에 해당하지 않는 사람
   으로서 법무부장관이 정하여 고시하는 한국말
   시험, 추첨 등의 절차에 따라 선정된 사람
나. 활동범위
 1) 방문, 친척과의 일시 동거, 관광, 요양, 견학,
    친선경기, 비영리 문화예술활동, 회의 참석,
    학술자료 수집, 시장조사·업무연락·계약 등
    상업적 용무, 그 밖에 이와 유사한 목적의
    활동
 2) 한국표준산업분류표에 따른 다음의 산업 분
    야에서의 활동
    가) 작물 재배업(011)
    나) 축산업(012)
    다) 작물재배 및 축산 관련 서비스업(014)
    라) 연근해 어업(03112)
    마) 양식 어업(0321)
    바) 소금채취업(07220)
    사) 제조업(10~33). 다만, 상시 사용하는
        근로자 수가 300명 미만이거나 자본금
        이 80억원 이하인 경우에만 해당한다.
    아) 하수, 폐수 및 분뇨 처리업(37)
    자) 폐기물 수집운반, 처리 및 원료재생업
(38)
    차) 건설업(41~42). 다만, 발전소·제철소·
        석유화학 건설현장의 건설업체 중 건
        설면허가 산업환경설비인 경우는 제외
        한다.
    카) 산동물 도매업(46205)
    타) 기타 산업용 농산물 및 산동물 도매업
(46209)

파) 가정용품 도매업(464)

하) 기계장비 및 관련 물품 도매업(465)

거) 재생용 재료 수집 및 판매업(46791)

너) 기타 가정용품 소매업(475)

더) 기타 상품 전문 소매업(478)

러) 무점포 소매업(479)

머) 육상 여객 운송업(492)

버) 냉장 및 냉동 창고업(52102). 다만, 내륙에 위치한 업체에 한정한다.

서) 호텔업(55111). 다만, 「관광진흥법」에 따른 호텔업은 1등급·2등급 및 3등급의 호텔업으로 한정한다.

어) 여관업(55112)

저) 일반 음식점업(5611)

처) 기타 음식점업(5619)

커) 서적, 잡지 및 기타 인쇄물 출판업(581)

터) 음악 및 기타 오디오물 출판업(59201)

퍼) 사업시설 유지관리 서비스업(741)

허) 건축물 일반 청소업(74211)

고) 사업시설 및 산업용품 청소업(74212)

노) 여행사 및 기타 여행보조 서비스업(752)

도) 사회복지 서비스업(87)

로) 자동차 종합 수리업(95211)

모) 자동차 전문 수리업(95212)

보) 모터사이클 수리업(9522)

소) 욕탕업(96121)

오) 산업용 세탁업(96911)

조) 개인 간병인 및 유사 서비스업(96993)

초) 가구 내 고용활동(97)

4. 체류자격별 취업활동의 제한

4-1. 단기취업의 체류자격에 해당하는 경우

① 단기취업(C-4), 교수(E-1), 회화지도(E-2), 연구(E-3), 기술지도(E-4), 전문직업(E-5), 예술흥행(E-6), 특정활동(E-7), 비전문취업(E-9), 선원취업(E-10), 관광취업(H-1) 또는 방문취업(H-2)의 체류자격에 해당하는 경우에 해당 외국인근로자는 지정된 근무처 외에서 근무해서는 안 됩니다(출입국관리법 제18조 제2항).

예외적으로 전문적인 지식·기술 또는 기능을 가진 사람으로서 교수(E-1), 회화지도(E-2), 연구(E-3), 기술지도(E-4), 전문직업(E-5), 예술흥행(E-6), 특정활동(E-7) 자격으로 외국인등록을 하고 체류 중인 사람에 대해서는 위의 지정근무처 근무제한규정이 적용되지 않습니다(출입국관리법 제21조 제3항, 동법 시행령 제26조의2 제1항).

이를 위반하면 1년 이하의 징역 또는 1천만원 이하의 벌금에 처해집니다.

② 해당 외국인근로자가 그 체류자격의 범위에서 근무처를 변경하거나 추가하려면 미리 법무부장관(위임된 경우 출입국관리소장 또는 출입국관리소출장소장)의 허가를 받아야 합니다(출입국관리법 제21조 제1항).

예외적으로 전문적인 지식·기술 또는 기능을 가진 사람으로 교수(E-1), 회화지도(E-2), 연구(E-3), 기술지도(E-4), 전문직업(E-5), 예술흥행(E-6), 특정활동(E-7) 자격으로 외국인등록을 하고 체류 중인 사람은 근무처를 변경하거나 추가한 날부터 15일 이내에 법무부장관에게 신고하면 됩니다.

이를 위반하면 1년 이하의 징역 또는 1천만원 이하의 벌금에 처해집니다.

③ 누구든지 다른 법률에 의해 고용을 알선하는 경우를 제외하고는 근무처의 변경·추가허가를 받지 않은 해당 외국인 근로자를 고용하거나 고용을 알선해서는 안 됩니다(출입국관리법 제21조).

이를 위반하여 근무처의 변경 또는 추가허가를 받지 않은 외국인의 고용을 업으로 알선하면 3년 이하의 징역 또는 2천만원 이하의 벌금에 처해지며, 그 외국인을 고용하면 1년 이하의 징역 또는 1천만원이하의 벌금에 처해집니다(출입국관리법 제95조 제6호).

4-2. 거주의 체류자격에 해당하는 경우

거주(F-2)(라목부터 바목까지는 그 체류자격에 해당하는 분야의 활동을 하려는 경우만을 말함), 재외동포(F-4), 영주(F-5) 또는 결혼이민(F-6)의 체류자격에 해당하는 경우에 해당 외국인근로자는 취업활동의 제한을 받지 않습니다(출입국관리법 시행령 제23조 제2항부터 제4항까지).

다만, 위 표의 제12호[재외동포(F-4)]의 체류자격에 해당하는 외국인은 다음의 행위를 할 수 없으며, 허용되는 취업활동이라도 국내법령에 따라 일정한 자격이 필요할 경우에는 그 자격을 갖추어야 합니다.

① 단순노무행위 : 단순하고 일상적인 육체노동을 요하는 업무로서 「한국표준직업분류」에 따른 단순노무직 근로자의

취업분야의 행위.

② 선량한 풍속이나 그 밖의 사회질서에 반하는 행위 : 다음 어느 하나에 해당하는 행위를 말합니다.

가). 복표발행업, 현상업, 회전판돌리기업, 추첨업 또는 경품업 등의 사행행위 영업장소 등에 취업하는 행위

나). 유흥주점(식품위생법 제36조제2항 및 동법 시행령 제21조 제8호 라목)에서 유흥종사자로 근무하는 행위

다). 다음의 어느 하나에 해당하는 풍속영업 중 선량한 풍속에 반하는 영업장소 등에 취업하는 행위
  - 단란주점영업 및 유흥주점영업
  - 숙박업, 이용업 및 목욕장업
  - 비디오물감상실업, 노래연습장업 및 게임제공업·복합유통 게임제공업
  - 무도학원업 및 무도장업
  - 청소년 보호법 제2조 제5호 가목(6)에 따른 청소년 출입·고용금지업소

라) 그 밖에 공공의 이익이나 국내 취업질서 등을 유지하기 위해서 그 취업을 제한할 필요가 있다고 인정되는 행위

재외동포의 취업활동 제한에 관한 구체적 범위는 법무부장관이 재외동포의 출입국및체류심의조정위원회의 심의·조정을 거쳐 고시됩니다[출입국관리법 시행규칙 제27조의2 제3항 및 재외동포(F-4)자격의 취업활동 제한범위 고시(법무부 고시 제2015-29호, 2015. 1. 26. 발령, 2015. 2. 1. 시행)].

4-3. 방문취업동포(H-2) <건설업종취업등록제>

2009년 5월부터 방문취업동포 건설업종 취업등록제가 시행됩니다. 이후로 방문취업동포가 건설업에 취업하기 위해서는 건설업 취업등록 신청 및 취업교육 등 절차를 거쳐 반드시 "건설업 취업 인정 증명서"를 발급받아야 하며, 2009년 12월부터는 건설업 취업 인정증명서 없이 건설업에 취업할 수 없습니다. 건설업 취업 인정증명서 없이 건설업에 근무하는 자는 체류기간 연장불허(1회 위반) 및 사증·체류허가 취소(2회 이상 위반) 등 법적 불이익을 받게 됩니다.

5. 외국인근로자 취업절차

5-1. 비전문취업(E-9) 체류자격자 취업절차

비전문취업(E-9) 체류자격을 가진 외국인근로자는 고용노동부장관이 정하는 《외국인근로자 도입계획》상 도입 규모 및 업종에 해당하는 기업 등에 취업할 수 있습니다.

비전문취업(E-9) 체류자격자의 취업절차는 ① 외국인구직자명부 등록, ② 고용지원센터소장의 고용 추천, ③ 근로계약 체결, ④ 사증 발급 신청, ⑤ 입국, ⑥ 외국인 취업교육 이수, ⑦ 근로 시작 등의 순서로 이루어집니다.

5-2. 비전문취업(E-9) 체류자격 외국인근로자의 취업 규모 및 업종

고용노동부는 매년 외국인근로자의 도입 규모 및 업종 등이 포함된 「외국인근로자 도입계획」을 관보, 일간신문 또는 인터넷을 통해 공표하고 있습니다(외국인근로자법 제5조 제1항 및 동법 시행령 제3조).

현재 대한민국과 비전문취업(E-9) 체류자격 외국인근로자의 송출에 관한 양해각서(MOU)를 체결한 국가는 필리핀, 몽골, 스리랑카, 베트남, 태국, 인도네시아, 우즈베키스탄, 파키스탄, 캄보디아, 중국, 방글라데시, 네팔, 키르기스스탄, 미얀마, 동티모르 15개 국가입니다.

5-2-1. 외국인구직자명부 등록

사용자는 외국인구직자명부에 등록된 외국인근로자 중에서 적격자를 채용하게 되므로, 비전문취업(E-9) 체류자격을 가진 외국인근로자가 대한민국에서 취업하려면 반드시 외국인구직자명부에 등록되어 있어야 합니다(외국인근로자법 제8조 제3항).

외국인구직자명부에 등록되기 위해서는 한국어능력시험 성적, 경력 등 외국인구직자 선발기준에 해당하는 능력을 갖추어야 합니다(외국인근로자법 제7조 제2항).

5-2-2. 사업자의 요청과 고용지원센터소장의 추천

외국인근로자가 취업하기 위해서는 사용자의 고용 요청과 고용지원센터소장의 추천이 있어야 합니다.

사용자가 추천받은 외국인근로자 중에서 적합한 사람을 선정한 경우에는 즉시 고용허가서가 발급됩니다.

5-2-3. 근로계약 체결

① 표준근로계약서

고용지원센터소장의 추천을 받아 대한민국의 사용자에 의해 선정된 외국인근로자는 그 사용자와 근로계약을 체결합니다. 이 때 근로계약은 표준근로계약서를 사용해서 이루어집니다.

근로계약의 체결은 사용자에 의해 한국산업인력공단이 대행할 수 있습니다(외국인근로자법 제9조 제2항).

근로계약을 체결한 외국인근로자는 근로계약서 1부를 받습니다(외국인근로자법 시행령 제16조).

② 근로계약기간

외국인근로자와 사용자는 3년의 기간 내에서 당사자 간 합의에 따라 근로계약을 체결하거나 갱신할 수 있습니다(외국인근로자법 제9조 제3항 및 제18조).

이 경우 근로계약은 외국인근로자가 입국한 날부터 효력이 발생합니다(외국인근로자법 시행령 제17조 제1항). 다만, 취업활동기간 3년이 만료되어 출국하기 전에 사용자가 고용노동부장관에게 재고용허가를 요청한 외국인근로자는 3년의 기간제한(외국인근로자법 제18조)에도 불구하고 1회에 한해서 2년 미만의 범위에서 취업활동기간을 연장 받아, 연장된 취업활동기간의 범위에서 근로계약을 체결할 수 있습니다(외국인근로자법 제18조의2).

사용자가 재고용 허가를 받으려면 취업활동 기간 만료일까지의 근로계약 기간이 1개월 이상인 외국인근로자를 대상으로 해당 근로자의 취업활동 기간 만료일의 7일 전까지 다음의 서류를 소재지 관할 직업안정기관의 장에게 제출해야 합니다. 이 경우 고용지원센터에서 행정정보의 공동이용을 통하여 사업자등록증을 확인하며, 신청인은 확인에 동의하지 않으면 사업자등록증 사본을 제출해야 합니다(외국인근로자법 시행규칙

제14조의2 제1항).

　가) 취업기간 만료자 취업활동기간 연장신청서

　나) 외국인등록증 사본

　다) 여권 사본

　라) 표준근로계약서 사본

취업활동기간 연장 신청을 받은 소재지관할 직업안정기관의 장은 연장신청서를 검토한 결과 해당요건을 충족하는 경우에는 신청서를 접수한 날부터 7일 이내에 취업기간 만료자 취업활동기간 연장 확인서를 발급합니다(외국인근로자법 시행규칙 제14조의2 제2항).

■ 외국인근로자의 고용 등에 관한 법률 시행규칙 [별지 제12호의3서식]
EPS시스템(www.eps.go.kr)에서도 이용할 수 있습니다

취업기간 만료자 취업활동 기간 연장신청서

※ 뒤쪽의 유의사항 및 작성방법을 읽고 작성하여 주시기 바라며, [ ]에는 해당되는 곳에 √표를 합니다.

(앞쪽)

접수번호		접수일	처리기간	7일
사업장명		전화번호		
소재지		대표자		
사업의 종류		사업자등록번호(주민등록번호)		

사실관계 기재란	• [ ]외국인근로자 도입 업종에 해당 • [ ]취업기간 만료자 재취업활동 기간 연장 신청일 2개월 전부터 고용허가서 발급일까지 내국인근로자를 고용조정으로 이직시키지 않았음 • [ ]취업기간 만료자 재취업활동 기간 연장 신청일 5개월 전부터 고용허가서 발급일까지 임금체불이 없음 • [ ]고용보험 및 산업재해보상보험 가입 • [ ]이미 고용한 외국인근로자에 대한 출국만기보험등 및 보증보험 가입

취업기간 만료 외국인근로자 인적사항

일련번호	성명	①외국인등록번호	국적	여권번호	②체류기간만료일	외국인근로자서명 또는 날인

※ 취업기간 만료 외국인근로자가 많은 경우에는 별지에 적을 수 있습니다.

우리 사업장에서는 위 취업기간 만료 외국인근로자가 「외국인근로자의 고용 등에 관한 법률」 제18조의2 및 같은 법 시행규칙 제14조의2에 따라 취업활동 기간을 연장할 수 있도록 신청합니다.

년   월   일

신청인   (서명 또는 인)

○○지방고용노동청(○○지청)장 귀하

신청인 제출서류	1. 외국인등록증 사본, 2. 여권 사본, 3. 표준근로계약서 사본	수수료 없음
담당 공무원 확인사항	사업자등록증	

행정정보 공동이용 동의서

본인은 이 건 업무처리와 관련하여 담당 공무원이 「전자정부법」 제36조제1항에 따른 행정정보의 공동이용을 통하여 위의 담당 공무원 확인 사항을 확인하는 것에 동의합니다. *동의하지 아니하는 경우에는 신청인이 직접 관련 서류를 제출하여야 합니다.

신청인   (서명 또는 인)

210mm×297mm[백상지 80g/㎡(재활용품)]

③ 사증 발급 신청

근로계약을 체결한 외국인근로자는 사용자로부터 사증발급인정서를 송부 받아 대한민국대사관 또는 영사관에 비전문취업(E-9) 체류자격 사증의 발급을 신청합니다(외국인근로자법 제10조, 출입국관리법 제8조 및 동법 시행규칙 제9조).

사용자가 외국인근로자를 대신해서 사증발급인정서를 발급받으면(외국인근로자법 제10조), 그 외국인근로자는 별도의 심사절차 없이 사증을 발급받을 수 있습니다. 국가에 따라 사증발급인정서 대신 사증발급인정번호를 부여하기도 하는데, 사증발급인정번호는 전자사증이 발급되는 국가에서 인정됩니다.

④ 입국

외국인근로자는 유효한 여권과 사증을 가지고 입국해야 합니다. 다만, 대한민국 법무부장관의 재입국허가를 받았거나 재입국허가가 면제된 사람으로서 그 허가 또는 면제받은 기간이 끝나기 전에 입국하는 경우에는 사증 없이도 입국할 수 있습니다(출입국관리법 제7조 제2항 제1호).

⑤ 외국인 취업교육 이수

외국인근로자는 입국한 후 15일 이내에 한국산업인력공단 또는 국제노동협력원에서 실시하는 외국인 취업교육을 받아야 합니다(외국인근로자법 제11조 제1항).

⑤ 건강진단

사용자는 근로자의 건강보호·유지를 위해 고용노동부장관이 지정하는 기관 또는 국민건강보험법에 따라 건강진단을 실시하는 기관(건강진단기관)에서 외국인근로자에 대한 건강진단을 실시해야 하며, 이에 따라 외국인근로자는 통상 외국인 취업교육을 받을 때 건강진단을 함께 받게 됩니다(산업안전보건법 제43조).

건강진단 불합격자는 2차 정밀검사를 실시하게 됩니다. 2차 정밀검사 결과가 확정될 때까지 지방출입국과 협의해서 격리 수용 후, 이상이 없을 경우에는 사업장에 정상적으로 배치되나 부적격자로 확정될 경우 출국 조치됩니다.

⑥ 외국인등록

외국인근로자는 입국한 날부터 90일 이내에 그 체류지를 관할하는 지방출입국·외국인관서에 외국인등록을 해야 합니다(출입국관리법 제31조 제1항).

⑦ 근로 시작

외국인 취업교육을 이수한 외국인근로자는 근로계약을 체결한 사업장에 배치되어 근로를 시작하게 됩니다.

⑧ 체류기간 연장허가 신청

근로계약기간을 갱신하는 경우, 즉 1년의 체류기간을 초과해서 계속 체류하려는 경우에는 그 기간이 끝나기 전에 관할 지방출입국·외국인관서에 체류기간 연장허가를 신청해야 합니다(출입국관리법 제25조).

⑨ 국내에 취업 중인 비전문취업 체류자격 외국인근로자가 사업장을 변경해서 취업하려는 경우

외국인근로자가 다음의 어느 하나에 해당하는 경우가 발생해서 그 사업 또는 사업장에서 정상적인 근로관계를 지속하기 곤란한 경우에는 근로계약 종료 후 1개월 이내에 고용지원센터에 다른 사업 또는 사업장으로의 변경을 신청해야 합니다[외국인근로자법 제25조 제1항·제3항, 동법 시행령 제30조 제

1항 및 외국인근로자의 책임이 아닌 사업장변경 사유(고용노동부 고시 제2016-4호, 2016. 1. 20. 발령·시행)].

　가) 사용자가 정당한 사유로 근로계약기간 중 근로계약을 해지하려거나 근로계약기간이 만료된 후 갱신을 거절하려는 경우

　나) 사업 또는 사업장의 휴업, 폐업 등으로 근로를 계속할 수 없게 되었다고 인정되는 경우

　다) 사용자의 근로조건 위반 또는 부당한 처우 등으로 근로를 계속할 수 없게 되었다고 인정되는 경우

　라) 상해 등으로 외국인근로자가 해당 사업 또는 사업장에서 계속 근무하기는 부적합하나 다른 사업 또는 사업장에서의 근무는 가능하다고 인정되는 경우

■ 외국인근로자의 고용 등에 관한 법률 시행규칙 [별지 제13호서식]
EPS시스템(www.eps.go.kr)에서도 이용할 수 있습니다

사업장 변경신청서

※ 뒤쪽의 제출서류 및 작성방법을 읽고 작성하시기 바라며, [ ]에는 해당되는 곳에 √표를 합니다.

(앞쪽)

접수번호		접수일	처리기간

①성명(영어)	성별	사 진
국적	외국인등록번호	3cm×4cm
입국일		(모자 벗은 상반신으로 뒤 그림 없이 6개월 이내 촬영한 것)
체류자격	체류자격 만료일	

② 연락처	한국 내 주소			
	한국 내 전화번호	전자우편		
	휴대전화번호	③가입 보험 [ ]상해보험 [ ]귀국비용보험		

신체조건	키	cm	몸무게	kg	근로능력	팔/손	좌[ ]정상 [ ]기능장애	우[ ]정상 [ ]기능장애
						다리/발	좌[ ]정상 [ ]기능장애	우[ ]정상 [ ]기능장애

언어능력	한국어	[ ]상 [ ]중 [ ]하	입국 전 한국어 능력시험 점수	점
	영어	[ ]상 [ ]중 [ ]하		

입국 전 이력 및 경력사항	학력/전공		직업학교/전공		기능수준평가	[ ]실시 [ ]미실시		
	자격	[ ]유 [ ]무	※ 자격면허 자격에 "[√]유" 표시한 경우에만 작성		1			
					2			
	근무경력	[ ]유 [ ]무 ※ 근무경력에 "[√]유" 표시한 경우에만 작성	④업종(분류번호) 1. ( ) 2. ( )		⑤직무내용(분류번호)	1. ( ) 2. ( )	근무기간	년 개월
							근무기간	년 개월

입국 후 경력사항	⑥업종(분류번호)	1. ( )	⑦직무내용(분류번호)	1. ( )	근무기간	년 개월
		2. ( )		2. ( )	근무기간	년 개월
		3. ( )		3. ( )	근무기간	년 개월

희망 취업조건	우선순위	⑧희망 업종(분류번호)	⑨희망 직무내용(분류번호)
	1	( )	( )
	2	( )	( )
	3	( )	( )
	희망 근무지역	1.( )시·도 ( )시·군·구 2.( )시·도 ( )시·군·구	[ ]관계 없음
	희망 임금 또는 보수의 형태·금액		월 기본급 ( )원 이상
	그 밖의 희망사항(근무 가능 기간 및 시간 등)		

210mm×297mm[백상지 80g/㎡(재활용품)]

사업장 변경신청 사유	[ ]근로계약기간 만료　[ ]근로계약 해지 [ ]휴업·폐업, 고용허가의 취소 또는 고용의 제한 등 고용노동부장관이 고시한 사유 [ ]상해 등

　「외국인근로자의 고용 등에 관한 법률」 제25조제1항 및 같은 법 시행규칙 제16조제1항에 따라 위에 적은 사항은 사실과 다름이 없음을 확인합니다.

년　　월　　일

신청인　　　　　　　(서명 또는 인)

○○지방고용노동청(○○지청)장 귀하

신청인 제출서류	여권 사본(「출입국관리법」 제88조에 따른 외국인등록 사실증명을 확인할 수 없는 경우에만 제출합니다)	수수료 없음
담당 공무 원 확인사항	「출입국관리법」 제88조에 따른 외국인등록 사실증명	

행정정보 공동이용 동의서

　본인은 이 건 업무처리와 관련하여 담당 공무원이 「전자정부법」 제36조제1항에 따른 행정정보의 공동이용을 통하여 위의 담당 공무원 확인 사항을 확인하는 것에 동의합니다. ＊동의하지 아니하는 경우에는 신청인이 직접 관련 서류를 제출하여야 합니다.

신청인　　　　　　　(서명 또는 인)

작성방법

1. 사업장 변경 신청 시 여권 또는 외국인등록증을 제시해 주시기 바랍니다.
2. 사업장 변경 신청 후 사정 변경 등으로 신청내용을 취소하거나 변경하려는 경우에는 즉시 신청기관으로 통지하여 주시기 바랍니다.
3. 사업장 변경신청서상의 해당란이 본인의 구직사항과 관계없는 경우에는 적지 않아도 됩니다.
4. ①란의 영어 성명은 여권 또는 외국인등록증에 적힌 것과 동일하게 적어야 합니다.
5. ②란의 연락처는 취업알선 시 중요한 사항이므로 반드시 연락 가능한 전화번호를 적기 바랍니다.
6. ③란의 가입보험은 신청인이 가입한 보험을 모두 체크합니다.(고용허가제에 의하여 입국한 외국인근로자는 반드시 근로계약 효력 발생일(E-9: 최초 입국일)부터 15일 이내에 상해보험에 가입하고, 3개월 이내에 귀국비용 보험 또는 신탁에 가입하여야 합니다.)
7. ④·⑥·⑧란의 업종(분류번호)은 고용센터에 갖추어져 있는 '표준산업분류표(KSIC)'를 참고하여 해당 업종의 중분류(두 자릿수)를 적고 의문사항은 직원에게 문의하시기 바랍니다
8. ⑤·⑦·⑨란의 직무내용(분류번호)은 고용센터에 갖추어져 있는 '고용직업분류표(KECO)'를 참고하여 해당 직무의 소분류(세 자릿수)를 적고 의문사항은 직원에게 문의하시기 바랍니다.
9. 가입신청서 외 각종 양식은 고용센터에 갖추어져 있습니다.

처 리 절 차

이 신청서는 아래와 같이 처리됩니다.

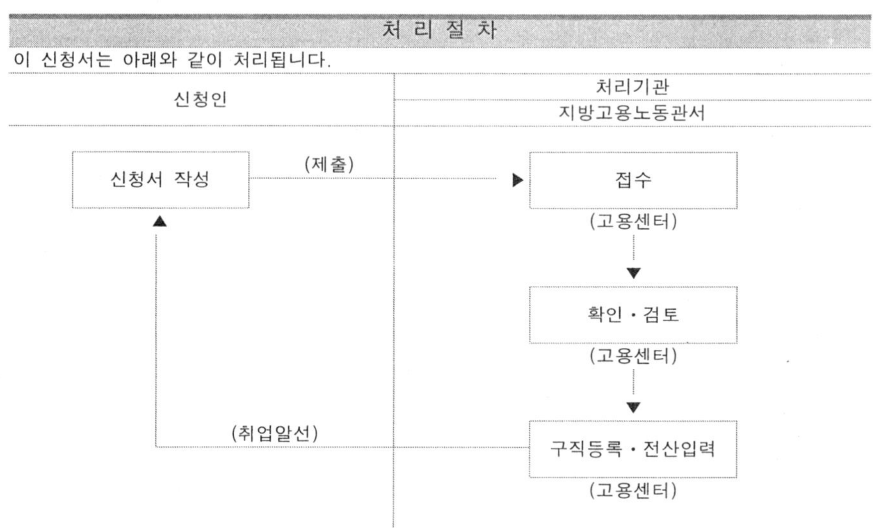

■ 외국인근로자의 고용 등에 관한 법률 시행규칙 [별지 제13호의3서식]
EPS시스템(www.eps.go.kr)에서도 이용할 수 있습니다

사업장 변경 신청기간 연장신청서

※ 뒤쪽의 유의사항, 작성방법을 읽고 작성하여 주시기 바라며, [ ]에는 해당되는 곳에 √표를 합니다.

(앞쪽)

접수번호	접수일	처리기간

①성명(영어)	성별 [ ]남 [ ]여
국적	외국인등록번호
입국일	
체류자격	체류자격 만료일

②연락처	한국 내 주소	
	한국 내 전화번호	전자우편
	휴대전화번호	가입 보험 [ ]상해보험 [ ]귀국비용보험

연장 사유	[ ]업무상 재해 [ ]질병
	[ ]임신 [ ]출산
	[ ]기타(사유:)

「외국인근로자의 고용 등에 관한 법률」 제25조제3항 및 같은 법 시행규칙 제16조제2항에 따라 위에 적은 사항은 사실과 다름이 없음을 확인합니다.

년   월   일

신청인   (서명 또는 인)

○○지방고용노동청(○○지청)장 귀하

신청인 제출서류	1. 여권 사본(「출입국관리법」 제88조에 따른 외국인등록 사실 증명을 확인할 수 없는 경우에만 제출합니다) 2. 병원 진단서 등 업무상 재해, 질병, 임신, 출산 등의 사유를 증명할 수 있는 서류 또는 그 밖의 경우 연장이 불가피함을 증명할 수 있는 자료	수수료 없음
담당 공무원 확인사항	「출입국관리법」 제88조에 따른 외국인등록 사실증명	

행정정보 공동이용 동의서

본인은 이 건 업무처리와 관련하여 담당 공무원이 「전자정부법」 제36조제1항에 따른 행정정보의 공동이용을 통하여 위의 담당 공무원 확인 사항을 확인하는 것에 동의합니다.   *동의하지 아니하는 경우에는 신청인이 직접 관련 서류를 제출하여야 합니다.

신청인   (서명 또는 인)

210mm×297mm[백상지 80g/㎡(재활용품)]

⑩ 근무처 변경허가 신청

외국인근로자는 위와 같은 사유로 새로운 사업장에서 근무하게 되는 경우 고용지원센터에 사업 또는 사업장 변경을 신청하는 것과는 별도로 근로가 시작되기 전 미리 관할 지방출입국·외국인관서에 근무처 변경허가를 신청해야 합니다(출입국관리법 제21조 제1항).

사업 또는 사업장 변경 신청일부터 3개월 이내에 근무처 변경허가를 받지 못하면 강제출국 대상자가 됩니다. 다만, 업무상 재해, 질병, 임신, 출산 등의 사유로 근무처 변경허가를 받을 수 없거나 근무처 변경신청을 할 수 없는 경우에는 그 사유가 없어진 날부터 3개월 이내에 근무처 변경허가를 받거나 1개월 내에 근무처 변경신청을 해야 합니다(외국인근로자법 제25조 제3항).

⑪ 사업 또는 사업장 변경의 제한

외국인근로자의 사업 또는 사업장 변경은 입국한 날부터 3년의 기간 중에는 원칙적으로 3회를 초과할 수 없습니다.

취업활동기간 3년이 만료되어 출국하기 전, 사용자의 재고용허가 요청에 의해 취업활동기간이 연장된 외국인근로자의 경우(외국인근로자법률 제18조의2 제1항), 연장된 기간 중 사업 또는 사업장 변경은 2회를 초과할 수 없습니다(외국인근로자법 제25조 제4항).

휴업, 폐업, 그 밖에 외국인근로자의 책임이 아닌 사유로 그 사업장에서 근로를 계속할 수 없게 되었다고 인정되는 경우는 위의 변경 횟수의 제한을 받지 않습니다.

⑫ 체류지 변경신고

사업장이 변경됨으로써 외국인근로자의 체류지도 함께 변경되는 경우 그 외국인근로자는 새로운 체류지로 전입한 날부터 14일 이내에 새로운 체류지를 관할하는 시장·군수·구청장 또는 지방출입국·외국인관서에 전입신고를 해야 합니다(출입국관리법 제36조 제1항).

5-3. 방문취업(H-2) 체류자격자 취업절차

방문취업(H-2) 체류자격을 가진 외국인근로자는 고용노동부장관이 정하는 《외국인근로자 도입계획》상 도입 규모 및 업종에 해당하는 기업 등에 취업할 수 있습니다.

방문취업(H-2) 체류자격자의 취업절차는 ① 외국인 취업교육 이수, ② 구직 신청, ③ 근로계약 체결, ④ 외국인등록, ⑤ 근로 시작 등의 순서로 이루어집니다.

5-3-1. 근로계약 체결

① 표준계약서의 작성 등

외국인구직자명부에 등록된 외국인근로자 중 대한민국의 사용자에 의해 선정된 외국인근로자는 그 사용자와 근로계약을 체결합니다. 이 때 근로계약은 표준근로계약서를 사용해서 이루어집니다(외국인근로자법 제9조 제1항).

근로계약의 체결은 사용자에 의해 한국산업인력공단이 대행할 수 있습니다(외국인근로자의 고용 등에 관한 법률 제9조 제2항). 근로계약을 체결한 외국인근로자는 근로계약서 1부를 받습니다(외국인근로자법 시행령 제16조).

표준근로계약서
Standard Labor Contract

아래 당사자는 다음과 같이 근로계약을 체결하고 이를 성실히 이행할 것을 약정한다.
The following parties to the contract agree to fully comply with the terms of the contract stated hereinafter:

사용자 Employer	업체명 Name of the enterprise	전화번호 Phone number
	소재지 Location of the enterprise	
	성명 Name of the employer	사업자등록번호(주민등록번호) Identification number
근로자 Employee	성명 Name of the employee	생년월일 Birthdate
	본국주소 Address(Home Country)	

1. 근로계약 기간	신규 또는 재입국자: (　　) 개월, 사업장변경자:　　년　월　일 ~ 　년　월　일 - 수습기간: [ ]활용(입국일부터　[ ]1개월　[ ]2개월　[ ]3개월)　[ ]미활용 ※ 신규 또는 재입국자의 근로계약기간은 입국일부터 기산함(다만, 법 제18조의4에 따라 출국한 날부터 3개월이 지난 후 재입국한 경우는 입국하여 근로를 시작한 날부터 근로계약의 효력 발생)
1. Term of Labor contract	New or Re-entering employee: (　　) month(s) Employee who changed workplace: from (　　　　　　YY/MM/DD) to (　　YY/MM/DD) - Probation period: [ ] Included (for [ ] 1 month　[ ] 2 months　[ ] 3 months from entry date), [ ] Not included. * For new and re-entering employees, the labor contract will enter into effect from the entry date(but, the contract of employees who re-enter three months after departing from Korea in accordance with Article 18-4 will take effect from the first day of work).
2. 근로장소	※ 근로자를 이 계약서에서 정한 장소 외에서 근로하게 해서는 아니됨.
2. Place of employment	※ The undersigned employee is not allowed to work apart from the contract farm or enterprise.
3. 업무내용	- 업종:　　　　　　　　　　/　- 사업내용: - 직무내용:
3. Description of work	- Industry:　　　　　　　/　- Business description: - Job description:

4. 근로시간	<제조업, 건설업, 서비스업> 　　시　분 ~　　시　분 - 1일 평균 시간외 근로시간:　　시간(사업장 사정에 따라 변동 가능) - 교대제 ([ ]2조2교대, [ ]3조3교대, [ ]4조3교대, [ ]기타) <어업> - 월 (　　)시간	※ 가사사용인, 개인간병인의 경우에는 기재를 생략할 수 있음. ※ An employer of workers in domestic help, nursing can omit the working hours. ※ 「근로기준법」 제63조에 따른 농림, 축산, 양잠, 수산 사업의 경우 같은 법에 따른 근로시간, 휴게, 휴일에 관한 규정은 적용받지 않음.
4. Working hours	<Manufacturing, construction and service sectors> from (　　　　) to (　　　　) - average daily over time:　　hours (changeable depending on the condition of a company) - shift system ([　]2groups 2shifts, [ ]3groups 3shifts, [ ]4groups 3shifts, [ ]etc.) <fishery sector> - (　) hours per month	※ In pursuant to the Article 63 of the Labor Standards Act, working hours, recess hours, off-days are not applied to agriculture, forestry, livestock breeding, silk-raising farming and marine product businesses.
5. 휴게시간	1일　　　　분	
5. Recess hours	(　　)minutes per day	

210mm×297mm[백상지(80g/㎡) 또는 중질지(80g/㎡)]

(뒤쪽)

6. 휴일	[ ]일요일 [ ]공휴일([ ]유급 [ ]무급) [ ]매주 토요일 [ ]격주 토요일 [ ]기타( )
6. Holidays	[ ]Sunday [ ]Legal holiday([ ]Paid [ ]Unpaid) [ ]Every Saturday [ ]Every other Saturday [ ]etc.( )
7. 임금	1) 월 통상임금 ( )원 - 기본급[월(시간, 일, 주)급] ( )원 - 고정적 수당: (수당: 원), (수당: 원) - 상여금 (원) * 수습기간 중 임금 ( )원 2) 연장, 야간, 휴일근로에 대해서는 수당 지급
7. Payment	1) Monthly Normal wages - Monthly(hourly, daily, or weekly) wage ( )won - Fixed Allowances: ( )allowances: ( )won, ( )allowances: ( )won - Bonus: ( )won * Probation period - Monthly wage ( )won 2) Additional pay rate applied to overtime, night shift or holiday work.
8. 임금지급일	매월/매주 ( )일/요일. 다만, 임금 지급일이 공휴일인 경우에는 전날에 지급함.
8. Payment date	( ) of every month/every week. If the payment date falls on a holiday, payment will be made on the day before the holiday.
9. 지급방법	[ ]직접 지급, [ ]통장 입금 ※ 사용자는 근로자 명의로 된 예금통장 및 도장을 관리해서는 안 됨.
9. Payment methods	[ ]In person, [ ]By direct deposit transfer into the employee's account ※ The employer will not retain the bank book and the seal of the employee.
10. 숙식제공	1) 숙박시설 제공 - 숙박시설 제공 여부: [ ]제공 [ ]미제공 제공 시, 숙박시설의 유형([ ]아파트, [ ]단독주택, [ ]연립·다세대 주택, [ ]아파트 또는 주택에 준하는 시설, [ ]그 밖의 임시 주거시설) - 숙박비용 근로자 부담 여부: [ ]부담(부담금액: 원) [ ]미부담 2) 식사 제공 - 식사 제공 여부: 제공([ ]조식, [ ]중식, [ ]석식) [ ]미제공 - 식사비용 근로자 부담 여부: [ ]부담(부담금액: 원) [ ]미부담 ※ 숙식 제공의 범위와 근로자의 비용 부담 수준은 사업주와 근로자 간 협의(신규 또는 재입국자의 경우 입국 이후)에 따라 별도로 결정
10. Accommo-dations and Meals	1) Provision of accommodation - Provision of accommodation: [ ]Provided, [ ]Not provided (If provided, type of accommodations: [ ]Apartment, [ ]House, [ ]Multiplex housing unit, [ ]Apartment or House style accommodation, [ ]Other makeshift accommodations) - Cost of accommodation: [ ]Partially paid by employee (the amount paid: won) [ ]Free of charge 2) Provision of meals - Provision of meals: [ ]Provided([ ]breakfast, [ ]lunch, [ ]dinner), [ ] Not provided - Cost of meals: [ ]Partially paid by employee(the amount paid: won), [ ]Free of charge ※ Accommodation arrangement and costs, including the amount paid by employee, will be determined by mutual consultation between the employer and employee(Newcomers and re-entering employees will consult with their employers after arrival in Korea).

11. 이 계약에서 정하지 않은 사항은 「근로기준법」에서 정하는 바에 따른다.
　※ 가사서비스업 및 개인간병인에 종사하는 외국인근로자의 경우 근로시간, 휴일·휴가, 그 밖에 모든 근로조건에 대해 사용자와 자유롭게 계약을 체결하는 것이 가능합니다.

11. Other matters not regulated in this contract will follow provisions of the Labor Standard Act.
　※ The terms and conditions of the labor contract for employees in domestic help and nursing can be freely decided through the agreement between an employer and an employee.

년 월 일
___________ (YY/MM/DD)

사용자: Employer:	(서명 또는 인) (signature)	
근로자: Employee:	(서명 또는 인) (signature)	

② 근로계약기간

외국인근로자와 사용자는 3년의 기간 내에서 당사자 간 합의에 따라 근로계약을 체결하거나 갱신할 수 있습니다(외국인근로자법 제9조 제3항 및 제12조 제1항, 제18조). 다만, 취업활동기간 3년이 만료되어 출국하기 전에 사용자가 고용노동부장관에게 재고용허가를 요청한 외국인근로자는 3년의 기간제한에도 불구하고 1회에 한해서 2년 미만의 범위에서 취업활동기간을 연장 받아, 연장된 취업활동기간의 범위에서 근로계약을 체결할 수 있습니다(외국인근로자법 제18조의2).

사용자가 재고용 허가를 받으려면 취업활동 기간 만료일까지의 근로계약 기간이 1개월 이상인 외국인근로자를 대상으로 해당 근로자의 취업활동 기간 만료일의 7일 전까지 다음의 서류를 소재지 관할 직업안정기관의 장에게 제출해야 합니다. 이 경우 고용지원센터에서 행정정보의 공동이용을 통하여 사업자등록증을 확인하며, 신청인은 확인에 동의하지 않으면 사업자등록증 사본을 제출해야 합니다(외국인근로자법 시행규칙 제14조의2 제1항).

가) 취업기간 만료자 취업활동기간 연장신청서

나) 외국인등록증 사본

다) 여권 사본

라) 표준근로계약서 사본

취업활동기간 연장 신청을 받은 소재지관할 직업안정기관의 장은 연장신청서는 검토한 결과 해당요건을 충족하는 경우에는 신청서를 접수한 날부터 7일 이내에 취업기간 만료자 취업활동기간 연장 확인서를 발급합니다.

③ 근로 시작

사용자와 근로계약을 체결한 외국인근로자는 사업장에 배치되어 근로를 시작하게 됩니다.

⑤ 취업개시 신고(외국인등록사항 변경신고)

외국인등록을 한 외국인근로자가 최초로 고용되어 근로를 시작하는 경우에는 그 취업시작 사실(외국인등록사항 변경사실)을 근로시작일부터 14일 이내에 그 체류지를 관할하는 지방출입국·외국인관서에 신고해야 합니다(출입국관리법 제35조 및 동법 시행규칙 제49조의2 제3호).

⑥ 체류기간 연장허가 신청

근로계약기간을 갱신하는 등의 이유로 체류기간을 초과해서 계속 체류하려는 경우에는 그 기간이 끝나기 전에 관할 지방출입국·외국인관서에 체류기간 연장허가를 신청해야 합니다(출입국관리법 제25조).

5-3-2. 취업 중인 방문취업 체류자격 외국인근로자가 사업장을 변경해서 취업하려는 경우의 절차

① 사업 또는 사업장 변경 신청

외국인근로자가 다음의 어느 하나에 해당하는 경우가 발생해서 그 사업 또는 사업장에서 정상적인 근로관계를 지속하기 곤란한 경우에는 근로계약 종료 후 1개월 이내에 고용지원센터에 다른 사업 또는 사업장으로의 변경을 신청해야 합니다.

　가) 사용자가 정당한 사유로 근로계약기간중 근로계약을 해지하려거나 근로계약기간이 만료된 후 갱신을 거절하려는 경우

　나) 사업 또는 사업장(이하 "사업장"이라 한다)의 휴업, 폐업

등으로 근로를 계속할 수 없게 되었다고 인정되는 경우

다) 사용자의 근로조건 위반 또는 부당한 처우 등으로 근로를 계속할 수 없게 되었다고 인정되는 경우

라) 상해 등으로 외국인근로자가 해당 사업 또는 사업장에서 계속 근무하기는 부적합하나 다른 사업 또는 사업장에서의 근무는 가능하다고 인정되는 경우

② 근무처 변경신고(외국인등록사항 변경신고)

외국인등록을 한 외국인근로자가 취업 중이던 사업 또는 사업장을 변경하는 경우에는 그 소속 근무처 변경사실(외국인등록사항 변경사실)을 근무처 변경일부터 14일 이내에 그 체류지를 관할하는 지방출입국·외국인관서에 신고해야 합니다(출입국관리법 제35조 및 동법 시행규칙 제49조의2 제4호).

③ 사업 또는 사업장 변경의 제한

외국인근로자의 사업 또는 사업장 변경은 입국한 날부터 3년의 기간(외국인근로자법 제18조) 중에는 원칙적으로 3회를 초과할 수 없습니다.

취업활동기간 3년이 만료되어 출국하기 전, 사용자의 재고용허가 요청에 의해 취업활동기간이 연장된 외국인근로자의 경우, 연장된 기간 중 사업 또는 사업장 변경은 2회를 초과할 수 없습니다.

휴업, 폐업, 그 밖에 외국인근로자의 책임이 아닌 사유로 그 사업장에서 근로를 계속할 수 없게 되었다고 인정되는 경우는 위의 변경 횟수의 제한을 받지 않습니다.

④ 체류지 변경신고

사업장이 변경됨으로써 외국인근로자의 체류지도 함께 변경

되는 경우 그 외국인근로자는 새로운 체류지로 전입한 날부터 14일 이내에 새로운 체류지를 관할하는 시장·군수·구청장 또는 지방출입국·외국인관서에 전입신고를 해야 합니다(출입국관리법 제36조 제1항).

⑤ 그 밖의 절차

사업 또는 사업장의 변경을 신청한 외국인근로자는 다른 사용자와 근로계약을 체결하고 근로를 시작하게 됩니다.

6. 외국인근로자 준수사항

6-1. 보험가입 의무

대한민국에 입국한 외국인근로자는 4대 사회보험(산업재해보상보험·국민건강보험·고용보험·국민연금보험)과 외국인근로자의 고용 등에 관한 법률의 4대 보험(출국만기보험·임금체불 보증보험·귀국비용보험·상해보험)의 피보험자 또는 수급권자가 되므로, 일정한 요건에 해당되면 보험금을 수령할 수 있습니다.

외국인근로자법에서는 외국인근로자의 귀국비용을 충당하고 업무상 재해 이외의 질병·사망 등에 대비하기 위해 외국인근로자가 귀국비용보험·신탁 및 상해보험에 가입하도록 의무화하고 있습니다.

외국인근로자의 보험가입은 통상 외국인 취업교육을 받을 때 이루어집니다.

6-2. 귀국비용보험·신탁 가입

귀국비용보험·신탁이란 외국인근로자 체류기간 만료 시 출국을 유도하여 불법체류를 방지하고 귀국 시 필요한 비용에 충당하기 위해 외국인근로자가 가입해야 하는 보험 또는 신탁을 말합니다.

① 가입 대상자

비전문취업(E-9) 또는 방문취업(H-2) 체류자격을 가진 외국인근로자로서 대한민국에 취업한 자는 모두 귀국비용보험 등의 가입 대상이 됩니다(외국인근로자법 제15조 제1항).

② 가입 기간

근로계약의 효력발생일부터 3개월 이내에 귀국비용보험 등에 가입해야 합니다(외국인근로자법 시행령 제22조 제1항).

근로계약 효력발생일이란 비전문취업(E-9) 외국인근로자는 입국일, 방문취업(H-2) 외국인근로자는 근로계약서의 근로시작일, 입국한 외국인근로자로서 사업장 변경을 한 경우에는 근로계약서의 근로시작일을 말합니다.

③ 납입 보험료

외국인근로자는 국가별 납부금액을 일시금 또는 3회 이내로 나누어 납입해야 합니다(외국인근로자법 시행령 제22조 제1항 제1호·제3항 및 외국인 고용 관리시스템).

④ 보험금 지급사유

외국인근로자는 다음의 어느 하나에 해당하는 사유가 발생하면 귀국비용보험 등의 일시금의 지급을 신청할 수 있습니다(외국인근로자법 시행령 제22조 제2항).

가) 체류기간이 만료되어 출국하려는 경우

나) 개인사정으로 체류기간의 만료 전에 출국(일시적 출국은 제외)하려는 경우

다) 사업 또는 사업장에서 이탈하였던 외국인근로자가 자진
　　출국하려거나 강제퇴거 되는 경우

　보험사업자는 귀국비용보험 등의 일시금 신청을 받으면 관
할 출입국관리사무소의 장에게 그 외국인근로자의 출국사실
여부를 확인한 후 귀국비용보험 등의 일시금을 지급해야 합니
다(외국인근로자법 시행령 제22조 제1항 제3호).

　귀국비용보험 등의 보험금 청구는 지급사유가 발생한 날부
터 3년이내에 행사해야 합니다. 3년 이내에 청구하지 않으면
소멸시효가 완성되며, 소멸시효가 완성된 보험금 등은 한국산
업인력공단으로 이전됩니다(외국인근로자법 제13조 제4항 및
제15조 제3항).

　외국인근로자가 귀국비용보험 등에 가입하지 않으면 500만원 이
하의 과태료가 부과됩니다(외국인근로자법 제32조 제1항 제6호).

6-3. 상해보험 가입

　상해보험이란 외국인근로자가 업무상 재해 이외의 질병·사
망 등에 대비해서 가입해야 하는 보험을 말합니다. 외국인근
로자는 사용자의 산업재해보상보험 가입 여부와 관계없이 상
해보험을 의무적으로 가입해야 합니다.

　상해보험에서는 업무상 재해 이외의 상해 또는 질병사고를
보상하므로 산업재해에 해당될 경우에는 산업재해보상보험에
따라 보상을 받습니다. 따라서 산업재해로 보상을 받은 후 추
가로 상해보험에서 보상받을 수는 없습니다.

① 가입 대상자

　비전문취업(E-9) 또는 방문취업(H-2) 체류자격을 가진 외국

인근로자로서 대한민국에 취업한 자는 모두 상해보험의 가입 대상이 됩니다(외국인근로자법 제23조 제2항 및 동법 시행령 제28조 제1항).

② 가입 기간

근로계약의 효력발생일부터 15일 이내에 상해보험에 가입해야 합니다.

근로계약 효력발생일이란 비전문취업(E-9) 외국인근로자는 입국일, 방문취업(H-2) 외국인근로자는 근로계약서의 근로시작일, 입국한 외국인근로자로서 사업장 변경을 한 경우에는 근로계약서의 근로시작일을 말합니다.

③ 보험금

납입 보험료는 외국인근로자의 연령, 성별, 보험기간에 따라 다릅니다.

④ 보험금 지급사유

외국인근로자가 사망하거나 질병 등이 발생한 경우 본인 또는 유족이 보험회사에 상해보험의 보험금액을 청구할 수 있습니다.

⑤ 미가입시 처벌

외국인근로자가 상해보험에 가입하지 않으면 500만원 이하의 벌금에 처해집니다.

6-4. 출국만기보험금 및 임금체불 보증보험금의 수령

6-4-1. 출국만기보험·신탁금의 지급 신청

외국인근로자 계속하여 1년 이상을 근무하고 출국(일시적 출국 제외) 또는 사망하거나 체류자격이 변경된 경우 등에는 적립된 금액을 일시금으로 청구할 수 있습니다. 만약, 외국인근로자가 근무기간이 1년 미만인 경우에는 그 일시금을 사용자가 받게 됩니다(외국인근로자법 시행령 제21조 제2항 제2호 단서).

출국만기보험·신탁 일시금은 사용자가 매월 납입한 보험료의 적립금입니다. 다만, 사용자는 외국인근로자의 근로관계가 종료되거나 체류자격이 변경된 경우 출국만기보험 등의 일시금의 금액이 퇴직금의 금액보다 적은 경우에는 그 차액을 외국인근로자에게 지급해야 합니다.

출국만기보험 등의 지급시기는 피보험자 등이 출국한 때부터 14일(체류자격의 변경, 사망 등에 따라 신청하거나 출국일 이후에 신청하는 경우에는 신청일부터 14일) 이내로 합니다(외국인근로자법 제13조 제3항).

출국만기보험 등의 보험금 청구는 지급사유가 발생한 날부터 3년이내에 행사해야 합니다. 3년 이내에 청구하지 않으면 소멸시효가 완성되며, 소멸시효가 완성된 보험금 등은 한국산업인력공단으로 이전됩니다(외국인근로자법 제13조 제4항).

6-4-2. 임금체불 보증보험금의 지급 신청

① 「임금채권보장법」이 적용되지 않거나 ② 상시 300명 미만의 근로자를 사용하는 사업 또는 사업장[방문취업(H-2) 체류자격을 가진 외국인근로자를 고용한 건설업의 경우는 제외]에서 임금체불 사실이 발생한 경우 외국인근로자는 먼저 고용노동부 지방고용노동청 근로감독과 또는 고용지원센터에 임금체불 사실을 신고해야 합니다. 임금체불사실이 확인될 경우 한국산업인력공단에 보험금 신청을 할 수 있습니다.

사용자의 임금체불금액이 보증금액 한도(200만원)를 초과하더라도 그 보증금액 한도 내에서 체불임금을 받을 수 있으며, 나머지 임금체불금액에 대해서는 사용자에게 직접 청구하거나 고용노동부 근로감독과로 문의하면 됩니다.

6-5. 출입국관리법의 준수사항

외국인근로자법에 따라 취업 중인 외국인근로자도 외국인의 입국·체류 및 출국 등에 관한 일반적인 사항을 규율하고 있는 출입국관리법의 적용을 받습니다. 따라서 비전문취업(E-9) 또는 방문취업(H-2) 체류자격 외국인근로자는 근로계약이 갱신되거나 근무지 또는 체류지가 변경된 경우 출입국관리법에 따라 허가를 받거나 신고를 할 의무가 있습니다.

6-6. 외국인등록 등

6-6-1. 외국인등록

외국인근로자는 입국한 날부터 90일 이내에 그 체류지를 관할하는 지방출입국·외국인관서에 외국인등록을 해야 합니다(출입국관리법 제31조 및 동법 시행령 제40조). 이를 위반하면 1년 이하의 징역 또는 1천만원 이하의 벌금에 처해집니다(출입국관리법 제95조 제7호).

6-6-2. 외국인등록사항의 변경

외국인 등록 후 다음의 어느 하나에 해당하는 사항이 변경된 경우 14일 이내에 그 체류지를 관할하는 지방출입국·외국인관서에 신고해야 합니다(출입국관리법 제35조, 동법 시행령 제44조 및 동법 시행규칙 제49조의2).이를 위반하면 10만원 이상 100만원의 이하의 과태료가 부과됩니다.

① 성명, 성별, 생년월일 및 국적

② 여권의 번호, 발급일자 및 유효기간

③ 방문취업(H-2)의 자격에 해당하는 자로서 개인, 기관, 단체 또는 업체에 최초로 고용된 경우에는 그 취업개시 사실

⑤ 방문취업(H-2)의 자격에 해당하는 자로서 개인, 기관, 단체 또는 업체에 이미 고용되어 있는 경우에는 그 개인, 기관, 단체 또는 업체의 변경(명칭변경을 포함)

6-6-3. 지문 및 얼굴에 관한 정보의 제공 등

외국인등록을 하여야 하는 사람으로 17세 이상인 사람은 외국인등록을 하는 때에 출입국관리공무원이 지정하는 정보화기기를 통하여 양쪽 모든 손가락의 지문 및 얼굴에 관한 정보를 제공하여야 합니다. 다만, 17세가 되기 전에 외국인등록을 한 사람은 17세가 된 날부터 90일 이내에 지문 및 얼굴에 관한 정보를 제공하여야 합니다(출입국관리법 제38조 제1항 제1호, 동법 시행규칙 제50조 제1호).

지문 및 얼굴에 관한 정보의 제공을 거부하는 외국인에게는 지방출입국장·외국인관서장이 체류기간 연장허가 등 출입국관리법에 따른 허가를 하지 않을 수 있습니다(출입국관리법 제38조 제2항).

6-4. 체류기간 연장허가

6-4-1. 체류기간 연장허가

비전문취업(E-9) 또는 방문취업(H-2) 체류자격 외국인근로

자는 3년의 범위에서 체류기간을 부여받습니다. 외국인근로자가 부여받은 체류기간을 초과하여 계속 체류하고자 할 때에는, 그 체류기간이 끝나기 전에 지방출입국·외국인관서의 체류기간 연장허가를 받아야 합니다(출입국관리법 제25조 및 동법 시행령 제31조). 이를 위반하면 3년 이하의 징역 또는 2천만원 이하의 벌금에 처해집니다(출입국관리법 제94조 제3호).

6-4-2. 근무처 변경·추가허가 및 신고 주

① 근무처 변경·추가허가

대한민국에 체류하는 외국인근로자가 그 체류자격의 범위에서 그의 근무처를 변경하거나 추가하려는 경우에는 미리 허가를 받아야 합니다(출입국관리법 제21조 제1항 본문).

근무처 변경·추가허가를 받으려는 사람은 근무처 변경·추가허가 신청서에 체류자격별 해당서류를 첨부해서 그 체류지를 관할하는 지방출입국·외국인관서에 제출해야 합니다(출입국관리법 시행령 제26조 제1항).

② 근무처 변경·추가 신고

전문적인 지식·기술 또는 기능을 가진 사람으로 다음의 자격요건에 해당하는 사람은 근무처를 변경하거나 추가한 날부터 15일 이내에 법무부장관에게 신고하면 됩니다.

가) 자격요건

- 교수(E-1), 회화지도(E-2), 연구(E-3), 기술지도(E-4), 전문직업(E-5), 예술흥행(E-6), 특정활동(E-7) 자격으로 외국인등록을 하고 체류 중이어야 함
- 변경·추가되는 근무처에서 활동하는데 필요한 자격요건

을 구비하고 있어야 함(예: E-2 자격 원어민 영어보조교사가 사설외국어학원에서 활동하려면 대학졸업 및 학사학위 이상의 요건을 갖추어야 함)

나) 적용제외대상

- 예술흥행(E-6) 체류자격자 중 「관광진흥법」에 따른 호텔업시설, 유흥업소 등에서 공연활동에 종사하는 자(E-6-2)

- 특정활동(E-7)자격자 중 고용업체별 허용인원 제한 등이 있어 사전관리가 필요한 다음 직종 종사자: 판매사무원(31215), 주방장 및 조리사(441), 디자이너(285), 호텔접수 사무원(3922), 의료코디네이터(S3922), 해삼양식기술자(63019), 조선용접기능공(7430), 숙련우수인재〔제조업 현장관리자(700), 건설업 현장관리자(770), 농축어업 현장관리자(600)〕

- 자격요건을 갖추었더라도 본인 귀책사유로 해고 또는 중도퇴직한 자로서 원 고용주의 이적 동의를 받지 못한 자

근무처의 변경·추가 신고를 하려는 사람은 근무처 변경·추가 신고서에 체류자격별 해당서류(「출입국관리법 시행규칙」 별표 5의2)를 첨부해서 그 체류지를 관할하는 지방출입국·외국인관서에 제출해야 합니다(「출입국관리법 시행령」 제26조의2 제2항).

6-4-3. 체류지 변경신고

① 체류지 변경신고

외국인 등록을 한 외국인근로자가 그 체류지를 변경하는 경우 새로운 체류지로 전입한 날부터 14일 이내에 새로운 체류

지를 관할하는 시장·군수·구청장 또는 지방출입국·외국인관서에 전입신고를 해야 합니다(출입국관리법 제36조 제1항 및 동법 시행령 제45조 제1항). 이를 위반하면 100만원 이하의 벌금에 처해집니다(출입국관리법 제98조 제2호).

6-4-4. 여권과 외국인등록증의 휴대

① 여권과 외국인등록증의 휴대

대한민국에 체류하는 외국인근로자는 항상 여권과 외국인등록증을 지니고 있어야 하며, 출입국관리공무원 또는 권한 있는 공무원이 여권 등의 제시를 요구할 경우에는 요구에 응해야 합니다(출입국관리법 제27조). 이를 위반하면 100만원 이하의 벌금에 처해집니다(출입국관리법 제98조 제1호).

7. 사용자에 대한 과태료 부과

외국인근로자를 사용하는 사업주가 외국인근로자법을 위반하면 다음과 같이 과태료 처분을 받게 됩니다.

과태료의 부과기준

1. 일반기준
   가. 위반행위의 횟수에 따른 과태료 부과기준은 최근 2년간 같은 위반행위로 과태료를 부과받은 경우에 적용한다. 이 경우 위반행위에 대하여 과태료 부과처분을 한 날과 다시 같은 위반행위를 적발한 날을 각각 기준으로 하여 위반횟수를 계산한다.
   나. 고용노동부장관은 위반행위자가 다음의 어느 하나에 해당하는 경우에는 제2호에 따른 과태료 금액의 2분의 1의 범위에서

그 금액을 감경할 수 있다. 다만, 이 법에 따른 과태료를 체납하고 있는 위반행위자의 경우에는 그러하지 아니하다.

1) 위반행위자가 「질서위반행위규제법 시행령」 제2조의2제1항 각 호의 어느 하나에 해당하는 경우

2) 위반행위자가 자연재해·화재 등으로 재산에 현저한 손실이 발생하거나 사업여건의 악화로 사업이 중대한 위기에 처하는 등의 사정이 있는 경우

3) 위반행위가 사소한 부주의나 오류 등 과실로 인한 것으로 인정되는 경우

4) 위반행위자가 위법행위로 인한 결과를 시정하거나 해소한 경우

5) 그 밖에 위반행위의 정도, 위반행위의 동기와 그 결과 등을 고려하여 감경할 필요가 있다고 인정되는 경우

2. 개별기준

위반행위	근거 법 조문	과태료 금액(만원)		
		1차 위반	2차 위반	3차 이상 위반
가. 사용자가 법 제9조제1항을 위반하여 근로계약을 체결할 때 표준근로계약서를 사용하지 않은 경우	법 제32조 제1항제1호	60	120	240
나. 사용자가 법 제11조제2항을 위반하여 외국인근로자에게 취업교육을 받게 하지 않은 경우	법 제32조 제1항제2호	60	120	240

		100	200	400
다. 사용자가 법 제12조제3항에 따른 특례고용가능확인을 받지 않고 같은 조 제1항에 따른 사증을 발급받은 외국인근로자를 고용한 경우	법 제32조 제1항제3호	100	200	400
라. 사용자가 법 제12조제4항을 위반하여 외국인구직자 명부에 등록된 사람 중에서 채용하지 않은 경우 또는 외국인근로자가 근로를 시작한 후 사용자가 직업안정기관의 장에게 신고를 하지 않거나 거짓으로 신고한 경우	법 제32조 제1항제4호	60	120	240
마. 사용자가 법 제13조제1항 후단을 위반하여 출국만기보험등의 매월 보험료 또는 신탁금을 3회 이상 연체한 경우	법 제32조 제1항제5호	80	160	320
바. 외국인근로자가 법 제15조제1항을 위반하여 보험 또는 신탁에 가입하지 않은 경우	법 제32조 제1항제6호	80	160	320

사. 사용자가 법 제17조 제1항을 위반하여 신고를 하지 않거나 거짓으로 신고한 경우	법 제32조 제1항제7호	60	120	240
아. 법 제20조제1항에 따라 외국인근로자의 고용이 제한된 사용자가 법 제12조제1항에 따른 사증을 발급받은 외국인근로자를 고용한 경우	법 제32조 제1항제8호	100	200	400
자. 사용자나 외국인근로자 또는 외국인근로자 관련 단체가 법 제26조제1항에 따른 명령을 따르지 않아 보고를 하지 않거나 거짓으로 보고한 경우	법 제32조 제1항제9호	60	120	240
차. 사용자나 외국인근로자 또는 외국인근로자 관련 단체가 법 제26조제1항에 따른 명령을 따르지 않아 관련 서류를 제출하지 않거나 거짓으로 제출한 경우	법 제32조 제1항제9호	60	120	240
카. 사용자나 외국인근로자 또는 외국인근로자 관련 단체가 법	법 제32조 제1항제9	100	200	400

제26조제1항에 따른 질문 또는 조사·검사를 거부·방해하거나 기피한 경우	호			
타. 법 제27조제1항·제2항 또는 제3항에 따른 수수료 및 필요한 비용 외의 금품을 받은 경우	법 제32조 제1항제10호	100	200	400

■ 외국인근로자도 국내 노동 관련 법령을 적용받나요?

질문

저는 외국인을 채용하였는데, 외국인근로자도 대한민국 노동법령의 적용을 받나요?

답변

외국인근로자는 대한민국에서 근로자로서의 지위를 갖습니다. 따라서 외국인근로자는 노동관계 법령의 적용 대상이 되어 법에 따른 보호를 받을 수 있습니다. 따라서 국내 근로자와 동일하게 근로기준법, 최저임금법, 임금채권보장법 등 노동관계 법령에 의해 노동기본권을 보호받습니다.

■ 재외동포도 국내에 취업할 수 있나요?

저는 재외동포입니다. 그런데 동생 수술 때문에 돈이 급하게 필요해서 조국에 입국하여 유흥주점에서 일하면 돈을 많이 벌 수 있다던데, 재외동포(F-4) 자격으로 대한민국에 입국한 유흥주점의 종업원으로 일할 수 있나요?

불가능합니다. 재외동포(F-4) 체류자격으로 입국한 경우에는 취업활동에 제한을 받지 않는 것이 원칙이지만, 유흥주점 등 일정 분야에서는 일할 수 없습니다.

재외동포(F-4) 체류자격으로 근무할 수 없는 분야로는 단순노무행위로서 즉, 단순하고 일상적인 육체노동을 요하는 업무로서 「한국표준직업분류」에 따른 단순노무직 근로자의 취업분야의 행위와 선량한 풍속이나 그 밖의 사회질서에 반하는 행위를 하는 경우, 그 밖에 공공의 이익이나 국내 취업질서 등의 유지를 위해서 그 취업을 제한할 필요가 있다고 인정되는 행위입니다.

■ 외국인노동자가 임금 체불 등 부당한 처우를 받았을 때 피해구제는 어디에다 하나요?

질문

외국인노동자가 임금 체불 등 부당한 일을 겪었을 때 그 피해구제는 어떻게 받을 수 있나요?

답변

외국인노동자를 사용하는 업주가 노동관계 법령이 지켜지지 않아 근로자의 권리가 침해된 경우 권리구제절차를 통해 피해 근로자는 상담을 받거나 침해된 권리를 회복시킬 수 있습니다. 즉, 외국인노동자는 ① 사업장 내 고충처리기관의 상담, ② 노동부를 통한 진정, ③ 노동위원회를 통한 구제신청, ④ 국가인권위원회를 통한 진정, ⑤ 사법기관에 의한 재판, ⑥ 대한법률구조공단의 지원 등을 이용해서 권리를 구제받을 수 있습니다.

■ 외국인근로자가 비전문취업(E-9) 체류자격자인 경우 취업절차는 어떻게 되나요?

질문

외국인근로자가 비전문취업(E-9) 체류자격으로 대한민국에서 취업하려면 어떤 절차를 거쳐야 하나요?

답변

외국인근로자가 비전문취업(E-9) 체류자격자의 취업절차는 ① 외국인구직자명부 등록, ② 고용지원센터소장의 고용 추천, ③ 근로계약 체결, ④ 사증 발급 신청, ⑤ 입국, ⑥ 외국인 취업교육 이수, ⑦ 근로 시작 등의 순서로 이루어집니다.

외국인근로자가 비전문취업(E-9) 체류자격으로 대한민국에서 취업하려면 외국인구직자명부에 등록되어 있어야 합니다.

대한민국의 사용자가 고용지원센터의 추천을 받아 선정한 외국인근로자는 표준근로계약서로 근로계약을 체결하고 근로계약서 1부를 받습니다. 근로계약을 체결한 외국인근로자는 사용자로부터 사증발급인정서를 송부 받아 대한민국대사관 또는 영사관에 신청하여 비전문취업(E-9) 체류자격 사증을 발급받습니다. 외국인근로자는 유효한 여권과 사증을 가지고 대한민국에 입국해야 합니다. 외국인근로자는 대한민국에 입국한 후 15일 이내에 외국인 취업교육을 받아야 하며, 일반적으로 외국인 취업교육을 받을 때 건강진단을 함께 받게 됩니다. 외국인 취업교육을 이수한 외국인근로자는 사업장에 배치되어 근로를 시작합니다. 입국한 날부터 90일 이내에 체류지를 관할하는 지방출입국·외국인관서에 외국인등록을 해야 합니다.

■ 외국인근로자가 비전문취업(E-9) 또는 방문취업(H-2) 체류자격자인 경우 취업기간 및 사업장에 제한이 있나요?

질문

외국인근로자가 비전문취업(E-9) 또는 방문취업(H-2) 체류자격을 가진 경우에 취업할 수 있는 기간은 얼마인가요? 취업할 수 있는 기간 중에 사업장을 변경하는 것이 가능한가요?

답변

비전문취업(E-9) 또는 방문취업(H-2) 체류자격자는 입국한 날부터 3년의 범위 내에서 취업활동을 할 수 있습니다. 또한 취업활동기간 3년이 만료되어 출국하기 전에 사용자가 노동부장관에게 재고용 허가를 요청한 외국인근로자는 1회에 한정하여 2년 미만의 범위에서 취업활동기간을 연장 받을 수 있습니다.

비전문취업(E-9) 체류자격자는 근로계약을 체결한 사업장에서 근로하는 것이 원칙이지만, 다음과 같은 예외적 사유가 발생한 경우에는 고용지원센터에 다른 사업 또는 사업장으로의 변경을 신청할 수 있습니다.

① 사용자가 정당한 사유로 근로계약기간 중 근로계약을 해지하려거나 근로계약이 만료된 후 갱신을 거절하려는 경우

② 휴업·폐업이나 그 밖에 외국인근로자의 책임이 아닌 사유로 그 사업장에서 근로를 계속할 수 없게 되었다고 인정되는 경우

③ 사용자의 근로조건 위반 또는 부당한 처우 등으로 근로를 계속할 수 없게 되었다고 인정되는 경우

④ 상해 등으로 외국인근로자가 해당 사업 또는 사업장에서

계속 근무하기는 부적합하나 다른 사업 또는 사업장에서의
근무는 가능하다고 인정되는 경우

외국인근로자는 아래와 같은 경우에는 고용허가의 취소사유
가 됩니다.

① 사용자가 입국 전에 계약한 임금이나 그 밖의 근로조건을
위반한 경우

② 사용자가 임금체불이나 그 밖의 노동관계법을 위반하는 등
의 이유로 근로계약을 유지하기 어렵다고 인정되는 경우

③ 사용자가 거짓이나 그 밖의 부정한 방법으로 고용허가를
받은 경우

외국인근로자가 다음에 해당할 때에는 국내업체에 고용되는
데 제한사유가 됩니다.

① 외국인근로자 고용허가서를 발급받지 않고 외국인근로자를
고용한 경우

② 외국인근로자 고용허가가 취소된 경우

③ 외국인근로자의 고용 등에 관한 법률 또는 출입국관리법을
위반해서 처벌을 받은 경우

④ 외국인근로자 고용허가서를 발급받은 날부터 6개월 이내에
내국인근로자를 고용조정으로 이직시킨 경우

⑤ 외국인근로자에 대해 근로계약에 명시된 사업 또는 사업장
외에서 근로를 제공하게 한 경우

⑥ 근로계약이 체결된 이후부터 외국인 취업교육을 마칠 때까
지의 기간 동안 경기의 변동, 산업구조의 변화 등에 따른
사업규모의 축소, 사업의 폐업 또는 전환과 같은 불가피한
사유가 없음에도 불구하고 근로계약을 해지한 경우

■ 비전문취업(E-9) 체류자격자의 고용절차는 어떻게 되나요?

사용자가 국외에 있는 외국인을 비전문취업(E-9) 체류자격
으로 고용하려면 어떤 절차를 거쳐야 하나요?

비전문취업(E-9) 체류자격자의 고용절차는 ① 내국인의 구
인 신청, ② 고용허가의 신청, ③ 고용허가서의 발급, ④ 근로
계약의 체결, ⑤ 사증발급인정서의 신청, ⑥ 외국인 취업교육
의 실시, ⑦ 근로 시작 등의 순서로 이루어집니다.

사용자는 우선 고용지원센터에 내국인 구인신청을 해야 하
고, 내국인 구인 노력에도 불구하고 원하는 인력을 채용하지
못한 때에는 고용지원센터에 외국인 근로자 고용허가를 신청
할 수 있습니다.

사용자가 일정한 요건을 갖춘 경우 고용지원센터로부터 외
국인구직자명부에 등록된 자 중에서 적격자를 추천받으며, 사
용자가 추천된 적격자 중에서 채용할 근로자를 선정할 경우
고용지원센터에서 외국인근로자 고용허가서를 발급받습니다.

사용자는 해당 외국인근로자와 표준근로계약서로 근로계약
을 체결해야 하며, 근로계약이 체결되면 해당 외국인근로자를
대리해서 법무부장관에게 사증발급인정서를 신청할 수 있습니
다. 사용자는 외국인근로자가 입국한 후 외국인 취업교육을
받을 수 있도록 해야 합니다.

■ 방문취업(H-2) 체류자격자의 취업절차는 어떻게 되나요?

외국인근로자가 방문취업(H-2) 체류자격으로 대한민국에서 취업하려면 어떤 절차를 거쳐야 하나요?

방문취업(H-2) 체류자격자는 취업을 위해 외국인등록을 해야 하며, 절차는 ① 외국인 취업교육 이수, ② 구직 신청, ③ 근로계약 체결, ④ 근로 시작 등의 순서로 이루어집니다.

방문취업(H-2) 사증을 발급받고 입국한 외국인근로자로서 대한민국에서 취업하고자 하는 자는 외국인 취업교육을 받아야 하며, 일반적으로 외국인 취업교육을 받을 때 건강진단을 함께 받게 됩니다.

취업교육을 이수한 외국인근로자는 관할 고용지원센터에 구직신청을 하여 외국인구직자명부에 등록되어야 취업할 수 있습니다. 외국인구직자명부에 등록된 외국인근로자 중 대한민국의 사용자에 의해 선정된 외국인근로자는 표준근로계약서로 근로계약을 체결하고 근로계약서 1부를 받습니다. 근로계약을 체결한 외국인근로자는 사업장에 배치되어 근로를 시작합니다.

외국인근로자는 입국한 날부터 90일 이내에 체류지를 관할하는 지방출입국·외국인관서에 외국인등록을 해야 합니다. 외국인등록을 한 외국인근로자가 최초로 고용되어 근로를 시작하는 경우에는 그 취업시작 사실을 근로시작일부터 14일 이내에 체류지를 관할하는 지방출입국·외국인관서에 신고해야 합니다.

■ 불법체류자는 산재법에 정한 요양급여를 받을 수 없나요?

질문

저는 불법체류인 상태로 공장에서 근무하다가 다쳤는데 회사에서 병원비를 줄 수 없다고 합니다. 산업재해보상보험법의 요양급여를 받을 수 있나요?

답변

불법체류 외국인근로자도 근로를 제공하는 한 근로자로 보아야 하므로 산업재해보상보험법에 따른 요양급여를 받을 수 있습니다.

판례(대법원 1995.9.15. 선고 94누12067 판결)는 "외국인이 취업자격이 아닌 산업연수 체류자격으로 입국하여 구 산업재해보상보험법(1994.12. 22. 법률 제4826호로 전문 개정되기 전의 것)의 적용대상이 되는 사업장인 회사와 고용계약을 체결하고 근로를 제공하다가 작업 도중 부상을 입었을 경우, 비록 그 외국인이 구 출입국관리법상의 취업자격을 갖고 있지 않았다 하더라도 그 고용계약이 당연히 무효라고 할 수 없고, 위 부상 당시 그 외국인은 사용 종속관계에서 근로를 제공하고 임금을 받아 온 자로서 근로기준법 소정의 근로자였다 할 것이므로 구 산업재해보상보험법상의 요양급여를 받을 수 있는 대상에 해당한다."고 하여 불법체류 근로자자도 근로를 제공하는 한 근로자로 인정하고 있습니다.

■ 외국인의 체류자격은 어떻게 되나요?

질문

대한민국에서 취업활동이 가능한 외국인의 체류자격은 어떻게 되나요?

답변

대한민국에서 취업활동을 할 수 있는 체류자격에는 단기취업(C-4), 교수(E-1), 회화지도(E-2), 연구(E-3), 기술지도(E-4), 전문직업(E-5), 예술흥행(E-6), 특정활동(E-7), 비전문취업(E-9), 선원취업(E-10), 관광취업(H-1), 방문취업(H-2), 거주(F-2), 재외동포(F-4), 영주(F-5), 결혼이민(F-6)이 있습니다.

그러나 그 외의 외국인근로자는 지정된 근무처에서만 근무해야 하며, 그 체류자격의 범위 내에서 근무처를 변경하거나 추가하려면 미리 법무부장관의 허가를 받아야 합니다.

지정근무처 근무제한규정의 예외인 경우로서는 재외동포(F-4), 영주(F-5) 또는 결혼이민(F-6)의 체류자격을 가진 사람 외에 전문적인 지식·기술 또는 기능을 가진 사람으로서 교수(E-1), 회화지도(E-2), 연구(E-3), 기술지도(E-4), 전문직업(E-5), 예술흥행(E-6), 특정활동(E-7) 자격으로 외국인등록을 하고 체류 중인 사람에 대해서는 위의 지정근무처 근무제한규정이 적용되지 않습니다.

■ 3개월짜리 관광비자로 회화학원에 근무할 수 있나요?

저는 3개월짜리 관광비자를 받았어요. 1개월은 대한민국을 여행하고 남은 2개월 동안 회화학원에서 일하려는데 별 문제가 없을까요?

외국인이 대한민국에서 취업하려면 「출입국관리법」에 따라 취업활동을 할 수 있는 체류자격(VISA)을 받아야 합니다. 따라서 관광비자로 대한민국에 머물고 있는 경우에는 종류여하를 불문하고 근로행위를 할 수 없습니다.

회화학원에 취업하려면 이에 해당하는 체류자격인 회화지도(E-2) 비자를 미리 받아 입국하거나, 관광비자(B-2 또는 C-3)로 입국했다면 국내에서 회화지도 비자로 체류자격을 변경해야 합니다.

취업활동을 할 수 있는 체류자격을 받지 않은 외국인이 취업을 하면, 3년 이하의 징역 또는 2천만원 이하의 벌금에 처해집니다. 또한, 취업활동을 할 수 있 는 체류자격을 받지 않은 외국인을 고용하거나 그 고용을 업으로 알선 또는 권유하면, 3년 이하의 징역 또는 2천만원 이하의 벌금에 처해집니다.

■ 사용자가 방문취업(H-2) 체류자격자를 고용하려면 어떤 절차를 거쳐야 하나요?

질문

사용자가 방문취업(H-2) 체류자격을 가진 외국국적동포를 고용하려면 어떤 절차를 거쳐야 하나요?

답변

방문취업(H-2) 체류자격자의 고용절차는 ① 내국인의 구인 신청, ② 특례고용가능확인의 신청, ③ 특례고용가능확인서의 발급, ④ 근로계약의 체결, ⑤ 근로개시의 신고 등의 순서로 이루어집니다. 사용자는 우선 고용지원센터에 내국인 구인신청을 해야 하고, 내국인 구인노력에도 불구하고 원하는 인력을 채용하지 못한 때에는 고용지원센터에 특례고용가능확인서의 발급을 신청할 수 있습니다. 사용자가 일정한 요건을 갖춘 경우 특례고용가능확인서를 발급받으며, 이후 방문취업(H-2) 사증을 발급받아 입국한 외국국적동포로서 외국인구직자명부에 등록된 자 중에서 적격자를 채용할 수 있습니다. 특례고용가능확인제도란 「재외동포의 출입국과 법적지위에 관한 법률」의 실질적 적용에서 상대적으로 소외받아 온 중국 및 구소련동포 등에 대한 차별 해소 및 포용정책의 일환으로 도입된 고용허가제의 특례제도입니다. 만 25세 이상의 중국 및 구소련지역 등의 거주동포에 대해 방문취업(H-2) 사증(5년 유효 복수사증)을 발급해서 동포들의 입국을 확대하고, 사용자의 경우 한 번 특례고용가능확인서를 발급받으면 3년 동안 허용인원의 범위에서 방문취업(H-2) 체류자격으로 입국한 외국인근로자를 자유롭게 고용할 수 있도록 함으로써 비전문취업(E-9) 외국인근로자의 고용절차에 비해 그 고용과 취업 절차를 간편하게 하고 있습니다.

부 록

근로기준법

[시행 2014.7.1.] [법률 제12325호, 2014.1.21., 일부개정]

고용노동부(근로기준정책과 - 근로시간, 휴게, 휴일) 044-202-7549
고용노동부(근로기준정책과 - 소년, 근로자) 044-202-7535
고용노동부(여성고용정책과 - 여성) 044-202-7475
고용노동부(근로기준정책과 - 임금, 해고, 취업규칙, 기타) 044-202-7534

제1장 총칙

제1조(목적) 이 법은 헌법에 따라 근로조건의 기준을 정함으로써 근로자의 기본적 생활을 보장, 향상시키며 균형 있는 국민경제의 발전을 꾀하는 것을 목적으로 한다.

제2조(정의) ① 이 법에서 사용하는 용어의 뜻은 다음과 같다.

1. "근로자"란 직업의 종류와 관계없이 임금을 목적으로 사업이나 사업장에 근로를 제공하는 자를 말한다.

2. "사용자"란 사업주 또는 사업 경영 담당자, 그 밖에 근로자에 관한 사항에 대하여 사업주를 위하여 행위하는 자를 말한다.

3. "근로"란 정신노동과 육체노동을 말한다.

4. "근로계약"이란 근로자가 사용자에게 근로를 제공하고 사용자는 이에 대하여 임금을 지급하는 것을 목적으로 체결된 계약을 말한다.

5. "임금"이란 사용자가 근로의 대가로 근로자에게 임금, 봉급, 그 밖에 어떠한 명칭으로든지 지급하는 일체의 금품을 말한다.

6. "평균임금"이란 이를 산정하여야 할 사유가 발생한 날 이전 3개월 동안에 그 근로자에게 지급된 임금의 총액을 그 기간의 총일수로 나눈 금액을 말한다. 근로자가 취업한 후 3개월 미만인 경우도 이에 준한다.

7. "소정(所定)근로시간"이란 제50조, 제69조 본문 또는 「산업안전보건법」 제46조에 따른 근로시간의 범위에서 근로자와 사용자 사이에 정한 근로시간을 말한다.

8. "단시간근로자"란 1주 동안의 소정근로시간이 그 사업장에서 같은 종류의 업무에 종사하는 통상 근로자의 1주 동안의 소정근로시간에 비하여 짧은 근로자를 말한다.

② 제1항제6호에 따라 산출된 금액이 그 근로자의 통상임금보다 적으면 그 통상임금액을 평균임금으로 한다.

제3조(근로조건의 기준) 이 법에서 정하는 근로조건은 최저기준이므로 근로

관계 당사자는 이 기준을 이유로 근로조건을 낮출 수 없다.

제4조(근로조건의 결정) 근로조건은 근로자와 사용자가 동등한 지위에서 자유의사에 따라 결정하여야 한다.

제5조(근로조건의 준수) 근로자와 사용자는 각자가 단체협약, 취업규칙과 근로계약을 지키고 성실하게 이행할 의무가 있다.

제6조(균등한 처우) 사용자는 근로자에 대하여 남녀의 성(性)을 이유로 차별적 대우를 하지 못하고, 국적·신앙 또는 사회적 신분을 이유로 근로조건에 대한 차별적 처우를 하지 못한다.

제7조(강제 근로의 금지) 사용자는 폭행, 협박, 감금, 그 밖에 정신상 또는 신체상의 자유를 부당하게 구속하는 수단으로써 근로자의 자유의사에 어긋나는 근로를 강요하지 못한다.

제8조(폭행의 금지) 사용자는 사고의 발생이나 그 밖의 어떠한 이유로도 근로자에게 폭행을 하지 못한다.

제9조(중간착취의 배제) 누구든지 법률에 따르지 아니하고는 영리로 다른 사람의 취업에 개입하거나 중간인으로서 이익을 취득하지 못한다.

제10조(공민권 행사의 보장) 사용자는 근로자가 근로시간 중에 선거권, 그 밖의 공민권(公民權) 행사 또는 공(公)의 직무를 집행하기 위하여 필요한 시간을 청구하면 거부하지 못한다. 다만, 그 권리 행사나 공(公)의 직무를 수행하는 데에 지장이 없으면 청구한 시간을 변경할 수 있다.

제11조(적용 범위) ① 이 법은 상시 5명 이상의 근로자를 사용하는 모든 사업 또는 사업장에 적용한다. 다만, 동거하는 친족만을 사용하는 사업 또는 사업장과 가사(家事) 사용인에 대하여는 적용하지 아니한다.

② 상시 4명 이하의 근로자를 사용하는 사업 또는 사업장에 대하여는 대통령령으로 정하는 바에 따라 이 법의 일부 규정을 적용할 수 있다.

③ 이 법을 적용하는 경우에 상시 사용하는 근로자 수를 산정하는 방법은 대통령령으로 정한다. <신설 2008.3.21.>

제12조(적용 범위) 이 법과 이 법에 따른 대통령령은 국가, 특별시·광역시·도, 시·군·구, 읍·면·동, 그 밖에 이에 준하는 것에 대하여도 적용된다.

제13조(보고, 출석의 의무) 사용자 또는 근로자는 이 법의 시행에 관하여 고용노동부장관·「노동위원회법」에 따른 노동위원회(이하 "노동위원회"라 한다) 또는 근로감독관의 요구가 있으면 지체 없이 필요한 사항에 대하여 보고하거나 출석하여야 한다. <개정 2010.6.4.>

제14조(법령 요지 등의 게시) ① 사용자는 이 법과 이 법에 따른 대통령령의 요지(要旨)와 취업규칙을 근로자가 자유롭게 열람할 수 있는 장소에 항상

게시하거나 갖추어 두어 근로자에게 널리 알려야 한다.

　② 사용자는 제1항에 따른 대통령령 중 기숙사에 관한 규정과 제99조제1항에 따른 기숙사규칙을 기숙사에 게시하거나 갖추어 두어 기숙(寄宿)하는 근로자에게 널리 알려야 한다.

제2장 근로계약

제15조(이 법을 위반한 근로계약) ① 이 법에서 정하는 기준에 미치지 못하는 근로조건을 정한 근로계약은 그 부분에 한하여 무효로 한다.

　② 제1항에 따라 무효로 된 부분은 이 법에서 정한 기준에 따른다.

제16조(계약기간) 근로계약은 기간을 정하지 아니한 것과 일정한 사업의 완료에 필요한 기간을 정한 것 외에는 그 기간은 1년을 초과하지 못한다.

　[법률 제8372호(2007.4.11.) 부칙 제3조의 규정에 의하여 이 조는 2007년 6월 30일까지 유효함]

제17조(근로조건의 명시) ① 사용자는 근로계약을 체결할 때에 근로자에게 다음 각 호의 사항을 명시하여야 한다. 근로계약 체결 후 다음 각 호의 사항을 변경하는 경우에도 또한 같다. <개정 2010.5.25.>

　1. 임금

　2. 소정근로시간

　3. 제55조에 따른 휴일

　4. 제60조에 따른 연차 유급휴가

　5. 그 밖에 대통령령으로 정하는 근로조건

　② 사용자는 제1항제1호와 관련한 임금의 구성항목·계산방법·지급방법 및 제2호부터 제4호까지의 사항이 명시된 서면을 근로자에게 교부하여야 한다. 다만, 본문에 따른 사항이 단체협약 또는 취업규칙의 변경 등 대통령령으로 정하는 사유로 인하여 변경되는 경우에는 근로자의 요구가 있으면 그 근로자에게 교부하여야 한다. <신설 2010.5.25.>

제18조(단시간근로자의 근로조건) ① 단시간근로자의 근로조건은 그 사업장의 같은 종류의 업무에 종사하는 통상 근로자의 근로시간을 기준으로 산정한 비율에 따라 결정되어야 한다.

　② 제1항에 따라 근로조건을 결정할 때에 기준이 되는 사항이나 그 밖에 필요한 사항은 대통령령으로 정한다.

　③ 4주 동안(4주 미만으로 근로하는 경우에는 그 기간)을 평균하여 1주 동안의 소정근로시간이 15시간 미만인 근로자에 대하여는 제55조와 제60조를 적용하지 아니한다. <개정 2008.3.21.>

제19조(근로조건의 위반) ① 제17조에 따라 명시된 근로조건이 사실과 다를 경우에 근로자는 근로조건 위반을 이유로 손해의 배상을 청구할 수 있으며 즉시 근로계약을 해제할 수 있다.

② 제1항에 따라 근로자가 손해배상을 청구할 경우에는 노동위원회에 신청할 수 있으며, 근로계약이 해제되었을 경우에는 사용자는 취업을 목적으로 거주를 변경하는 근로자에게 귀향 여비를 지급하여야 한다.

제20조(위약 예정의 금지) 사용자는 근로계약 불이행에 대한 위약금 또는 손해배상액을 예정하는 계약을 체결하지 못한다.

제21조(전차금 상계의 금지) 사용자는 전차금(前借金)이나 그 밖에 근로할 것을 조건으로 하는 전대(前貸)채권과 임금을 상계하지 못한다.

제22조(강제 저금의 금지) ① 사용자는 근로계약에 덧붙여 강제 저축 또는 저축금의 관리를 규정하는 계약을 체결하지 못한다.

② 사용자가 근로자의 위탁으로 저축을 관리하는 경우에는 다음 각 호의 사항을 지켜야 한다.

1. 저축의 종류·기간 및 금융기관을 근로자가 결정하고, 근로자 본인의 이름으로 저축할 것

2. 근로자가 저축증서 등 관련 자료의 열람 또는 반환을 요구할 때에는 즉시 이에 따를 것

제23조(해고 등의 제한) ① 사용자는 근로자에게 정당한 이유 없이 해고, 휴직, 정직, 전직, 감봉, 그 밖의 징벌(懲罰)(이하 "부당해고등"이라 한다)을 하지 못한다.

② 사용자는 근로자가 업무상 부상 또는 질병의 요양을 위하여 휴업한 기간과 그 후 30일 동안 또는 산전(産前)·산후(産後)의 여성이 이 법에 따라 휴업한 기간과 그 후 30일 동안은 해고하지 못한다. 다만, 사용자가 제84조에 따라 일시보상을 하였을 경우 또는 사업을 계속할 수 없게 된 경우에는 그러하지 아니하다.

제24조(경영상 이유에 의한 해고의 제한) ① 사용자가 경영상 이유에 의하여 근로자를 해고하려면 긴박한 경영상의 필요가 있어야 한다. 이 경우 경영 악화를 방지하기 위한 사업의 양도·인수·합병은 긴박한 경영상의 필요가 있는 것으로 본다.

② 제1항의 경우에 사용자는 해고를 피하기 위한 노력을 다하여야 하며, 합리적이고 공정한 해고의 기준을 정하고 이에 따라 그 대상자를 선정하여야 한다. 이 경우 남녀의 성을 이유로 차별하여서는 아니 된다.

③ 사용자는 제2항에 따른 해고를 피하기 위한 방법과 해고의 기준 등에

관하여 그 사업 또는 사업장에 근로자의 과반수로 조직된 노동조합이 있는 경우에는 그 노동조합(근로자의 과반수로 조직된 노동조합이 없는 경우에는 근로자의 과반수를 대표하는 자를 말한다. 이하 "근로자대표"라 한다)에 해고를 하려는 날의 50일 전까지 통보하고 성실하게 협의하여야 한다.

④ 사용자는 제1항에 따라 대통령령으로 정하는 일정한 규모 이상의 인원을 해고하려면 대통령령으로 정하는 바에 따라 고용노동부장관에게 신고하여야 한다. <개정 2010.6.4.>

⑤ 사용자가 제1항부터 제3항까지의 규정에 따른 요건을 갖추어 근로자를 해고한 경우에는 제23조제1항에 따른 정당한 이유가 있는 해고를 한 것으로 본다.

제25조(우선 재고용 등) ① 제24조에 따라 근로자를 해고한 사용자는 근로자를 해고한 날부터 3년 이내에 해고된 근로자가 해고 당시 담당하였던 업무와 같은 업무를 할 근로자를 채용하려고 할 경우 제24조에 따라 해고된 근로자가 원하면 그 근로자를 우선적으로 고용하여야 한다.

② 정부는 제24조에 따라 해고된 근로자에 대하여 생계안정, 재취업, 직업훈련 등 필요한 조치를 우선적으로 취하여야 한다.

제26조(해고의 예고) 사용자는 근로자를 해고(경영상 이유에 의한 해고를 포함한다)하려면 적어도 30일 전에 예고를 하여야 하고, 30일 전에 예고를 하지 아니하였을 때에는 30일분 이상의 통상임금을 지급하여야 한다. 다만, 천재·사변, 그 밖의 부득이한 사유로 사업을 계속하는 것이 불가능한 경우 또는 근로자가 고의로 사업에 막대한 지장을 초래하거나 재산상 손해를 끼친 경우로서 고용노동부령으로 정하는 사유에 해당하는 경우에는 그러하지 아니하다. <개정 2010.6.4.>

제27조(해고사유 등의 서면통지) ① 사용자는 근로자를 해고하려면 해고사유와 해고시기를 서면으로 통지하여야 한다.

② 근로자에 대한 해고는 제1항에 따라 서면으로 통지하여야 효력이 있다.

③ 사용자가 제26조에 따른 해고의 예고를 해고사유와 해고시기를 명시하여 서면으로 한 경우에는 제1항에 따른 통지를 한 것으로 본다. <신설 2014.3.24.>

제28조(부당해고등의 구제신청) ① 사용자가 근로자에게 부당해고등을 하면 근로자는 노동위원회에 구제를 신청할 수 있다.

② 제1항에 따른 구제신청은 부당해고등이 있었던 날부터 3개월 이내에 하여야 한다.

제29조(조사 등) ① 노동위원회는 제28조에 따른 구제신청을 받으면 지체 없이 필요한 조사를 하여야 하며 관계 당사자를 심문하여야 한다.

② 노동위원회는 제1항에 따라 심문을 할 때에는 관계 당사자의 신청이나 직권으로 증인을 출석하게 하여 필요한 사항을 질문할 수 있다.

③ 노동위원회는 제1항에 따라 심문을 할 때에는 관계 당사자에게 증거 제출과 증인에 대한 반대심문을 할 수 있는 충분한 기회를 주어야 한다.

④ 제1항에 따른 노동위원회의 조사와 심문에 관한 세부절차는 「노동위원회법」에 따른 중앙노동위원회(이하 "중앙노동위원회"라 한다)가 정하는 바에 따른다.

제30조(구제명령 등) ① 노동위원회는 제29조에 따른 심문을 끝내고 부당해고등이 성립한다고 판정하면 사용자에게 구제명령을 하여야 하며, 부당해고등이 성립하지 아니한다고 판정하면 구제신청을 기각하는 결정을 하여야 한다.

② 제1항에 따른 판정, 구제명령 및 기각결정은 사용자와 근로자에게 각각 서면으로 통지하여야 한다.

③ 노동위원회는 제1항에 따른 구제명령(해고에 대한 구제명령만을 말한다)을 할 때에 근로자가 원직복직(原職復職)을 원하지 아니하면 원직복직을 명하는 대신 근로자가 해고기간 동안 근로를 제공하였더라면 받을 수 있었던 임금 상당액 이상의 금품을 근로자에게 지급하도록 명할 수 있다.

제31조(구제명령 등의 확정) ① 「노동위원회법」에 따른 지방노동위원회의 구제명령이나 기각결정에 불복하는 사용자나 근로자는 구제명령서나 기각결정서를 통지받은 날부터 10일 이내에 중앙노동위원회에 재심을 신청할 수 있다.

② 제1항에 따른 중앙노동위원회의 재심판정에 대하여 사용자나 근로자는 재심판정서를 송달받은 날부터 15일 이내에 「행정소송법」의 규정에 따라 소(訴)를 제기할 수 있다.

③ 제1항과 제2항에 따른 기간 이내에 재심을 신청하지 아니하거나 행정소송을 제기하지 아니하면 그 구제명령, 기각결정 또는 재심판정은 확정된다.

제32조(구제명령 등의 효력) 노동위원회의 구제명령, 기각결정 또는 재심판정은 제31조에 따른 중앙노동위원회에 대한 재심 신청이나 행정소송 제기에 의하여 그 효력이 정지되지 아니한다.

제33조(이행강제금) ① 노동위원회는 구제명령(구제명령을 내용으로 하는 재심판정을 포함한다. 이하 이 조에서 같다)을 받은 후 이행기한까지 구제명령을 이행하지 아니한 사용자에게 2천만원 이하의 이행강제금을 부과한다.

② 노동위원회는 제1항에 따른 이행강제금을 부과하기 30일 전까지 이행강제금을 부과·징수한다는 뜻을 사용자에게 미리 문서로써 알려 주어야 한다.

③ 제1항에 따른 이행강제금을 부과할 때에는 이행강제금의 액수, 부과 사유, 납부기한, 수납기관, 이의제기방법 및 이의제기기관 등을 명시한 문서로

써 하여야 한다.

④ 제1항에 따라 이행강제금을 부과하는 위반행위의 종류와 위반 정도에 따른 금액, 부과·징수된 이행강제금의 반환절차, 그 밖에 필요한 사항은 대통령령으로 정한다.

⑤ 노동위원회는 최초의 구제명령을 한 날을 기준으로 매년 2회의 범위에서 구제명령이 이행될 때까지 반복하여 제1항에 따른 이행강제금을 부과·징수할 수 있다. 이 경우 이행강제금은 2년을 초과하여 부과·징수하지 못한다.

⑥ 노동위원회는 구제명령을 받은 자가 구제명령을 이행하면 새로운 이행강제금을 부과하지 아니하되, 구제명령을 이행하기 전에 이미 부과된 이행강제금은 징수하여야 한다.

⑦ 노동위원회는 이행강제금 납부의무자가 납부기한까지 이행강제금을 내지 아니하면 기간을 정하여 독촉을 하고 지정된 기간에 제1항에 따른 이행강제금을 내지 아니하면 국세 체납처분의 예에 따라 징수할 수 있다.

⑧ 근로자는 구제명령을 받은 사용자가 이행기한까지 구제명령을 이행하지 아니하면 이행기한이 지난 때부터 15일 이내에 그 사실을 노동위원회에 알려줄 수 있다.

제34조(퇴직급여 제도) 사용자가 퇴직하는 근로자에게 지급하는 퇴직급여 제도에 관하여는 「근로자퇴직급여 보장법」이 정하는 대로 따른다.

제35조(예고해고의 적용 예외) 제26조는 다음 각 호의 어느 하나에 해당하는 근로자에게는 적용하지 아니한다.

1. 일용근로자로서 3개월을 계속 근무하지 아니한 자

2. 2개월 이내의 기간을 정하여 사용된 자

3. 월급근로자로서 6개월이 되지 못한 자

4. 계절적 업무에 6개월 이내의 기간을 정하여 사용된 자

5. 수습 사용 중인 근로자

[단순위헌, 2014헌바3, 2015.12.23., 근로기준법(2007. 4. 11. 법률 제8372호로 전부개정된 것) 제35조 제3호는 헌법에 위반된다.]

제36조(금품 청산) 사용자는 근로자가 사망 또는 퇴직한 경우에는 그 지급 사유가 발생한 때부터 14일 이내에 임금, 보상금, 그 밖에 일체의 금품을 지급하여야 한다. 다만, 특별한 사정이 있을 경우에는 당사자 사이의 합의에 의하여 기일을 연장할 수 있다.

제37조(미지급 임금에 대한 지연이자) ① 사용자는 제36조에 따라 지급하여야 하는 임금 및 「근로자퇴직급여 보장법」 제2조제5호에 따른 급여(일시금만 해당된다)의 전부 또는 일부를 그 지급 사유가 발생한 날부터 14일

이내에 지급하지 아니한 경우 그 다음 날부터 지급하는 날까지의 지연 일수에 대하여 연 100분의 40 이내의 범위에서 「은행법」에 따른 은행이 적용하는 연체금리 등 경제 여건을 고려하여 대통령령으로 정하는 이율에 따른 지연이자를 지급하여야 한다. <개정 2010.5.17.>

② 제1항은 사용자가 천재·사변, 그 밖에 대통령령으로 정하는 사유에 따라 임금 지급을 지연하는 경우 그 사유가 존속하는 기간에 대하여는 적용하지 아니한다.

제38조(임금채권의 우선변제) ① 임금, 재해보상금, 그 밖에 근로 관계로 인한 채권은 사용자의 총재산에 대하여 질권(質權)·저당권 또는 「동산·채권 등의 담보에 관한 법률」에 따른 담보권에 따라 담보된 채권 외에는 조세·공과금 및 다른 채권에 우선하여 변제되어야 한다. 다만, 질권·저당권 또는 「동산·채권 등의 담보에 관한 법률」에 따른 담보권에 우선하는 조세·공과금에 대하여는 그러하지 아니하다. <개정 2010.6.10.>

② 제1항에도 불구하고 다음 각 호의 어느 하나에 해당하는 채권은 사용자의 총재산에 대하여 질권·저당권 또는 「동산·채권 등의 담보에 관한 법률」에 따른 담보권에 따라 담보된 채권, 조세·공과금 및 다른 채권에 우선하여 변제되어야 한다. <개정 2010.6.10.>

1. 최종 3개월분의 임금
2. 재해보상금

제39조(사용증명서) ① 사용자는 근로자가 퇴직한 후라도 사용 기간, 업무 종류, 지위와 임금, 그 밖에 필요한 사항에 관한 증명서를 청구하면 사실대로 적은 증명서를 즉시 내주어야 한다.

② 제1항의 증명서에는 근로자가 요구한 사항만을 적어야 한다.

제40조(취업 방해의 금지) 누구든지 근로자의 취업을 방해할 목적으로 비밀 기호 또는 명부를 작성·사용하거나 통신을 하여서는 아니 된다.

제41조(근로자의 명부) ① 사용자는 각 사업장별로 근로자 명부를 작성하고 근로자의 성명, 생년월일, 이력, 그 밖에 대통령령으로 정하는 사항을 적어야 한다.

② 제1항에 따라 근로자 명부에 적을 사항이 변경된 경우에는 지체 없이 정정하여야 한다.

제42조(계약 서류의 보존) 사용자는 근로자 명부와 대통령령으로 정하는 근로계약에 관한 중요한 서류를 3년간 보존하여야 한다.

제3장 임금

제43조(임금 지급) ① 임금은 통화(通貨)로 직접 근로자에게 그 전액을 지급하여야 한다. 다만, 법령 또는 단체협약에 특별한 규정이 있는 경우에는 임금의 일부를 공제하거나 통화 이외의 것으로 지급할 수 있다.

② 임금은 매월 1회 이상 일정한 날짜를 정하여 지급하여야 한다. 다만, 임시로 지급하는 임금, 수당, 그 밖에 이에 준하는 것 또는 대통령령으로 정하는 임금에 대하여는 그러하지 아니하다.

제43조의2(체불사업주 명단 공개) ① 고용노동부장관은 제36조, 제43조, 제56조에 따른 임금, 보상금, 수당, 그 밖에 일체의 금품(이하 "임금등"이라 한다)을 지급하지 아니한 사업주(법인인 경우에는 그 대표자를 포함한다. 이하 "체불사업주"라 한다)가 명단 공개 기준일 이전 3년 이내 임금등을 체불하여 2회 이상 유죄가 확정된 자로서 명단 공개 기준일 이전 1년 이내 임금등의 체불총액이 3천만원 이상인 경우에는 그 인적사항 등을 공개할 수 있다. 다만, 체불사업주의 사망ㆍ폐업으로 명단 공개의 실효성이 없는 경우 등 대통령령으로 정하는 사유가 있는 경우에는 그러하지 아니하다.

② 고용노동부장관은 제1항에 따라 명단 공개를 할 경우에 체불사업주에게 3개월 이상의 기간을 정하여 소명 기회를 주어야 한다.

③ 제1항에 따른 체불사업주의 인적사항 등에 대한 공개 여부를 심의하기 위하여 고용노동부에 임금체불정보심의위원회(이하 이 조에서 "위원회"라 한다)를 둔다. 이 경우 위원회의 구성ㆍ운영 등 필요한 사항은 고용노동부령으로 정한다.

④ 제1항에 따른 명단 공개의 구체적인 내용, 기간 및 방법 등 명단 공개에 필요한 사항은 대통령령으로 정한다.

[본조신설 2012.2.1.]

제43조의3(임금등 체불자료의 제공) ① 고용노동부장관은 「신용정보의 이용 및 보호에 관한 법률」 제25조제2항제1호에 따른 종합신용정보집중기관이 임금등 체불자료 제공일 이전 3년 이내 임금등을 체불하여 2회 이상 유죄가 확정된 자로서 임금등 체불자료 제공일 이전 1년 이내 임금등의 체불총액이 2천만원 이상인 체불사업주의 인적사항과 체불액 등에 관한 자료(이하 "임금등 체불자료"라 한다)를 요구할 때에는 임금등의 체불을 예방하기 위하여 필요하다고 인정하는 경우에 그 자료를 제공할 수 있다. 다만, 체불사업주의 사망ㆍ폐업으로 임금등 체불자료 제공의 실효성이 없는 경우 등 대통령령으로 정하는 사유가 있는 경우에는 그러하지 아니하다.

② 제1항에 따라 임금등 체불자료를 받은 자는 이를 체불사업주의 신용

도·신용거래능력 판단과 관련한 업무 외의 목적으로 이용하거나 누설하여서는 아니 된다.

③ 제1항에 따른 임금등 체불자료의 제공 절차 및 방법 등 임금등 체불자료의 제공에 필요한 사항은 대통령령으로 정한다.

[본조신설 2012.2.1.]

제44조(도급 사업에 대한 임금 지급) ① 사업이 여러 차례의 도급에 따라 행하여지는 경우에 하수급인(下受給人)이 직상(直上) 수급인의 귀책사유로 근로자에게 임금을 지급하지 못한 경우에는 그 직상 수급인은 그 하수급인과 연대하여 책임을 진다. 다만, 직상 수급인의 귀책사유가 그 상위 수급인의 귀책사유에 의하여 발생한 경우에는 그 상위 수급인도 연대하여 책임을 진다. <개정 2012.2.1.>

② 제1항의 귀책사유 범위는 대통령령으로 정한다. <개정 2012.2.1.>

제44조의2(건설업에서의 임금 지급 연대책임) ① 건설업에서 사업이 2차례 이상 「건설산업기본법」 제2조제11호에 따른 도급(이하 "공사도급"이라 한다)이 이루어진 경우에 같은 법 제2조제7호에 따른 건설업자가 아닌 하수급인이 그가 사용한 근로자에게 임금(해당 건설공사에서 발생한 임금으로 한정한다)을 지급하지 못한 경우에는 그 직상 수급인은 하수급인과 연대하여 하수급인이 사용한 근로자의 임금을 지급할 책임을 진다. <개정 2011.5.24.>

② 제1항의 직상 수급인이 「건설산업기본법」 제2조제7호에 따른 건설업자가 아닌 때에는 그 상위 수급인 중에서 최하위의 같은 호에 따른 건설업자를 직상 수급인으로 본다. <개정 2011.5.24.>

[본조신설 2007.7.27.]

제44조의3(건설업의 공사도급에 있어서의 임금에 관한 특례) ① 공사도급이 이루어진 경우로서 다음 각 호의 어느 하나에 해당하는 때에는 직상 수급인은 하수급인에게 지급하여야 하는 하도급 대금 채무의 부담 범위에서 그 하수급인이 사용한 근로자가 청구하면 하수급인이 지급하여야 하는 임금(해당 건설공사에서 발생한 임금으로 한정한다)에 해당하는 금액을 근로자에게 직접 지급하여야 한다.

1. 직상 수급인이 하수급인을 대신하여 하수급인이 사용한 근로자에게 지급하여야 하는 임금을 직접 지급할 수 있다는 뜻과 그 지급방법 및 절차에 관하여 직상 수급인과 하수급인이 합의한 경우

2. 「민사집행법」 제56조제3호에 따른 확정된 지급명령, 하수급인의 근로자에게 하수급인에 대하여 임금채권이 있음을 증명하는 같은 법 제56조제4호에 따른 집행증서, 「소액사건심판법」 제5조의7에 따라 확정된 이행권고

결정, 그 밖에 이에 준하는 집행권원이 있는 경우

3. 하수급인이 그가 사용한 근로자에 대하여 지급하여야 할 임금채무가 있음을 직상 수급인에게 알려주고, 직상 수급인이 파산 등의 사유로 하수급인이 임금을 지급할 수 없는 명백한 사유가 있다고 인정하는 경우

② 「건설산업기본법」 제2조제10호에 따른 발주자의 수급인(이하 "원수급인"이라 한다)으로부터 공사도급이 2차례 이상 이루어진 경우로서 하수급인(도급받은 하수급인으로부터 재하도급 받은 하수급인을 포함한다. 이하 이 항에서 같다)이 사용한 근로자에게 그 하수급인에 대한 제1항제2호에 따른 집행권원이 있는 경우에는 근로자는 하수급인이 지급하여야 하는 임금(해당 건설공사에서 발생한 임금으로 한정한다)에 해당하는 금액을 원수급인에게 직접 지급할 것을 요구할 수 있다. 원수급인은 근로자가 자신에 대하여 「민법」 제404조에 따른 채권자대위권을 행사할 수 있는 금액의 범위에서 이에 따라야 한다. <개정 2011.5.24.>

③ 직상 수급인 또는 원수급인이 제1항 및 제2항에 따라 하수급인이 사용한 근로자에게 임금에 해당하는 금액을 지급한 경우에는 하수급인에 대한 하도급 대금 채무는 그 범위에서 소멸한 것으로 본다.

[본조신설 2007.7.27.]

제45조(비상시 지급) 사용자는 근로자가 출산, 질병, 재해, 그 밖에 대통령령으로 정하는 비상(非常)한 경우의 비용에 충당하기 위하여 임금 지급을 청구하면 지급기일 전이라도 이미 제공한 근로에 대한 임금을 지급하여야 한다.

제46조(휴업수당) ① 사용자의 귀책사유로 휴업하는 경우에 사용자는 휴업기간 동안 그 근로자에게 평균임금의 100분의 70 이상의 수당을 지급하여야 한다. 다만, 평균임금의 100분의 70에 해당하는 금액이 통상임금을 초과하는 경우에는 통상임금을 휴업수당으로 지급할 수 있다.

② 제1항에도 불구하고 부득이한 사유로 사업을 계속하는 것이 불가능하여 노동위원회의 승인을 받은 경우에는 제1항의 기준에 못 미치는 휴업수당을 지급할 수 있다.

제47조(도급 근로자) 사용자는 도급이나 그 밖에 이에 준하는 제도로 사용하는 근로자에게 근로시간에 따라 일정액의 임금을 보장하여야 한다.

제48조(임금대장) 사용자는 각 사업장별로 임금대장을 작성하고 임금과 가족수당 계산의 기초가 되는 사항, 임금액, 그 밖에 대통령령으로 정하는 사항을 임금을 지급할 때마다 적어야 한다.

제49조(임금의 시효) 이 법에 따른 임금채권은 3년간 행사하지 아니하면 시효로 소멸한다.

제4장 근로시간과 휴식

제50조(근로시간) ① 1주 간의 근로시간은 휴게시간을 제외하고 40시간을 초과할 수 없다.

② 1일의 근로시간은 휴게시간을 제외하고 8시간을 초과할 수 없다.

③ 제1항 및 제2항에 따른 근로시간을 산정함에 있어 작업을 위하여 근로자가 사용자의 지휘·감독 아래에 있는 대기시간 등은 근로시간으로 본다. <신설 2012.2.1.>

제51조(탄력적 근로시간제) ① 사용자는 취업규칙(취업규칙에 준하는 것을 포함한다)에서 정하는 바에 따라 2주 이내의 일정한 단위기간을 평균하여 1주 간의 근로시간이 제50조제1항의 근로시간을 초과하지 아니하는 범위에서 특정한 주에 제50조제1항의 근로시간을, 특정한 날에 제50조제2항의 근로시간을 초과하여 근로하게 할 수 있다. 다만, 특정한 주의 근로시간은 48시간을 초과할 수 없다.

② 사용자는 근로자대표와의 서면 합의에 따라 다음 각 호의 사항을 정하면 3개월 이내의 단위기간을 평균하여 1주 간의 근로시간이 제50조제1항의 근로시간을 초과하지 아니하는 범위에서 특정한 주에 제50조제1항의 근로시간을, 특정한 날에 제50조제2항의 근로시간을 초과하여 근로하게 할 수 있다. 다만, 특정한 주의 근로시간은 52시간을, 특정한 날의 근로시간은 12시간을 초과할 수 없다.

1. 대상 근로자의 범위

2. 단위기간(3개월 이내의 일정한 기간으로 정하여야 한다)

3. 단위기간의 근로일과 그 근로일별 근로시간

4. 그 밖에 대통령령으로 정하는 사항

③ 제1항과 제2항은 15세 이상 18세 미만의 근로자와 임신 중인 여성 근로자에 대하여는 적용하지 아니한다.

④ 사용자는 제1항 및 제2항에 따라 근로자를 근로시킬 경우에는 기존의 임금 수준이 낮아지지 아니하도록 임금보전방안(賃金補塡方案)을 강구하여야 한다.

제52조(선택적 근로시간제) 사용자는 취업규칙(취업규칙에 준하는 것을 포함한다)에 따라 업무의 시작 및 종료 시각을 근로자의 결정에 맡기기로 한 근로자에 대하여 근로자대표와의 서면 합의에 따라 다음 각 호의 사항을 정하면 1개월 이내의 정산기간을 평균하여 1주간의 근로시간이 제50조제1항의 근로시간을 초과하지 아니하는 범위에서 1주 간에 제50조제1항의 근로시간을, 1일에 제50조제2항의 근로시간을 초과하여 근로하게 할 수 있다.

  1. 대상 근로자의 범위(15세 이상 18세 미만의 근로자는 제외한다)
  2. 정산기간(1개월 이내의 일정한 기간으로 정하여야 한다)
  3. 정산기간의 총 근로시간
  4. 반드시 근로하여야 할 시간대를 정하는 경우에는 그 시작 및 종료 시각
  5. 근로자가 그의 결정에 따라 근로할 수 있는 시간대를 정하는 경우에는 그 시작 및 종료 시각
  6. 그 밖에 대통령령으로 정하는 사항

제53조(연장 근로의 제한) ① 당사자 간에 합의하면 1주 간에 12시간을 한도로 제50조의 근로시간을 연장할 수 있다.

② 당사자 간에 합의하면 1주 간에 12시간을 한도로 제51조의 근로시간을 연장할 수 있고, 제52조제2호의 정산기간을 평균하여 1주 간에 12시간을 초과하지 아니하는 범위에서 제52조의 근로시간을 연장할 수 있다.

③ 사용자는 특별한 사정이 있으면 고용노동부장관의 인가와 근로자의 동의를 받아 제1항과 제2항의 근로시간을 연장할 수 있다. 다만, 사태가 급박하여 고용노동부장관의 인가를 받을 시간이 없는 경우에는 사후에 지체 없이 승인을 받아야 한다. <개정 2010.6.4.>

④ 고용노동부장관은 제3항에 따른 근로시간의 연장이 부적당하다고 인정하면 그 후 연장시간에 상당하는 휴게시간이나 휴일을 줄 것을 명할 수 있다. <개정 2010.6.4.>

제54조(휴게) ① 사용자는 근로시간이 4시간인 경우에는 30분 이상, 8시간인 경우에는 1시간 이상의 휴게시간을 근로시간 도중에 주어야 한다.

② 휴게시간은 근로자가 자유롭게 이용할 수 있다.

제55조(휴일) 사용자는 근로자에게 1주일에 평균 1회 이상의 유급휴일을 주어야 한다.

제56조(연장·야간 및 휴일 근로) 사용자는 연장근로(제53조·제59조 및 제69조 단서에 따라 연장된 시간의 근로)와 야간근로(오후 10시부터 오전 6시까지 사이의 근로) 또는 휴일근로에 대하여는 통상임금의 100분의 50 이상을 가산하여 지급하여야 한다.

제57조(보상 휴가제) 사용자는 근로자대표와의 서면 합의에 따라 제56조에 따른 연장근로·야간근로 및 휴일근로에 대하여 임금을 지급하는 것을 갈음하여 휴가를 줄 수 있다.

제58조(근로시간 계산의 특례) ① 근로자가 출장이나 그 밖의 사유로 근로시간의 전부 또는 일부를 사업장 밖에서 근로하여 근로시간을 산정하기 어려운 경우에는 소정근로시간을 근로한 것으로 본다. 다만, 그 업무를 수행하기

위하여 통상적으로 소정근로시간을 초과하여 근로할 필요가 있는 경우에는 그 업무의 수행에 통상 필요한 시간을 근로한 것으로 본다.

② 제1항 단서에도 불구하고 그 업무에 관하여 근로자대표와의 서면 합의를 한 경우에는 그 합의에서 정하는 시간을 그 업무의 수행에 통상 필요한 시간으로 본다.

③ 업무의 성질에 비추어 업무 수행 방법을 근로자의 재량에 위임할 필요가 있는 업무로서 대통령령으로 정하는 업무는 사용자가 근로자대표와 서면 합의로 정한 시간을 근로한 것으로 본다. 이 경우 그 서면 합의에는 다음 각 호의 사항을 명시하여야 한다.

1. 대상 업무

2. 사용자가 업무의 수행 수단 및 시간 배분 등에 관하여 근로자에게 구체적인 지시를 하지 아니한다는 내용

3. 근로시간의 산정은 그 서면 합의로 정하는 바에 따른다는 내용

④ 제1항과 제3항의 시행에 필요한 사항은 대통령령으로 정한다.

제59조(근로시간 및 휴게시간의 특례) 다음 각 호의 어느 하나에 해당하는 사업에 대하여 사용자가 근로자대표와 서면 합의를 한 경우에는 제53조제1항에 따른 주(週) 12시간을 초과하여 연장근로를 하게 하거나 제54조에 따른 휴게시간을 변경할 수 있다.

1. 운수업, 물품 판매 및 보관업, 금융보험업

2. 영화 제작 및 흥행업, 통신업, 교육연구 및 조사 사업, 광고업

3. 의료 및 위생 사업, 접객업, 소각 및 청소업, 이용업

4. 그 밖에 공중의 편의 또는 업무의 특성상 필요한 경우로서 대통령령으로 정하는 사업

제60조(연차 유급휴가) ① 사용자는 1년간 80퍼센트 이상 출근한 근로자에게 15일의 유급휴가를 주어야 한다. <개정 2012.2.1.>

② 사용자는 계속하여 근로한 기간이 1년 미만인 근로자 또는 1년간 80퍼센트 미만 출근한 근로자에게 1개월 개근 시 1일의 유급휴가를 주어야 한다. <개정 2012.2.1.>

③ 사용자는 근로자의 최초 1년 간의 근로에 대하여 유급휴가를 주는 경우에는 제2항에 따른 휴가를 포함하여 15일로 하고, 근로자가 제2항에 따른 휴가를 이미 사용한 경우에는 그 사용한 휴가 일수를 15일에서 뺀다.

④ 사용자는 3년 이상 계속하여 근로한 근로자에게는 제1항에 따른 휴가에 최초 1년을 초과하는 계속 근로 연수 매 2년에 대하여 1일을 가산한 유급휴가를 주어야 한다. 이 경우 가산휴가를 포함한 총 휴가 일수는 25일을 한

도로 한다.

⑤ 사용자는 제1항부터 제4항까지의 규정에 따른 휴가를 근로자가 청구한 시기에 주어야 하고, 그 기간에 대하여는 취업규칙 등에서 정하는 통상임금 또는 평균임금을 지급하여야 한다. 다만, 근로자가 청구한 시기에 휴가를 주는 것이 사업 운영에 막대한 지장이 있는 경우에는 그 시기를 변경할 수 있다.

⑥ 제1항부터 제3항까지의 규정을 적용하는 경우 다음 각 호의 어느 하나에 해당하는 기간은 출근한 것으로 본다. <개정 2012.2.1.>

1. 근로자가 업무상의 부상 또는 질병으로 휴업한 기간

2. 임신 중의 여성이 제74조제1항부터 제3항까지의 규정에 따른 휴가로 휴업한 기간

⑦ 제1항부터 제4항까지의 규정에 따른 휴가는 1년간 행사하지 아니하면 소멸된다. 다만, 사용자의 귀책사유로 사용하지 못한 경우에는 그러하지 아니하다.

제61조(연차 유급휴가의 사용 촉진) 사용자가 제60조제1항·제3항 및 제4항에 따른 유급휴가의 사용을 촉진하기 위하여 다음 각 호의 조치를 하였음에도 불구하고 근로자가 휴가를 사용하지 아니하여 제60조제7항 본문에 따라 소멸된 경우에는 사용자는 그 사용하지 아니한 휴가에 대하여 보상할 의무가 없고, 제60조제7항 단서에 따른 사용자의 귀책사유에 해당하지 아니하는 것으로 본다. <개정 2012.2.1.>

1. 제60조제7항 본문에 따른 기간이 끝나기 6개월 전을 기준으로 10일 이내에 사용자가 근로자별로 사용하지 아니한 휴가 일수를 알려주고, 근로자가 그 사용 시기를 정하여 사용자에게 통보하도록 서면으로 촉구할 것

2. 제1호에 따른 촉구에도 불구하고 근로자가 촉구를 받은 때부터 10일 이내에 사용하지 아니한 휴가의 전부 또는 일부의 사용 시기를 정하여 사용자에게 통보하지 아니하면 제60조제7항 본문에 따른 기간이 끝나기 2개월 전까지 사용자가 사용하지 아니한 휴가의 사용 시기를 정하여 근로자에게 서면으로 통보할 것

제62조(유급휴가의 대체) 사용자는 근로자대표와의 서면 합의에 따라 제60조에 따른 연차 유급휴가일을 갈음하여 특정한 근로일에 근로자를 휴무시킬 수 있다.

제63조(적용의 제외) 이 장과 제5장에서 정한 근로시간, 휴게와 휴일에 관한 규정은 다음 각 호의 어느 하나에 해당하는 근로자에 대하여는 적용하지 아니한다. <개정 2010.6.4.>

1. 토지의 경작·개간, 식물의 재식(栽植)·재배·채취 사업, 그 밖의 농림 사업

2. 동물의 사육, 수산 동식물의 채포(採捕)·양식 사업, 그 밖의 축산, 양잠, 수산 사업

3. 감시(監視) 또는 단속적(斷續的)으로 근로에 종사하는 자로서 사용자가 고용노동부장관의 승인을 받은 자

4. 대통령령으로 정하는 업무에 종사하는 근로자

제5장 여성과 소년

제64조(최저 연령과 취직인허증) ① 15세 미만인 자(「초·중등교육법」에 따른 중학교에 재학 중인 18세 미만인 자를 포함한다)는 근로자로 사용하지 못한다. 다만, 대통령령으로 정하는 기준에 따라 고용노동부장관이 발급한 취직인허증(就職認許證)을 지닌 자는 근로자로 사용할 수 있다. <개정 2010.6.4.>

② 제1항의 취직인허증은 본인의 신청에 따라 의무교육에 지장이 없는 경우에는 직종(職種)을 지정하여서만 발행할 수 있다.

③ 고용노동부장관은 거짓이나 그 밖의 부정한 방법으로 제1항 단서의 취직인허증을 발급받은 자에게는 그 인허를 취소하여야 한다. <개정 2010.6.4.>

제65조(사용 금지) ① 사용자는 임신 중이거나 산후 1년이 지나지 아니한 여성(이하 "임산부"라 한다)과 18세 미만자를 도덕상 또는 보건상 유해·위험한 사업에 사용하지 못한다.

② 사용자는 임산부가 아닌 18세 이상의 여성을 제1항에 따른 보건상 유해·위험한 사업 중 임신 또는 출산에 관한 기능에 유해·위험한 사업에 사용하지 못한다.

③ 제1항 및 제2항에 따른 금지 직종은 대통령령으로 정한다.

제66조(연소자 증명서) 사용자는 18세 미만인 자에 대하여는 그 연령을 증명하는 가족관계기록사항에 관한 증명서와 친권자 또는 후견인의 동의서를 사업장에 갖추어 두어야 한다. <개정 2007.5.17.>

제67조(근로계약) ① 친권자나 후견인은 미성년자의 근로계약을 대리할 수 없다.

② 친권자, 후견인 또는 고용노동부장관은 근로계약이 미성년자에게 불리하다고 인정하는 경우에는 이를 해지할 수 있다. <개정 2010.6.4.>

③ 사용자는 18세 미만인 자와 근로계약을 체결하는 경우에는 제17조에 따른 근로조건을 서면으로 명시하여 교부하여야 한다. <신설 2007.7.27.>

제68조(임금의 청구) 미성년자는 독자적으로 임금을 청구할 수 있다.

제69조(근로시간) 15세 이상 18세 미만인 자의 근로시간은 1일에 7시간, 1주일에 40시간을 초과하지 못한다. 다만, 당사자 사이의 합의에 따라 1일에

1시간, 1주일에 6시간을 한도로 연장할 수 있다.

제70조(야간근로와 휴일근로의 제한) ① 사용자는 18세 이상의 여성을 오후 10시부터 오전 6시까지의 시간 및 휴일에 근로시키려면 그 근로자의 동의를 받아야 한다.

② 사용자는 임산부와 18세 미만자를 오후 10시부터 오전 6시까지의 시간 및 휴일에 근로시키지 못한다. 다만, 다음 각 호의 어느 하나에 해당하는 경우로서 고용노동부장관의 인가를 받으면 그러하지 아니하다. <개정 2010.6.4.>

1. 18세 미만자의 동의가 있는 경우

2. 산후 1년이 지나지 아니한 여성의 동의가 있는 경우

3. 임신 중의 여성이 명시적으로 청구하는 경우

③ 사용자는 제2항의 경우 고용노동부장관의 인가를 받기 전에 근로자의 건강 및 모성 보호를 위하여 그 시행 여부와 방법 등에 관하여 그 사업 또는 사업장의 근로자대표와 성실하게 협의하여야 한다. <개정 2010.6.4.>

제71조(시간외근로) 사용자는 산후 1년이 지나지 아니한 여성에 대하여는 단체협약이 있는 경우라도 1일에 2시간, 1주일에 6시간, 1년에 150시간을 초과하는 시간외근로를 시키지 못한다.

제72조(갱내근로의 금지) 사용자는 여성과 18세 미만인 자를 갱내(坑內)에서 근로시키지 못한다. 다만, 보건·의료, 보도·취재 등 대통령령으로 정하는 업무를 수행하기 위하여 일시적으로 필요한 경우에는 그러하지 아니하다.

제73조(생리휴가) 사용자는 여성 근로자가 청구하면 월 1일의 생리휴가를 주어야 한다.

제74조(임산부의 보호) ① 사용자는 임신 중의 여성에게 출산 전과 출산 후를 통하여 90일(한 번에 둘 이상 자녀를 임신한 경우에는 120일)의 출산전후휴가를 주어야 한다. 이 경우 휴가 기간의 배정은 출산 후에 45일(한 번에 둘 이상 자녀를 임신한 경우에는 60일) 이상이 되어야 한다. <개정 2012.2.1., 2014.1.21.>

② 사용자는 임신 중인 여성 근로자가 유산의 경험 등 대통령령으로 정하는 사유로 제1항의 휴가를 청구하는 경우 출산 전 어느 때 라도 휴가를 나누어 사용할 수 있도록 하여야 한다. 이 경우 출산 후의 휴가 기간은 연속하여 45일(한 번에 둘 이상 자녀를 임신한 경우에는 60일) 이상이 되어야 한다. <신설 2012.2.1., 2014.1.21.>

③ 사용자는 임신 중인 여성이 유산 또는 사산한 경우로서 그 근로자가 청구하면 대통령령으로 정하는 바에 따라 유산·사산 휴가를 주어야 한다. 다만, 인공 임신중절 수술(「모자보건법」 제14조제1항에 따른 경우는 제외

한다)에 따른 유산의 경우는 그러하지 아니하다. <개정 2012.2.1.>

④ 제1항부터 제3항까지의 규정에 따른 휴가 중 최초 60일(한 번에 둘 이상 자녀를 임신한 경우에는 75일)은 유급으로 한다. 다만, 「남녀고용평등과 일·가정 양립 지원에 관한 법률」 제18조에 따라 출산전후휴가급여 등이 지급된 경우에는 그 금액의 한도에서 지급의 책임을 면한다. <개정 2007.12.21., 2012.2.1., 2014.1.21.>

⑤ 사용자는 임신 중의 여성 근로자에게 시간외근로를 하게 하여서는 아니 되며, 그 근로자의 요구가 있는 경우에는 쉬운 종류의 근로로 전환하여야 한다. <개정 2012.2.1.>

⑥ 사업주는 제1항에 따른 출산전후휴가 종료 후에는 휴가 전과 동일한 업무 또는 동등한 수준의 임금을 지급하는 직무에 복귀시켜야 한다. <신설 2008.3.28., 2012.2.1.>

⑦ 사용자는 임신 후 12주 이내 또는 36주 이후에 있는 여성 근로자가 1일 2시간의 근로시간 단축을 신청하는 경우 이를 허용하여야 한다. 다만, 1일 근로시간이 8시간 미만인 근로자에 대하여는 1일 근로시간이 6시간이 되도록 근로시간 단축을 허용할 수 있다. <신설 2014.3.24.>

⑧ 사용자는 제7항에 따른 근로시간 단축을 이유로 해당 근로자의 임금을 삭감하여서는 아니 된다. <신설 2014.3.24.>

⑨ 제7항에 따른 근로시간 단축의 신청방법 및 절차 등에 필요한 사항은 대통령령으로 정한다. <신설 2014.3.24.>

[시행일] 제74조제7항, 제74조제8항, 제74조제9항의 개정규정은 다음 각 호의 구분에 따른 날

1. 상시 300명 이상의 근로자를 사용하는 사업 또는 사업장: 공포 후 6개월이 경과한 날

2. 상시 300명 미만의 근로자를 사용하는 사업 또는 사업장: 공포 후 2년이 경과한 날

제74조의2(태아검진 시간의 허용 등) ① 사용자는 임신한 여성근로자가 「모자보건법」 제10조에 따른 임산부 정기건강진단을 받는데 필요한 시간을 청구하는 경우 이를 허용하여 주어야 한다.

② 사용자는 제1항에 따른 건강진단 시간을 이유로 그 근로자의 임금을 삭감하여서는 아니 된다.

[본조신설 2008.3.21.]

제75조(육아 시간) 생후 1년 미만의 유아(乳兒)를 가진 여성 근로자가 청구하면 1일 2회 각각 30분 이상의 유급 수유 시간을 주어야 한다.

제6장 안전과 보건

제76조(안전과 보건) 근로자의 안전과 보건에 관하여는 「산업안전보건법」에서 정하는 바에 따른다.

제7장 기능 습득

제77조(기능 습득자의 보호) 사용자는 양성공, 수습, 그 밖의 명칭을 불문하고 기능의 습득을 목적으로 하는 근로자를 혹사하거나 가사, 그 밖의 기능 습득에 관계없는 업무에 종사시키지 못한다.

제8장 재해보상

제78조(요양보상) ① 근로자가 업무상 부상 또는 질병에 걸리면 사용자는 그 비용으로 필요한 요양을 행하거나 필요한 요양비를 부담하여야 한다.

② 제1항에 따른 업무상 질병과 요양의 범위 및 요양보상의 시기는 대통령령으로 정한다. <개정 2008.3.21.>

제79조(휴업보상) ① 사용자는 제78조에 따라 요양 중에 있는 근로자에게 그 근로자의 요양 중 평균임금의 100분의 60의 휴업보상을 하여야 한다. <개정 2008.3.21.>

② 제1항에 따른 휴업보상을 받을 기간에 그 보상을 받을 자가 임금의 일부를 지급받은 경우에는 사용자는 평균임금에서 그 지급받은 금액을 뺀 금액의 100분의 60의 휴업보상을 하여야 한다. <신설 2008.3.21.>

③ 휴업보상의 시기는 대통령령으로 정한다. <신설 2008.3.21.>

제80조(장해보상) ① 근로자가 업무상 부상 또는 질병에 걸리고, 완치된 후 신체에 장해가 있으면 사용자는 그 장해 정도에 따라 평균임금에 별표에서 정한 일수를 곱한 금액의 장해보상을 하여야 한다. <개정 2008.3.21.>

② 이미 신체에 장해가 있는 자가 부상 또는 질병으로 인하여 같은 부위에 장해가 더 심해진 경우에 그 장해에 대한 장해보상 금액은 장해 정도가 더 심해진 장해등급에 해당하는 장해보상의 일수에서 기존의 장해등급에 해당하는 장해보상의 일수를 뺀 일수에 보상청구사유 발생 당시의 평균임금을 곱하여 산정한 금액으로 한다. <신설 2008.3.21.>

③ 장해보상을 하여야 하는 신체장해 등급의 결정 기준과 장해보상의 시기는 대통령령으로 정한다. <신설 2008.3.21.>

제81조(휴업보상과 장해보상의 예외) 근로자가 중대한 과실로 업무상 부상 또는 질병에 걸리고 또한 사용자가 그 과실에 대하여 노동위원회의 인정을 받으면 휴업보상이나 장해보상을 하지 아니하여도 된다.

제82조(유족보상) ① 근로자가 업무상 사망한 경우에는 사용자는 근로자가 사망한 후 지체 없이 그 유족에게 평균임금 1,000일분의 유족보상을 하여야 한다. <개정 2008.3.21.>

② 제1항에서의 유족의 범위, 유족보상의 순위 및 보상을 받기로 확정된 자가 사망한 경우의 유족보상의 순위는 대통령령으로 정한다.

<신설 2008.3.21.>

제83조(장의비) 근로자가 업무상 사망한 경우에는 사용자는 근로자가 사망한 후 지체 없이 평균임금 90일분의 장의비를 지급하여야 한다.

<개정 2008.3.21.>

제84조(일시보상) 제78조에 따라 보상을 받는 근로자가 요양을 시작한 지 2년이 지나도 부상 또는 질병이 완치되지 아니하는 경우에는 사용자는 그 근로자에게 평균임금 1,340일분의 일시보상을 하여 그 후의 이 법에 따른 모든 보상책임을 면할 수 있다.

제85조(분할보상) 사용자는 지급 능력이 있는 것을 증명하고 보상을 받는 자의 동의를 받으면 제80조, 제82조 또는 제84조에 따른 보상금을 1년에 걸쳐 분할보상을 할 수 있다.

제86조(보상 청구권) 보상을 받을 권리는 퇴직으로 인하여 변경되지 아니하고, 양도나 압류하지 못한다.

제87조(다른 손해배상과의 관계) 보상을 받게 될 자가 동일한 사유에 대하여 「민법」이나 그 밖의 법령에 따라 이 법의 재해보상에 상당한 금품을 받으면 그 가액(價額)의 한도에서 사용자는 보상의 책임을 면한다.

제88조(고용노동부장관의 심사와 중재) ① 업무상의 부상, 질병 또는 사망의 인정, 요양의 방법, 보상금액의 결정, 그 밖에 보상의 실시에 관하여 이의가 있는 자는 고용노동부장관에게 심사나 사건의 중재를 청구할 수 있다.

<개정 2010.6.4.>

② 제1항의 청구가 있으면 고용노동부장관은 1개월 이내에 심사나 중재를 하여야 한다. <개정 2010.6.4.>

③ 고용노동부장관은 필요에 따라 직권으로 심사나 사건의 중재를 할 수 있다. <개정 2010.6.4.>

④ 고용노동부장관은 심사나 중재를 위하여 필요하다고 인정하면 의사에게 진단이나 검안을 시킬 수 있다. <개정 2010.6.4.>

⑤ 제1항에 따른 심사나 중재의 청구와 제2항에 따른 심사나 중재의 시작은 시효의 중단에 관하여는 재판상의 청구로 본다.

[제목개정 2010.6.4.]

제89조(노동위원회의 심사와 중재) ① 고용노동부장관이 제88조제2항의 기간에 심사 또는 중재를 하지 아니하거나 심사와 중재의 결과에 불복하는 자는 노동위원회에 심사나 중재를 청구할 수 있다. <개정 2010.6.4.>

② 제1항의 청구가 있으면 노동위원회는 1개월 이내에 심사나 중재를 하여야 한다.

제90조(도급 사업에 대한 예외) ① 사업이 여러 차례의 도급에 따라 행하여지는 경우의 재해보상에 대하여는 원수급인(元受給人)을 사용자로 본다.

② 제1항의 경우에 원수급인이 서면상 계약으로 하수급인에게 보상을 담당하게 하는 경우에는 그 수급인도 사용자로 본다. 다만, 2명 이상의 하수급인에게 똑같은 사업에 대하여 중복하여 보상을 담당하게 하지 못한다.

③ 제2항의 경우에 원수급인이 보상의 청구를 받으면 보상을 담당한 하수급인에게 우선 최고(催告)할 것을 청구할 수 있다. 다만, 그 하수급인이 파산의 선고를 받거나 행방이 알려지지 아니하는 경우에는 그러하지 아니하다.

제91조(서류의 보존) 사용자는 재해보상에 관한 중요한 서류를 재해보상이 끝나지 아니하거나 제92조에 따라 재해보상 청구권이 시효로 소멸되기 전에 폐기하여서는 아니 된다. <개정 2008.3.21.>

제92조(시효) 이 법의 규정에 따른 재해보상 청구권은 3년간 행사하지 아니하면 시효로 소멸한다.

제9장 취업규칙

제93조(취업규칙의 작성·신고) 상시 10명 이상의 근로자를 사용하는 사용자는 다음 각 호의 사항에 관한 취업규칙을 작성하여 고용노동부장관에게 신고하여야 한다. 이를 변경하는 경우에도 또한 같다. <개정 2008.3.28., 2010.6.4., 2012.2.1.>

1. 업무의 시작과 종료 시각, 휴게시간, 휴일, 휴가 및 교대 근로에 관한 사항
2. 임금의 결정·계산·지급 방법, 임금의 산정기간·지급시기 및 승급(昇給)에 관한 사항
3. 가족수당의 계산·지급 방법에 관한 사항
4. 퇴직에 관한 사항
5. 「근로자퇴직급여 보장법」 제4조에 따라 설정된 퇴직급여, 상여 및 최저임금에 관한 사항
6. 근로자의 식비, 작업 용품 등의 부담에 관한 사항
7. 근로자를 위한 교육시설에 관한 사항
8. 출산전후휴가·육아휴직 등 근로자의 모성 보호 및 일·가정 양립 지원

에 관한 사항

9. 안전과 보건에 관한 사항

9의2. 근로자의 성별·연령 또는 신체적 조건 등의 특성에 따른 사업장 환경의 개선에 관한 사항

10. 업무상과 업무 외의 재해부조(災害扶助)에 관한 사항

11. 표창과 제재에 관한 사항

12. 그 밖에 해당 사업 또는 사업장의 근로자 전체에 적용될 사항

제94조(규칙의 작성, 변경 절차) ① 사용자는 취업규칙의 작성 또는 변경에 관하여 해당 사업 또는 사업장에 근로자의 과반수로 조직된 노동조합이 있는 경우에는 그 노동조합, 근로자의 과반수로 조직된 노동조합이 없는 경우에는 근로자의 과반수의 의견을 들어야 한다. 다만, 취업규칙을 근로자에게 불리하게 변경하는 경우에는 그 동의를 받아야 한다.

② 사용자는 제93조에 따라 취업규칙을 신고할 때에는 제1항의 의견을 적은 서면을 첨부하여야 한다.

제95조(제재 규정의 제한) 취업규칙에서 근로자에 대하여 감급(減給)의 제재를 정할 경우에 그 감액은 1회의 금액이 평균임금의 1일분의 2분의 1을, 총액이 1임금지급기의 임금 총액의 10분의 1을 초과하지 못한다.

제96조(단체협약의 준수) ① 취업규칙은 법령이나 해당 사업 또는 사업장에 대하여 적용되는 단체협약과 어긋나서는 아니 된다.

② 고용노동부장관은 법령이나 단체협약에 어긋나는 취업규칙의 변경을 명할 수 있다. <개정 2010.6.4.>

제97조(위반의 효력) 취업규칙에서 정한 기준에 미달하는 근로조건을 정한 근로계약은 그 부분에 관하여는 무효로 한다. 이 경우 무효로 된 부분은 취업규칙에 정한 기준에 따른다.

제10장 기숙사

제98조(기숙사 생활의 보장) ① 사용자는 사업 또는 사업장의 부속 기숙사에 기숙하는 근로자의 사생활의 자유를 침해하지 못한다.

② 사용자는 기숙사 생활의 자치에 필요한 임원 선거에 간섭하지 못한다.

제99조(규칙의 작성과 변경) ① 부속 기숙사에 근로자를 기숙시키는 사용자는 다음 각 호의 사항에 관하여 기숙사규칙을 작성하여야 한다.

1. 기상(起床), 취침, 외출과 외박에 관한 사항

2. 행사에 관한 사항

3. 식사에 관한 사항

　4. 안전과 보건에 관한 사항

　5. 건설물과 설비의 관리에 관한 사항

　6. 그 밖에 기숙사에 기숙하는 근로자 전체에 적용될 사항

　② 사용자는 제1항에 따른 규칙의 작성 또는 변경에 관하여 기숙사에 기숙하는 근로자의 과반수를 대표하는 자의 동의를 받아야 한다.

　③ 사용자와 기숙사에 기숙하는 근로자는 기숙사규칙을 지켜야 한다.

제100조(설비와 안전 위생) ① 사용자는 부속 기숙사에 대하여 근로자의 건강, 풍기(風紀)와 생명의 유지에 필요한 조치를 강구하여야 한다.

　② 제1항에 따라 강구하여야 할 조치의 기준은 대통령령으로 정한다.

제11장 근로감독관 등

제101조(감독 기관) ① 근로조건의 기준을 확보하기 위하여 고용노동부와 그 소속 기관에 근로감독관을 둔다. <개정 2010.6.4.>

　② 근로감독관의 자격, 임면(任免), 직무 배치에 관한 사항은 대통령령으로 정한다.

제102조(근로감독관의 권한) ① 근로감독관은 사업장, 기숙사, 그 밖의 부속 건물에 임검(臨檢)하고 장부와 서류의 제출을 요구할 수 있으며 사용자와 근로자에 대하여 심문(尋問)할 수 있다.

　② 의사인 근로감독관이나 근로감독관의 위촉을 받은 의사는 취업을 금지하여야 할 질병에 걸릴 의심이 있는 근로자에 대하여 검진할 수 있다.

　③ 제1항 및 제2항의 경우에 근로감독관이나 그 위촉을 받은 의사는 그 신분증명서와 고용노동부장관의 임검 또는 검진지령서(檢診指令書)를 제시하여야 한다. <개정 2010.6.4.>

　④ 제3항의 임검 또는 검진지령서에는 그 일시, 장소 및 범위를 분명하게 적어야 한다.

　⑤ 근로감독관은 이 법이나 그 밖의 노동 관계 법령 위반의 죄에 관하여 「사법경찰관리의 직무를 행할 자와 그 직무범위에 관한 법률」에서 정하는 바에 따라 사법경찰관의 직무를 수행한다.

제103조(근로감독관의 의무) 근로감독관은 직무상 알게 된 비밀을 엄수하여야 한다. 근로감독관을 그만 둔 경우에도 또한 같다.

제104조(감독 기관에 대한 신고) ① 사업 또는 사업장에서 이 법 또는 이 법에 따른 대통령령을 위반한 사실이 있으면 근로자는 그 사실을 고용노동부장관이나 근로감독관에게 통보할 수 있다. <개정 2010.6.4.>

　② 사용자는 제1항의 통보를 이유로 근로자에게 해고나 그 밖에 불리한 처

우를 하지 못한다.

제105조(사법경찰권 행사자의 제한) 이 법이나 그 밖의 노동 관계 법령에 따른 임검, 서류의 제출, 심문 등의 수사는 검사와 근로감독관이 전담하여 수행한다. 다만, 근로감독관의 직무에 관한 범죄의 수사는 그러하지 아니하다.

제106조(권한의 위임) 이 법에 따른 고용노동부장관의 권한은 대통령령으로 정하는 바에 따라 그 일부를 지방고용노동관서의 장에게 위임할 수 있다. <개정 2010.6.4.>

제12장 벌칙

제107조(벌칙) 제7조, 제8조, 제9조, 제23조제2항 또는 제40조를 위반한 자는 5년 이하의 징역 또는 3천만원 이하의 벌금에 처한다.

제108조(벌칙) 근로감독관이 이 법을 위반한 사실을 고의로 묵과하면 3년 이하의 징역 또는 5년 이하의 자격정지에 처한다.

제109조(벌칙) ① 제36조, 제43조, 제44조, 제44조의2, 제46조, 제56조, 제65조 또는 제72조를 위반한 자는 3년 이하의 징역 또는 2천만원 이하의 벌금에 처한다. <개정 2007.7.27.>

② 제36조, 제43조, 제44조, 제44조의2, 제46조 또는 제56조를 위반한 자에 대하여는 피해자의 명시적인 의사와 다르게 공소를 제기할 수 없다. <개정 2007.7.27.>

제110조(벌칙) 다음 각 호의 어느 하나에 해당하는 자는 2년 이하의 징역 또는 1천만원 이하의 벌금에 처한다. <개정 2009.5.21., 2012.2.1.>

1. 제10조, 제22조제1항, 제26조, 제50조, 제53조제1항·제2항·제3항 본문, 제54조, 제55조, 제60조제1항·제2항·제4항 및 제5항, 제64조제1항, 제69조, 제70조제1항·제2항, 제71조, 제74조제1항부터 제5항까지, 제75조, 제78조부터 제80조까지, 제82조, 제83조 및 제104조제2항을 위반한 자

2. 제53조제4항에 따른 명령을 위반한 자

제111조(벌칙) 제31조제3항에 따라 확정되거나 행정소송을 제기하여 확정된 구제명령 또는 구제명령을 내용으로 하는 재심판정을 이행하지 아니한 자는 1년 이하의 징역 또는 1천만원 이하의 벌금에 처한다.

제112조(고발) ① 제111조의 죄는 노동위원회의 고발이 있어야 공소를 제기할 수 있다.

② 검사는 제1항에 따른 죄에 해당하는 위반행위가 있음을 노동위원회에 통보하여 고발을 요청할 수 있다.

제113조(벌칙) 제45조를 위반한 자는 1천만원 이하의 벌금에 처한다.

제114조(벌칙) 다음 각 호의 어느 하나에 해당하는 자는 500만원 이하의 벌금에 처한다. <개정 2007.7.27., 2008.3.28., 2009.5.21., 2012.2.1.>

1. 제6조, 제16조, 제17조, 제20조, 제21조, 제22조제2항, 제47조, 제53조제3항 단서, 제67조제1항·제3항, 제70조제3항, 제73조, 제74조제6항, 제77조, 제94조, 제95조, 제100조 및 제103조를 위반한 자

2. 제96조제2항에 따른 명령을 위반한 자

제115조(양벌규정) 사업주의 대리인, 사용인, 그 밖의 종업원이 해당 사업의 근로자에 관한 사항에 대하여 제107조, 제109조부터 제111조까지, 제113조 또는 제114조의 위반행위를 하면 그 행위자를 벌하는 외에 그 사업주에게도 해당 조문의 벌금형을 과(科)한다. 다만, 사업주가 그 위반행위를 방지하기 위하여 해당 업무에 관하여 상당한 주의와 감독을 게을리하지 아니한 경우에는 그러하지 아니하다.

[전문개정 2009.5.21.]

제116조(과태료) ① 다음 각 호의 어느 하나에 해당하는 자에게는 500만원 이하의 과태료를 부과한다. <개정 2009.5.21., 2010.6.4., 2014.3.24.>

1. 제13조에 따른 고용노동부장관, 노동위원회 또는 근로감독관의 요구가 있는 경우에 보고 또는 출석을 하지 아니하거나 거짓된 보고를 한 자

2. 제14조, 제39조, 제41조, 제42조, 제48조, 제66조, 제74조제7항, 제91조, 제93조, 제98조제2항 및 제99조를 위반한 자

3. 제102조에 따른 근로감독관 또는 그 위촉을 받은 의사의 임검(臨檢)이나 검진을 거절, 방해 또는 기피하고 그 심문에 대하여 진술을 하지 아니하거나 거짓된 진술을 하며 장부·서류를 제출하지 아니하거나 거짓 장부·서류를 제출한 자

② 제1항에 따른 과태료는 대통령령으로 정하는 바에 따라 고용노동부장관이 부과·징수한다. <개정 2010.6.4.>

③ 삭제 <2009.5.21.>

④ 삭제 <2009.5.21.>

⑤ 삭제 <2009.5.21.>

부칙

<제12527호, 2014.3.24.>

제1조(시행일) 이 법은 공포한 날부터 시행한다. 다만, 제74조제7항부터 제9항까지의 개정규정은 다음 각 호의 구분에 따른 날부터 시행한다.

  1. 상시 300명 이상의 근로자를 사용하는 사업 또는 사업장: 공포 후 6개월이 경과한 날
  2. 상시 300명 미만의 근로자를 사용하는 사업 또는 사업장: 공포 후 2년이 경과한 날

제2조(해고 예고의 해고사유 등 서면통지 의제에 관한 적용례) 제27조제3항의 개정규정은 이 법 시행 후 최초로 해고를 예고하는 경우부터 적용한다.

제3조(근로시간 단축에 관한 적용례) 제74조제7항의 개정규정은 같은 개정규정 시행 후 최초로 근로시간 단축을 신청한 근로자부터 적용한다.

파견근로자보호 등에 관한 법률

[시행 2014.9.19.] [법률 제12470호, 2014.3.18., 일부개정]

고용노동부(고용차별개선과) 044-202-7578

제1장 총칙

제1조(목적) 이 법은 근로자파견사업의 적정한 운영을 기하고 파견근로자의 근로조건등에 관한 기준을 확립함으로써 파견근로자의 고용안정과 복지증진에 이바지하고 인력수급을 원활하게 함을 목적으로 한다.

제2조(정의) 이 법에서 사용하는 용어의 정의는 다음과 같다. <개정 2006.12.21., 2013.3.22.>

1. "근로자파견"이라 함은 파견사업주가 근로자를 고용한 후 그 고용관계를 유지하면서 근로자파견계약의 내용에 따라 사용사업주의 지휘·명령을 받아 사용사업주를 위한 근로에 종사하게 하는 것을 말한다.

2. "근로자파견사업"이라 함은 근로자파견을 업으로 행하는 것을 말한다.

3. "파견사업주"라 함은 근로자파견사업을 행하는 자를 말한다.

4. "사용사업주"라 함은 근로자파견계약에 의하여 파견근로자를 사용하는 자를 말한다.

5. "파견근로자"라 함은 파견사업주가 고용한 근로자로서 근로자파견의 대상이 되는 자를 말한다.

6. "근로자파견계약"이라 함은 파견사업주와 사용사업주간에 근로자파견을 약정하는 계약을 말한다.

7. "차별적 처우"라 함은 다음 각 목의 사항에 있어서 합리적인 이유 없이 불리하게 처우하는 것을 말한다.

　　가. 「근로기준법」 제2조제1항제5호에 따른 임금

　　나. 정기상여금, 명절상여금 등 정기적으로 지급되는 상여금

　　다. 경영성과에 따른 성과금

　　라. 그 밖에 근로조건 및 복리후생 등에 관한 사항

제3조(정부의 책무) 정부는 파견근로자를 보호하고 근로자의 구직과 사용자의 인력확보를 용이하게 하기 위하여 다음 각호의 각종 시책을 강구·시행함으로써 근로자가 사용자에게 직접 고용될 수 있도록 노력하여야 한다.

1. 고용정보의 수집·제공

2. 직업에 관한 연구

3. 직업지도

4. 직업안정기관의 설치 · 운영

제4조(근로자파견사업의 조사 · 연구) ①정부는 필요한 경우 근로자대표 · 사용자대표 · 공익대표 및 관계전문가로 하여금 근로자파견사업의 적정한 운영과 파견근로자의 보호에 관한 주요사항을 조사 · 연구하게 할 수 있다.

②제1항의 규정에 의한 조사 · 연구에 관하여 필요한 사항은 고용노동부령으로 정한다. <개정 2010.6.4.>

제2장 근로자파견사업의 적정운영

제5조(근로자파견대상업무 등) ①근로자파견사업은 제조업의 직접생산공정업무를 제외하고 전문지식 · 기술 · 경험 또는 업무의 성질 등을 고려하여 적합하다고 판단되는 업무로서 대통령령이 정하는 업무를 대상으로 한다.
<개정 2006.12.21.>

②제1항의 규정에 불구하고 출산 · 질병 · 부상 등으로 결원이 생긴 경우 또는 일시적 · 간헐적으로 인력을 확보하여야 할 필요가 있는 경우에는 근로자파견사업을 행할 수 있다. <개정 2006.12.21.>

③제1항 및 제2항의 규정에 불구하고 다음 각 호의 업무에 대하여는 근로자파견사업을 행하여서는 아니 된다. <신설 2006.12.21., 2007.8.3., 2011.8.4.>

1. 건설공사현장에서 이루어지는 업무

2. 「항만운송사업법」 제3조제1호, 「한국철도공사법」 제9조제1항제1호, 「농수산물유통 및 가격안정에 관한 법률」 제40조, 「물류정책기본법」 제2조제1항제1호의 하역업무로서 「직업안정법」 제33조의 규정에 따라 근로자공급사업 허가를 받은 지역의 업무

3. 「선원법」 제2조제1호에 따른 선원의 업무

4. 「산업안전보건법」 제28조의 규정에 따른 유해하거나 위험한 업무

5. 그 밖에 근로자 보호 등의 이유로 근로자파견사업의 대상으로는 적절하지 못하다고 인정하여 대통령령이 정하는 업무

④제2항의 규정에 의하여 파견근로자를 사용하고자 할 경우 사용사업주는 당해 사업 또는 사업장에 근로자의 과반수로 조직된 노동조합이 있는 경우에는 그 노동조합, 근로자의 과반수로 조직된 노동조합이 없는 경우에는 근로자의 과반수를 대표하는 자와 사전에 성실하게 협의하여야 한다. <개정 2006.12.21.>

⑤누구든지 제1항 내지 제4항의 규정을 위반하여 근로자파견사업을 행하거나 그 근로자파견사업을 행하는 자로부터 근로자파견의 역무를 제공받아서는 아니된다. <개정 2006.12.21.>

제6조(파견기간) ①근로자파견의 기간은 제5조제2항의 규정에 해당하는 경우를 제외하고는 1년을 초과하지 못한다. <개정 2006.12.21.>

②제1항의 규정에 불구하고 파견사업주·사용사업주·파견근로자간의 합의가 있는 경우에는 파견기간을 연장할 수 있다. 이 경우 1회를 연장할 때에는 그 연장기간은 1년을 초과하지 못하며, 연장된 기간을 포함한 총파견기간은 2년을 초과하지 못한다. <신설 2006.12.21.>

③「고용상 연령차별금지 및 고령자고용촉진에 관한 법률」 제2조제1호의 규정에 따른 고령자인 파견근로자에 대하여는 제2항 후단의 규정에 불구하고 2년을 초과하여 근로자파견기간을 연장할 수 있다. <개정 2006.12.21., 2012.2.1.>

④제5조제2항의 규정에 의한 근로자파견의 기간은 다음과 같다. <개정 2006.12.21.>

1. 출산·질병·부상등 그 사유가 객관적으로 명백한 경우에는 그 사유의 해소에 필요한 기간

2. 일시적·간헐적으로 인력을 확보할 필요가 있는 경우에는 3월이내의 기간. 다만, 그 사유가 해소되지 아니하고 파견사업주·사용사업주·파견근로자간의 합의가 있는 경우에는 1회에 한하여 3월의 범위안에서 그 기간을 연장할 수 있다.

제6조의2(고용의무) ①사용사업주가 다음 각 호의 어느 하나에 해당하는 경우에는 해당 파견근로자를 직접 고용하여야 한다. <개정 2012.2.1.>

1. 제5조제1항의 근로자파견대상업무에 해당하지 아니하는 업무에서 파견근로자를 사용하는 경우(제5조제2항에 따라 근로자파견사업을 행한 경우는 제외한다)

2. 제5조제3항의 규정을 위반하여 파견근로자를 사용하는 경우

3. 제6조제2항을 위반하여 2년을 초과하여 계속적으로 파견근로자를 사용하는 경우

4. 제6조제4항을 위반하여 파견근로자를 사용하는 경우

5. 제7조제3항의 규정을 위반하여 근로자파견의 역무를 제공받은 경우

②제1항의 규정은 당해 파견근로자가 명시적인 반대의사를 표시하거나 대통령령이 정하는 정당한 이유가 있는 경우에는 적용하지 아니한다.

③제1항의 규정에 따라 사용사업주가 파견근로자를 직접 고용하는 경우에 있어서 파견근로자의 근로조건은 다음과 같다.

1. 사용사업주의 근로자 중 당해 파견근로자와 동종 또는 유사업무를 수행하는 근로자가 있는 경우에는 그 근로자에게 적용되는 취업규칙 등에서 정

하는 근로조건에 의할 것

2. 사용사업주의 근로자 중 당해 파견근로자와 동종 또는 유사업무를 수행하는 근로자가 없는 경우에는 당해 파견근로자의 기존의 근로조건의 수준보다 저하되어서는 아니될 것

④사용사업주는 파견근로자를 사용하고 있는 업무에 근로자를 직접 고용하고자 하는 경우에는 당해 파견근로자를 우선적으로 고용하도록 노력하여야 한다. [본조신설 2006.12.21.]

제7조(근로자파견사업의 허가) ①근로자파견사업을 하고자 하는 자는 고용노동부령이 정하는 바에 의하여 고용노동부장관의 허가를 받아야 한다. 허가받은 사항중 고용노동부령이 정하는 중요사항을 변경하는 경우에도 또한 같다. <개정 2010.6.4.>

②제1항 전단의 규정에 의하여 근로자파견사업의 허가를 받은 자가 허가받은 사항중 동항 후단의 규정에 의한 중요사항외의 사항을 변경하고자 하는 경우에는 고용노동부령이 정하는 바에 의하여 고용노동부장관에게 신고하여야 한다. <개정 2010.6.4.>

③사용사업주는 제1항의 규정을 위반하여 근로자파견사업을 행하는 자로부터 근로자파견의 역무를 제공받아서는 아니 된다. <신설 2006.12.21.>

제8조(허가의 결격사유) 다음 각호의 1에 해당하는 자는 제7조의 규정에 의한 근로자파견사업의 허가를 받을 수 없다.

<개정 2007.4.11., 2008.3.21., 2011.8.4.>

1. 미성년자·금치산자·한정치산자 또는 파산선고를 받고 복권되지 아니한 자

2. 금고이상의 형(執行猶豫를 제외한다)의 선고를 받고 그 집행이 종료되거나 집행을 받지 아니하기로 확정된 후 2년이 경과되지 아니한 자

3. 이 법, 직업안정법, 「근로기준법」 제7조, 제9조, 제20조부터 제22조까지, 제36조, 제43조부터 제46조까지, 제56조 및 제64조, 「최저임금법」 제6조, 「선원법」 제110조을 위반하여 벌금이상의 형(執行猶豫를 제외한다)의 선고를 받고 그 집행이 종료되거나 집행을 받지 아니하기로 확정된 후 3년이 경과되지 아니한 자

4. 금고이상의 형의 집행유예선고를 받고 그 유예기간중에 있는 자

5. 제12조의 규정에 의한 당해 사업의 허가가 취소된 후 3년이 경과되지 아니한 자

6. 법인으로서 그 임원중 제1호 내지 제5호의1에 해당하는 자가 있는 법인

제9조(허가의 기준) ①고용노동부장관은 제7조의 규정에 의하여 근로자파견사업의 허가신청이 있는 경우에는 다음 각호의 요건에 적합한 경우에 한하

여 이를 허가할 수 있다. <개정 2010.6.4.>

1. 신청인이 당해 근로자파견사업을 적정하게 수행할 수 있는 자산 및 시설등을 갖추고 있을 것

2. 당해 사업이 특정한 소수의 사용사업주를 대상으로 하여 근로자파견을 행하는 것이 아닐 것

②제1항의 규정에 의한 허가의 세부기준은 대통령령으로 정한다.

제10조(허가의 유효기간등) ①근로자파견사업의 허가의 유효기간은 3년으로 한다.

②제1항의 규정에 의한 허가의 유효기간의 만료후 계속하여 근로자파견사업을 하고자 하는 자는 고용노동부령이 정하는 바에 의하여 갱신허가를 받아야 한다. <개정 2010.6.4.>

③제2항의 규정에 의한 갱신허가의 유효기간은 당해 갱신전의 허가의 유효기간이 만료되는 날의 다음날부터 기산하여 3년으로 한다.

④제7조 내지 제9조의 규정은 제2항의 규정에 의한 갱신허가에 관하여 이를 준용한다.

제11조(사업의 폐지) ①파견사업주는 근로자파견사업을 폐지한 때에는 고용노동부령이 정하는 바에 의하여 고용노동부장관에게 신고하여야 한다. <개정 2010.6.4.>

②제1항의 규정에 의한 신고가 있는 때에는 근로자파견사업의 허가는 신고일부터 그 효력을 잃는다.

제12조(허가의 취소등) ①고용노동부장관은 파견사업주가 다음 각호의 1에 해당하는 때에는 근로자파견사업의 허가를 취소하거나 6월 이내의 기간을 정하여 영업정지를 명할 수 있다. 다만, 제1호 또는 제2호에 해당하는 때에는 그 허가를 취소하여야 한다. <개정 2008.3.21., 2010.6.4.>

1. 제7조제1항 또는 제10조제2항에 따른 허가를 거짓이나 그 밖의 부정한 방법으로 받은 때

2. 제8조의 규정에 의한 결격사유에 해당하게 된 때

3. 제9조의 규정에 의한 허가의 기준에 미달하게 된 때

4. 제5조제5항을 위반하여 근로자파견사업을 행한 때

5. 제6조제1항·제2항 또는 제4항을 위반하여 근로자파견사업을 행한 때

6. 제7조제1항 후단을 위반하여 허가를 받지 아니하고 중요한 사항을 변경한 때

7. 제7조제2항에 따른 변경신고를 하지 아니하고 신고사항을 변경한 때

8. 제11조제1항에 따른 폐지신고를 하지 아니한 때

9. 제13조제2항을 위반하여 영업정지처분의 내용을 사용사업주에게 통지하지 아니한 때

10. 제14조에 따른 겸업금지의무를 위반한 때

11. 제15조를 위반하여 명의를 대여한 때

12. 제16조제1항을 위반하여 근로자를 파견한 때

13. 제17조에 따른 준수사항을 위반한 때

14. 제18조에 따른 보고를 하지 아니하거나 거짓의 보고를 한 때

15. 제20조제1항에 따른 근로자파견계약을 서면으로 체결하지 아니한 때

16. 제24조제2항을 위반하여 근로자의 동의를 얻지 아니하고 근로자파견을 행한 때

17. 제25조를 위반하여 근로계약 또는 근로자파견계약을 체결한 때

18. 제26조제1항을 위반하여 파견근로자에게 제20조제1항제2호·제4호부터 제12호까지의 사항을 알려주지 아니한 때

19. 제28조에 따른 파견사업관리책임자를 선임하지 아니하거나 결격사유에 해당하는 자를 선임한 때

20. 제29조에 따른 파견사업관리대장을 작성하지 아니하거나 보존하지 아니한 때

21. 제35조제5항을 위반하여 건강진단결과를 송부하지 아니한 때

22. 제37조에 따른 근로자파견사업의 운영 및 파견근로자의 고용관리 등에 관한 개선명령을 이행하지 아니한 때

23. 제38조에 따른 보고명령을 위반하거나 관계 공무원의 출입·검사·질문 등의 업무를 거부·기피·방해한 때

②고용노동부장관은 법인이 제8조제6호의 규정에 의한 결격사유에 해당되어 허가를 취소하고자 하는 경우에는 미리 그 임원의 개임에 필요한 기간을 1월 이상 주어야 한다. <개정 2010.6.4.>

③고용노동부장관은 제1항의 규정에 의하여 허가를 취소하고자 하는 경우에는 청문을 실시하여야 한다. <개정 2010.6.4.>

④제1항의 규정에 의한 근로자파견사업의 허가의 취소 또는 영업정지의 기준은 고용노동부령으로 정한다. <개정 2010.6.4.>

제13조(허가취소등의 처분후의 근로자파견) ①제12조의 규정에 의한 허가의 취소 또는 영업의 정지처분을 받은 파견사업주는 그 처분전에 파견한 파견근로자와 그 사용사업주에 대하여는 그 파견기간이 종료될 때까지 파견사업주로서의 의무와 권리를 가진다.

②제1항의 경우에 파견사업주는 그 처분의 내용을 지체없이 사용사업주에게 통지하여야 한다.

제14조(겸업금지) 다음 각호의 1에 해당하는 사업을 하는 자는 근로자파견

사업을 행할 수 없다. <개정 2009.2.6.>

1. 「식품위생법」 제36조제1항제3호에 따른 식품접객업

2. 공중위생법 제2조제1항제1호 가목의 규정에 의한 숙박업

3. 가정의례에관한법률 제5조의 규정에 의한 결혼상담 또는 중매행위를 하는 업

4. 기타 대통령령으로 정하는 사업

제15조(명의대여의 금지) 파견사업주는 자기의 명의로 타인에게 근로자파견사업을 행하게 하여서는 아니된다.

제16조(근로자파견의 제한) ①파견사업주는 쟁의행위중인 사업장에 그 쟁의행위로 중단된 업무의 수행을 위하여 근로자를 파견하여서는 아니된다.

②누구든지 「근로기준법」 제24조의 규정에 의한 경영상의 이유에 의한 해고를 한 후 대통령령이 정하는 일정기간이 경과하기 전에는 당해 업무에 파견근로자를 사용하여서는 아니된다. <개정 2007.4.11.>

제17조(파견사업주등의 준수사항) 파견사업주 및 제28조의 규정에 의한 파견사업관리책임자는 근로자파견사업을 행함에 있어 고용노동부령이 정하는 사항을 준수하여야 한다. <개정 2010.6.4.>

제18조(사업보고) 파견사업주는 고용노동부령이 정하는 바에 따라 사업보고서를 작성하여 고용노동부장관에게 제출하여야 한다. <개정 2010.6.4.>

제19조(폐쇄조치등) ①고용노동부장관은 허가를 받지 아니하고 근로자파견사업을 하거나 허가의 취소 또는 영업의 정지처분을 받은 후 계속하여 사업을 하는 자에 대하여는 관계공무원으로 하여금 당해 사업을 폐쇄하기 위하여 다음 각호의 조치를 하게 할 수 있다. <개정 2010.6.4.>

1. 당해 사무소 또는 사무실의 간판 기타 영업표지물의 제거·삭제

2. 당해 사업이 위법한 것임을 알리는 게시물의 부착

3. 당해 사업의 운영을 위하여 필수불가결한 기구 또는 시설물을 사용할 수 없게 하는 봉인

②제1항의 규정에 의한 조치를 하고자 하는 경우에는 미리 이를 당해 파견사업주 또는 그 대리인에게 서면으로 알려주어야 한다. 다만, 급박한 사유가 있는 경우에는 그러하지 아니하다.

③제1항의 규정에 의한 조치는 그 사업을 할 수 없게 함에 필요한 최소한의 범위에 그쳐야 한다.

④제1항의 규정에 의하여 조치를 하는 관계공무원은 그 권한을 표시하는 증표를 관계인에게 내보여야 한다.

제3장 파견근로자의 근로조건등
제1절 근로자파견계약

제20조(계약의 내용등) ①근로자파견계약의 당사자는 고용노동부령이 정하는 바에 따라 다음 각호의 사항이 포함되는 근로자파견계약을 서면으로 체결하여야 한다. <개정 2006.12.21., 2010.6.4.>

1. 파견근로자의 수

2. 파견근로자가 종사할 업무의 내용

3. 파견사유(第5條第2項의 規定에 의하여 勤勞者派遣을 행하는 경우에 한한다)

4. 파견근로자가 파견되어 근로할 사업장의 명칭 및 소재지 기타 파견근로자의 근로장소

5. 파견근로중인 파견근로자를 직접 지휘·명령할 자에 관한 사항

6. 근로자파견기간 및 파견근로 개시일에 관한 사항

7. 시업 및 종업의 시각과 휴게시간에 관한 사항

8. 휴일·휴가에 관한 사항

9. 연장·야간·휴일근로에 관한 사항

10. 안전 및 보건에 관한 사항

11. 근로자파견의 대가

12. 기타 고용노동부령이 정하는 사항

②사용사업주는 제1항의 규정에 따라 근로자파견계약을 체결하는 때에는 파견사업주에게 제21조제1항의 규정을 준수하도록 하기 위하여 필요한 정보를 제공하여야 한다. 이 경우 제공하여야 하는 정보의 범위 및 제공방법 등에 관한 사항은 대통령령으로 정한다. <신설 2006.12.21.>

제21조(차별적 처우의 금지 및 시정 등) ①파견사업주와 사용사업주는 파견근로자임을 이유로 사용사업주의 사업 내의 동종 또는 유사한 업무를 수행하는 근로자에 비하여 파견근로자에게 차별적 처우를 하여서는 아니 된다.

②파견근로자는 차별적 처우를 받은 경우 노동위원회에 그 시정을 신청할 수 있다.

③제2항의 규정에 따른 시정신청 그 밖의 시정절차 등에 관하여는 「기간제 및 단시간근로자 보호 등에 관한 법률」 제9조 내지 제15조 및 제16조 (동조제1호 및 제4호를 제외한다)의 규정을 준용한다. 이 경우 "기간제근로자 또는 단시간근로자"는 "파견근로자"로, "사용자"는 "파견사업주 또는 사용사업주"로 본다.

④제1항 내지 제3항의 규정은 사용사업주가 상시 4인 이하의 근로자를 사용하는 경우에는 이를 적용하지 아니한다. [전문개정 2006.12.21.]

제21조의2(고용노동부장관의 차별적 처우 시정요구 등) ① 고용노동부장관은 파견사업주와 사용사업주가 제21조제1항을 위반하여 차별적 처우를 한 경우에는 그 시정을 요구할 수 있다.

② 고용노동부장관은 파견사업주와 사용사업주가 제1항에 따른 시정요구에 응하지 아니할 경우에는 차별적 처우의 내용을 구체적으로 명시하여 노동위원회에 통보하여야 한다. 이 경우 고용노동부장관은 해당 파견사업주 또는 사용사업주 및 근로자에게 그 사실을 통지하여야 한다.

③ 노동위원회는 제2항에 따라 고용노동부장관의 통보를 받은 경우에는 지체 없이 차별적 처우가 있는지 여부를 심리하여야 한다. 이 경우 노동위원회는 해당 파견사업주 또는 사용사업주 및 근로자에게 의견을 진술할 수 있는 기회를 부여하여야 한다.

④ 제3항에 따른 노동위원회의 심리 및 그 밖의 시정절차 등에 관하여는 「기간제 및 단시간근로자 보호 등에 관한 법률」 제15조의2제4항에 따라 준용되는 같은 법 제9조제4항, 제11조부터 제15조까지의 규정 및 제15조의2제5항을 준용한다. 이 경우 "시정신청을 한 날"은 "통지를 받은 날"로, "기각결정"은 "차별적 처우가 없다는 결정"으로, "관계 당사자"는 "해당 파견사업주 또는 사용사업주 및 근로자"로, "시정신청을 한 근로자"는 "해당 근로자"로 본다.

[본조신설 2012.2.1.]

제21조의3(확정된 시정명령의 효력 확대) ① 고용노동부장관은 제21조제3항 또는 제21조의2제4항에 따라 준용되는 「기간제 및 단시간근로자 보호 등에 관한 법률」 제14조에 따라 확정된 시정명령을 이행할 의무가 있는 파견사업주 또는 사용사업주의 사업 또는 사업장에서 해당 시정명령의 효력이 미치는 근로자 이외의 파견근로자에 대하여 차별적 처우가 있는지를 조사하여 차별적 처우가 있는 경우에는 그 시정을 요구할 수 있다.

② 파견사업주 또는 사용사업주가 제1항에 따른 시정요구에 응하지 아니할 경우에는 제21조의2제2항부터 제4항까지의 규정을 준용한다.

[본조신설 2014.3.18.]

제22조(계약의 해지등) ①사용사업주는 파견근로자의 성별·종교·사회적 신분이나 파견근로자의 정당한 노동조합의 활동등을 이유로 근로자파견계약을 해지하여서는 아니된다.

②파견사업주는 사용사업주가 파견근로에 관하여 이 법 또는 이 법에 의한 명령, 근로기준법 또는 동법에 의한 명령, 산업안전보건법 또는 동법에 의한 명령에 위반하는 경우에는 근로자파견을 정지하거나 근로자파견계약을 해지할 수 있다.

제2절 파견사업주가 강구하여야 할 조치

제23조(파견근로자의 복지증진) 파견사업주는 파견근로자의 희망과 능력에 적합한 취업 및 교육훈련기회의 확보, 근로조건의 향상 기타 고용안정을 기하기 위하여 필요한 조치를 강구함으로써 파견근로자의 복지증진에 노력하여야 한다.

제24조(파견근로자에 대한 고지의무) ①파견사업주는 근로자를 파견근로자로서 고용하고자 할 때에는 미리 당해 근로자에게 그 취지를 서면으로 알려주어야 한다. <개정 2006.12.21.>

②파견사업주는 그가 고용한 근로자중 파견근로자로 고용하지 아니한 자를 근로자파견의 대상으로 하고자 할 경우에는 미리 그 취지를 서면으로 알려주고 당해 근로자의 동의를 얻어야 한다. <개정 2006.12.21.>

제25조(파견근로자에 대한 고용제한의 금지) ①파견사업주는 정당한 이유없이 파견근로자 또는 파견근로자로서 고용되고자 하는 자와 그 고용관계의 종료후 사용사업주에게 고용되는 것을 금지하는 내용의 근로계약을 체결하여서는 아니된다.

②파견사업주는 정당한 이유없이 파견근로자의 고용관계의 종료후 사용사업주가 당해 파견근로자를 고용하는 것을 금지하는 내용의 근로자파견계약을 체결하여서는 아니된다.

제26조(취업조건의 고지) ①파견사업주는 근로자파견을 하고자 할 때에는 미리 당해 파견근로자에게 제20조제1항 각호의 사항 기타 고용노동부령이 정하는 사항을 서면으로 알려주어야 한다. <개정 2006.12.21., 2010.6.4.>

②파견근로자는 파견사업주에게 제20조제1항제11호의 규정에 따른 당해 근로자파견의 대가에 관하여 그 내역의 제시를 요구할 수 있다.

<신설 2006.12.21.>

③파견사업주는 제2항의 규정에 따라 그 내역의 제시를 요구받은 때에는 지체 없이 그 내역을 서면으로 제시하여야 한다. <신설 2006.12.21.>

제27조(사용사업주에 대한 통지) 파견사업주는 근로자파견을 할 경우에는 파견근로자의 성명 기타 고용노동부령이 정하는 사항을 사용사업주에게 통지하여야 한다. <개정 2010.6.4.>

제28조(파견사업관리책임자) ①파견사업주는 파견근로자의 적절한 고용관리를 위하여 제8조제1호 내지 제5호의 규정에 의한 결격사유에 해당하지 아니하는 자중에서 파견사업관리책임자를 선임하여야 한다.

②파견사업관리책임자의 임무등에 관하여 필요한 사항은 고용노동부령으로 정한다. <개정 2010.6.4.>

제29조(파견사업관리대장) ①파견사업주는 파견사업관리대장을 작성·보존하여야 한다.

②제1항의 규정에 의한 파견사업관리대장의 기재사항 및 그 보존기간은 고용노동부령으로 정한다. <개정 2010.6.4.>

제3절 사용사업주가 강구하여야 할 조치

제30조(근로자파견계약에 관한 조치) 사용사업주는 제20조의 규정에 의한 근로자파견계약에 위반되지 아니하도록 필요한 조치를 강구하여야 한다.

제31조(적정한 파견근로의 확보) ①사용사업주는 파견근로자로부터 파견근로에 관한 고충의 제시가 있는 경우에는 그 고충의 내용을 파견사업주에게 통지하고 신속·적절하게 고충을 처리하도록 하여야 한다.

②제1항의 규정에 의한 고충의 처리외에 사용사업주는 파견근로가 적정하게 행하여지도록 필요한 조치를 강구하여야 한다.

제32조(사용사업관리책임자) ①사용사업주는 파견근로자의 적절한 파견근로를 위하여 사용사업관리책임자를 선임하여야 한다.

②사용사업관리책임자의 임무등에 관하여 필요한 사항은 고용노동부령으로 정한다. <개정 2010.6.4.>

제33조(사용사업관리대장) ①사용사업주는 사용사업관리대장을 작성·보존하여야 한다.

②제1항의 규정에 의한 사용사업관리대장의 기재사항 및 그 보존기간은 고용노동부령으로 정한다. <개정 2010.6.4.>

제4절 근로기준법등의 적용에 관한 특례

제34조(근로기준법의 적용에 관한 특례) ①파견중인 근로자의 파견근로에 관하여는 파견사업주 및 사용사업주를 「근로기준법」 제2조의 규정에 의한 사용자로 보아 동법을 적용한다. 다만, 같은 법 제15조부터 제36조까지, 제39조, 제41조부터 제48조까지, 제56조, 제60조, 제64조, 제66조부터 제68조까지 및 제78조부터 제92조까지의 규정의 적용에 있어서는 파견사업주를, 같은 법 제50조부터 제55조까지, 제58조, 제59조, 제62조, 제63조 및 제69조부터 제75조까지의 규정의 적용에 있어서는 사용사업주를 사용자로 본다. <개정 2007.4.11.>

②파견사업주가 대통령령이 정하는 사용사업주의 귀책사유로 인하여 근로자의 임금을 지급하지 못한 때에는 사용사업주는 당해 파견사업주와 연대하여 책임을 진다. 이 경우 「근로기준법」 제43조 및 제68조의 규정을 적용

함에 있어서는 파견사업주 및 사용사업주를 같은 법 제2조의 규정에 의한 사용자로 보아 동법을 적용한다. <개정 2007.4.11.>

③「근로기준법」 제55조, 제73조 및 제74조제1항의 규정에 의하여 사용사업주가 유급휴일 또는 유급휴가를 주는 경우 그 휴일 또는 휴가에 대하여 유급으로 지급되는 임금은 파견사업주가 지급하여야 한다. <개정 2007.4.11.>

④파견사업주와 사용사업주가 근로기준법을 위반하는 내용을 포함한 근로자파견계약을 체결하고 그 계약에 따라 파견근로자를 근로하게 함으로써 동법을 위반한 경우에는 그 계약 당사자 모두를 동법 제15조의 규정에 의한 사용자로 보아 해당 벌칙규정을 적용한다.

제35조(산업안전보건법의 적용에 관한 특례) ①파견중인 근로자의 파견근로에 관하여는 사용사업주를 산업안전보건법 제2조제3호의 규정에 의한 사업주로 보아 동법을 적용한다. 이 경우 동법 제31조제2항의 규정을 적용함에 있어서는 동항중 "근로자를 채용할 때"를 "근로자파견의 역무를 제공받은 때"로 본다.

②제1항의 규정에 불구하고 산업안전보건법 제5조, 제43조제5항(作業場所의 변경, 作業의 轉換 및 勤勞時間 短縮의 경우에 한한다), 제43조제6항 단서, 제52조제2항의 적용에 있어서는 파견사업주 및 사용사업주를 동법 제2조제3호의 규정에 의한 사업주로 본다.

③사용사업주는 파견중인 근로자에 대하여 산업안전보건법 제43조의 규정에 의한 건강진단을 실시한 때에는 동법 제43조제6항의 규정에 의하여 당해 건강진단결과를 설명하여야 하며, 당해 건강진단결과를 지체없이 파견사업주에게 송부하여야 한다.

④제1항 및 제3항의 규정에 불구하고 산업안전보건법 제43조제1항의 규정에 의하여 사업주가 정기적으로 실시하여야 하는 건강진단중 고용노동부령이 정하는 건강진단에 대하여는 파견사업주를 동법 제2조제3호의 규정에 의한 사업주로 본다. <개정 2008.3.21., 2010.6.4.>

⑤파견사업주는 제4항의 규정에 의한 건강진단을 실시한 때에는 산업안전보건법 제43조제6항의 규정에 의하여 당해 건강진단결과를 설명하여야 하며, 당해 건강진단결과를 지체없이 사용사업주에게 송부하여야 한다.

⑥파견사업주와 사용사업주가 산업안전보건법을 위반하는 내용을 포함한 근로자파견계약을 체결하고 그 계약에 따라 파견근로자를 근로하게 함으로써 동법을 위반한 경우에는 그 계약당사자 모두를 동법 제2조제3호의 규정에 의한 사업주로 보아 해당 벌칙규정을 적용한다.

제4장 보칙

제36조(지도 · 조언등) 고용노동부장관은 이 법의 시행을 위하여 필요하다고 인정할 때에는 파견사업주 및 사용사업주에 대하여 근로자파견사업의 적정한 운영 또는 적정한 파견근로를 확보하는데 필요한 지도 및 조언을 할 수 있다. <개정 2010.6.4.>

제37조(개선명령) 고용노동부장관은 적정한 파견근로의 확보를 위하여 필요하다고 인정할 때에는 파견사업주에 대하여 근로자파견사업의 운영 및 파견근로자의 고용관리등에 관한 개선을 명할 수 있다. <개정 2010.6.4.>

제38조(보고와 검사) ①고용노동부장관은 이 법의 시행을 위하여 필요하다고 인정할 때에는 고용노동부령이 정하는 바에 따라 파견사업주 및 사용사업주에 대하여 필요한 사항의 보고를 명할 수 있다. <개정 2010.6.4.>

②고용노동부장관은 필요하다고 인정할 때에는 관계공무원으로 하여금 파견사업주 및 사용사업주의 사업장 기타 시설에 출입하여 장부 · 서류 기타 물건을 검사하거나 관계인에게 질문하게 할 수 있다. <개정 2010.6.4.>

③제2항의 규정에 의하여 출입 · 검사를 하는 공무원은 그 권한을 표시하는 증표를 관계인에게 내보여야 한다.

제39조(자료의 요청) ①고용노동부장관은 관계행정기관 기타 공공단체등에 대하여 이 법 시행에 필요한 자료의 제출을 요청할 수 있다.
<개정 2010.6.4.>

②제1항의 규정에 의하여 자료의 제출을 요청받은 자는 정당한 사유가 없는 한 이에 응하여야 한다.

제40조(수수료) 제7조 및 제10조의 규정에 의한 허가를 받고자 하는 자는 고용노동부령이 정하는 바에 따라 수수료를 납부하여야 한다.
<개정 2010.6.4.>

제41조(권한의 위임) 이 법에 의한 고용노동부장관의 권한은 대통령령이 정하는 바에 의하여 그 일부를 지방고용노동관서의 장에게 위임할 수 있다.
<개정 2010.6.4.>

제5장 벌칙

제42조(벌칙) ①공중위생 또는 공중도덕상 유해한 업무에 취업시킬 목적으로 근로자파견을 한 자는 5년 이하의 징역 또는 5천만원 이하의 벌금에 처한다. <개정 2014.5.20.>

②제1항의 미수범은 처벌한다.

[단순위헌, 2015헌가23, 2016. 11. 24, ‘파견근로자보호 등에 관한 법

률’(2014. 5. 20. 법률 제12632호로 개정된 것) 제42조 제1항 중 ‘공중도덕상 유해한 업무’ 부분은 헌법에 위반된다.]

제43조(벌칙) 다음 각호의 1에 해당하는 자는 3년 이하의 징역 또는 3천만원 이하의 벌금에 처한다. <개정 2006.12.21., 2014.5.20.>

 1. 제5조제5항, 제6조제1항·제2항·제4항 또는 제7조제1항의 규정을 위반하여 근로자파견사업을 행한 자

 1의2. 제5조제5항, 제6조제1항·제2항·제4항 또는 제7조제3항의 규정을 위반하여 근로자파견의 역무를 제공받은 자

 2. 허위 기타 부정한 방법으로 제7조제1항의 규정에 의한 허가 또는 제10조제2항의 규정에 의한 갱신허가를 받은 자

 3. 제15조 또는 제34조제2항의 규정을 위반한 자

제43조의2(벌칙) 제21조제3항의 규정에 따라 준용되는 「기간제 및 단시간근로자 보호 등에 관한 법률」 제16조(동조제1호 및 제4호를 제외한다)의 규정을 위반한 자는 2년 이하의 징역 또는 1천만원 이하의 벌금에 처한다.

 [본조신설 2006.12.21.]

제44조(벌칙) 다음 각호의 1에 해당하는 자는 1년 이하의 징역 또는 1천만원 이하의 벌금에 처한다. <개정 2006.12.21., 2009.5.21.>

 1. 삭제 <2006.12.21.>

 2. 제12조제1항의 규정에 의한 영업의 정지명령을 위반하여 근로자파견사업을 계속한 자

 3. 제16조를 위반한 자

제45조(양벌규정) 법인의 대표자나 법인 또는 개인의 대리인, 사용인, 그 밖의 종업원이 그 법인 또는 개인의 업무에 관하여 제42조·제43조·제43조의2 또는 제44조의 위반행위를 하면 그 행위자를 벌하는 외에 그 법인 또는 개인에게도 해당 조문의 벌금형을 과(科)한다. 다만, 법인 또는 개인이 그 위반행위를 방지하기 위하여 해당 업무에 관하여 상당한 주의와 감독을 게을리하지 아니한 경우에는 그러하지 아니하다.

 [전문개정 2009.5.21.]

제46조(과태료) ①제21조제3항, 제21조의2제4항 및 제21조의3제2항에 따라 준용되는 「기간제 및 단시간근로자보호 등에 관한 법률」 제14조제2항 또는 제3항의 규정에 따라 확정된 시정명령을 정당한 이유 없이 이행하지 아니한 자는 1억원 이하의 과태료에 처한다. <신설 2006.12.21., 2012.2.1., 2014.3.18.>

 ②제6조의2제1항의 규정을 위반하여 파견근로자를 직접 고용하지 아니한

자는 3천만원 이하의 과태료에 처한다. <신설 2006.12.21.>

③ 제26조제1항을 위반하여 근로자파견을 할 때에 미리 해당 파견근로자에게 제20조제1항 각 호의 사항 및 그 밖에 고용노동부령으로 정하는 사항을 서면으로 알리지 아니한 파견사업주에게는 1천만원 이하의 과태료를 부과한다. <신설 2009.5.21., 2010.6.4.>

④제21조제3항, 제21조의2제4항 및 제21조의3제2항에 따라 준용되는 「기간제 및 단시간근로자보호 등에 관한 법률」 제15조제1항의 규정에 따른 고용노동부장관의 이행상황 제출요구에 정당한 이유 없이 불응한 자는 500만원 이하의 과태료에 처한다. <신설 2006.12.21., 2009.5.21., 2010.6.4., 2012.2.1., 2014.3.18.>

⑤다음 각호의 1에 해당하는 자는 300만원 이하의 과태료에 처한다. <개정 2006.12.21., 2009.5.21.>

1. 제11조제1항의 규정에 의한 신고를 하지 아니하거나 허위의 신고를 한 자

2. 제18조 또는 제38조제1항의 규정에 의한 보고를 하지 아니하거나 허위의 보고를 한 자

2의2. 제26조제3항의 규정을 위반한 자

3. 제27조·제29조 또는 제33조의 규정을 위반한 자

4. 제35조제3항 또는 제5항의 규정을 위반하여 당해 건강진단결과를 송부하지 아니한 자

5. 제37조의 개선명령을 위반한 자

6. 제38조제2항의 규정에 의한 검사를 정당한 이유없이 거부·방해 또는 기피한 자

⑥ 제1항부터 제5항까지의 규정에 따른 과태료는 대통령령으로 정하는 바에 따라 고용노동부장관이 부과·징수한다. <개정 2009.5.21., 2010.6.4.>

⑦ 삭제 <2009.5.21.>

⑧ 삭제 <2009.5.21.>

부칙

<제12632호, 2014.5.20.>

이 법은 공포한 날부터 시행한다.

기간제 및 단시간근로자 보호 등에
관한 법률

[시행 2014.9.19.] [법률 제12469호, 2014.3.18., 일부개정]

고용노동부(고용차별개선과) 044-202-7577

제1장 총칙

제1조(목적) 이 법은 기간제근로자 및 단시간근로자에 대한 불합리한 차별을 시정하고 기간제근로자 및 단시간근로자의 근로조건 보호를 강화함으로써 노동시장의 건전한 발전에 이바지함을 목적으로 한다.

제2조(정의) 이 법에서 사용하는 용어의 정의는 다음과 같다. <개정 2007.4.11., 2013.3.22.>

1. "기간제근로자"라 함은 기간의 정함이 있는 근로계약(이하 "기간제 근로계약"이라 한다)을 체결한 근로자를 말한다.

2. "단시간근로자"라 함은 「근로기준법」 제2조의 단시간근로자를 말한다.

3. "차별적 처우"라 함은 다음 각 목의 사항에 있어서 합리적인 이유 없이 불리하게 처우하는 것을 말한다.

　　가. 「근로기준법」 제2조제1항제5호에 따른 임금

　　나. 정기상여금, 명절상여금 등 정기적으로 지급되는 상여금

　　다. 경영성과에 따른 성과금

　　라. 그 밖에 근로조건 및 복리후생 등에 관한 사항

제3조(적용범위) ①이 법은 상시 5인 이상의 근로자를 사용하는 모든 사업 또는 사업장에 적용한다. 다만, 동거의 친족만을 사용하는 사업 또는 사업장과 가사사용인에 대하여는 적용하지 아니한다.

②상시 4인 이하의 근로자를 사용하는 사업 또는 사업장에 대하여는 대통령령이 정하는 바에 따라 이 법의 일부 규정을 적용할 수 있다.

③국가 및 지방자치단체의 기관에 대하여는 상시 사용하는 근로자의 수에 관계없이 이 법을 적용한다.

제2장 기간제근로자

제4조(기간제근로자의 사용) ①사용자는 2년을 초과하지 아니하는 범위 안에서(기간제 근로계약의 반복갱신 등의 경우에는 그 계속근로한 총기간이 2년을 초과하지 아니하는 범위 안에서) 기간제근로자를 사용할 수 있다. 다만, 다음 각 호의 어느 하나에 해당하는 경우에는 2년을 초과하여 기간제근

로자로 사용할 수 있다.

1. 사업의 완료 또는 특정한 업무의 완성에 필요한 기간을 정한 경우

2. 휴직·파견 등으로 결원이 발생하여 당해 근로자가 복귀할 때까지 그 업무를 대신할 필요가 있는 경우

3. 근로자가 학업, 직업훈련 등을 이수함에 따라 그 이수에 필요한 기간을 정한 경우

4. 「고령자고용촉진법」 제2조제1호의 고령자와 근로계약을 체결하는 경우

5. 전문적 지식·기술의 활용이 필요한 경우와 정부의 복지정책·실업대책 등에 따라 일자리를 제공하는 경우로서 대통령령이 정하는 경우

6. 그 밖에 제1호 내지 제5호에 준하는 합리적인 사유가 있는 경우로서 대통령령이 정하는 경우

②사용자가 제1항 단서의 사유가 없거나 소멸되었음에도 불구하고 2년을 초과하여 기간제근로자로 사용하는 경우에는 그 기간제근로자는 기간의 정함이 없는 근로계약을 체결한 근로자로 본다.

제5조(기간의 정함이 없는 근로자로의 전환) 사용자는 기간의 정함이 없는 근로계약을 체결하고자 하는 경우에는 당해 사업 또는 사업장의 동종 또는 유사한 업무에 종사하는 기간제근로자를 우선적으로 고용하도록 노력하여야 한다.

제3장 단시간근로자

제6조(단시간근로자의 초과근로 제한) ①사용자는 단시간근로자에 대하여 「근로기준법」 제2조의 소정근로시간을 초과하여 근로하게 하는 경우에는 당해 근로자의 동의를 얻어야 한다. 이 경우 1주간에 12시간을 초과하여 근로하게 할 수 없다. <개정 2007.4.11.>

②단시간근로자는 사용자가 제1항의 규정에 따른 동의를 얻지 아니하고 초과근로를 하게 하는 경우에는 이를 거부할 수 있다.

③ 사용자는 제1항에 따른 초과근로에 대하여 통상임금의 100분의 50 이상을 가산하여 지급하여야 한다. <신설 2014.3.18.>

제7조(통상근로자로의 전환 등) ①사용자는 통상근로자를 채용하고자 하는 경우에는 당해 사업 또는 사업장의 동종 또는 유사한 업무에 종사하는 단시간근로자를 우선적으로 고용하도록 노력하여야 한다.

②사용자는 가사, 학업 그 밖의 이유로 근로자가 단시간근로를 신청하는 때에는 당해 근로자를 단시간근로자로 전환하도록 노력하여야 한다.

제4장 차별적 처우의 금지 및 시정

제8조(차별적 처우의 금지) ①사용자는 기간제근로자임을 이유로 당해 사업 또는 사업장에서 동종 또는 유사한 업무에 종사하는 기간의 정함이 없는 근로계약을 체결한 근로자에 비하여 차별적 처우를 하여서는 아니 된다.

②사용자는 단시간근로자임을 이유로 당해 사업 또는 사업장의 동종 또는 유사한 업무에 종사하는 통상근로자에 비하여 차별적 처우를 하여서는 아니 된다.

제9조(차별적 처우의 시정신청) ①기간제근로자 또는 단시간근로자는 차별적 처우를 받은 경우 「노동위원회법」 제1조의 규정에 따른 노동위원회(이하 "노동위원회"라 한다)에 그 시정을 신청할 수 있다. 다만, 차별적 처우가 있은 날(계속되는 차별적 처우는 그 종료일)부터 6개월이 경과한 때에는 그러하지 아니하다. <개정 2012.2.1.>

②기간제근로자 또는 단시간근로자가 제1항의 규정에 따른 시정신청을 하는 때에는 차별적 처우의 내용을 구체적으로 명시하여야 한다.

③제1항 및 제2항의 규정에 따른 시정신청의 절차·방법 등에 관하여 필요한 사항은 「노동위원회법」 제2조제1항의 규정에 따른 중앙노동위원회(이하 "중앙노동위원회"라 한다)가 따로 정한다.

④제8조 및 제1항 내지 제3항과 관련한 분쟁에 있어서 입증책임은 사용자가 부담한다.

제10조(조사·심문 등) ①노동위원회는 제9조의 규정에 따른 시정신청을 받은 때에는 지체 없이 필요한 조사와 관계당사자에 대한 심문을 하여야 한다.

②노동위원회는 제1항의 규정에 따른 심문을 하는 때에는 관계당사자의 신청 또는 직권으로 증인을 출석하게 하여 필요한 사항을 질문할 수 있다.

③노동위원회는 제1항 및 제2항의 규정에 따른 심문을 함에 있어서는 관계당사자에게 증거의 제출과 증인에 대한 반대심문을 할 수 있는 충분한 기회를 주어야 한다.

④제1항 내지 제3항의 규정에 따른 조사·심문의 방법 및 절차 등에 관하여 필요한 사항은 중앙노동위원회가 따로 정한다.

⑤노동위원회는 차별시정사무에 관한 전문적인 조사·연구업무를 수행하기 위하여 전문위원을 둘 수 있다. 이 경우 전문위원의 수·자격 및 보수 등에 관하여 필요한 사항은 대통령령으로 정한다.

제11조(조정·중재) ①노동위원회는 제10조의 규정에 따른 심문의 과정에서 관계당사자 쌍방 또는 일방의 신청 또는 직권에 의하여 조정(調停)절차를 개시할 수 있고, 관계당사자가 미리 노동위원회의 중재(仲裁)결정에 따르기로 합의하여 중재를 신청한 경우에는 중재를 할 수 있다.

②제1항의 규정에 따라 조정 또는 중재를 신청하는 경우에는 제9조의 규정에 따른 차별적 처우의 시정신청을 한 날부터 14일 이내에 하여야 한다. 다만, 노동위원회의 승낙이 있는 경우에는 14일 후에도 신청할 수 있다.

③노동위원회는 조정 또는 중재를 함에 있어서 관계당사자의 의견을 충분히 들어야 한다.

④노동위원회는 특별한 사유가 없는 한 조정절차를 개시하거나 중재신청을 받은 때부터 60일 이내에 조정안을 제시하거나 중재결정을 하여야 한다.

⑤노동위원회는 관계당사자 쌍방이 조정안을 수락한 경우에는 조정조서를 작성하고 중재결정을 한 경우에는 중재결정서를 작성하여야 한다.

⑥조정조서에는 관계당사자와 조정에 관여한 위원전원이 서명·날인하여야 하고, 중재결정서에는 관여한 위원전원이 서명·날인하여야 한다.

⑦제5항 및 제6항의 규정에 따른 조정 또는 중재결정은 「민사소송법」의 규정에 따른 재판상 화해와 동일한 효력을 갖는다.

⑧제1항 내지 제7항의 규정에 따른 조정·중재의 방법, 조정조서·중재결정서의 작성 등에 관한 사항은 중앙노동위원회가 따로 정한다.

제12조(시정명령 등) ①노동위원회는 제10조의 규정에 따른 조사·심문을 종료하고 차별적 처우에 해당된다고 판정한 때에는 사용자에게 시정명령을 발하여야 하고, 차별적 처우에 해당하지 아니한다고 판정한 때에는 그 시정신청을 기각하는 결정을 하여야 한다.

②제1항의 규정에 따른 판정·시정명령 또는 기각결정은 서면으로 하되 그 이유를 구체적으로 명시하여 관계당사자에게 각각 교부하여야 한다. 이 경우 시정명령을 발하는 때에는 시정명령의 내용 및 이행기한 등을 구체적으로 기재하여야 한다.

제13조(조정·중재 또는 시정명령의 내용) ①제11조의 규정에 따른 조정·중재 또는 제12조의 규정에 따른 시정명령의 내용에는 차별적 행위의 중지, 임금 등 근로조건의 개선(취업규칙, 단체협약 등의 제도개선 명령을 포함한다) 또는 적절한 배상 등이 포함될 수 있다. <개정 2014.3.18.>

② 제1항에 따른 배상액은 차별적 처우로 인하여 기간제근로자 또는 단시간근로자에게 발생한 손해액을 기준으로 정한다. 다만, 노동위원회는 사용자의 차별적 처우에 명백한 고의가 인정되거나 차별적 처우가 반복되는 경우에는 손해액을 기준으로 3배를 넘지 아니하는 범위에서 배상을 명령할 수 있다. <신설 2014.3.18.>

제14조(시정명령 등의 확정) ①지방노동위원회의 시정명령 또는 기각결정에 대하여 불복이 있는 관계당사자는 시정명령서 또는 기각결정서의 송달을 받

은 날부터 10일 이내에 중앙노동위원회에 재심을 신청할 수 있다.

②제1항의 규정에 따른 중앙노동위원회의 재심결정에 대하여 불복이 있는 관계당사자는 재심결정서의 송달을 받은 날부터 15일 이내에 행정소송을 제기할 수 있다.

③제1항에 규정된 기간 이내에 재심을 신청하지 아니하거나 제2항에 규정된 기간 이내에 행정소송을 제기하지 아니한 때에는 그 시정명령·기각결정 또는 재심결정은 확정된다.

제15조(시정명령 이행상황의 제출요구 등) ①고용노동부장관은 확정된 시정명령에 대하여 사용자에게 이행상황을 제출할 것을 요구할 수 있다. <개정 2010.6.4.>

②시정신청을 한 근로자는 사용자가 확정된 시정명령을 이행하지 아니하는 경우 이를 고용노동부장관에게 신고할 수 있다. <개정 2010.6.4.>

제15조의2(고용노동부장관의 차별적 처우 시정요구 등) ① 고용노동부장관은 사용자가 제8조를 위반하여 차별적 처우를 한 경우에는 그 시정을 요구할 수 있다.

② 고용노동부장관은 사용자가 제1항에 따른 시정요구에 응하지 아니할 경우에는 차별적 처우의 내용을 구체적으로 명시하여 노동위원회에 통보하여야 한다. 이 경우 고용노동부장관은 해당 사용자 및 근로자에게 그 사실을 통지하여야 한다.

③ 노동위원회는 제2항에 따라 고용노동부장관의 통보를 받은 경우에는 지체 없이 차별적 처우가 있는지 여부를 심리하여야 한다. 이 경우 노동위원회는 해당 사용자 및 근로자에게 의견을 진술할 수 있는 기회를 부여하여야 한다.

④ 제3항에 따른 노동위원회의 심리 및 그 밖의 시정절차 등에 관하여는 제9조제4항 및 제11조부터 제15조까지의 규정을 준용한다. 이 경우 "시정신청을 한 날"은 "통지를 받은 날"로, "기각결정"은 "차별적 처우가 없다는 결정"으로, "관계 당사자"는 "해당 사용자 또는 근로자"로, "시정신청을 한 근로자"는 "해당 근로자"로 본다.

⑤ 제3항 및 제4항에 따른 노동위원회의 심리 등에 관한 사항은 중앙노동위원회가 정한다. [본조신설 2012.2.1.]

제15조의3(확정된 시정명령의 효력 확대) ① 고용노동부장관은 제14조(제15조의2제4항에 따라 준용되는 경우를 포함한다)에 따라 확정된 시정명령을 이행할 의무가 있는 사용자의 사업 또는 사업장에서 해당 시정명령의 효력이 미치는 근로자 이외의 기간제근로자 또는 단시간근로자에 대하여 차별적 처우가 있는지를 조사하여 차별적 처우가 있는 경우에는 그 시정을 요구할 수 있다.

② 사용자가 제1항에 따른 시정요구에 응하지 아니하는 경우에는 제15조의2제2항부터 제5항까지의 규정을 준용한다. [본조신설 2014.3.18.]

제5장 보칙

제16조(불리한 처우의 금지) 사용자는 기간제근로자 또는 단시간근로자가 다음 각 호의 어느 하나에 해당하는 행위를 한 것을 이유로 해고 그 밖의 불리한 처우를 하지 못한다.

 1. 제6조제2항의 규정에 따른 사용자의 부당한 초과근로 요구의 거부
 2. 제9조의 규정에 따른 차별적 처우의 시정신청, 제10조의 규정에 따른 노동위원회에의 참석 및 진술, 제14조의 규정에 따른 재심신청 또는 행정소송의 제기
 3. 제15조제2항의 규정에 따른 시정명령 불이행의 신고
 4. 제18조의 규정에 따른 통고

제17조(근로조건의 서면명시) 사용자는 기간제근로자 또는 단시간근로자와 근로계약을 체결하는 때에는 다음 각 호의 모든 사항을 서면으로 명시하여야 한다. 다만, 제6호는 단시간근로자에 한한다.

 1. 근로계약기간에 관한 사항
 2. 근로시간·휴게에 관한 사항
 3. 임금의 구성항목·계산방법 및 지불방법에 관한 사항
 4. 휴일·휴가에 관한 사항
 5. 취업의 장소와 종사하여야 할 업무에 관한 사항
 6. 근로일 및 근로일별 근로시간

제18조(감독기관에 대한 통고) 사업 또는 사업장에서 이 법 또는 이 법에 의한 명령을 위반한 사실이 있는 경우에는 근로자는 그 사실을 고용노동부장관 또는 근로감독관에게 통고할 수 있다. <개정 2010.6.4.>

제19조(권한의 위임) 이 법의 규정에 따른 고용노동부장관의 권한은 그 일부를 대통령령이 정하는 바에 따라 지방고용노동관서의 장에게 위임할 수 있다. <개정 2010.6.4.>

제20조(취업촉진을 위한 국가 등의 노력) 국가 및 지방자치단체는 고용정보의 제공, 직업지도, 취업알선, 직업능력개발 등 기간제근로자 및 단시간근로자의 취업촉진을 위하여 필요한 조치를 우선적으로 취하도록 노력하여야 한다.

제6장 벌칙

제21조(벌칙) 제16조의 규정을 위반하여 근로자에게 불리한 처우를 한 자는 2년 이하의 징역 또는 1천만원 이하의 벌금에 처한다.

제22조(벌칙) 제6조제1항의 규정을 위반하여 단시간근로자에게 초과근로를 하게한 자는 1천만원 이하의 벌금에 처한다.

제23조(양벌규정) 사업주의 대리인·사용인 그 밖의 종업원이 사업주의 업무에 관하여 제21조 및 제22조의 규정에 해당하는 위반행위를 한 때에는 행위자를 벌하는 외에 그 사업주에 대하여도 해당조의 벌금형을 과한다.

제24조(과태료) ①제14조(제15조의2제4항 및 제15조의3제2항에 따라 준용되는 경우를 포함한다)에 따라 확정된 시정명령을 정당한 이유 없이 이행하지 아니한 자는 1억원 이하의 과태료에 처한다. <개정 2012.2.1., 2014.3.18.>

②다음 각 호의 어느 하나에 해당하는 자는 500만원 이하의 과태료에 처한다. <개정 2010.6.4., 2012.2.1., 2014.3.18.>

1. 제15조제1항(제15조의2제4항 및 제15조의3제2항에 따라 준용되는 경우를 포함한다)을 위반하여 정당한 이유 없이 고용노동부장관의 이행상황 제출요구에 불응한 자

2. 제17조의 규정을 위반하여 근로조건을 서면으로 명시하지 아니한 자

③제1항 및 제2항의 규정에 따른 과태료는 대통령령이 정하는 바에 따라 고용노동부장관이 부과·징수한다. <개정 2010.6.4.>

④제3항의 규정에 따른 과태료 처분에 불복이 있는 자는 그 처분의 고지를 받은 날부터 30일 이내에 고용노동부장관에게 이의를 제기할 수 있다. <개정 2010.6.4.>

⑤제3항의 규정에 따른 과태료 처분을 받은 자가 제4항의 규정에 따라 이의를 제기한 때에는 고용노동부장관은 지체 없이 관할법원에 그 사실을 통보하여야 하며, 그 통보를 받은 관할법원은 「비송사건절차법」에 의한 과태료의 재판을 한다. <개정 2010.6.4.>

⑥제4항의 규정에 따른 기간 이내에 이의를 제기하지 아니하고 과태료를 납부하지 아니한 때에는 국세체납처분의 예에 의하여 이를 징수한다.

부칙

<제12469호, 2014.3.18.>

제1조(시행일) 이 법은 공포 후 6개월이 경과한 날부터 시행한다.

제2조(초과근로에 관한 적용례) 제6조제3항의 개정규정은 이 법 시행 후 최초로 초과근로를 하는 경우부터 적용한다.

제3조(배상 명령에 관한 적용례) 제13조제2항의 개정규정은 이 법 시행 후 최초로 발생한 차별적 처우부터 적용한다.

남녀고용평등과 일·가정 양립
지원에 관한 법률

[시행 2016.1.28.] [법률 제13932호, 2016.1.28., 일부개정]

고용노동부(여성고용정책과) 044-202-7471

제1장 총칙 <개정 2007.12.21.>

제1조(목적) 이 법은 「대한민국헌법」의 평등이념에 따라 고용에서 남녀의 평등한 기회와 대우를 보장하고 모성 보호와 여성 고용을 촉진하여 남녀고용평등을 실현함과 아울러 근로자의 일과 가정의 양립을 지원함으로써 모든 국민의 삶의 질 향상에 이바지하는 것을 목적으로 한다. [전문개정 2007.12.21.]

제2조(정의) 이 법에서 사용하는 용어의 뜻은 다음과 같다.

1. "차별"이란 사업주가 근로자에게 성별, 혼인, 가족 안에서의 지위, 임신 또는 출산 등의 사유로 합리적인 이유 없이 채용 또는 근로의 조건을 다르게 하거나 그 밖의 불리한 조치를 하는 경우[사업주가 채용조건이나 근로조건은 동일하게 적용하더라도 그 조건을 충족할 수 있는 남성 또는 여성이 다른 한 성(性)에 비하여 현저히 적고 그에 따라 특정 성에게 불리한 결과를 초래하며 그 조건이 정당한 것임을 증명할 수 없는 경우를 포함한다]를 말한다. 다만, 다음 각 목의 어느 하나에 해당하는 경우는 제외한다.

　가. 직무의 성격에 비추어 특정 성이 불가피하게 요구되는 경우

　나. 여성 근로자의 임신·출산·수유 등 모성보호를 위한 조치를 하는 경우

　다. 그 밖에 이 법 또는 다른 법률에 따라 적극적 고용개선조치를 하는 경우

2. "직장 내 성희롱"이란 사업주·상급자 또는 근로자가 직장 내의 지위를 이용하거나 업무와 관련하여 다른 근로자에게 성적 언동 등으로 성적 굴욕감 또는 혐오감을 느끼게 하거나 성적 언동 또는 그 밖의 요구 등에 따르지 아니하였다는 이유로 고용에서 불이익을 주는 것을 말한다.

3. "적극적 고용개선조치"란 현존하는 남녀 간의 고용차별을 없애거나 고용평등을 촉진하기 위하여 잠정적으로 특정 성을 우대하는 조치를 말한다.

4. "근로자"란 사업주에게 고용된 자와 취업할 의사를 가진 자를 말한다.

[전문개정 2007.12.21.]

제3조(적용 범위) ① 이 법은 근로자를 사용하는 모든 사업 또는 사업장(이하 "사업"이라 한다)에 적용한다. 다만, 대통령령으로 정하는 사업에 대하여는 이 법의 전부 또는 일부를 적용하지 아니할 수 있다.

② 남녀고용평등의 실현과 일·가정의 양립에 관하여 다른 법률에 특별한

규정이 있는 경우 외에는 이 법에 따른다.

[전문개정 2007.12.21.]

제4조(국가와 지방자치단체의 책무) ① 국가와 지방자치단체는 이 법의 목적을 실현하기 위하여 국민의 관심과 이해를 증진시키고 여성의 직업능력 개발 및 고용 촉진을 지원하여야 하며, 남녀고용평등의 실현에 방해가 되는 모든 요인을 없애기 위하여 필요한 노력을 하여야 한다.

② 국가와 지방자치단체는 일·가정의 양립을 위한 근로자와 사업주의 노력을 지원하여야 하며 일·가정의 양립 지원에 필요한 재원을 조성하고 여건을 마련하기 위하여 노력하여야 한다.

[전문개정 2007.12.21.]

제5조(근로자 및 사업주의 책무) ① 근로자는 상호 이해를 바탕으로 남녀가 동등하게 존중받는 직장문화를 조성하기 위하여 노력하여야 한다.

② 사업주는 해당 사업장의 남녀고용평등의 실현에 방해가 되는 관행과 제도를 개선하여 남녀근로자가 동등한 여건에서 자신의 능력을 발휘할 수 있는 근로환경을 조성하기 위하여 노력하여야 한다.

③ 사업주는 일·가정의 양립을 방해하는 사업장 내의 관행과 제도를 개선하고 일·가정의 양립을 지원할 수 있는 근무환경을 조성하기 위하여 노력하여야 한다.

[전문개정 2007.12.21.]

제6조(정책의 수립 등) ① 고용노동부장관은 남녀고용평등과 일·가정의 양립을 실현하기 위하여 다음 각 호의 정책을 수립·시행하여야 한다.
<개정 2010.6.4.>

1. 남녀고용평등 의식 확산을 위한 홍보

2. 남녀고용평등 우수기업(제17조의4에 따른 적극적 고용개선조치 우수기업을 포함한다)의 선정 및 행정적·재정적 지원

3. 남녀고용평등 강조 기간의 설정·추진

4. 남녀차별 개선과 여성취업 확대를 위한 조사·연구

5. 모성보호와 일·가정 양립을 위한 제도개선 및 행정적·재정적 지원

6. 그 밖에 남녀고용평등의 실현과 일·가정의 양립을 지원하기 위하여 필요한 사항

② 고용노동부장관은 제1항에 따른 정책의 수립·시행을 위하여 관계자의 의견을 반영하도록 노력하여야 하며 필요하다고 인정되는 경우 관계 행정기관 및 지방자치단체, 그 밖의 공공단체의 장에게 협조를 요청할 수 있다.
<개정 2010.6.4.> [전문개정 2007.12.21.]

제6조의2(기본계획 수립) ① 고용노동부장관은 남녀고용평등 실현과 일·가정의 양립에 관한 기본계획(이하 "기본계획"이라 한다)을 5년마다 수립하여야 한다. <개정 2010.6.4., 2016.1.28.>

② 기본계획에는 다음 각 호의 사항이 포함되어야 한다. <개정 2010.6.4., 2016.1.28.>

1. 여성취업의 촉진에 관한 사항
2. 남녀의 평등한 기회보장 및 대우에 관한 사항
3. 동일 가치 노동에 대한 동일 임금 지급의 정착에 관한 사항
4. 여성의 직업능력 개발에 관한 사항
5. 여성 근로자의 모성 보호에 관한 사항
6. 일·가정의 양립 지원에 관한 사항
7. 여성 근로자를 위한 복지시설의 설치 및 운영에 관한 사항
8. 직전 기본계획에 대한 평가
9. 그 밖에 남녀고용평등의 실현과 일·가정의 양립 지원을 위하여 고용노동부장관이 필요하다고 인정하는 사항

③ 고용노동부장관은 필요하다고 인정하면 관계 행정기관 또는 공공기관의 장에게 기본계획 수립에 필요한 자료의 제출을 요청할 수 있다. <신설 2016.1.28.>

④ 고용노동부장관이 기본계획을 수립한 때에는 지체 없이 소관 상임위원회에 보고하여야 한다. <신설 2016.1.28.>

[본조신설 2007.12.21.]

제6조의3(실태조사 실시) ① 고용노동부장관은 사업 또는 사업장의 남녀차별 개선, 모성보호, 일·가정의 양립 실태를 파악하기 위하여 정기적으로 조사를 실시하여야 한다. <개정 2010.6.4.>

② 제1항에 따른 실태조사의 대상, 시기, 내용 등 필요한 사항은 고용노동부령으로 정한다. <개정 2010.6.4.>

[본조신설 2007.12.21.]

제2장 고용에 있어서 남녀의 평등한 기회보장 및 대우등
제1절 남녀의 평등한 기회보장 및 대우

제7조(모집과 채용) ① 사업주는 근로자를 모집하거나 채용할 때 남녀를 차별하여서는 아니 된다.

② 사업주는 여성 근로자를 모집·채용할 때 그 직무의 수행에 필요하지 아니한 용모·키·체중 등의 신체적 조건, 미혼 조건, 그 밖에 고용노동부령으로

정하는 조건을 제시하거나 요구하여서는 아니 된다. <개정 2010.6.4.>
　[전문개정 2007.12.21.]
제8조(임금) ① 사업주는 동일한 사업 내의 동일 가치 노동에 대하여는 동일한 임금을 지급하여야 한다.
　② 동일 가치 노동의 기준은 직무 수행에서 요구되는 기술, 노력, 책임 및 작업 조건 등으로 하고, 사업주가 그 기준을 정할 때에는 제25조에 따른 노사협의회의 근로자를 대표하는 위원의 의견을 들어야 한다.
　③ 사업주가 임금차별을 목적으로 설립한 별개의 사업은 동일한 사업으로 본다.
　[전문개정 2007.12.21.]
제9조(임금 외의 금품 등) 사업주는 임금 외에 근로자의 생활을 보조하기 위한 금품의 지급 또는 자금의 융자 등 복리후생에서 남녀를 차별하여서는 아니 된다. [전문개정 2007.12.21.]
제10조(교육·배치 및 승진) 사업주는 근로자의 교육·배치 및 승진에서 남녀를 차별하여서는 아니 된다. [전문개정 2007.12.21.]
제11조(정년·퇴직 및 해고) ① 사업주는 근로자의 정년·퇴직 및 해고에서 남녀를 차별하여서는 아니 된다.
　② 사업주는 여성 근로자의 혼인, 임신 또는 출산을 퇴직 사유로 예정하는 근로계약을 체결하여서는 아니 된다.
　[전문개정 2007.12.21.]

제2절 직장 내 성희롱의 금지 및 예방 <개정 2007.12.21.>

제12조(직장 내 성희롱의 금지) 사업주, 상급자 또는 근로자는 직장 내 성희롱을 하여서는 아니 된다. [전문개정 2007.12.21.]
제13조(직장 내 성희롱 예방 교육) ① 사업주는 직장 내 성희롱을 예방하고 근로자가 안전한 근로환경에서 일할 수 있는 여건을 조성하기 위하여 직장 내 성희롱의 예방을 위한 교육(이하 "성희롱 예방 교육"이라 한다)을 실시하여야 한다.
　② 사업주 및 근로자는 제1항에 따른 성희롱 예방 교육을 받아야 한다. <신설 2014.1.14.>
　③ 제1항 및 제2항에 따른 성희롱 예방 교육의 내용·방법 및 횟수 등에 관하여 필요한 사항은 대통령령으로 정한다. <개정 2014.1.14.>
　[전문개정 2007.12.21.]
제13조의2(성희롱 예방 교육의 위탁) ① 사업주는 성희롱 예방 교육을 고용노동부장관이 지정하는 기관(이하 "성희롱 예방 교육기관"이라 한다)에 위

탁하여 실시할 수 있다. <개정 2010.6.4.>

② 성희롱 예방 교육기관은 고용노동부령으로 정하는 기관 중에서 지정하되, 고용노동부령으로 정하는 강사를 1명 이상 두어야 한다. <개정 2010.6.4.>

③ 성희롱 예방 교육기관은 고용노동부령으로 정하는 바에 따라 교육을 실시하고 교육이수증이나 이수자 명단 등 교육 실시 관련 자료를 보관하며 사업주나 피교육자에게 그 자료를 내주어야 한다. <개정 2010.6.4.>

④ 고용노동부장관은 성희롱 예방 교육기관이 다음 각 호의 어느 하나에 해당하면 그 지정을 취소할 수 있다. <개정 2010.6.4.>

1. 거짓이나 그 밖의 부정한 방법으로 지정을 받은 경우

2. 정당한 사유 없이 제2항에 따른 강사를 6개월 이상 계속하여 두지 아니한 경우

⑤ 고용노동부장관은 제4항에 따라 성희롱 예방 교육기관의 지정을 취소하려면 청문을 하여야 한다. <신설 2014.5.20.>

[전문개정 2007.12.21.]

제14조(직장 내 성희롱 발생 시 조치) ① 사업주는 직장 내 성희롱 발생이 확인된 경우 지체 없이 행위자에 대하여 징계나 그 밖에 이에 준하는 조치를 하여야 한다.

② 사업주는 직장 내 성희롱과 관련하여 피해를 입은 근로자 또는 성희롱 피해 발생을 주장하는 근로자에게 해고나 그 밖의 불리한 조치를 하여서는 아니 된다.

[전문개정 2007.12.21.]

제14조의2(고객 등에 의한 성희롱 방지) ① 사업주는 고객 등 업무와 밀접한 관련이 있는 자가 업무수행 과정에서 성적인 언동 등을 통하여 근로자에게 성적 굴욕감 또는 혐오감 등을 느끼게 하여 해당 근로자가 그로 인한 고충 해소를 요청할 경우 근무 장소 변경, 배치전환 등 가능한 조치를 취하도록 노력하여야 한다.

② 사업주는 근로자가 제1항에 따른 피해를 주장하거나 고객 등으로부터의 성적 요구 등에 불응한 것을 이유로 해고나 그 밖의 불이익한 조치를 하여서는 아니 된다.

[본조신설 2007.12.21.]

제3절 여성의 직업능력 개발 및 고용 촉진 <개정 2007.12.21.>

제15조(직업 지도) 「직업안정법」 제2조의2제1호에 따른 직업안정기관은 여성이 적성, 능력, 경력 및 기능의 정도에 따라 직업을 선택하고, 직업에 적응

하는 것을 쉽게 하기 위하여 고용정보와 직업에 관한 조사·연구 자료를 제공하는 등 직업 지도에 필요한 조치를 하여야 한다. <개정 2009.10.9.>

[전문개정 2007.12.21.]

제16조(직업능력 개발) 국가, 지방자치단체 및 사업주는 여성의 직업능력 개발 및 향상을 위하여 모든 직업능력 개발 훈련에서 남녀에게 평등한 기회를 보장하여야 한다. [전문개정 2007.12.21.]

제17조(여성 고용 촉진) ① 고용노동부장관은 여성의 고용 촉진을 위한 시설을 설치·운영하는 비영리법인과 단체에 대하여 필요한 비용의 전부 또는 일부를 지원할 수 있다. <개정 2010.6.4.>

② 고용노동부장관은 여성의 고용 촉진을 위한 사업을 실시하는 사업주 또는 여성휴게실과 수유시설을 설치하는 등 사업장 내의 고용환경을 개선하고자 하는 사업주에게 필요한 비용의 전부 또는 일부를 지원할 수 있다.

<개정 2010.6.4.>

[전문개정 2007.12.21.]

제17조의2(경력단절여성의 능력개발과 고용촉진지원) ① 고용노동부장관은 임신·출산·육아 등의 이유로 직장을 그만두었으나 재취업할 의사가 있는 경력단절여성(이하 "경력단절여성"이라 한다)을 위하여 취업유망 직종을 선정하고, 특화된 훈련과 고용촉진프로그램을 개발하여야 한다. <개정 2010.6.4.>

② 고용노동부장관은 「직업안정법」 제2조의2제1호에 따른 직업안정기관을 통하여 경력단절여성에게 직업정보, 직업훈련정보 등을 제공하고 전문화된 직업지도, 직업상담 등의 서비스를 제공하여야 한다.

<개정 2009.10.9., 2010.6.4.>

[본조신설 2007.12.21.]

[종전 제17조의2는 제17조의3으로 이동 <2007.12.21.>]

제4절 적극적 고용개선조치 <개정 2007.12.21.>

제17조의3(적극적 고용개선조치 시행계획의 수립·제출 등) ① 고용노동부장관은 다음 각 호의 어느 하나에 해당하는 사업주로서 고용하고 있는 직종별 여성 근로자의 비율이 산업별·규모별로 고용노동부령으로 정하는 고용기준에 미달하는 사업주에 대하여는 차별적 고용관행 및 제도 개선을 위한 적극적 고용개선조치 시행계획(이하 "시행계획"이라 한다)을 수립하여 제출할 것을 요구할 수 있다. 이 경우 해당 사업주는 시행계획을 제출하여야 한다. <개정 2010.6.4.>

1. 대통령령으로 정하는 공공기관·단체의 장

2. 대통령령으로 정하는 규모 이상의 근로자를 고용하는 사업의 사업주

② 제1항 각 호의 어느 하나에 해당하는 사업주는 직종별·직급별 남녀 근로자 현황을 고용노동부장관에게 제출하여야 한다. <개정 2010.6.4.>

③ 제1항 각 호의 어느 하나에 해당하지 아니하는 사업주로서 적극적 고용개선조치를 하려는 사업주는 직종별 남녀 근로자 현황과 시행계획을 작성하여 고용노동부장관에게 제출할 수 있다. <개정 2010.6.4.>

④ 고용노동부장관은 제1항과 제3항에 따라 제출된 시행계획을 심사하여 그 내용이 명확하지 아니하거나 차별적 고용관행을 개선하려는 노력이 부족하여 시행계획으로서 적절하지 아니하다고 인정되면 해당 사업주에게 시행계획의 보완을 요구할 수 있다. <개정 2010.6.4.>

⑤ 제1항과 제2항에 따른 시행계획과 남녀 근로자 현황의 기재 사항, 제출 시기, 제출 절차 등에 관하여 필요한 사항은 고용노동부령으로 정한다. <개정 2010.6.4.>

[전문개정 2007.12.21.]

[제17조의2에서 이동, 종전 제17조의3은 제17조의4로 이동 <2007.12.21.>]

제17조의4(이행실적의 평가 및 지원 등) ① 제17조의3제1항 및 제3항에 따라 시행계획을 제출한 자는 그 이행실적을 고용노동부장관에게 제출하여야 한다. <개정 2010.6.4.>

② 고용노동부장관은 제1항에 따라 제출된 이행실적을 평가하고, 그 결과를 사업주에게 통보하여야 한다. <개정 2010.6.4.>

③ 고용노동부장관은 제2항에 따른 평가 결과 이행실적이 우수한 기업(이하 "적극적 고용개선조치 우수기업"이라 한다)에 표창을 할 수 있다. <개정 2010.6.4.>

④ 국가와 지방자치단체는 적극적 고용개선조치 우수기업에 행정적·재정적 지원을 할 수 있다.

⑤ 고용노동부장관은 제2항에 따른 평가 결과 이행실적이 부진한 사업주에게 시행계획의 이행을 촉구할 수 있다. <개정 2010.6.4.>

⑥ 고용노동부장관은 제2항에 따른 평가 업무를 대통령령으로 정하는 기관이나 단체에 위탁할 수 있다. <개정 2010.6.4.>

⑦ 제1항에 따른 이행실적의 기재 사항, 제출 시기 및 제출 절차와 제2항에 따른 평가 결과의 통보 절차 등에 관하여 필요한 사항은 고용노동부령으로 정한다. <개정 2010.6.4.>

[전문개정 2007.12.21.]

[제17조의3에서 이동, 종전 제17조의4는 제17조의5로 이동 <2007.12.21.>]

제17조의5(적극적 고용개선조치 미이행 사업주 명단 공표) ① 고용노동부장관은 명단 공개 기준일 이전에 3회 연속하여 제17조의3제1항의 기준에 미달한 사업주로서 제17조의4제5항의 이행촉구를 받고 이에 따르지 아니한 경우 그 명단을 공표할 수 있다. 다만, 사업주의 사망·기업의 소멸 등 대통령령으로 정하는 사유가 있는 경우에는 그러하지 아니하다.

② 제1항에 따른 공표의 구체적인 기준·내용 및 방법 등 공표에 필요한 사항은 대통령령으로 정한다.

[본조신설 2014.1.14.]

[종전 제17조의5는 제17조의6으로 이동 <2014.1.14.>]

제17조의6(시행계획 등의 게시) 제17조의3제1항에 따라 시행계획을 제출한 사업주는 시행계획 및 제17조의4제1항에 따른 이행실적을 근로자가 열람할 수 있도록 게시하는 등 필요한 조치를 하여야 한다.

[전문개정 2007.12.21.]

[제17조의5에서 이동, 종전 제17조의6은 제17조의7로 이동 <2014.1.14.>]

제17조의7(적극적 고용개선조치에 관한 협조) 고용노동부장관은 적극적 고용개선조치의 효율적 시행을 위하여 필요하다고 인정하면 관계 행정기관의 장에게 차별의 시정 또는 예방을 위하여 필요한 조치를 하여 줄 것을 요청할 수 있다. 이 경우 관계 행정기관의 장은 특별한 사유가 없으면 요청에 따라야 한다. <개정 2010.6.4.>

[전문개정 2007.12.21.]

[제17조의6에서 이동, 종전 제17조의7은 제17조의8로 이동 <2014.1.14.>]

제17조의8(적극적 고용개선조치에 관한 중요 사항 심의) 적극적 고용개선조치에 관한 다음 각 호의 사항은 「고용정책 기본법」 제10조에 따른 고용정책심의회의 심의를 거쳐야 한다. <개정 2014.1.14.>

1. 제17조의3제1항에 따른 여성 근로자 고용기준에 관한 사항

2. 제17조의3제4항에 따른 시행계획의 심사에 관한 사항

3. 제17조의4제2항에 따른 적극적 고용개선조치 이행실적의 평가에 관한 사항

4. 제17조의4제3항 및 제4항에 따른 적극적 고용개선조치 우수기업의 표창 및 지원에 관한 사항

5. 제17조의5제1항에 따른 공표 여부에 관한 사항

6. 그 밖에 적극적 고용개선조치에 관하여 고용정책심의회의 위원장이 회의에 부치는 사항

[전문개정 2009.10.9.]

[제17조의7에서 이동, 종전 제17조의8은 제17조의9로 이동 <2014.1.14.>]

제17조의9(적극적 고용개선조치의 조사·연구 등) ① 고용노동부장관은 적극적 고용개선조치에 관한 업무를 효율적으로 수행하기 위하여 조사·연구·교육·홍보 등의 사업을 할 수 있다. <개정 2010.6.4.>

② 고용노동부장관은 필요하다고 인정하면 제1항에 따른 업무의 일부를 대통령령으로 정하는 자에게 위탁할 수 있다. <개정 2010.6.4.>

[전문개정 2007.12.21.]

[제17조의8에서 이동 <2014.1.14.>]

제3장 모성 보호 <개정 2007.12.21.>

제18조(출산전후휴가에 대한 지원) ① 국가는 「근로기준법」 제74조에 따른 출산전후휴가 또는 유산·사산 휴가를 사용한 근로자 중 일정한 요건에 해당하는 자에게 그 휴가기간에 대하여 통상임금에 상당하는 금액(이하 "출산전후휴가급여등"이라 한다)을 지급할 수 있다. <개정 2012.2.1.>

② 제1항에 따라 지급된 출산전후휴가급여등은 그 금액의 한도에서 「근로기준법」 제74조제4항에 따라 사업주가 지급한 것으로 본다. <개정 2012.2.1.>

③ 출산전후휴가급여등을 지급하기 위하여 필요한 비용은 국가재정이나 「사회보장기본법」에 따른 사회보험에서 분담할 수 있다. <개정 2012.2.1.>

④ 여성 근로자가 출산전후휴가급여등을 받으려는 경우 사업주는 관계 서류의 작성·확인 등 모든 절차에 적극 협력하여야 한다. <개정 2012.2.1.>

⑤ 출산전후휴가급여등의 지급요건, 지급기간 및 절차 등에 관하여 필요한 사항은 따로 법률로 정한다. <개정 2012.2.1.>

[전문개정 2007.12.21.]

[제목개정 2012.2.1.]

제18조의2(배우자 출산휴가) ① 사업주는 근로자가 배우자의 출산을 이유로 휴가를 청구하는 경우에 5일의 범위에서 3일 이상의 휴가를 주어야 한다. 이 경우 사용한 휴가기간 중 최초 3일은 유급으로 한다. <개정 2012.2.1.>

② 제1항에 따른 휴가는 근로자의 배우자가 출산한 날부터 30일이 지나면 청구할 수 없다.

[본조신설 2007.12.21.]

[시행일: 2013.2.2.] 제18조의2의 개정규정중 상시 300명 미만의 근로자를 사용하는 사업 또는 사업장

제3장의2 일·가정의 양립 지원 <신설 2007.12.21.>

제19조(육아휴직) ① 사업주는 근로자가 만 8세 이하 또는 초등학교 2학년 이하의 자녀(입양한 자녀를 포함한다)를 양육하기 위하여 휴직(이하 "육아휴직"이라 한다)을 신청하는 경우에 이를 허용하여야 한다. 다만, 대통령령으로 정하는 경우에는 그러하지 아니하다. <개정 2010.2.4., 2014.1.14.>

② 육아휴직의 기간은 1년 이내로 한다.

③ 사업주는 육아휴직을 이유로 해고나 그 밖의 불리한 처우를 하여서는 아니 되며, 육아휴직 기간에는 그 근로자를 해고하지 못한다. 다만, 사업을 계속할 수 없는 경우에는 그러하지 아니하다.

④ 사업주는 육아휴직을 마친 후에는 휴직 전과 같은 업무 또는 같은 수준의 임금을 지급하는 직무에 복귀시켜야 한다. 또한 제2항의 육아휴직 기간은 근속기간에 포함한다.

⑤ 기간제근로자 또는 파견근로자의 육아휴직 기간은 「기간제 및 단시간근로자 보호 등에 관한 법률」 제4조에 따른 사용기간 또는 「파견근로자 보호 등에 관한 법률」 제6조에 따른 근로자파견기간에 산입하지 아니한다. <신설 2012.2.1.>

⑥ 육아휴직의 신청방법 및 절차 등에 관하여 필요한 사항은 대통령령으로 정한다. <개정 2012.2.1.>

[전문개정 2007.12.21.]

제19조의2(육아기 근로시간 단축) ① 사업주는 제19조제1항에 따라 육아휴직을 신청할 수 있는 근로자가 육아휴직 대신 근로시간의 단축(이하 "육아기 근로시간 단축"이라 한다)을 신청하는 경우에 이를 허용하여야 한다. 다만, 대체인력 채용이 불가능한 경우, 정상적인 사업 운영에 중대한 지장을 초래하는 경우 등 대통령령으로 정하는 경우에는 그러하지 아니하다. <개정 2012.2.1.>

② 제1항 단서에 따라 사업주가 육아기 근로시간 단축을 허용하지 아니하는 경우에는 해당 근로자에게 그 사유를 서면으로 통보하고 육아휴직을 사용하게 하거나 그 밖의 조치를 통하여 지원할 수 있는지를 해당 근로자와 협의하여야 한다. <개정 2012.2.1.>

③ 사업주가 제1항에 따라 해당 근로자에게 육아기 근로시간 단축을 허용하는 경우 단축 후 근로시간은 주당 15시간 이상이어야 하고 30시간을 넘어서는 아니 된다.

④ 육아기 근로시간 단축의 기간은 1년 이내로 한다.

⑤ 사업주는 육아기 근로시간 단축을 이유로 해당 근로자에게 해고나 그 밖의 불리한 처우를 하여서는 아니 된다.

⑥ 사업주는 근로자의 육아기 근로시간 단축기간이 끝난 후에 그 근로자를 육아기 근로시간 단축 전과 같은 업무 또는 같은 수준의 임금을 지급하는 직무에 복귀시켜야 한다.

⑦ 육아기 근로시간 단축의 신청방법 및 절차 등에 관하여 필요한 사항은 대통령령으로 정한다.

[본조신설 2007.12.21.]

제19조의3(육아기 근로시간 단축 중 근로조건 등) ① 사업주는 제19조의2에 따라 육아기 근로시간 단축을 하고 있는 근로자에 대하여 근로시간에 비례하여 적용하는 경우 외에는 육아기 근로시간 단축을 이유로 그 근로조건을 불리하게 하여서는 아니 된다.

② 제19조의2에 따라 육아기 근로시간 단축을 한 근로자의 근로조건(육아기 근로시간 단축 후 근로시간을 포함한다)은 사업주와 그 근로자 간에 서면으로 정한다.

③ 사업주는 제19조의2에 따라 육아기 근로시간 단축을 하고 있는 근로자에게 단축된 근로시간 외에 연장근로를 요구할 수 없다. 다만, 그 근로자가 명시적으로 청구하는 경우에는 사업주는 주 12시간 이내에서 연장근로를 시킬 수 있다.

④ 육아기 근로시간 단축을 한 근로자에 대하여 「근로기준법」 제2조제6호에 따른 평균임금을 산정하는 경우에는 그 근로자의 육아기 근로시간 단축 기간을 평균임금 산정기간에서 제외한다.

[본조신설 2007.12.21.]

제19조의4(육아휴직과 육아기 근로시간 단축의 사용형태) 근로자는 제19조와 제19조의2에 따라 육아휴직이나 육아기 근로시간 단축을 하려는 경우에는 다음 각 호의 방법 중 하나를 선택하여 사용할 수 있다. 이 경우 어느 방법을 사용하든지 그 총 기간은 1년을 넘을 수 없다.

1. 육아휴직의 1회 사용
2. 육아기 근로시간 단축의 1회 사용
3. 육아휴직의 분할 사용(1회만 할 수 있다)
4. 육아기 근로시간 단축의 분할 사용(1회만 할 수 있다)
5. 육아휴직의 1회 사용과 육아기 근로시간 단축의 1회 사용

[본조신설 2007.12.21.]

제19조의5(육아지원을 위한 그 밖의 조치) ① 사업주는 만 8세 이하 또는 초등학교 2학년 이하의 자녀(입양한 자녀를 포함한다)를 양육하는 근로자의 육아를 지원하기 위하여 다음 각 호의 어느 하나에 해당하는 조치를 하도록 노력하여야 한다. <개정 2015.1.20.>

1.업무를 시작하고 마치는 시간 조정

2. 연장근로의 제한

3. 근로시간의 단축, 탄력적 운영 등 근로시간 조정

4. 그 밖에 소속 근로자의 육아를 지원하기 위하여 필요한 조치

② 고용노동부장관은 사업주가 제1항에 따른 조치를 할 경우 고용 효과 등을 고려하여 필요한 지원을 할 수 있다. <개정 2010.6.4.>

[본조신설 2007.12.21.]

제19조의6(직장복귀를 위한 사업주의 지원) 사업주는 이 법에 따라 육아휴직 중인 근로자에 대한 직업능력 개발 및 향상을 위하여 노력하여야 하고 출산전후휴가, 육아휴직 또는 육아기 근로시간 단축을 마치고 복귀하는 근로자가 쉽게 직장생활에 적응할 수 있도록 지원하여야 한다. <개정 2012.2.1.>

[본조신설 2007.12.21.]

제20조(일·가정의 양립을 위한 지원) ① 국가는 사업주가 근로자에게 육아휴직이나 육아기 근로시간 단축을 허용한 경우 그 근로자의 생계비용과 사업주의 고용유지비용의 일부를 지원할 수 있다.

② 국가는 소속 근로자의 일·가정의 양립을 지원하기 위한 조치를 도입하는 사업주에게 세제 및 재정을 통한 지원을 할 수 있다.

[전문개정 2007.12.21.]

제21조(직장어린이집 설치 및 지원 등) ① 사업주는 근로자의 취업을 지원하기 위하여 수유·탁아 등 육아에 필요한 어린이집(이하 "직장어린이집"이라 한다)을 설치하여야 한다. <개정 2011.6.7.>

② 직장어린이집을 설치하여야 할 사업주의 범위 등 직장어린이집의 설치 및 운영에 관한 사항은 「영유아보육법」에 따른다. <개정 2011.6.7.>

③ 고용노동부장관은 근로자의 고용을 촉진하기 위하여 직장어린이집의 설치·운영에 필요한 지원 및 지도를 하여야 한다.

<개정 2010.6.4., 2011.6.7.>

[전문개정 2007.12.21.] [제목개정 2011.6.7.]

제21조의2(그 밖의 보육 관련 지원) 고용노동부장관은 제21조에 따라 직장어린이집을 설치하여야 하는 사업주 외의 사업주가 직장어린이집을 설치하려는 경우에는 직장어린이집의 설치·운영에 필요한 정보 제공, 상담 및 비용의 일

부 지원 등 필요한 지원을 할 수 있다. <개정 2010.6.4., 2011.6.7.>
 [본조신설 2007.12.21.]

제22조(공공복지시설의 설치) ① 국가 또는 지방자치단체는 여성 근로자를 위한 교육·육아·주택 등 공공복지시설을 설치할 수 있다.
 ② 제1항에 따른 공공복지시설의 기준과 운영에 필요한 사항은 고용노동부장관이 정한다. <개정 2010.6.4.>
 [전문개정 2007.12.21.]

제22조의2(근로자의 가족 돌봄 등을 위한 지원) ① 사업주는 근로자가 부모, 배우자, 자녀 또는 배우자의 부모(이하 "가족"이라 한다)의 질병, 사고, 노령으로 인하여 그 가족을 돌보기 위한 휴직(이하 "가족돌봄휴직"이라 한다)을 신청하는 경우 이를 허용하여야 한다. 다만, 대체인력 채용이 불가능한 경우, 정상적인 사업 운영에 중대한 지장을 초래하는 경우 등 대통령령으로 정하는 경우에는 그러하지 아니하다. <개정 2012.2.1.>
 ② 제1항 단서에 따라 사업주가 가족돌봄휴직을 허용하지 아니하는 경우에는 해당 근로자에게 그 사유를 서면으로 통보하고, 다음 각 호의 어느 하나에 해당하는 조치를 하도록 노력하여야 한다. <신설 2012.2.1.>
 1. 업무를 시작하고 마치는 시간 조정
 2. 연장근로의 제한
 3. 근로시간의 단축, 탄력적 운영 등 근로시간의 조정
 4. 그 밖에 사업장 사정에 맞는 지원조치
 ③ 가족돌봄휴직 기간은 연간 최장 90일로 하며, 이를 나누어 사용할 수 있다. 이 경우 나누어 사용하는 1회의 기간은 30일 이상이 되어야 한다. <신설 2012.2.1.>
 ④ 사업주는 가족돌봄휴직을 이유로 해당 근로자를 해고하거나 근로조건을 악화시키는 등 불리한 처우를 하여서는 아니 된다. <신설 2012.2.1.>
 ⑤ 가족돌봄휴직 기간은 근속기간에 포함한다. 다만, 「근로기준법」 제2조제1항제6호에 따른 평균임금 산정기간에서는 제외한다. <신설 2012.2.1.>
 ⑥ 사업주는 소속 근로자가 건전하게 직장과 가정을 유지하는 데에 도움이 될 수 있도록 필요한 심리상담 서비스를 제공하도록 노력하여야 한다. <개정 2012.2.1.>
 ⑦ 고용노동부장관은 사업주가 제1항에 따른 조치를 하는 경우에는 고용 효과 등을 고려하여 필요한 지원을 할 수 있다. <개정 2010.6.4., 2012.2.1.>
 ⑧ 가족돌봄휴직의 신청방법 및 절차 등에 관하여 필요한 사항은 대통령령으로 정한다. <신설 2012.2.1.>

[본조신설 2007.12.21.]

[시행일: 2013.2.2.] 제22조의2의 개정규정중 상시 300명 미만의 근로자를 사용하는 사업 또는 사업장

제22조의3(일·가정 양립 지원 기반 조성) ① 고용노동부장관은 일·가정 양립프로그램의 도입·확산, 모성보호 조치의 원활한 운영 등을 지원하기 위하여 조사·연구 및 홍보 등의 사업을 하고, 전문적인 상담 서비스와 관련 정보 등을 사업주와 근로자에게 제공하여야 한다. <개정 2010.6.4.>

② 고용노동부장관은 제1항에 따른 업무와 제21조와 제21조의2에 따른 직장보육시설 설치·운영의 지원에 관한 업무를 대통령령으로 정하는 바에 따라 공공기관 또는 민간에 위탁하여 수행할 수 있다. <개정 2010.6.4.>

③ 고용노동부장관은 제2항에 따라 업무를 위탁받은 기관에 업무수행에 사용되는 경비를 지원할 수 있다. <개정 2010.6.4.> [본조신설 2007.12.21.]

제4장 분쟁의 예방과 해결 <개정 2007.12.21.>

제23조(상담지원) ① 고용노동부장관은 차별, 직장 내 성희롱, 모성보호 및 일·가정 양립 등에 관한 상담을 실시하는 민간단체에 필요한 비용의 일부를 예산의 범위에서 지원할 수 있다. <개정 2010.6.4.>

② 제1항에 따른 단체의 선정요건, 비용의 지원기준과 지원절차 및 지원의 중단 등에 필요한 사항은 고용노동부령으로 정한다. <개정 2010.6.4.>

[전문개정 2007.12.21.]

제24조(명예고용평등감독관) ① 고용노동부장관은 사업장의 남녀고용평등 이행을 촉진하기 위하여 그 사업장 소속 근로자 중 노사가 추천하는 자를 명예고용평등감독관(이하 "명예감독관"이라 한다)으로 위촉할 수 있다. <개정 2010.6.4.>

② 명예감독관은 다음 각 호의 업무를 수행한다. <개정 2010.6.4.>

1. 해당 사업장의 차별 및 직장 내 성희롱 발생 시 피해 근로자에 대한 상담·조언

2. 해당 사업장의 고용평등 이행상태 자율점검 및 지도 시 참여

3. 법령위반 사실이 있는 사항에 대하여 사업주에 대한 개선 건의 및 감독기관에 대한 신고

4. 남녀고용평등 제도에 대한 홍보·계몽

5. 그 밖에 남녀고용평등의 실현을 위하여 고용노동부장관이 정하는 업무

③ 사업주는 명예감독관으로서 정당한 임무 수행을 한 것을 이유로 해당 근로자에게 인사상 불이익 등의 불리한 조치를 하여서는 아니 된다.

④ 명예감독관의 위촉과 해촉 등에 필요한 사항은 고용노동부령으로 정한다. <개정 2010.6.4.> [전문개정 2007.12.21.]

제25조(분쟁의 자율적 해결) 사업주는 제7조부터 제13조까지, 제13조의2, 제14조, 제14조의2, 제18조제4항, 제18조의2, 제19조, 제19조의2부터 제19조의6까지, 제21조 및 제22조의2에 따른 사항에 관하여 근로자가 고충을 신고하였을 때에는 「근로자참여 및 협력증진에 관한 법률」에 따라 해당 사업장에 설치된 노사협의회에 고충의 처리를 위임하는 등 자율적인 해결을 위하여 노력하여야 한다. [전문개정 2007.12.21.]

제26조 삭제 <2005.12.30.>

제27조 삭제 <2005.12.30.>

제28조 삭제 <2005.12.30.>

제29조 삭제 <2005.12.30.>

제30조(입증책임) 이 법과 관련한 분쟁해결에서 입증책임은 사업주가 부담한다. [전문개정 2007.12.21.]

제5장 보칙 <개정 2007.12.21.>

제31조(보고 및 검사 등) ① 고용노동부장관은 이 법 시행을 위하여 필요한 경우에는 사업주에게 보고와 관계 서류의 제출을 명령하거나 관계 공무원이 사업장에 출입하여 관계인에게 질문하거나 관계 서류를 검사하도록 할 수 있다. <개정 2010.6.4.>

② 제1항의 경우에 관계 공무원은 그 권한을 표시하는 증표를 지니고 이를 관계인에게 내보여야 한다.

[전문개정 2007.12.21.]

제31조의2(자료 제공의 요청) ① 고용노동부장관은 다음 각 호의 업무를 수행하기 위하여 보건복지부장관 또는 「국민건강보험법」에 따른 국민건강보험공단에 같은 법 제50조에 따른 임신·출산 진료비의 신청과 관련된 자료의 제공을 요청할 수 있다. 이 경우 해당 자료의 제공을 요청받은 기관의 장은 정당한 사유가 없으면 그 요청에 따라야 한다.

1. 제3장에 따른 모성 보호에 관한 업무

2. 제3장의2에 따른 일·가정의 양립 지원에 관한 업무

3. 제3장에 따른 모성 보호, 제3장의2에 따른 일·가정의 양립 지원에 관한 안내

4. 제31조에 따른 보고 및 검사 등

② 고용노동부장관은 제1항에 따라 제공 받은 자료를 「고용정책 기본법」

제15조제3항에 따른 고용보험전산망을 통하여 처리할 수 있다.

[본조신설 2016.1.28.]

제32조(고용평등 이행실태 등의 공표) 고용노동부장관은 이 법 시행의 실효성을 확보하기 위하여 필요하다고 인정하면 고용평등 이행실태나 그 밖의 조사결과 등을 공표할 수 있다. 다만, 다른 법률에 따라 공표가 제한되어 있는 경우에는 그러하지 아니하다. <개정 2010.6.4.> [전문개정 2007.12.21.]

제33조(관계 서류의 보존) 사업주는 이 법의 규정에 따른 사항에 관하여 대통령령으로 정하는 서류를 3년간 보존하여야 한다. 이 경우 대통령령으로 정하는 서류는 「전자문서 및 전자거래 기본법」 제2조제1호에 따른 전자문서로 작성·보존할 수 있다. <개정 2010.2.4., 2012.6.1.>

[전문개정 2007.12.21.]

제34조(파견근로에 대한 적용) 「파견근로자보호 등에 관한 법률」에 따라 파견근로가 이루어지는 사업장에 제13조제1항을 적용할 때에는 「파견근로자보호 등에 관한 법률」 제2조제4호에 따른 사용사업주를 이 법에 따른 사업주로 본다. [전문개정 2007.12.21.]

제35조(경비보조) ① 국가, 지방자치단체 및 공공단체는 여성의 취업촉진과 복지증진에 관련되는 사업에 대하여 예산의 범위에서 그 경비의 전부 또는 일부를 보조할 수 있다.

② 국가, 지방자치단체 및 공공단체는 제1항에 따라 보조를 받은 자가 다음 각 호의 어느 하나에 해당하면 보조금 지급결정의 전부 또는 일부를 취소하고, 지급된 보조금의 전부 또는 일부를 반환하도록 명령할 수 있다.

1. 사업의 목적 외에 보조금을 사용한 경우

2. 보조금의 지급결정의 내용(그에 조건을 붙인 경우에는 그 조건을 포함한다)을 위반한 경우

3. 거짓이나 그 밖의 부정한 방법으로 보조금을 받은 경우

[전문개정 2007.12.21.]

제36조(권한의 위임 및 위탁) 고용노동부장관은 대통령령으로 정하는 바에 따라 이 법에 따른 권한의 일부를 지방고용노동행정기관의 장 또는 지방자치단체의 장에게 위임하거나 공공단체에 위탁할 수 있다. <개정 2010.6.4.>

[전문개정 2007.12.21.]

제36조의2(규제의 재검토) 고용노동부장관은 제31조의2에 따른 임신·출산 진료비의 신청과 관련된 자료 제공의 요청에 대하여 2016년 1월 1일을 기준으로 5년마다(매 5년이 되는 해의 1월 1일 전까지를 말한다) 그 타당성을 검토하여 개선 등의 조치를 하여야 한다. [본조신설 2016.1.28.]

제6장 벌칙 <개정 2007.12.21.>

제37조(벌칙) ① 사업주가 제11조를 위반하여 근로자의 정년·퇴직 및 해고에서 남녀를 차별하거나 여성 근로자의 혼인, 임신 또는 출산을 퇴직사유로 예정하는 근로계약을 체결하는 경우에는 5년 이하의 징역 또는 3천만원 이하의 벌금에 처한다.

② 사업주가 다음 각 호의 어느 하나에 해당하는 위반행위를 한 경우에는 3년 이하의 징역 또는 2천만원 이하의 벌금에 처한다. <개정 2012.2.1.>

1. 제8조제1항을 위반하여 동일한 사업 내의 동일 가치의 노동에 대하여 동일한 임금을 지급하지 아니한 경우

2. 제14조제2항을 위반하여 직장 내 성희롱과 관련하여 피해를 입은 근로자 또는 성희롱 발생을 주장하는 근로자에게 해고나 그 밖의 불리한 조치를 하는 경우

3. 제19조제3항을 위반하여 육아휴직을 이유로 해고나 그 밖의 불리한 처우를 하거나, 같은 항 단서의 사유가 없는데도 육아휴직 기간동안 해당 근로자를 해고한 경우

4. 제19조의2제5항을 위반하여 육아기 근로시간 단축을 이유로 해당 근로자에 대하여 해고나 그 밖의 불리한 처우를 한 경우

5. 제19조의3제1항을 위반하여 육아기 근로시간 단축을 하고 있는 근로자에 대하여 근로시간에 비례하여 적용하는 경우 외에 육아기 근로시간 단축을 이유로 그 근로조건을 불리하게 한 경우

6. 제22조의2제4항을 위반하여 가족돌봄휴직을 이유로 해당 근로자를 해고하거나 근로조건을 악화시키는 등 불리한 처우를 한 경우

③ 사업주가 제19조의3제3항을 위반하여 해당 근로자가 명시적으로 청구하지 아니하였는데도 육아기 근로시간 단축을 하고 있는 근로자에게 단축된 근로시간 외에 연장근로를 요구한 경우에는 1천만원 이하의 벌금에 처한다.

④ 사업주가 다음 각 호의 어느 하나에 해당하는 위반행위를 한 경우에는 500만원 이하의 벌금에 처한다.

1. 제7조를 위반하여 근로자의 모집 및 채용에서 남녀를 차별하거나, 여성 근로자를 모집·채용할 때 그 직무의 수행에 필요하지 아니한 용모·키·체중 등의 신체적 조건, 미혼 조건 등을 제시하거나 요구한 경우

2. 제9조를 위반하여 임금 외에 근로자의 생활을 보조하기 위한 금품의 지급 또는 자금의 융자 등 복리후생에서 남녀를 차별한 경우

3. 제10조를 위반하여 근로자의 교육·배치 및 승진에서 남녀를 차별한 경우

4. 제19조제1항·제4항을 위반하여 근로자의 육아휴직 신청을 받고 육아

휴직을 허용하지 아니하거나, 육아휴직을 마친 후 휴직 전과 같은 업무 또는 같은 수준의 임금을 지급하는 직무에 복귀시키지 아니한 경우

　5. 제19조의2제6항을 위반하여 육아기 근로시간 단축기간이 끝난 후에 육아기 근로시간 단축 전과 같은 업무 또는 같은 수준의 임금을 지급하는 직무에 복귀시키지 아니한 경우

　6. 제24조제3항을 위반하여 명예감독관으로서 정당한 임무 수행을 한 것을 이유로 해당 근로자에게 인사상 불이익 등의 불리한 조치를 한 경우
　[전문개정 2007.12.21.]
　[시행일: 2013.2.2.] 제37조제2항제6호의 개정규정중 상시 300명 미만의 근로자를 사용하는 사업 또는 사업장

제38조(양벌규정) 법인의 대표자나 법인 또는 개인의 대리인, 사용인, 그 밖의 종업원이 그 법인 또는 개인의 업무에 관하여 제37조의 위반행위를 하면 그 행위자를 벌하는 외에 그 법인 또는 개인에게도 해당 조문의 벌금형을 과(科)한다. 다만, 법인 또는 개인이 그 위반행위를 방지하기 위하여 해당 업무에 관하여 상당한 주의와 감독을 게을리하지 아니한 경우에는 그러하지 아니하다. [전문개정 2010.2.4.]

제39조(과태료) ① 사업주가 제12조를 위반하여 직장 내 성희롱을 한 경우에는 1천만원 이하의 과태료를 부과한다.

　② 사업주가 다음 각 호의 어느 하나에 해당하는 위반행위를 한 경우에는 500만원 이하의 과태료를 부과한다. <개정 2012.2.1.>

　1. 제14조제1항을 위반하여 직장 내 성희롱 발생이 확인되었는데도 지체 없이 행위자에게 징계나 그 밖에 이에 준하는 조치를 하지 아니한 경우

　2. 제14조의2제2항을 위반하여 근로자가 고객 등에 의한 성희롱 피해를 주장하거나 고객 등으로부터의 성적 요구 등에 불응한 것을 이유로 해고나 그 밖의 불이익한 조치를 한 경우

　3. 제18조의2제1항을 위반하여 근로자가 배우자의 출산을 이유로 휴가를 청구하였는데도 5일의 범위에서 3일 이상의 휴가를 주지 아니하거나 근로자가 사용한 휴가 중 3일을 유급으로 하지 아니한 경우

　4. 제19조의2제2항을 위반하여 육아기 근로시간 단축을 허용하지 아니하였으면서도 해당 근로자에게 그 사유를 서면으로 통보하지 아니하거나, 육아휴직의 사용 또는 그 밖의 조치를 통한 지원 여부에 관하여 해당 근로자와 협의하지 아니한 경우

　5. 제19조의3제2항을 위반하여 육아기 근로시간 단축을 한 근로자의 근로조건을 서면으로 정하지 아니한 경우

6. 제19조의2제1항을 위반하여 육아기 근로시간 단축 신청을 받고 육아기 근로시간 단축을 허용하지 아니한 경우

7. 제22조의2제1항을 위반하여 가족돌봄휴직의 신청을 받고 가족돌봄휴직을 허용하지 아니한 경우

③ 다음 각 호의 어느 하나에 해당하는 자에게는 300만원 이하의 과태료를 부과한다.

1. 제13조제1항을 위반하여 직장 내 성희롱 예방 교육을 하지 아니한 자

2. 제17조의3제1항을 위반하여 시행계획을 제출하지 아니한 자

3. 제17조의3제2항을 위반하여 남녀 근로자 현황을 제출하지 아니하거나 거짓으로 제출한 자

4. 제17조의4제1항을 위반하여 이행실적을 제출하지 아니하거나 거짓으로 제출한 자(제17조의3제3항에 따라 시행계획을 제출한 자가 이행실적을 제출하지 아니하는 경우는 제외한다)

5. 제18조제4항을 위반하여 관계 서류의 작성·확인 등 모든 절차에 적극 협력하지 아니한 자

6. 제31조제1항에 따른 보고 또는 관계 서류의 제출을 거부하거나 거짓으로 보고 또는 제출한 자

7. 제31조제1항에 따른 검사를 거부, 방해 또는 기피한 자

8. 제33조를 위반하여 관계 서류를 3년간 보존하지 아니한 자

④ 제1항부터 제3항까지의 규정에 따른 과태료는 대통령령으로 정하는 바에 따라 고용노동부장관이 부과·징수한다. <개정 2010.6.4.>

⑤ 삭제 <2016.1.28.>

⑥ 삭제 <2016.1.28.>

⑦ 삭제 <2016.1.28.>

[전문개정 2007.12.21.]

[시행일: 2013.2.2.] 제39조제2항제3호 및 제7호의 개정규정중 상시 300명 미만의 근로자를 사용하는 사업 또는 사업장

부칙

<제13932호, 2016.1.28.>

이 법은 공포한 날부터 시행한다.

◈ 편저 김 종 석 ◈

- 노동법률실무연구회(수석연구원)
- 노동복지신문 산재담당부장(前)
- 각 문화센터 노동법강사
- 저서 : 노동법 강의(공저)
         노동법지식사전
         근로기준법(법률용어사전)
         산업재해 이렇게 해결하라

근로자의 권리들을 해설, 실무서식, 문답식으로 함께 수록

근로자인 당신! 이것만이라도 꼭 알아 둡시다 　　　定價 18,000원

2017年 1月 10日 인쇄
2017年 1月 15日 발행
　편　저 : 김 종 석
　발행인 : 김 현 호
　발행처 : 법문 북스
　공급처 : 법률미디어

1 5 2 - 0 5 0
서울 구로구 경인로 54길4(구로동 636-62)
TEL : 2636-2911 ~ 3, FAX : 2636 ~ 3012
등록 : 1979년 8월 27일 제5-22호
Home : www.lawb.co.kr

▌ISBN 978-89-7535-368-0 13360
▌이 도서의 국립중앙도서관 출판예정도서목록(CIP)은 서지정보유통지원시스템 홈페이지(http://seoji.nl.go.kr)와 국가자료공동목록시스템(http://www.nl.go.kr/kolisnet)에서 이용하실 수 있습니다.(CIP제어번호: CIP2016030790)
▌파본은 교환해 드립니다.
▌본서의 무단 전재·복제행위는 저작권법에 의거, 3년 이하의 징역 또는 3,000만원 이하의 벌금에 처해집니다.